公路工程职业技能岗位培训教材

Gonglu Lujigong · Gaojigong

公路路基工·高级工

江苏省交通厅工程质量监督站组织编写

杨国忠　李建才　主编

人民交通出版社

内 容 提 要

本书是《公路工程职业技能岗位培训教材》之一，该系列培训教材，力求体现交通职业的特点，以岗位技能为目标，理论与实践相结合，通俗易懂，具有较强的实用性和可操作性。

本书共分十二章，内容包括：绪论、公路工程测量、公路路线、路基、路基施工准备、路基施工、路基病害与防治、软土地基处理、路面、小桥涵、路基施工组织与管理、路基施工质量检测。

本书为公路路基工(高级)培训教材，也可供公路工程一线施工技术人员及监理人员学习参考。

图书在版编目(CIP)数据

公路路基工·高级工/杨国忠,李建才主编.—北京：人民交通出版社,2008.12

公路工程职业技能岗位培训教材

ISBN 978-7-114-07457-8

I.公… II.①杨… ②李… III.公路路基－道路工程－工程施工－技术培训－教材 IV.U416.104

中国版本图书馆 CIP 数据核字(2008)第 169371 号

书　　名：公路工程职业技能岗位培训教材
　　　　　公路路基工·高级工
著 作 者：杨国忠　李建才
责任编辑：卢仲贤　郑蕉林
出版发行：人民交通出版社
地　　址：(100011)北京市朝阳区安定门外外馆斜街 3 号
网　　址：http://www.ccpress.com.cn
销售电话：(010)59757969,59757973
总 经 销：北京中交盛世书刊有限公司
经　　销：各地新华书店
印　　刷：北京市密东印刷有限公司
开　　本：787×1092　1/16
印　　张：15.75
字　　数：403 千
版　　次：2008 年 12 月　第 1 版
印　　次：2008 年 12 月　第 1 次印刷
书　　号：ISBN 978-7-114-07457-8
印　　数：0001～3500 册
定　　价：30.00 元

《公路工程职业技能岗位培训教材》

编 审 委 员 会

序

江苏交通工程质量水平受到国内外同行普遍称道,这是设计、施工、监理、管理等各方坚持努力的结果。工程是干出来的,业主培育施工队伍的技术能力和专业水平是江苏公路建设的一条基本经验。我认为设计是灵魂,管理是关键,而一线基层施工的从业人员的专业素质是保障工程质量的基础。交通行业贯彻科学发展观,实施节约使用资源,高效利用资源方针,必须把质量第一、精益求精,落实到每个环节、每一位建设者的手中。必须全面提高基层施工技术和管理人员的综合素质,用专业的队伍打造出高质量的工程。

立足于交通建设长远发展,要把公路建设基层从业人员的岗位技能培训作为一项基本任务来抓,通过系统培训、训练,使广大一线技术工人熟练掌握正确运用公路施工相关的技术规范、施工程序、质量要求等内容。省交通厅在广泛调研的基础上组织编写了路基工、路面工、桥梁预应力工三个工种的系列培训教材一套,每个工种分为初、中、高三个等级。这是一套针对性较强的公路工程职业技能岗位培训教材。本套教材充分研究了施工一线的技术特点,注重理论与实践相结合,通俗易懂,简明实用,具有较强的实用性和可操作性,不仅是施工技术人员上岗前的培训教材,也是公路建设监理、管理人员较好的参考书籍。希望通过大家的努力,积极推广使用本套教材,大力提高我省公路建设基层施工与管理人员的技术水平,对稳步提升工程质量水平起到积极的促进作用。

江苏省交通厅厅长 游庆仲

序

前　言

为了适应公路建设需要,加快公路施工一线人员的技术业务培养,确保工程建设质量;同时也为了便于基层从事公路工程建设施工和管理人员学习,江苏省交通厅工程质量监督站、南京交通职业技术学院联合组织人员编写了公路工程职业技术工种系列培训教材。本套教材是依据中华人民共和国工人技术等级标准《交通行业工人技术等级标准》,同时参照《筑路、养护工国家职业标准》的要求编写,本系列培训教材力求体现交通职业的特点,以岗位技能为目标,在文字和叙述上力求简明扼要,通俗易懂,书中的插图也尽量做到清晰、美观,便于教学和自学。本系列培训教材包括以下九个分册:《公路路基工·初级工》、《公路路基工·中级工》、《公路路基工·高级工》、《公路路面工·初级工》、《公路路面工·中级工》、《公路路面工·高级工》、《桥梁预应力工·初级工》、《桥梁预应力工·中级工》、《桥梁预应力工·高级工》。

《公路路基工·高级工》由江苏省交通厅工程质量监督站杨国忠、南京交通职业技术学院李建才主编,本书的第二章、第七章、第八章、第十一章、第十二章由杨国忠编写,第一章、第三章、第四章由李建才编写,第五章、第六章由刘永珍编写,第九章、第十章由蔡晓飞编写。全书由刘松玉、薛永森主审。

编写过程中,尽管我们做了很大努力,但由于各地区差异较大,很难全面收集各单位的新技术、新材料、新工艺、新设备以及相关实用技术。加之编者水平有限,经验不足,时间紧迫,疏漏或错误之处在所难免,敬请读者批评指正,并提供详尽资料,以便修订完善。

编　者

2008.8.25

目　录

第一章　绪论 …… 1
第一节　公路的特点及其主要组成部分 …… 1
第二节　公路分级与技术标准 …… 2
第三节　路基施工的意义与要求 …… 5
第四节　路基施工方法与内容 …… 6
第五节　路基土石方的施工分级 …… 8
第六节　路基工程与其他相关工程的关系 …… 9
第二章　公路工程测量 …… 10
第一节　工程测量基本知识 …… 10
第二节　道路工程施工测量 …… 13
第三节　公路常用测量仪器与使用 …… 14
第四节　水准仪与水准尺 …… 22
第五节　平板仪及其使用 …… 26
第六节　测量仪器的使用保管和维修 …… 29
第三章　公路路线 …… 31
第一节　平面线形 …… 31
第二节　纵断面线形 …… 40
第三节　横断面 …… 47
第四节　行车视距 …… 50
第五节　路基土石方计算与调配 …… 53
第六节　路线交叉 …… 55
第四章　路基 …… 61
第一节　概述 …… 61
第二节　路基的基本构造 …… 64
第三节　路基排水设施 …… 70
第四节　路基防护与加固 …… 73
第五章　路基施工准备 …… 80
第一节　施工准备工作内容 …… 80
第二节　路基施工的主要机械与应用 …… 87
第六章　路基施工 …… 97
第一节　路堤填筑施工方法 …… 97
第二节　路基支挡结构施工要点 …… 103
第三节　路基防护工程施工 …… 109
第四节　路基冲刷防护施工要点 …… 119

第五节　桥涵及其他构造物处填筑……123
第六节　路基整形、检查验收及维修……127
第七节　路基工程质量标准……129
第七章　路基病害与防治……133
第一节　路基常见病害……133
第二节　路基病害防治……133
第八章　软土地基处理……139
第一节　表层处理……139
第二节　换填法……144
第三节　重压法……146
第四节　垂直排水法……152
第五节　粉喷桩……160
第九章　路面……165
第一节　概述……165
第二节　路面类型及基本要求……168
第三节　沥青路面……172
第四节　水泥混凝土路面……174
第五节　中、低级路面与基层……178
第六节　路面防滑……178
第七节　路面施工……180
第十章　小桥涵……187
第一节　桥涵概述……187
第二节　涵洞的施工要点及注意事项……195
第十一章　路基施工组织与管理……199
第一节　施工组织与管理的基本知识……199
第二节　编制施工作业计划和班组管理……201
第三节　定额与预算……205
第四节　施工组织设计及网络图……211
第五节　安全生产管理……219
第十二章　路基施工质量检测……222
第一节　试验检测概述……222
第二节　路基压实度检测……223
第三节　路基强度、承载能力及土基模量指标检测……230
第四节　路基平整度测定……239
参考文献……241

第一章 绪　论

第一节　公路的特点及其主要组成部分

一、公路的特点

1. 公路运输特点

交通运输是国民经济的动脉，是国家经济发展的基础产业之一，随着交通运输的发展和人民生活水平的提高，它在联系工业与农业、城市与乡村、生产与消费等各个领域起着十分重要的作用。

现代交通运输由铁路、公路、水运、航空及管道运输五种运输方式组成。这些运输方式在技术经济上各有特点，它们根据运输的需要合理分工、相互衔接、互为补充，形成完整的国家综合运输体系。铁路运输对于中、远程的大宗货物及人流运输具有运输量大、成本低的特点；水运在通航地区具有运量大、运价低廉的特点；航空运输具有速达作用，但成本高、能耗大；管道运输则多用于运输液体和气态或散装物品。与其他运输方式相比，公路运输具有如下特点。

(1)机动灵活性高，能迅速集中和分散货物，在规定的时间和地点可做到直达运输而不需要中转，节约时间和费用，减少货损，经济效益高。

(2)适应性强，服务面广，适应于小批量运输和大宗运输，可以深入到城市、乡村及工矿企业，可独立实现“门到门”的直达运输。

(3)建设投资相对较省，但见效快，经济效益和社会效益显著。

(4)由于公路运输服务人员多，单位运量小，故汽车运输费用比铁路和水运高。

2. 公路工程的特点

公路是在天然地表面上按照线形设计要求开挖或堆填而成的工程结构物，其中路基和路面作为不可分割的整体，共同承受着汽车荷载的重复作用和自然条件的长期影响。由于公路沿线地形起伏，地质、地貌、气象特征多变，再加上沿线城镇经济发达程度与交通繁忙程度不一、因此工程技术人员必须掌握广博的知识，善于处理各种环境因素，从而设计出理想的线形。

公路是一种线形工程，其长度可延续数百公里甚至上千公里，因而工程数量十分可观。例如微丘区的三级公路，每公里土石方数量约 8 000 ~ 16 000m^3，山岭重丘区的三级公路每公里可达 20 000 ~ 60 000m^3，对于高速公路，数量将更为可观。路面工程在公路造价中所占比重很大，一般都要达到 30% 以上。因此精心设计，精心施工，使公路工程能长期具备良好的使用性能，对节约投资，提高运输效益，具有十分重要的意义。

现代化公路运输，不仅要求公路能全天候通行车辆，而且要求车辆能以一定的速度，安全、舒适而经济地在道路上运行，这就要求公路具有良好的使用性能，提供良好的行驶条件和服务水平。为了保证公路最大限度地满足车辆运行的要求，提高车速，增强安全性和舒适性，降低运输成本和延长道路使用年限，要求公路具有平顺的线形，坚固的结构，平整、坚实、少尘的路面。

二、公路主要组成部分

公路是一种承受行车荷载的线形带状结构物,它主要由路基、路面、桥涵、隧道、排水系统、防护工程和交通服务设施所组成。

1. 公路路基

公路路基是在天然地面上填筑成路堤(填方路段)或挖成路堑(挖方路段)的带状结构物,主要承受路面传递的行车荷载,是支撑路面的基础。设计施工时必须保证路基具有足够的强度、变形性能和足够的稳定性,并防止水分及其他自然因素对路基本身的侵蚀和损害。

2. 公路路面

公路路面是用各种材料或混合料分单层或多层铺筑在路基顶面供车辆行驶的层状结构物。设计时必须保证路面具有足够的强度、刚度、平整度和粗糙度,以满足车辆在其表面能安全、迅速、舒适地行驶。

3. 桥涵

桥梁是为公路跨越河流、山谷或人工建筑物而建筑的构造物。涵洞是为了排泄地面水流或满足农田灌溉需要而设置的横穿路基的小型排水构造物。

4. 隧道

隧道是公路根据设计需要为穿越山岭、地下或水底而建造的构造物。

5. 公路排水系统

公路排水系统是为了排除地面水和地下水而设置的,由各种拦截、汇集、输送及排放等排水设施所组成的构造物。除桥梁、涵洞外,排水系统主要有路基边沟、截水沟、排水沟、暗沟、渗沟、渗井、排水隔离层、暗管、跌水与急流槽、渡槽等路基排水构造物。

6. 防护工程

防护工程是为了加固路基边坡,确保路基稳定而修建的结构物。按其作用不同,可分为坡面防护、冲刷防护和支挡构造物三大类。路基边坡坡面防护一般有植物防护、坡面处治及护坡与护面墙等;冲刷防护除上述防护外,为调节水流流速及流向,防护路基免受水流冲刷,在沿河路基可设置顺坝、丁坝、格坝等导流结构物;支挡构造物一般是指填(砌)石边坡、挡土墙、护脚及护面墙等。

7. 交通服务设施

交通服务设施一般是指公路沿线设置的交通安全、养护管理、服务环境保护等设施,一般有交通标志、标线、护栏、护墙、护柱、中央分隔带、隔音墙、隔离墙、照明设备、停车场、加油站、汽车修理站、养护管理房屋和绿化美化设施等。

第二节 公路分级与技术标准

一、公路分级与技术标准

我国《公路工程技术标准》(JTG B01—2003)(以下简称《标准》)规定,公路按其使用任务、功能和适应的交通量分为五个等级:高速公路、一级公路、二级公路、三级公路和四级公路。

1. 高速公路

高速公路是指为专供汽车分向、分车道行驶并全部控制出入的多车道公路。高速公路具有四个或四个以上车道,设有中央分隔带,全部立体交叉,并具有完善的交通安全设施、管理设施和服务设施。

四车道高速公路应能适应将各种汽车折合成小客车的年平均日交通量为 25 000 ~ 55 000 辆;六车道高速公路应能适应将各种汽车折合成小客车的年平均日交通量为 45 000 ~ 80 000 辆;八车道高速公路应能适应将各种汽车折合成小客车的年平均日交通量为 60 000 ~ 100 000 辆。

2. 一级公路

一级公路是指为供汽车分向、分车道行驶,并可根据需要控制出入的多车道公路。当作为集散公路时,纵横向干扰较大,为保证供汽车分道、分向行驶,可设慢车道供非汽车交通行驶;当作为干线公路时,为保证运行速度、交通安全和服务水平,应根据需要采取控制出入措施。四车道一级公路应能适应将各种汽车折合成小客车的年平均日交通量15 000 ~ 30 000 辆;六车道一级公路应能适应将各种汽车折合成小客车的年平均日交通量 25 000 ~ 55 000 辆。

3. 二级公路

二级公路是指为供汽车行驶的双车道公路。为保证汽车的行驶速度和交通安全,在混合交通量大的路段,可设置慢车道供非汽车交通行驶。

双车道二级公路应能适应将各种汽车折合成小客车的年平均日交通量 5 000 ~ 15 000 辆。

4. 三级公路

三级公路是指为供汽车行驶的双车道公路。它也允许拖拉机、畜力车、人力车等非汽车交通使用车道,其混合交通特征明显,设计速度应在 40km/h 以下。

双车道三级公路应能适应将各种车辆折合成小客车的年平均日交通量 2 000 ~ 6 000 辆。

5. 四级公路

四级公路是指主要供汽车行驶的双车道或单车道公路。它也允许拖拉机、畜力车、人力车等非汽车交通使用车道,其混合交通特征明显,设计速度应在 20km/h 以下。

双车道四级公路应能适应将各种车辆折合成小客车的年平均日交通量 2 000 辆以下;单车道四级公路应能适应将各种车辆折合成小客车的年平均日交通量 400 辆以下。

以上五个等级的公路构成了我国的公路网。其中高速公路、一级公路为公路网骨干线,二、三级公路为公路网内基本线,四级公路为公路网的支线。

《公路工程技术标准》(以下简称《标准》)是国家颁布的法定技术准则,反映了我国公路建设的方针、政策和技术要求,是公路设计、修建和养护的依据。因此,在公路设计、施工和养护中,必须严格遵守。同时,在符合《标准》要求和不过分增加工程造价的前提下,根据技术经济原则尽可能采用较高的技术指标,以充分提高公路的使用质量和效益。

我国《标准》规定的各级公路主要技术指标见表 1-1。

二、公路等级的选用

公路等级的选用应根据公路的使用功能、公路网规划、交通量,从全局出发,并充分考虑项目所在地区的综合运输体系、远期发展等,经综合论证后确定。在确定公路等级时,应明确以下几个问题。

各级公路的主要技术指标汇总表　　表 1-1

公路等级		高速公路、一级公路								
设计速度(km/h)		120			100			80		60
车道数		8	6	4	8	6	4	6	4	4
行车道宽度(m)		3.75	3.75	3.75	3.75	3.75	3.75	3.75	3.75	3.75
路基宽度(m)	一般值	45.00	34.50	28.00	44.00	33.0	26.0	32.0	24.0	23.0
	最小值	42.00		26.00	41.0		24.0		21.0	20.0
平曲线最小半径(m)	极限值	650			400			250		125
	一般值	1 000			700			400		200
停车视距(m)		210			160			110		75
最大纵坡(%)		3			4			5		6
车辆荷载		公路Ⅰ级								

公路等级		二级公路		三级公路		四级公路	
设计速度(km/h)		80	60	40	30	20	
车道数		2	2	2	2	2 或 1	
行车道宽度(m)		3.75	3.5	3.5	3.25	3.00(单车道时为3.50)	
路基宽度(m)	一般值	12.0	10.0	8.5	7.5	6.5(双车道)	4.5(单车道)
	最小值	10.0	8.5	—	—	—	
平曲线最小半径(m)	极限值	250	125	60	30	15	
	一般值	400	200	100	65	30	
会车视距(m)		220	150	80	60	40	
最大纵坡(%)		5	6	7	8	9	
车辆荷载		公路Ⅱ级					

1. 确定一条公路的等级,应首先确定该公路的功能,是干线公路,还是集散公路,即属于直达还是连接,以及是否需要控制出入等,根据预测交通量初拟公路等级;然后再结合地形、交通组成等,确定设计速度、路基宽度。

2. 一条公路可根据预测的交通量等情况分段采用不同的公路等级。各级公路所能适应的年平均日交通量是指设计交通量。高速公路和具有干线功能的一级公路的设计交通量应按20 年预测;具有集散功能的一级公路,以及二、三级公路的设计交通量应按 15 年预测;四级公路可根据实际情况确定。设计交通量预测的起算年应为该项目可行性研究报告中的计划通车年。

3. 同一条公路,可分段选用不同的公路等级、不同的设计速度和路基宽度,但不同公路等级、设计速度、路基宽度间的衔接应协调,要结合地形的变化设置过渡段,使主要技术指标随之逐渐过渡,避免出现突变。不同设计路段相互衔接的地点,应选择在驾驶人员能够明显判断路况发生变化而需要改变行车速度的地点,如村镇、车站、交叉道口或地形明显变化等处,并应设置相应的标志。

4. 一级公路既可作为干线公路,也可作为集散公路。当作为集散公路时,纵横向干扰较大，为保证供汽车分道、分向行驶，可设慢车道供非汽车交通行驶，作为干线公路时，为保证运行速度、交通安全和服务水平，应根据需要采取控制出入措施。二级公路也具有作为干线公路或集散公路的两种功能，应根据其不同的功能和交通组成等决定是否设置慢车道以及其他设施。

5. 设计路段的长度不宜过短，一般情况下，高速公路不宜小于15km；一级公路、二级公路不宜小于10km；三级、四级公路可根据实际情况适当缩短。

6. 干线公路宜选用二级及二级以上公路。

第三节　路基施工的意义与要求

一、路基施工的意义

路基是路面的基础。路基的施工质量直接影响路面的使用品质。由于路基施工质量问题，也常导致整条或部分路段交通受阻甚至中断。路基施工质量未能达到规定的标准要求，将会带来很多隐患，使养护工作量和养护费用增加。特别是路基中的隐蔽工程部分，例如地下排水设施失效，会使路基含水率增大，使路基强度大大降低而出现翻浆、弹簧、沉陷等病害，养护修复就十分困难。

路基土石方工程量大，材质亦有差异，不仅与自身的其他工程设施（如路基排水设施、防护与加固设施等）相互制约，而且同公路工程的其他项目（如路面、桥梁等）相互交错，关系密切。另外，还与周边环境有很大的关系。例如，如果弃土施工不当，则可能出现填塞自然排水通道而导致严重的后果；如需借土而取土不当，则可能导致生态环境的破坏。

路基的工程数量十分可观，例如微丘区的三级公路，土石方平均约8 000 ~ 16 000m^3/km，山岭、重丘区的三级公路约20 000 ~ 60 000m^3/km，对于高速公路则更为巨大。并且，在地形起伏，地质、地貌、气象特征多变的条件下施工，就决定了路基工程复杂多变的特点。

坚固而稳定的路基是通过施工来实现的，只有通过"精心施工"才能建成高质量的路基工程。这对节省投资、提高运输效益，都具有十分重大的意义。

二、对路基的基本要求

1. 具有足够的强度和刚度

行车荷载通过路面将其传给路基，致使在路基结构内部产生应力、应变及位移。如果路基的强度和抗变形能力不足以抵抗这些应力、应变及位移，则将出现沉陷、波浪等病害，导致路况恶化。

2. 具有足够的水温稳定性

路基每时每刻都要受到大气温度、降水与湿度变化的影响，填料的物理、力学性质也将随之发生变化，处于不稳定的状态。要求修筑的路基在这些变化条件下，能保持工程设计所要求的几何形态及物理力学性质。例如，在雨季，路基含水率大大增加，其强度必然下降，但要求下降后的强度仍应达到设计所要求的强度。为此，应从多方面采取措施，例如：加强排水、正确选择填料等，避免或减少雨水对路基的影响，以减小路基强度变化的幅度，即使路基强度的变化能稳定在要求的范围之内。

气温变化对路基的影响也很大。例如，在低温条件下，路基中的水将结冰，产生体积膨胀，此时,结冰的路基土强度很高;但到了春融季节,气温上升,冰将溶化为水,此时,由于冰的体积膨胀而致使路基内部空隙增加,并被溶化的冰水充斥,强度下降,在行车作用下将导致"冻胀翻浆",路基将出现严重破坏。这就是水温变化所带来的强度不稳定的另一种情况。而我们应采取措施来防止这种不稳定性的出现。

3. 具有足够的整体稳定性

路基是在天然地表面按照道路的设计线形(位置)和设计横断面(几何尺寸)的要求开挖和堆填而成的线形岩土构造物。路基修建后,改变了原地面的天然平衡状态。在工程地质不良的地区,修建路基可能加剧原地面的不平衡状态,从而导致路基发生种种破坏现象。因此,为了防止路基结构在行车荷载及自然因素作用下,不致发生过大的变形或破坏,必须因地制宜地采取一定的措施来保证路基整体结构的稳定性。

4. 路基横断面形式和尺寸应符合《公路工程技术标准》(JTG B01—2003)的有关规定要求。

三、公路路基施工的基本原则

公路路基施工的基本原则与要求如下。

1. 公路路基是公路工程的重要组成部分,应具有足够的稳定性和耐久性,应能承受行车的反复荷载作用和抗御各种自然因素的影响。公路路基工程必须精心施工,确保工程质量。

2. 路基工程应推行机械化施工。只有在条件极其困难的三、四级公路,方可采用人工施工,但路基压实必须采用碾压机械。

3. 路基应按照设计要求施工,在确保工程质量的原则下,应因地制宜,合理利用当地材料和工业废料。

4. 路基施工,应在符合工艺要求和质量标准的条件下积极采用经过鉴定的新材料、新技术、新机具和新的检验方法。

5. 路基施工,必须遵守国家有关土地管理法规,应节约用地,保护耕地和农田水利设施。

6. 公路路基施工,应保护生态环境,尽量少破坏原有植被地貌;清除的杂物,必须分清情况,予以妥善处理,不得倾弃于河流水域中。

7. 公路路基施工,必须贯彻安全生产的方针,制订技术安全措施,加强安全教育,严格执行安全操作规程,确保安全生产。

8. 公路路基施工,必须按批准的设计文件进行。如需变更设计或改变原定施工方案,或采用特殊施工方法时,应按施工管理程序,报请业主或监理工程师审批。

施工技术人员必须认真领会上述各原则要求的内涵,并贯彻于自己的工作之中。

第四节　路基施工方法与内容

一、路基施工方法

按其技术特点,路基施工的基本方法大致可分为以下几种。

1. 人工施工

人工施工使用手工工具,工效低、进度慢,工程质量难以保证,只有在条件极其困难的三、四级公路,方可采用,且路基压实必须采用碾压机械。

2. 简易机械化施工

本方法以人力为主,配以机械或简易机械,与人工施工方法比较,能减轻劳动强度,施工进度加快,质量有所提高。

3. 机械化施工或综合机械化施工

本方法是使用配套机械,主机配以辅机,相互协调,共同形成主要工序的综合机械化作业的方法,能极大地减轻劳动强度、显著加快施工进度、提高工程质量和劳动生产率,降低工程造价,保证施工安全。目前,我国大多数高等公路的施工都采用这种方法,并在不断提高和完善之中,它是加快公路建设速度,实现公路施工现代化的根本途径。

4. 爆破法施工

本方法主要用于石质路基和冻土路基开挖,在隧道工程中,亦应用广泛,并配以相应的钻岩机钻孔与机械清理,也可用于开石取料与加工等。

5. 水力机械化施工

本法是使用水泵、水枪等水力机械,喷射强力水流,冲散土层并流运至指定地点沉积。视具体情况亦可作采取砂料或地基加固之用。对于砂砾填筑路堤或基坑回填,还可用来起密实作用(即水夯法)。但使用此法要求电力和水源充足,适用于挖掘比较松散的土质及地下钻孔等施工。

上述施工方法的选择,应根据工程性质、地质条件、施工期限、现有条件等因素,经过论证而定;应因地制宜和综合使用各种方法。

这里着重指出,在高速公路、一级公路以及在特殊地区,或采用新技术、新工艺、新材料、新设备进行路基施工时,应采用不同的方案做试验路段,其位置应是地质条件、断面形式、填料均具代表性地段,其长度不宜小于100m,以便从中选出路基施工的最佳方案指导全线施工。因此,作为施工技术员,应认真掌握试验路段施工的全过程及各工序的施工和各种试验的详细资料,熟悉关键的相关技术参数、施工要点等,以便能在全线或负责的路段指导施工。

二、路基施工内容

1. 施工前的准备工作

施工前的准备工作是保证施工顺利进行的基本前提。按规定,如果施工前的准备工作经监理工程师审核后而未达到合同规定的要求,则不予批准开工。因此,必须认真按规定要求做好。准备工作的内容主要包括:组织准备、物质准备、技术准备和现场准备四方面。

2. 修建小型构造物

小型构造物包括小桥、涵洞、挡土墙、盲沟等。这些工程通常与路基施工同时进行,但要求构造物先行完工,以利于路基工程不受干扰地全线展开,并避免路基填筑之后又开挖修建涵洞、盲沟等构造物。

技术人员在现场施工中要关注这些程序的基本要求,在施工顺序安排和进度上要妥善解决好。

3. 路基土石方工程

该项工程包括路堤填筑、路堑开挖、路基压实、整平路基表面(有横坡要求)、整修边坡、修建排水设施及防护加固设施等。

此程序中包括的工程量最大,构造物的种类繁多,且又相互关联制约,并涉及周边环境。因此,作为施工技术人员,应严格按照施工组织设计的规定和监理工程师的指令,精心地开展工作。必须明白,这些工程是保质量、保工期、保费用和节省投资及降低成本的关键所在。

4. 路基工程的竣工检查与验收

竣工检查与验收,应按竣工验收规范规定进行。其检查与验收的主要项目有:路基及其有关工程的位置、高程、断面尺寸、压实度或砌筑质量、相关的原始记录、图纸及其他资料。检查验收的项目应满足规定的要求。

这里特别强调,除竣工检查与验收外,在施工过程中,对每一道工序、分项工程、分部工程、单位工程均应进行检查与验收,并需获得监理工程师的认可。例如第一道工序完成后,必须进行自检,再请监理工程师进行检查验收,在未获得其检查验收认可之前,不得进行下一道工序的施工。特别是对于隐蔽工程,更应特别关注,避免出现第一判断错误或第二判断错误的情况,以保证工程有效和不留后患。

《公路工程质量检验评定标准》(JTJ F80/1—2004)(以下简称《质评标准》)规定:“工程质量检验评分以分项工程为单元,采用100分制进行。在分项工程评分的基础上,逐级计算各相应分部工程、单位工程、合同段和建设项目的评分值”。而作为基本单元的分项工程是多个工序施工过程完成的。因此,只有每一道工序合格后,才谈得上分项工程的合格。因此,施工技术人员必须熟悉《质评标准》的规定、要求,并按其规定和施工规范的规定,首先做好每道工序的施工,使其达到规定质量标准,掌握好这关键的一环。

第五节　路基土石方的施工分级

为了便于选择施工方法和施工机具,确定工程量,并为编制施工预算和支付工程费用提供依据,根据路基土石方开挖难易程度,将其分为六级,具体分级参见表1-1。

这里要注意:在《公路工程国内招标文件范本》第5篇“技术规范”第200章第201节中规定,路基土石划分的标准是:在公路路基土石挖方中用不小于112.5kW推土机单齿松土器无法松动,须用爆破或用钢楔大锤或用气钻方法开挖的,以及体积大于或等于$1m^3$的孤石为石方,余为土方。

施工技术人员在施工工作中,应熟悉合同的相关规定。

公路路基土石方按开挖难易分级见表1-2。

公路路基土石方按开挖难易分级表　　表1-2

分级	分类	土石名称	钻1m所需时间			爆破$1m^3$所需炮眼深度(m)		开挖方法
			①	②	双人打眼(2天)	路堑	隧道导坑	
Ⅰ	松土	砂类土,种植土,中密的砂性土及黏性土,松散的水分不大的黏土,含有30mm以下的树根或灌木根的泥炭土						用脚蹬锹一下到底
Ⅱ	普通土	水分较大的黏土,密实的砂性土及黏性土,半干硬的黄土,含有30mm以上的树根及灌木根的泥炭土,石质土(不包括块石及漂石土)						部分须用镐刨松再用锹挖,或连蹬数次才能挖动
Ⅲ	硬土	硬黏土,密实的硬黄土,含土较多的块石土及漂石土,各种风化成土块的岩石						必须全部用镐刨松

续上表

分级	分类	土石名称	钻1m所需时间			爆破 $1m^3$ 所需炮眼深度(m)		开挖方法
			①	②	双人打眼(2天)	路堑	隧道导坑	
Ⅳ	软石	多种松软岩石,胶结不紧的砾岩,泥质页岩,砂岩,较坚硬的泥灰岩,块石土及漂石土,软而节理较多的石灰岩		<7	<0.2	<0.2	<2.0	部分用撬棍或十字镐及大锤开挖,部分用爆破法
Ⅴ	次坚石	硅质页岩,硅质砂岩,白云岩,石灰岩,坚硬的泥灰岩,软玄武岩,片麻岩,正长岩,花岗岩	<15	7~20	0.2~1.0	0.2~0.4	2~3.5	用爆破法开挖
Ⅵ	坚石	硬玄武岩,坚实的石灰岩,白云岩,大理石,石英岩,闪长岩,粗粒花岗岩,正长岩	>15	>20	>1	>0.4	>3.5	用爆破法开挖

注:1. 湿式凿岩一字合金钻头净钻1min。

2. 湿式钻岩普通淬火钻头净钻1min。

在路基施工中,需要对用土做初步的鉴定,以对某些工程措施进行考虑和决策,因此施工技术人员应尽可能熟悉和掌握路基土野外鉴定的方法。

第六节 路基工程与其他相关工程的关系

1. 路基工程与路面工程的关系

路面是在路基顶面的行车部分,是用各种混合料铺筑而成的层状结构物。路基是路面结构的基础,坚强而又稳定的路基为路面结构长期承受汽车荷载提供了重要的基础保证,而路面结构层又保护了路基,使之避免了直接承受车辆的破坏作用和减轻了大气因素对路基的破坏作用。因此,路基和路面相辅相成,实际上是不可分离的整体。同时,提高路基的强度与稳定性,可以适当减薄路面厚度,降低路面造价。

2. 路基工程与桥涵工程的关系

桥头引道路基质量的好坏,对桥台有很大的影响,如果出现桥头跳车,则行车将对桥台产生相当大的不利影响和损坏,行车也不平顺、舒适。

3. 路基工程中的土石方工程与防护工程、排水设施的关系

路基的土质边坡很难抵抗长期的自然因素的作用,如雨水的淋打和冲刷,水温状况变化引起的物理风化而产生脱块、冲沟、碎落等破坏。为了防止这些病害的产生,应对边坡采取各种防护措施,例如采用干砌块(片)石护坡、浆砌块(片)石护坡、砂浆抹面护坡等。但这些防护设施只起隔离(防止风化)的作用,并非受力结构,因此必须在路基边坡坡度能保证土坡稳定的条件下才能发挥作用。

路基排水设施如边沟、截水沟、排水沟、盲沟、渗井等均是为了拦截、汇集、引导地面水和地下水,并尽快引流到影响路基强度和稳定性的范围之外,以保持路基处于干燥或中湿状态。

另外,还有挡土墙等支撑加固构造物,它们是受力结构,用以保持路基边坡稳定,如,路肩挡土墙,或用以保持山坡的稳定的路堑挡土墙等。

路基土石方工程、排水工程、砌筑工程均属于路基工程又各为路基工程中的分部工程,它们之间相互制约,关系密切,只有所有这些工程都能达到质量标准,作为整体的路基工程才是合格的或优良的。

第二章　公路工程测量

第一节　工程测量基本知识

一、测量学任务和分类

测量学是地学的一个分支。它是研究测定和推算地面点的几何位置、地球形状及地球重力场，根据测量地球表面自然形状和人工设施的几何分布，并结合某些社会信息和自然信息地理分布，测绘和编制全球和局部地区各种比例尺地图的理论和技术的学科。根据其定义可以概括两方面任务：一是测定地球表面某区域的形状和大小，用一定比例尺缩绘在图纸上，成为与地面相似图形，称为地形图，作为工程建设和国防建设的必要资料；另一方面是解决如何把设计在图纸上的建筑物，用测量方法，放样到实地上，作为施工依据。此外，测量学是一门研究地球形状和大小的科学，它为研究地壳升降，海岸线迁移、地震预报、建筑物变形观测及近代航天技术等提供必要数据和研究手段。

根据测量学任务，它可以分为以下几类。

1. 大地测量：研究地球表面上，一个大区域甚至整个地球的形状和大小，建立国家大地控制网，在观测计算、绘图过程中，要考虑地球曲率。

2. 地形测量：研究小区域的地球表面的形状和大小，不考虑地球曲率，用平面代替球面，根据需要测绘出各种比例尺测绘图。

3. 摄影测量：研究如何利用航空摄像片和地面摄像片测绘成各种比例尺地形图方法，在摄影测量中又分航空摄影测量和地面摄影测量。

4. 工程测量：研究测量学在各种工程建设中的应用。由于对象不同，可分为公路测量、铁路测量、建筑测量、矿山测量、水利测量、隧道及地下铁道测量、城市建设测量及变形观测等。

二、施工测量的基本概念

1. 道路施工测量主要任务和特点

道路工程施工测量的主要任务有：①根据设计和施工要求，建立施工控制点、网，并将设计图上的设计内容测量到实地上，作为施工的依据。②把工程施工过程中各工序的测量记录和工程完工后的竣工测量记录，编绘整理成竣工图和资料，作为工程质量评定、验收以及以后使用、维护、管理、改建和扩建的依据。此外，对于重要工程在施工的过程中和工程交付使用后，还要对有关部位的沉陷、位移和倾斜等进行变形观测。

道路工程施工测量是道路工程建设过程中的一项极其重要的工作，它贯穿于工程施工的全过程；它具有时间紧、接触数据多、作业环境复杂等特点；它是一项非常细致的工作；它稍有不慎就会发生错误，假如不能及时发现就会影响整个工程的顺利进行，甚至造成返工浪费，造成工程永久性缺陷，影响道路工程的使用功能等严重后果。

2. 测量工作的基本原则

测量工作分为外业和内业两部分。外业是应用测量仪器测定点与点之间的距离和高程，以及直线的方向(角度)以确定其相对位置。进行测量时，不论采用何种方法，使用何种仪器、测量成果都会有误差。内业是根据外业观测的成果，进行成果的整理和计算，然后绘制成图。

在外业工作中，为了防止测量误差的逐渐传递累积增大到不能容许的程度，首先在测区中用较精密的仪器，比较严密的测量方法，测定一些“骨干”点，以保证整体的精度；然后再根据这些“骨干”点去测定其他的地形或地物的特征点，即进行局部测量。因此测量在布局上是“由整体到局部”；在精度上是“由高级到低级”，这是测量工作应遵循的重要原则。

三、测量学的基本知识

1. 地球的形状和大小

测量是以地球为工作对象的，因此应该对地球的形状和大小有所了解。地球表面高低起伏，有高山、深谷、平原、海洋、沙漠等，称为地球的自然表面。由于地面71%是海洋，设想把静止不动的海平面延伸穿过陆地，包围了整个地球，形成一个闭合的曲面，这个曲面称为水准面。水准面的特点是该面上任意一点的铅垂线都垂直于该点的曲面。海水有潮汐，时高时低，不同高度的水准面可以有无数个，把通过平均海水面的那个面称为大地水准面，由这个面所包围成的几何形状称为大地球体，可以把它看作地球的实际形状。我国大地水准面是以青岛1952～1979年平均海水面作为基准面，命名1985国家高程基准。

经过长期的实践，人们逐渐认识到地球的形状近似于一个两极略扁的椭球。为了便于测量和绘图，在测量上选用一个和大地水准面形状非常接近的椭球体来代表地球形体。目前我国采用的地球椭圆体形状和大小的元素值为：

长半轴(赤道半径)$a=6\ 378.140\text{km}$

短半轴(地轴半径)$b=6\ 356.743\text{km}$

扁率
$$a=\frac{a-b}{a}=\frac{1}{298.26} \tag{2-1}$$

如果把地球近似看成圆球，取其半径

$R=\frac{2a+b}{2}=6\ 370\text{km}$，这个数值的精度已能满足一般测量的精度要求。

2. 地面点位置的确定

测量上把地面上的房屋、道路、河流、桥梁、森林、植被等称为地物；把地面高低起伏的山岭、丘陵、峡谷等称为地形。测量的任务就是要测定地物和地形的位置并把它绘制在图纸上，或都按照设计要求来确定图纸上构造物在地面上的准确位置。地形、地物在图纸上是由一些特征点以及一些折线或曲线来代表的。

如果确定各特征点的位置(图2-1a中的1、2、3、4点)以及各点之间的直线，确定直线与曲线衔接点和曲线上点的平面位置(图2-1b中的1、2、3、4、5点)，那么图2-1c)所示的建筑物、道路的平面位置也就确定了。如果在上述各点上再标注高程或者增加一些能够代表其高低起伏的特征点，上述的建筑物、道路在地面上的位置也就确定了。测量工作的基本内容就是：在一定的精度要求下，采用适当的仪器和方法测定这些特征点。

地面上的点位通常是以该点在地面或平面上的投影位置，以及该点到大地水准面的垂直距离(即高程)来表示其空间位置。

(1)点的地理坐标

地理坐标是以经度和纬度表示地面点在大地水准面上投影的球面位置，是地面点的绝对位置。地面上一点的经度即通过该点的子午面与首子午面所夹的二面角。自首子午线以东0°～180°为西经。通过该点的铅垂线和赤道平面所夹的角称为该点的纬度，从赤道向北0°～90°为北纬，向南0°～90°为南纬。点的地理坐标确定后，它在地球上的绝对位置也就确定了（图2-2）。

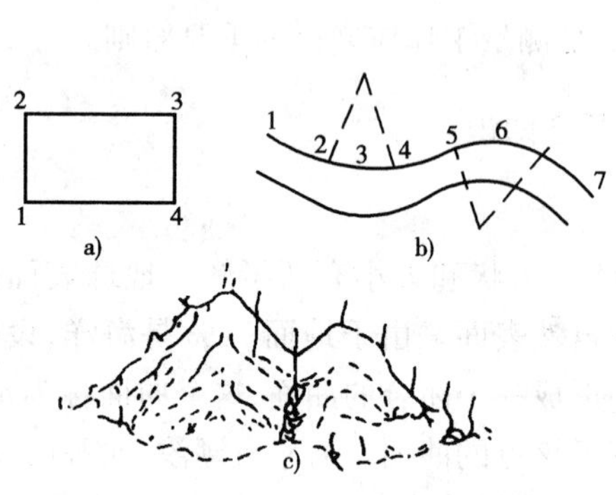

图2-1　地面点位置的确定

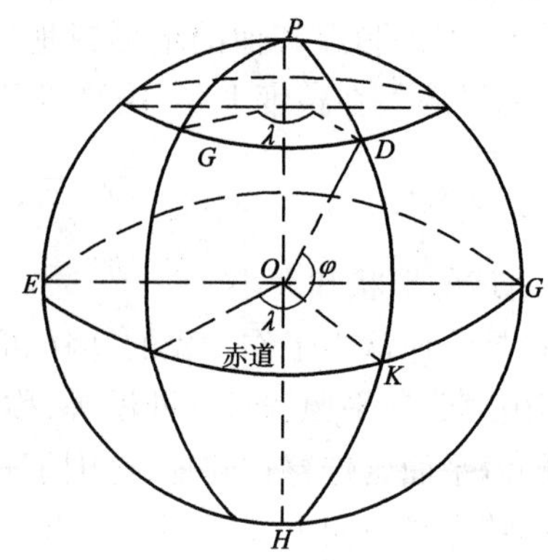

图2-2　点的地理坐标

地理坐标是大地、天文测量及制图中经常应用的坐标，但在普通测量中，由于测区面积小，可以把部分球面看成平面，用一个平面直角坐标来表示点的平面位置，称为相对位置。

(2)点的高程

点的位置是空间的位置，除了确定它的经纬度或平面坐标外，在测量上还用高程来表示它的高低。地面上任意点到水准面的铅垂距离即表示它的高低。如果这个水准面是大地水准面，这个铅垂距离称为绝对高程，又称海拔。我国是以青岛验潮站所确定的黄海平均海水面作为高程起算面（即大地水准高）。如我国的珠穆朗玛峰海拔8 844.43m。

在局部地区，也可以假定一水准面作为高程起算面，地面上一点到假定水准面的铅垂距离称为相对高程，如建筑工程中常将室内地平假定高程为±0的方法。

3. 用平面代替曲面的限度

(1)对距离的影响

在实际测量工作中，将地面点投影到大地水准面上，然后再投影绘制到平面的图纸上，这是很复杂的。如果把地球上的一部分曲面展成平面，曲面上的图形是要变形的，所以当把地球面上的图表测绘到平面图纸上，也就是说测量是在平面上进行而不是在球面上进行，因此，在一定的测量精度要求和测区面积不大的情况下，往往以水平面代替水准面，就是把较小一部分地球表面上的点投影到水平面上来决定其位置。但是在多大范围内能容许用平面投影代替球面投影的问题必须加以讨论。

通过计算，可以分析水准面的曲率对水平距离的影响：当水平距离为10km时，以平面代替曲面所产生的误差为1/120 000；当水平距离为25km时，以平面代替曲面所产生的误差为1/195 000。当水平距离为50km时，以平面代替曲面所产生的误差为1/487 000，而精密丈量距离的容许误差为1/1 000 000。

因此可以得出结论：在半径为10km范围内水准面上的图形可视为水平面上的图形。即使在25km范围内，一般的土建工程测量把水准面当作水平面也是可以的。

(2)对高程的影响

通过计算可知,当距离为1km时,其误差为0.08m;当距离为10km时,其误差为0.80m。所以,地球曲率对高程影响是较大的。

因此,在测量高程时,即使在较短的测量距离内,也必须考虑地球曲率对高程测量精度的影响。通过研究和计算,综合地球曲率和大气折光的影响可知当视线长度 $b=80\sim100\text{m}$ 时,其综合影响系数 $f=0.6\sim0.8\text{mm}$,此数值较小,而且在实测中若采取前、后视线等长,则在计算高差时,可以抵消这项影响。

四、测量学在工程中应用

测量学,按工程建设中测量工作进行次序以及所用测量理论与作业方法的性质,基本上可以分为三阶段,即规划设计阶段、建筑施工阶段与运营管理阶段。现将各个阶段测量工作概述如下。

1. 工程建设规划设计阶段的测量工作

每项工程建设必须立项、审批,按自然条件和预期目的进行规划设计。这个阶段测量工作,主要是提供各种比例尺的地形图与地形数字资料,另外还要为工程地质勘探、水文地质勘探等进行测量。

2. 工程建设施工阶段的测量工作

每项工程建设的设计,经过讨论、审查和批准之后,即进入施工阶段。这时,首先要将所设计工程建筑物,按照施工要求在现场标定出来,即所谓定线放样,作为实地修建依据。为此,要根据现场地形,工程性质以及施工组织与计划等,建立施工控制网,作为定线放样的基础。然后再按施工需要,采用各种不同的放样方法,将图纸上所设计的内容转移到实地,所以这一部分就包括了施工控制网的建立和定线放样工作两大部分。

3. 工程建设运营管理阶段的测量工作

在工程建筑物运营期间,为了监视其安全和稳定情况,了解设计是否合理、验证设计理论是否正确,需要定期对其位移、沉陷、倾斜以及摆动等进行观测。这些工作就是所说的工程建筑物的变形观测。

由此可见,测量工作贯穿于各项工程中的勘察、设计、施工、竣工验收以及维护工作全过程,所以对高级工来说测量学是一门必须掌握的基本知识和技能。

第二节 道路工程施工测量

一、测量工作的基本内容与要求

测量工作的实质,就是用距离丈量、角度观测和水准测量来确定地面点的平面位置和高度位置,其目的是为各种工程建设、国防建设和科学研究服务。

工程测量按其任务的性质可分为两类:一是测定地面点的平面位置和高程,称为测定;二是按照设计要求,将图纸上的建(构)筑物以一定的精度在施工场地标定出来,作为施工的依据,称为测设。

1. 测量工作的基本内容

地面点的位置,是用它在投影面上的坐标(x、y)和高程(H)来表示的,如果一个点为已知点，则它的坐标和高程就是已知点。确定地面点的位置，就是用测量的方法来测定地面点的坐标和高程。但是，坐标和高程不是直接测定的，而是通过测量其他的值，用计算的方法求出来的。

测量工作的主要内容就是距离丈量、角度观测和水准测量，这三项工作也称为三大要素。

2. 测量工作的基本准则和要求

测量工作是各类工程的先导工序，测量工作的质量直接关系到工程的质量与工期。从事测量工作，首先要遵守国家法律、法令和法规。如《中华人民共和国计量法》、《中华人民共和国建筑法》、《计量法实施细则》以及仪器的检验、检定规范和操作规程。为了保证放线定位的准确，必须遵守有关测量规程、规范和操作规程，防止误差的积累，在测量过程中必须遵守先整体后局部，高精度控制低精度的原则。

二、测 量 标 志

测量导线点选定后，根据性质及用途埋设临时性或永久性标志。

图根点一般只做临时性标志，可在地面钉一木桩，木桩周围浇筑混凝土，顶上钉一铁钉，如图2-3所示。也可在水泥地面用红油漆画一圆圈，圆圈内点一小点。此外，还可用竹桩、道钉等作为临时标志。

对于需要长期保存的点，可以埋设混凝土桩或石桩，桩顶埋设金属标志，或在桩顶标一“+”作标记，如图2-4所示。也可将标志嵌入石中或直接刻在岩石上，作为永久性标志。

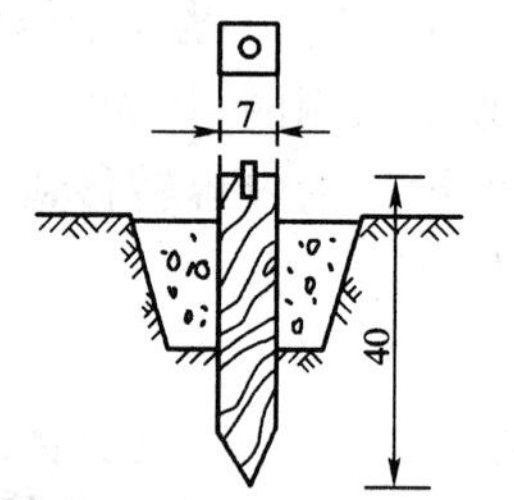

图2-3　木桩(尺寸单位:cm)

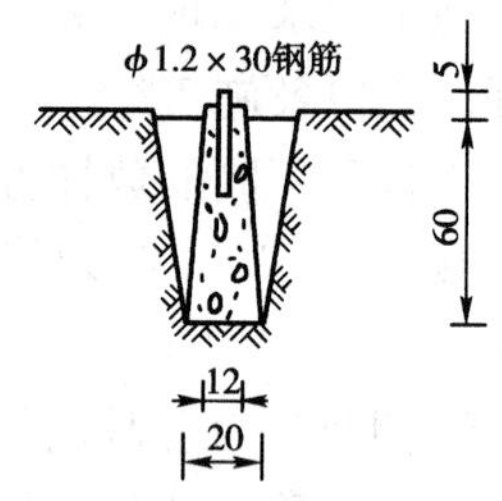

图2-4　混凝土桩(尺寸单位:cm)

标志点埋设后为便于寻找，应按等级编号建立“点之记”，即将导线点至附近明显地物的距离、方向标注在图上。

第三节　公路常用测量仪器与使用

一、罗　盘　仪

1. 罗盘仪的构造

罗盘仪主要由望远镜、罗盘盒和基座三部分组成，如图2-5所示。

望远镜供照准目标用，用时先调节目镜，看清十字丝；然后水平转动望远镜照准目标，调节对光螺旋，看清目标，望远镜一侧带有竖直度盘，供竖角测量用。

罗盘盒由磁针和刻度盘构成，供测定磁方位角或磁象限角用。磁针安装在度盘中心顶针上，可自由转动，不用时可用固定螺旋将磁针抬起固定在玻璃盖上，以减少顶针磨损。度盘最小刻划为1°或30′，每10°一注记。注记方式有两种：一种按逆时针方向从0°注记到360°，称为方位罗盘，可测磁方位角；另一种是分别从0°直径两端各向左右注记到90°，并注以东西南北。由于磁针指向北方，当度盘随望远镜向东旋转一个锐角时，相当于度盘不动，磁针向西转了同一个角度。为了使磁针读出的象限与望远镜旋转后所在象限一致，度盘上的东西注字与实地的东西相反。这种罗盘称为象限罗盘，可测象限角用。此外，罗盘盒内还装有两个水准器，供整平罗盘用。

基座系一种球臼结构。松开球臼接头螺旋，可摆动罗盘盒，使水准气泡居中，度盘处于水平位置。然后拧紧接头螺旋。

2. 罗盘仪的使用

测定直线的磁方位角或磁象限角的方法如下：

(1)置罗盘仪于直线起点的一端，进行对中、整平；

(2)照准直线另一端点的标杆（物镜在度盘注有0°或北的一端）；

(3)放松磁针，待磁针静止后，读出磁针北端（倒镜读南端）所指的度盘读数，即为该直线的磁方位角。如图2-6，磁方位角 $A_m = 120°30'$。如果测量时使用的是象限罗盘，这时按磁针北端（倒镜指南端）读数，即为磁象限角。

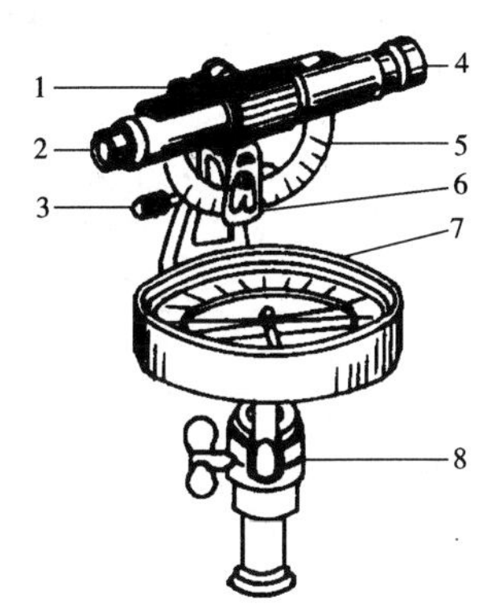

图2-5 罗盘仪

1-望远镜制动螺旋；2-目镜；3-望远镜微动螺旋；4-物镜；5-竖盘；6-竖盘指标；7-罗盘盒；8-球臼

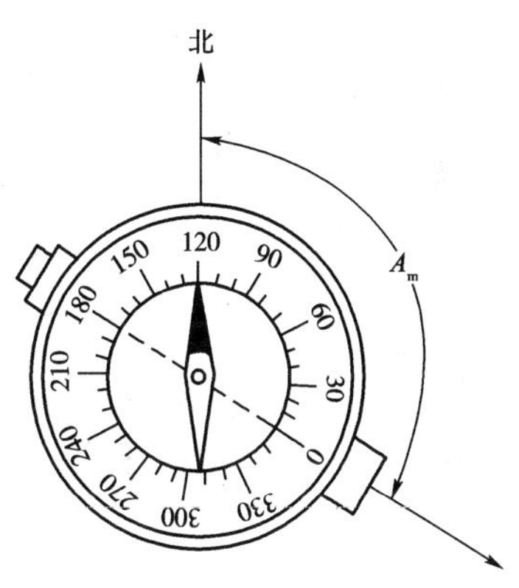

图2-6 罗盘仪度盘

使用罗盘仪测量时，罗盘仪应置平，磁针应自由转动，应避免接近高压线和铁质物体，用完后，应将磁针抬起，固定在顶盖上。

3. 罗盘仪的检验与校正

罗盘仪在使用前应进行检验和校正。检验的项目有：

(1)磁针要平衡。当罗盘仪置平时，磁针要成水平，如果出现一头高，一头低，就移动磁针上的铜丝圈，使磁针平衡。

(2)磁针应有良好的灵敏度。将罗盘仪置平后，瞄准一目标，待磁针静止即读数，然后转动罗盘再重新瞄准这一目标，若磁针摆动后较快静止，并且仍指在原来读数，则说明磁针磁性良好，否则应检查原因，进行修理。

磁针转动不灵敏，有两个原因：一是磁针磁性强度不够；二是顶针磨钝。针对具体情况加强磁针磁性强度，或把顶针重新磨尖。

(3)检查磁针有无偏心，磁针的顶针应与度盘中心相重合。检查的方法是：将罗盘置平后，以磁针在不同的位置进行两端读数，方位罗盘两端读数之差应为180°，象限罗盘两端读数应相等（但象限注字是相反的）。否则，除考虑度盘刻度不均和读数本身误差外，就是由于磁针顶针不与度盘中心相重合所造成的偏心差。实地使用时,可取磁针两端读数的平均值,以消除偏心差的影响。

(4)视准面应通过度盘的0°~180°线(或0°~0°线)从接目觇板的下端拉一细线到接物觇板的顶部,从接目觇板的细缝沿细线从上向下看,若细线遮住0°~180°线(或0°~0°)线,表明满足条件;否则,应转动刻度进行校正。

二、光学经纬仪

我国生产的经纬仪按精度系列标准(表2-1)有 DJ_{07}、DJ_1、DJ_2、DJ_6、DJ_{15} 和 DJ_{60} 六个型号。"D"、"J"分别为"大地测量"、"经纬仪"的汉语拼音字头;07、1、2、6、15、60分别为该类仪器以秒表示的一测回水平方向的中误差。系列中 DJ_6、DJ_2 级(简称 J_6、J_2)是两种常见的中等精度光学经纬仪。经纬仪系列基本参数见表2-1。

经纬仪系列基本参数 表2-1

项目		等级与型号					
		DJ_{07}	DJ_1	DJ_2	DJ_6	DJ_{15}	DJ_{60}
一测回水平方向精度(″)		±0.6	±0.9	±1.6	±4	±8	±40
望远镜	放大倍数	30、45、55	24、30、45	28	28	16	
	物镜有效孔径(mm)	65	60	40	40	25	
	最短视距(mm)	3	3	2	2	1	
水准器分划值	照准部水准管(″/2mm)	4	6	20	30	30	120
	竖盘指标水准管(″/2mm)	10	10				
	望远镜水准管(″/2mm)					30	60
	圆水准器(″/2mm)	8	8	8	8	8	8
竖盘指标自动补偿器	工作范围(′)			±2	±2		
	安平精度(″)			±0.3	±1		
水平度盘读数最小格值		0.2″	0.2″	1.0″	1′	1′	5′
主要用途		国家一等三角测量	国家二等三角测量,精密工程测量	国家三、四等三角测量,精密工程测量	大比例尺地形测量及一般工程测量	矿山测量及一般工程测量	一般工程测量及简易测量

(一)J_6 级经纬仪的构造

经纬仪如图2-7所示,主要由照准部、水平度盘、基座三部分组成。

照准部包括望远镜、竖直度盘、水准器、读数设备。望远镜是用来瞄准目标的,其构造与水准仪相同。望远镜与横轴固连在一起置于支架上,并要求视准轴垂直于横轴,在横轴水平时,望远镜绕横轴旋转的视准面应是一个铅垂面。为了控制望远镜的仰俯,在支架一侧装有望远镜制动螺旋和微动螺旋。竖直度盘固定在望远镜横轴的一端,同望远镜一起转动,用以观测竖直角。圆盒水准器用来粗平仪器;管水准器用于精平。竖盘指标水准管是用来安置竖盘指标于正确位置,并借助支架上的竖盘指标水准管微动螺旋来调节。读数设备包括读数显微镜、测微器以及光路中一系列光学棱镜和透镜。照准部的下面装有一竖轴、插入轴座内可使整个照准部绕竖轴水平转动;为了控制这一转动,装有水平制动螺旋和微动螺旋。

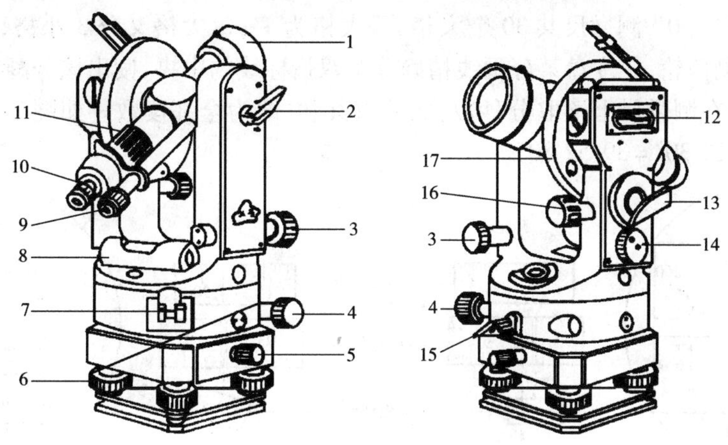

图 2-7　J_6 级经纬仪的构造

1-物镜;2-望远镜制动螺旋;3-望远镜微动螺旋;4-水平微动螺旋;5-轴座固定螺旋;6-脚螺旋;7-复测扳手;8-管水准器;9-读数显微镜;10-目镜螺旋;11-物镜对光螺旋;12-竖盘指标水准器;12-采光镜;14-测微轮;15-水平制动螺旋;16-竖盘指标水准管微动螺旋;17-竖盘外壳

水平度盘系用光学玻璃制成的圆盘,其上通常按顺时针从 0°至 360°刻有等角距的分画线。相邻两分划线间的格值有 1°和 30′两种。度盘固定在套轴上,套轴套在轴座外边,度盘和照准部两者的离合关系,由固定在外壳上的度盘离合器(复测扳手)来控制。离合器扳手扳下,两者结合在一起转动,这时度盘读数不变;离合器扳手扳上,两者分离,照准部单独转动,这时度盘读数变动。有的仪器没有离合器,度盘不能随照准部转动;度盘单独转动,则靠另设的度盘变换手轮。

基座包括轴座、脚螺旋和连接板。调节脚螺旋可使气泡居中,从而使竖轴铅直。三脚架上的中心连接螺旋,旋进连接板的螺母中,可将仪器稳固在安置的脚架上。在连接螺旋上悬挂垂球,可指示水平度盘的中心位置。借助垂球,可将度盘的中心安置在测角点的铅垂线上。有的经纬仪还装有光学对点器,与垂球对中相比,具有精度高和不受风吹影响等优点。

测微装置 J_6 级经纬仪采用的测微装置有以下两种。

(1)分微尺读数装置。这是在读数显微镜的读数窗场镜上装有一块带刻画的分微尺,当度盘影像呈现在场镜上时,分微尺就可等分度盘相邻刻画的格值。图 2-8 是读数显微镜内看到的度盘影像,注有“水平”(或“H”)的为水平度盘读数窗,注有“竖直”(或“V”)的为竖直度盘读数窗。度盘格值为 1°,分微尺有 60 个小格,其总长度恰好等于放大后度盘每格的宽度,故每小格为 1′。读数时,以度盘分画线为指标线,反过来读取在分微尺上的读数,估读到 0.1′(6″)。最后将该度盘分画线的读数(度数)加上分微尺的读数(分和秒数),即得整个读数。读数时仍遵循由小向大的原则。例如,水平度盘读数为 261°04′00″,竖直度盘读数为 90°54′00″。

(2)单平板玻璃读数装置。这是利用一平板玻璃和测微尺绕同一轴旋转,使通过平板玻璃的度盘影像平行移动一个量,该量可由测微尺上读出。如图 2-9a),当测微尺按指标线读数为 0,平板玻璃底面水平,来自度盘的光线垂直通过平板玻璃,度盘分画线的影像不改变原来位置,这时按设置在读数窗上的双指标线读数应为 92° + α。转动仪器测微轮,平板玻璃转动一个角度后,如果度盘分画线的影像正好平行移动一个 α,即 92°分划线的影像,夹在双指标线中间，则这个移动量 α 即可由同轴旋转的测微尺上读出（图 2-9b），全读数为 92°18′20″。

图 2-10 是这种读数显微镜中同时看到的三个影像，上为测微尺，中为竖直度盘，下为水平度盘。度盘格值为 30′，测微尺共 30 个大格，每大格为 1′；每大格又分 3 小格，每小格为 20″。读数时，先转动测微轮，使度盘某分画线精确移至双指标线的中央，读出该分画线的度盘读数，再根据单指标线在测微尺上读取分秒数，然后取其和，即为全部读数。如图 2-11 中水平度盘读数为 39°30′ + 22′30″ = 39°52′30″。

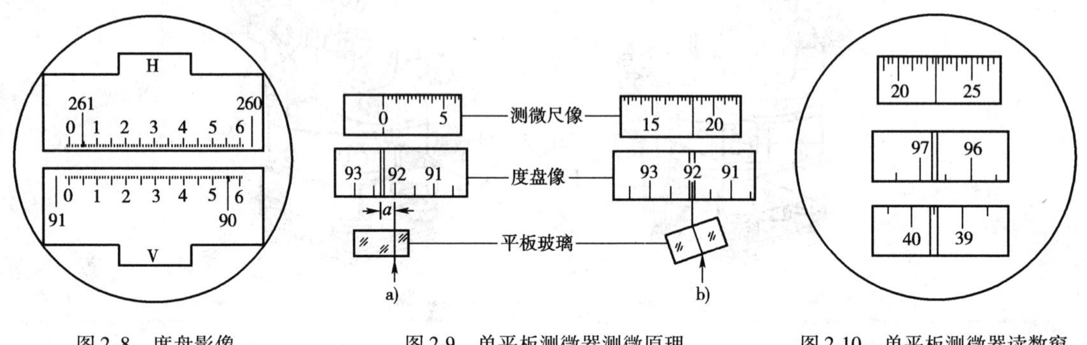

图 2-8　度盘影像　　图 2-9　单平板测微器测微原理　　图 2-10　单平板测微器读数窗

（二）J_2 级经纬仪构造

J_2 仪器属于 2″级光学经纬仪，常用于三、四等三角测量、精密导线测量和工程测量。仪器的一般构造除轴系外大致与 J_6 相同，但其读数设备和读数方法却不同。J_2 经纬仪的外形和主要部件名称如图 2-11 所示。

J_2 级仪器是采用移动光楔符合读数装置进行读数。这是利用一对楔角相反平列的光楔固定不动；等量移动另一配对的两块光楔，将度盘对径相差 180°的分画线分正、倒影像呈现在读数窗视场上作相向移动，其移动量由秒盘读出来。如图 2-12a），若按指标线（实际上没有指标线）读数，正像 100°40′ + a，倒像 280°40′ + b，平均读数为 100°40′ + $\frac{a+b}{2}$。转动测微轮，使上下相邻的分划线重合（对齐），秒盘上的读数则为 $\frac{a+b}{2}$，如图 2-12b）。当上下分画线重合后，将左边正像的分画度数（100°），加上与此分画线相差 180°倒像分画线之间的格数乘以度盘格值的一半（10′），即得度盘读数 100°40′。度盘读数加上秒盘读数即为全读数。图 2-13，度盘读数为 91°10′，秒盘读数 7′22″.0（左边的数字为“分”，右边的数字为“10″”），全读数为 91°17′22″。

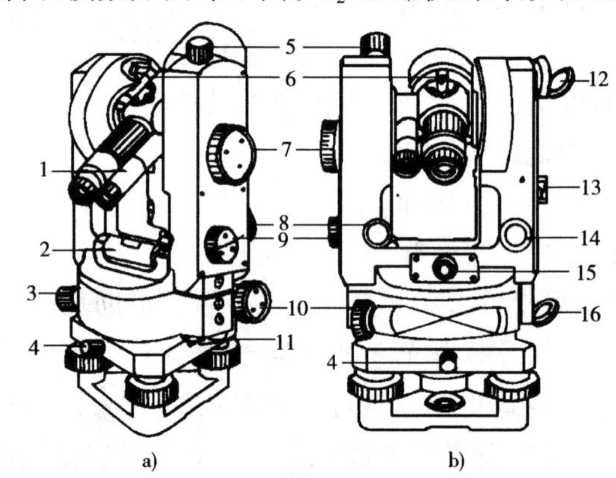

图 2-11　J_2 级经纬仪构造

1-读数显微镜；2-照准部水准管；3-水平制动螺旋；4-轴座固定螺旋；5-望远镜制动螺旋；6-瞄准器；7-测微轮；8-望远镜微动螺旋；9-换像手轮；10-水平微动螺旋；11-水平度盘读数变换轮；12-竖盘采光镜；13-竖盘指标水准管观察镜；14-竖盘指标水准管微动螺旋；15-光学对中器；16-水平度盘采光镜

近年来，J_2 级经纬仪采用了半数字化的读数方法，使读数更为方便，不易出错，如图 2-14a）。中间窗口为度盘对径分画影像，没有注记。上面窗口为度和整 10′的注记，用小方框标记欲读的整 10′数。下面窗口为分和秒的读数（上边大字为分，下边小字为“10″”）。读数时，转动测微轮使中间窗上下影像重合，上窗口读数 5°10′，下窗口读数 2′34″，全读数为 5°12′34″。

此外，J_2 仪器的度盘读数是在同一读数窗进行。在读数显微镜内，一次只能看到一个度盘影像。旋转支架上的换像手轮，当手轮端面刻线呈水平时，读数窗上的影像表示水平度盘；刻线呈竖直时，表示竖盘影像图 2-14b)。

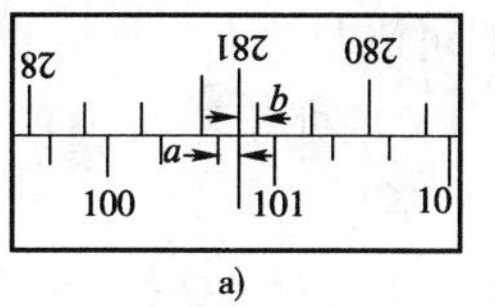
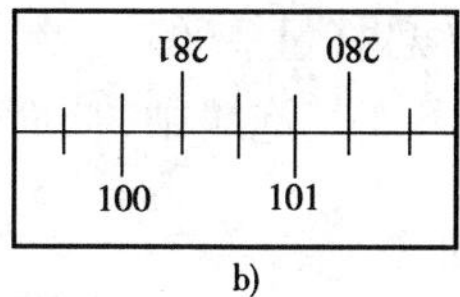

图 2-12　J_2 经纬仪度盘

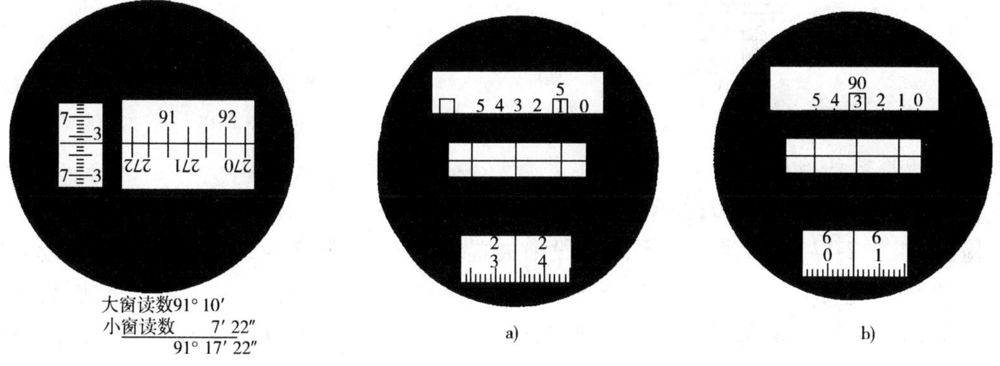

图 2-13　J_2 经纬仪读数窗

图 2-14　J_2 经纬仪数字化读数窗

三、经纬仪的检验与校正

如图 2-15，经纬仪的几条主要轴线——水准管轴 LL、视准轴 CC、横轴 HH，竖轴 VV 以及竖盘指标差 x、十字丝纵丝等应满足以下条件：

1. $LL \perp VV$；
2. $CC \perp HH$；
3. $HH \perp VV$；
4. $x = 0$；
5. 十字丝纵丝垂直 HH；
6. 光学垂线与竖轴重合。

以上经纬仪各轴线间的正确几何关系，常因外界条件的变化而发生变动，故在正式观测前，应对仪器进行检验校正，其方法如下。

(一)照准部水准管轴的检验校正

目的：满足条件 $LL \perp VV$；使气泡居中时，竖轴铅直，水平度盘处于水平位置。

检验：先将仪器粗略整平，转动照准部使水准管平行任意两脚螺旋连线，调节两脚螺旋使气泡居中。再将照准部转 180°，若气泡居中，表示条件满足；否则，应进行校正。

校正：先用校正针拨动水准管校正螺丝，升高或降低水准管的一端，使气泡向正中间退回偏移格数的一半；再调节脚螺旋使气泡完全居中，消除偏差的另一半。这项校正需反复进行，直至气泡偏离零点小于$\frac{1}{2}$格为止。

校正原理：如图 2-16，设 LL 与 LV 不成 90°，相差一个 e 角。当调节脚螺旋使气泡居中时，L 轴水平，则 V 轴会偏离铅垂方向一个 e 角，如图中 I 位置。当照准部旋转 180°，L 绕 V 轴并保持“90° − e” 的交角转至图中 II 位置时，LL 离气泡居中的水平位置 Q 偏离了 $2e$，则气泡从居中位置偏移至一端，气泡的偏移量即为 $2e$。因此，校正时只需改正 LL 与 VV 不相垂直造成的一个 e 角

(总移量 $2e$ 的一半)即可满足条件。另一个 e 是由于竖轴不铅垂造成的,故只须调节脚螺旋即可使气泡居中,从而使 VV 轴处于铅垂位置。

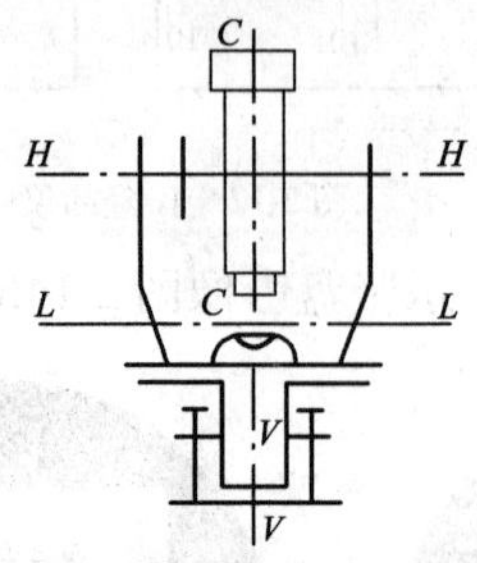

图 2-15 经纬仪主要轴线

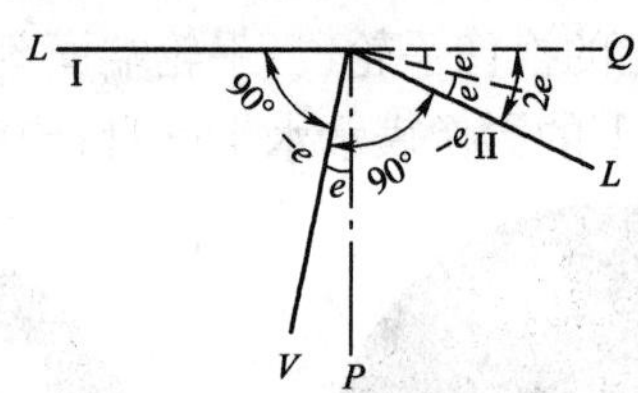

图 2-16 校正原理图

(二)视准轴的检验校正

目的:满足条件 $CC \perp HH$,使望远镜旋转时的视准面为一平面而不是锥面。

检验:如图 2-17,在百米长的平坦地段中央置仪器于 O,距仪器 50m 左右的一端设一标志 A,距仪器 50m 左右的另一端横放一个 mm 分划的小尺。整平仪器,以盘左瞄准 A,倒转望远镜在尺上取 B_1。旋转照准部以盘右再瞄准 A,倒转望远镜在尺上取 B_2。若 B_1、B_2 重合,表明条件满足,否则应进行校正。

校正:设视准轴与横轴不垂直,相差一个 c 角,称为视准误差。当盘左、盘右检验时 B_1、B_2 不重合,则 B_1、B_2 之间的距离反映 $4c$ 的误差。校正时只应改正一个 c,即在尺上定出一点 B_3,该点与盘右读数 B_2 的距离为四分之一 B_1B_2 的长度。将十字丝环的左右两个校正螺丝,先松一个再紧一个(图 2-18),就可使十字丝中丝交点由 B_2 移至 B_3;最后拧紧二校正螺丝。按以上工序再反复 1 ~ 2 次,即可完成校正。一般规定 J_6 仪器 c 值限差为 ±10″,J_2 为 ±8″,在这个范围内,可不校正。因 c 很小,由图可知:$c'' = \dfrac{B_1B_2/4}{d} \cdot \rho''$,式中,$\rho'' = 206\ 265''$,$d$ 为尺与仪器间的距离。

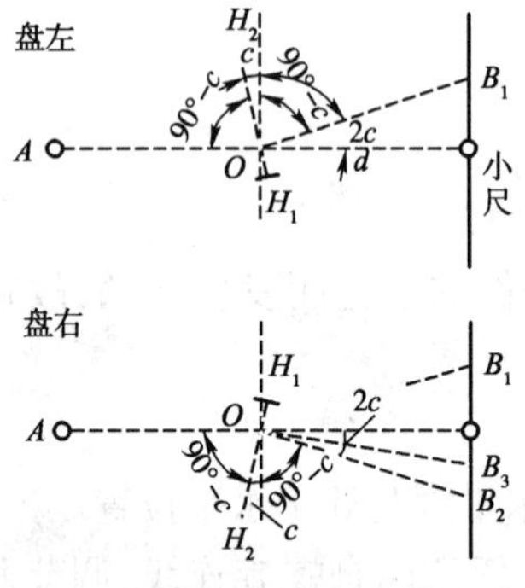

图 2-17 视准轴校正示意图

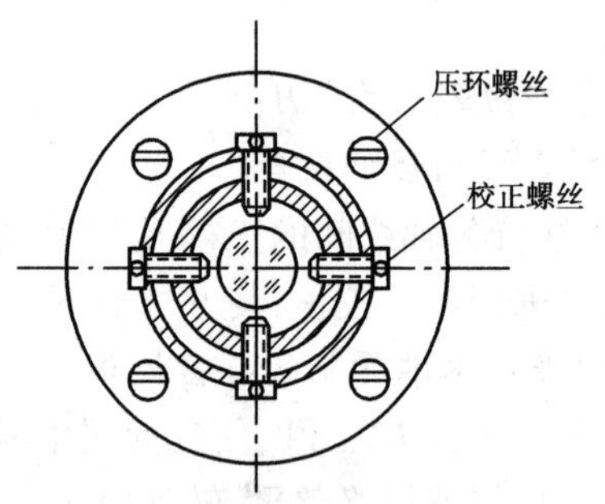

图 2-18 视准轴校正方法示意图

(三)横轴的检验校正

目的:满足条件 $HH \perp VV$,使望远镜旋转的视准面为一铅垂面而不是倾斜面。

检验:整平仪器于离墙壁 20 ~ 30m 远处,以盘左位置瞄准仰角大于 30°、视准面约垂直于墙面的高目标 A(图 2-19),放平望远镜在墙上定 B_1。倒转望远镜以盘右再瞄准 A 点,放平望远镜定出 B_2,或 B_1、B_2 重合,表明条件满足,否则应进行校正。

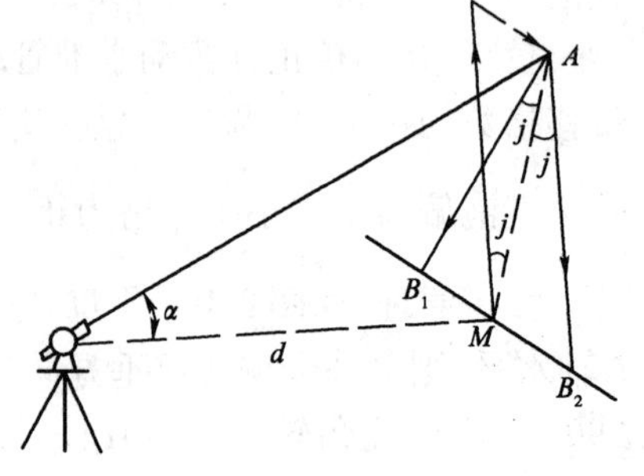

图 2-19 横轴的检验校正示意图

校正：设横轴不垂直于竖轴，相差一个 i 角，称为横轴误差。当竖轴铅垂时，则横轴不水平，倾斜一个 i 角；盘左、盘右瞄准 A 点放平望远镜时，视准面不是铅垂面，而是分别向左、向右各倾斜 i 角的斜平面，其在墙上的交线为 AB_1、AB_2。校正时，为了使视准面为通过 A 点的铅垂面，转动照准部以盘右瞄准 B_1B_2 的中点 M；然后抬高望远镜至 A 点附近，则十字丝中丝交点必须偏离 A 点。这时，可调节横轴校正机构，升高或降低横轴一端，直至使十字丝中丝交点照准 A 点为止。光学经纬仪的横轴为封闭的，校正应由检修人员进行。

由图可知，由于 i 角很小。

$$i('') = \frac{B_1B_2/2}{AM} \cdot \rho'' = \frac{B_1B_2}{2d\tan\alpha} \cdot \rho'' = \frac{B_1B_2 \cdot \cot\alpha}{2d} \cdot \rho'' \tag{2-2}$$

式中，$\rho''=206\ 265''$，d 为仪器至目标的水平距离。对于 J_6 级仪器，i 的限值为 $\pm 20''$，J_2 级为 $\pm 15''$。

（四）竖盘指标差检验校正

目的：满足 $x=0$ 的条件，使指标处于正确位置。

检验：仪器置平后，以盘左、盘右先后瞄准同一目标，在竖盘水准管气泡居中时，读取竖盘读数 L 和 R。若竖盘为逆（或顺）时针全圆注记时，按公式 $x=\frac{1}{2}(L+R-360°)$ 计算指标差，若 $x \neq 0$ 则应进行校正。

校正：保持望远镜在盘右位置瞄准目标不变，计算指标差为零时的盘右正确读数 R_0，$R_0=R-x$。转动竖盘指标水准管微动螺旋使指标线对准读数 R_0，此时气泡必不居中；则用校正针拨动竖盘水准管校正螺丝，使气泡居中即可。校正需要反复进行，直至 x 不超过限差为止，J_6 级仪器限差为 $\pm 12''$，J_2 级为 $\pm 10''$。

（五）十字丝纵丝的检验校正

目的：满足纵丝垂直于横轴，使纵丝在视准面内。

检验：先用十字丝交点瞄准一固定目标，旋紧照准部和望远镜的制动螺旋；然后转动望远镜微动螺旋使望远镜上下移动。若纵丝始终未离开目标，则表明条件满足，否则应进行校正。

校正：先用十字丝交点瞄准原目标。拧下目镜处的扩盖，再放松十字丝环四个压环螺丝，转动十字丝环（但交点位置不变，仍对准原目标），直至望远镜上下微动时始终未离开目标为止，最后将四个压环螺丝拧紧。

（六）光学对点器的检验校正

目的：使光学垂线与竖轴重合。

检验：先在距光学对点器一定距离处（如1.3m左右）设一目标 A，使对点器分划板中心圈与之重合。将对点器绕竖轴转180°，若中心圈仍与 A 点重合，可进行下一步检验；若与另一点 B 重合（如图2-20），则应进行校正，使中心圈与 A、B 之中点重合。接着进行以下检验：改变 A 点至光学对点器的距离，如由原1.3m缩短为1m到 A'，再按上步方法检验。若对点器旋转180°后，分画板中心圈仍与 A' 重合，表明条件满足。否则应进行校正，使中心圈与 $A'B'$ 之中点重合。

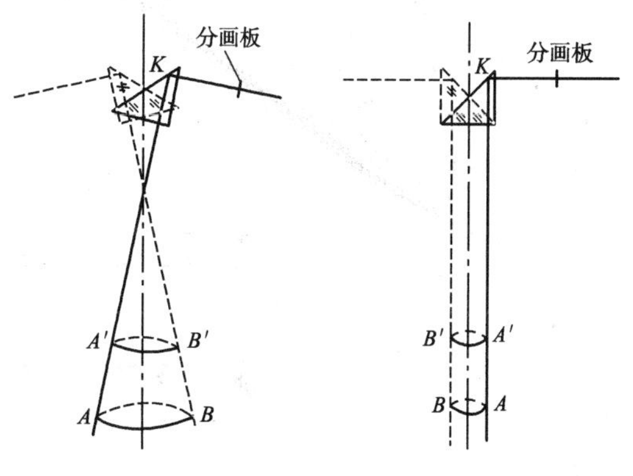

图2-20　光学对点器的检验校正示意图

校正：仪器类型不同，校正部位也不同，有的校正转向直角棱镜，有的校正分划板，有的两者均可校正。校正时均需通过拨动对点器上相应的校正螺丝，调整目标偏离量的一半反复1～2次后，直至照准部转到任何位置观察时，目标都在中心圈以内即可。但是必须指出，当转向直角棱镜上的有效转向点 K 不在竖轴上时，则上述后一步的校正必然会破坏前一步的校正。因此，两步检校工作，必须反复进行，直到都满足要求为止。

第四节　水准仪与水准尺

我国生产的水准仪仪按其系列标准分 DS_{05}、DS_1、DS_3、DS_{10}、DS_{20} 共五个等级、其中“D”和“S”分别为“大地测量”和“水准测量”的汉语拼音字头，05、1、3、10 及 20 表示仪器的精度等级。其中 DS_3（简称 S_3）水准仪是水准测量中的常用仪器（图 2-21）。

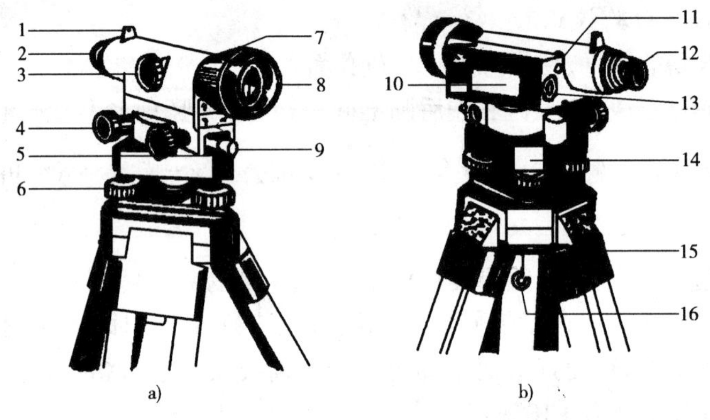

图 2-21　水准仪

1-照门；2-目镜；3-物镜对光螺旋；4-微倾螺旋；5-水平微动螺旋；6-脚螺旋；7-准星；8-物镜；9-水平制动螺旋；10-管水准器；11-符合水准器观察镜；12-目镜对光螺旋；13-管水准器校正螺丝；14-圆水准器；15-脚架；16-连接螺旋

一、水准仪的构造

水准仪主要由望远镜、水准器和基座三部分构成。

1. 望远镜

望远镜的作用，一是能看清不同距离的目标；二是提供一条能瞄准目标的视准线（轴）。它由物镜 1、镜筒 2、调焦透镜 3、十字丝板 4、目镜 6 等部件构成（图 2-22）。物镜和十字丝分画板都固定在镜筒 2 内，调焦透镜 3 与筒外物镜对光螺旋 5 相连，转动物镜对光螺旋 5，调焦透镜 3 则可沿光轴前后移动，使远近不同目标都能成像在十字丝分画板上。目镜筒装在分画板后面，起放大十字丝平面上物像的作用，转动目镜对光螺旋 7，目镜在筒内前后移动，可使物像和十字丝影像清晰。

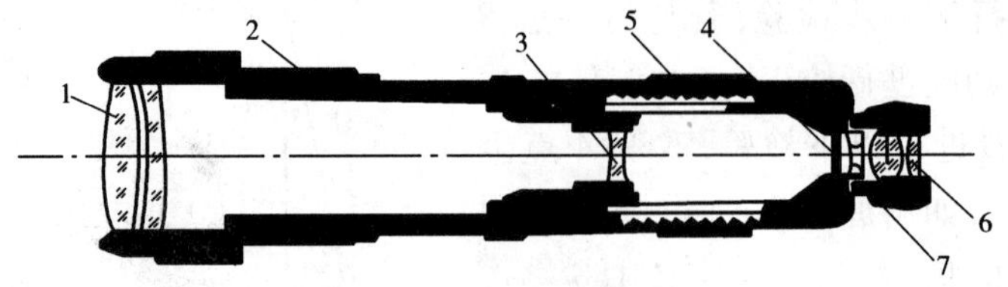

图 2-22　望远镜

1-物镜；2-镜筒；3-调焦透镜；4-十字丝板；5-物镜对光螺旋；6-目镜；7-目镜对光螺旋

十字丝分画板(图 2-23)是直径约为 10mm、厚度为 1 ~ 2mm 的平板玻璃,在一个面上刻有互相垂直的纵横细线,称为十字丝。十字丝中心交点与物镜光心的连线,称为视准轴,为照准目标的视准线。垂直于纵丝的上下两条短线,称为视距丝,是配合水准尺作视距测量用的。

为了消除像差,提高望远镜成像质量,物镜和目镜都采用复合透镜组成。望远镜照准目标所放大的倍数,称为望远镜放大率,是衡量望远镜光学性能的主要标志之一。S_3 型水准仪望远镜的放大率约为 30 倍;高精度的水准仪放大率可达 45 倍。

2. 水准器分圆水准器和管水准器

圆水准器用于粗平仪器;管水准器用于精平视线,主要是指示望远镜视准轴是否安置水平。

管水准器是一个两端封闭的玻璃管,内壁按一定半径研磨成圆弧面(图 2-24),管内充满乙醚和酒精,经加热、封口冷却后管内形成气泡。纵向圆弧的中心 O 称为水准器的零点。过 O 点的切线 LL,称为水准管轴。当水准器气泡的中点位于 O 点(居中)时,则水准管轴处于水平位置。仪器倾斜时,气泡向高的一端移动。

沿水准管纵向于 O 点的对称位置,每 2mm 弧长刻一分画线,两刻画线间弧长所对的圆心角 τ 称为水准管的分画值(图 2-25),即气泡每移动一格时,水准管轴所倾斜的角值为

$$\tau = \frac{2}{R} \cdot \rho''$$

式中:R——水准管内壁圆弧的半径 mm;

$\rho'' = 206\ 265''$;

τ——S_3 型水准仪的分画值,$\tau = 20''/2\text{mm}$。

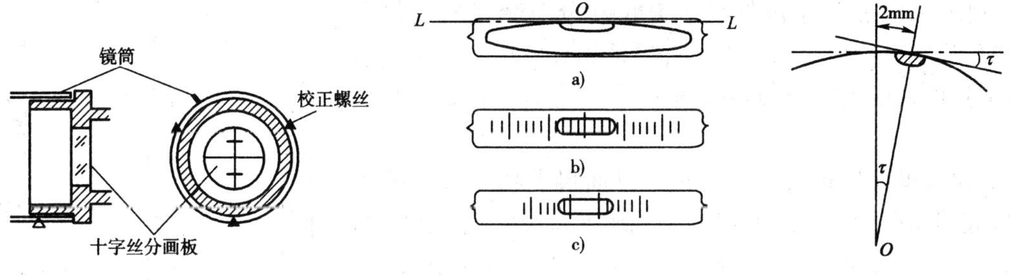

图 2-23　十字丝分画板　　图 2-24　管水准器　　图 2-25　水准管的分画值

一般来说,τ 与 R 成反比,半径越大,分画值就越小,水准管的灵敏度也就越高。但是,灵敏度的高低不仅取决于分画值,还与气泡的长度、外界温度、内灌液体的性质、水准管内壁研磨的质量,以及管材性质等因素有关。

为了提高观测水准管气泡居中的精度和速度,水准仪上通常都安装符合水准器,如图 2-26a)。符合水准器是在无分划线的管水准器上安装一组棱镜,将气泡两端各半个影像借反射作用传递到望远镜旁的观察镜中。当气泡两端的半影像符合时,表示气泡居中。若两端影像错开(图 2-26b),可转动微倾螺旋使影像符合(图 2-26c);左侧影像移动的方向和右手大拇指运动方向相同。符合水准器的置平精度要比一般分画水准管约高 6 ~ 8 倍。

圆水准器是一个玻璃圆盒(图 2-27)。圆盒的顶面内壁是一个球面,球面中心刻有一圆圈,圆心称为水准器零点。通过零点的球面法线,称为圆水准轴,以 $L'L'$ 表示。圆水准器的分画值是指气泡以零点为圆心,向任意方向移动 2mm 时,水准器所倾斜的角值。S_3 型水准仪的圆水准器分画值一般为 8′。

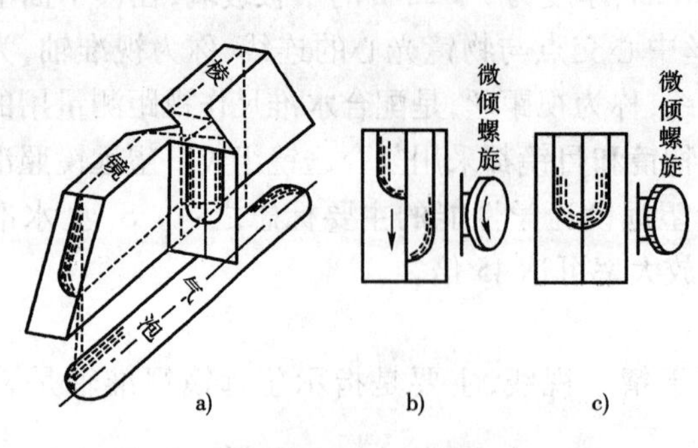

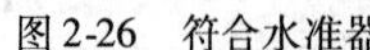

图 2-26　符合水准器

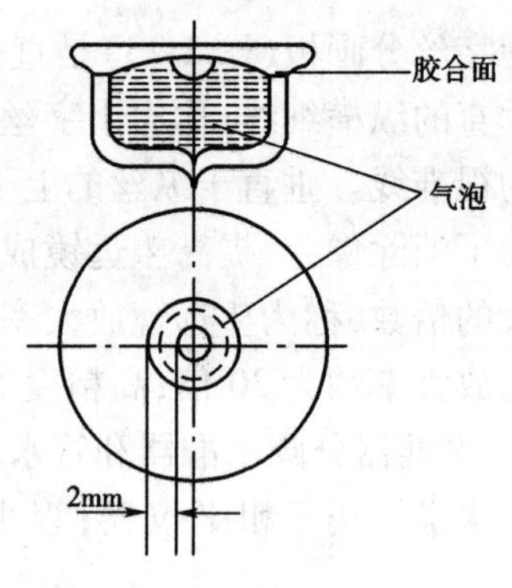

图 2-27　圆水准器

3. 基座由轴座、脚螺旋和连接板组成

仪器上部通过竖轴插入轴座内，由基座承托。三个脚螺旋可使圆水准器气泡居中，供粗平仪器用。整个仪器通过连接螺旋、连接板与三脚架连接。

水准仪除望远镜、水准器和基座三个主要部件外，为了操纵望远镜在水平方向的转动，设有水平制动螺旋与水平微动螺旋，且只有当制动螺旋制紧后，微动螺旋才起作用；另外望远镜和管水准器固连在一起，水准管轴与视准轴平行，为了使视线精密水平，设有微倾螺旋。当圆水准气泡居中后，调节微倾螺旋，可快速使管水准气泡严格居中（气泡影像符合），则视线即可水平。

二、水准尺和尺垫

如图 2-28，常见水准标尺有直尺和分节套接的塔尺两种，由优质木材或玻璃钢制成。直尺长 3m，塔尺三节抽出后长 5m，尺面采用黑（红）白相间的区格 cm 分画，每 10cm 加一注记。

直尺有单面尺和双面尺两种。双面尺上黑面称为基本分画，底端起点为零；红面为辅助分画，底端起点不为零，与黑面相差一个常数 K；一尺 $K_1 = 4.687\text{m}$，另一配对尺 $K_2 = 4.787\text{m}$，K_1 与 K_2 之差恰为 100mm，以供测量检核用。

尺垫（图 2-29），系生铁铸成，下面有三个尖脚，能稳定地立于地面，上部中央有半球状突出部分，主要用在传递高程的转点上。使用时，将尺垫踩紧，然后将水准尺立于中央突出部分，以防止水准尺下沉。

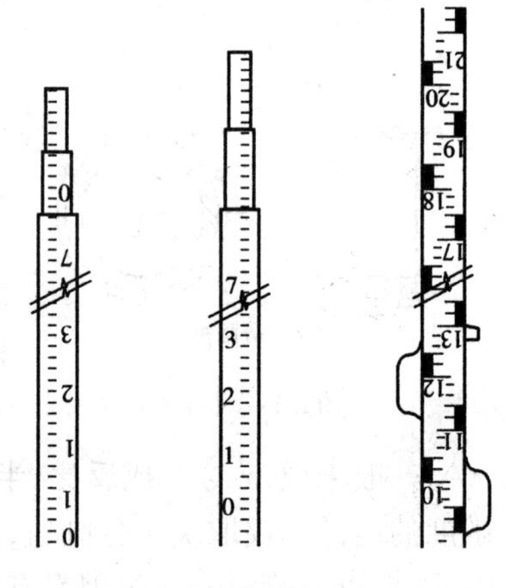

图 2-28　水准标尺

三、水准仪的技术操作

首先，在测站上安置脚架，调节架脚，使高度适中，架头大致水平；然后，用连接螺旋将水准仪安装在架头上，并调整三个脚大致等高。

水准仪的技术操作按以下四个步骤进行：粗平—瞄准—精平—读数。

四、水准仪的检验与校正

如图 2-30，水准仪有四根主要轴线：视准轴 CC，水准管轴 LL，竖轴 VV 和圆水准的 $L'L'$。

各轴线间应满足以下几何条件：

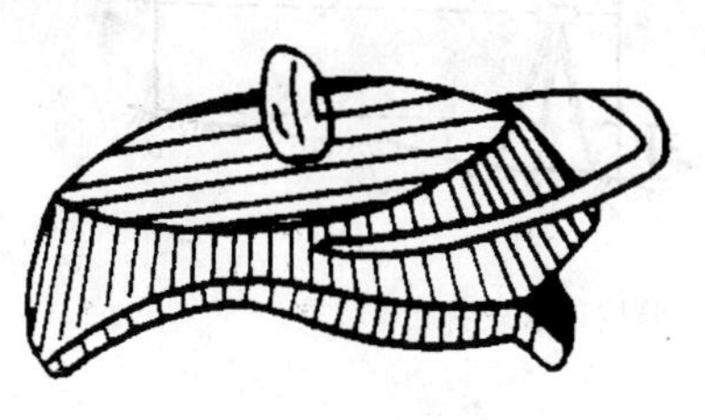

图 2-29　尺垫

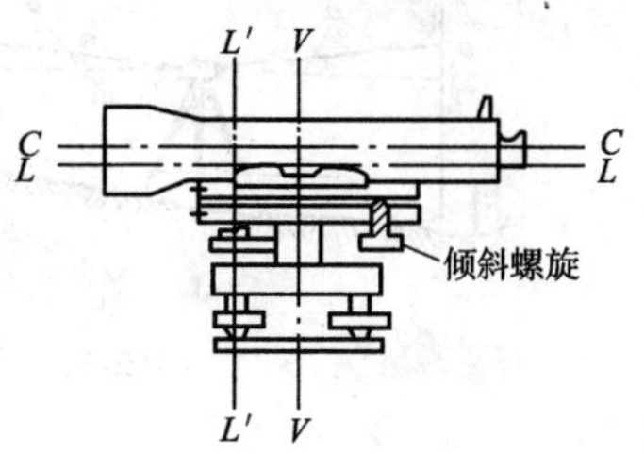

图 2-30　水准仪主要轴线

1. $L'L'/\!/VV$；

2. $LL/\!/CC$；

3. 十字丝中横丝与竖轴垂直，其检校方法如下。

（一）圆水准轴的检验校正

目的：满足条件 $L'L'/\!/VV$，从而使圆水准气泡居中时，仪器竖轴基本铅直，视线达到粗平。

检验：用脚螺旋调节圆水准气泡居中，然后将仪器旋转 180°，若气泡居中，则表示 $L'L'/\!/VV$ 条件满足。若气泡偏离中央，则应进行校正。

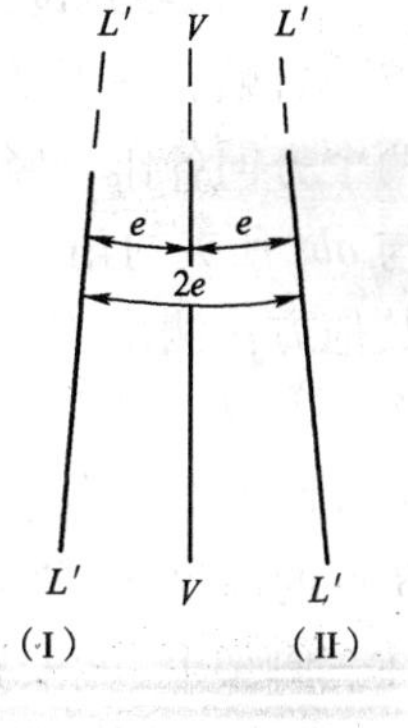

图 2-31　校正原理图

校正：调节脚螺旋，使气泡沿偏离中央方向退回偏离值一半；然后再用校正针拨动圆水准器的螺丝，使气泡退回另一半，再度居中。反复检校，直至整平仪器后转至任何方向，气泡仍居中为止。校正原理如图 2-31 所示，设 $L'L'$ 不平行 VV，其交角为 e。当圆水准气泡居中，$L'L'$ 轴处于铅直位置时，则 VV 轴将倾斜 e 角；当 $L'L'$ 轴从 I 位置绕 VV 轴保持 e 角关系旋转 180° 至位置 Ⅱ 时，则 $L'L'$ 轴倾斜 $2e$ 角。校正时，只能改正一个 e，即气泡退回偏离值的一半，使 $L'L'/\!/VV$；另一半是 VV 轴倾斜 e 角造成的，可调节脚螺旋使气泡居中，VV 轴铅直即可。

（二）望远镜十字丝的检验校正

目的：使十字丝中横丝垂直竖轴，当仪器置平时，十字丝中横丝处于水平位置。

检验：将仪器精密置平，用十字丝中横丝一端瞄准一目标点，徐徐转动仪器的水平微动螺旋，若横线始终未离开目标，表明条件满足；否则，应进行校正。

校正：放松十字丝环的固定螺丝，转动十字丝环，直至满足条件为止。最后将固定螺丝旋紧。

（三）水准管轴的检验校正

目的：满足条件 $LL/\!/CC$，使水准管气泡居中（气泡影像符合）时，视准轴置于精平。

检验：如图 2-32a）所示，在坚实平坦的地段，相距 60 ~ 80m 处打下木桩 A 与 B。将水准仪置于距 A、B 等距处，用变更仪器高法测定 A、B 点间的高差。两次高差之差不超过 3mm 时，可取其平均值作为正确高差 h_{AB}。然后将仪器搬到近 A 端（或 B 端）2 ~ 3m 处（图 2-32b），精平仪器后观测近尺 A 得读数 a_2，若 $LL/\!/CC$，则远尺的正确读数应为计算值 $b_2 = a_2 + h_{AB}$，否则，应进行校正。

校正：调节微倾螺旋，使中横丝对准 B 尺上的应读数 b_2，并用校正针拨动水准管端部的上、下两个校正螺丝，先松一个再紧另一个，将该端升高或降低，使气泡影像符合。此项校正要反复进行，直至达到要求后，再拧紧校正螺丝。

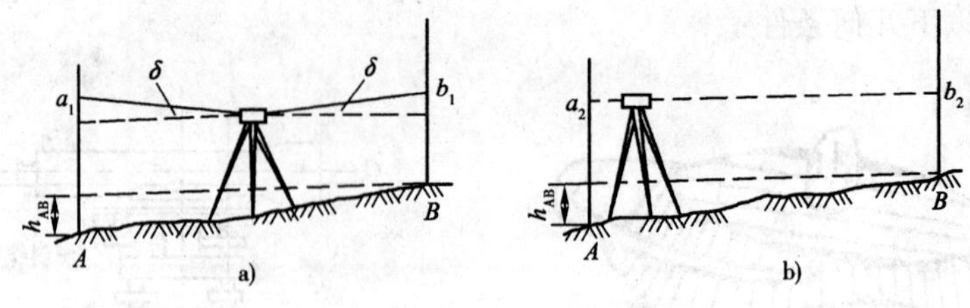

图 2-32　水准管轴的检验校正示意图

第五节　平板仪及其使用

一、平板仪测量原理

平板仪测量是一种观测与绘图相结合的方法。它主要是利用相似形原理图解水平角，用视距法测定距离和高差，将测点位置直接点绘在图纸上。

如图 2-33，设地面测站点 O 在图上的位置为 O。为了测定地面点 A、B 在图上的位置，在 O 点安置贴有图纸的图板，使图上 O 点与地上 O 位于同一铅垂线上，并使图板水平。过 OA 和 OB 两个方向各作一竖直面，两竖直面与图板的交线 oa' 与 ob' 所夹的角度，即为 AOB 的水平角。用视距法或其他方法测出 OA、OB 的距离，就可按一定的比例尺在 oa'、ob' 方向线上定出 a、b 点。此外，用视距法测出 A、B 两点对 O 点的高差，再根据 O 点高程就可算出 A、B 点的高程。由此可知，平板仪测量，需要有一块连接在三脚架上、能安置水平的图板，图板上配有照准目标、描绘方向线、测定距离和高差等的装置。

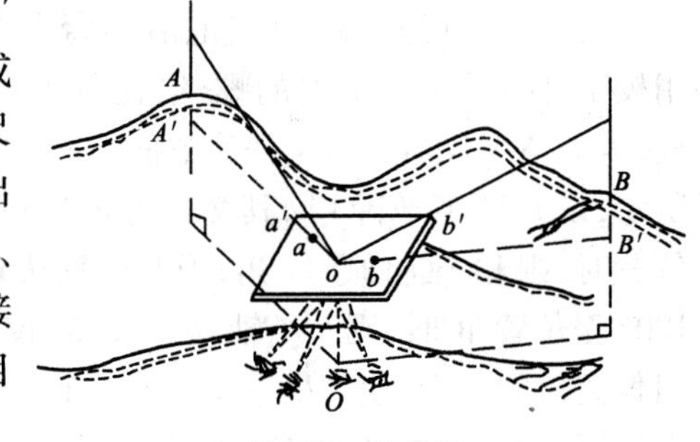

图 2-33　平板仪

二、平板仪的构造

平板仪有小平板仪和大平板仪两类。

1. 小平板仪

小平板仪由图板、脚架与基座、照准仪三部分组成；此外，还有对点器和长盒磁针等附件（图 2-34）。

测图板是木质的正方形或矩形板，图板的背面有槽形孔，通过连接螺旋可将其固定在三脚架的基座上。

照准仪主要是供瞄准目标和在图上画方向线用的。它由直尺和直尺两端的觇孔板和分画板组成。觇孔板又称对目觇板，有上、中、下三个觇孔；分画板又称对物觇板，中间有一竖丝、竖丝与觇孔就构成视准面，供瞄准目标用。分画板两侧刻有分画，可供测定距离、高差或坡度用。对点器是由变弓形金属架和垂球组成，用它可使图上的点与相应地面点位于同一铅垂线上。长盒磁针用来确定图板的方向。

小平板仪构造简单，使用方便，但其照准仪观测距离和高差的精度很低，一般需用经纬仪同它配合进行测图。

2. 大平板仪

大平板仪也是由测图板、三脚架与基座、照准仪以及附件组成。它的照准仪（图 2-35），是由望远镜、竖盘、支柱和直尺等组成。凡与经纬仪相同的部分，它们的构造和用法基本相同。照准仪除用作瞄准和画方向线外，还可用视距法测定距离和高差。附件除对点器和长盒磁针外，还备有单独的水准器供整平图板用。大平板的构造比较坚固、精密，但仪器较重。

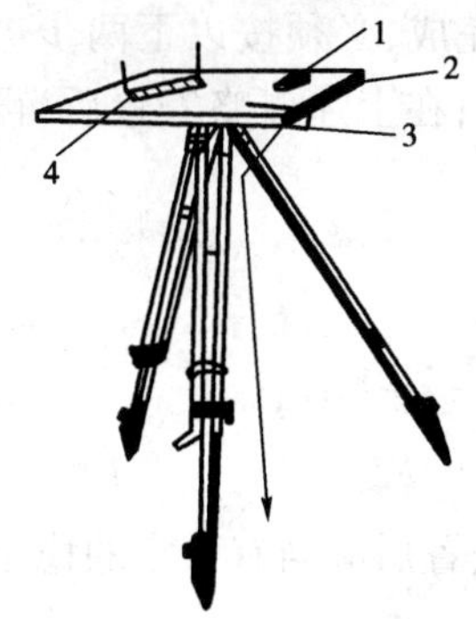

图 2-34　小平板仪

1-磁针；2-图板；3-对点器；4-照准仪

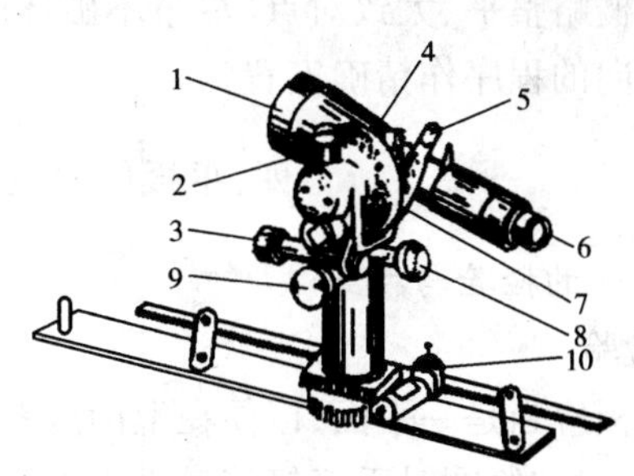

图 2-35　照准仪

1-物镜；2-望远镜制动螺旋；3-竖盘水准管微动螺旋；4-竖盘水准管；5-读数显微镜；6-目镜；7-竖盘；8-望远镜微动螺旋；9-轴调节螺旋；10-横向水准管

三、平板仪的安置

安置平板仪，需要进行对点、整平、定向三项工作。

1. 对点

对点是使图板上的相应点位于测站点的同一铅垂线上。在目估对点的基础上，将对点器的尖端对准图板上的测站点，然后利用脚架或架首的移心板移动图板，使对点器的垂球尖对准地面的测站点。对点误差与测图比例尺有关，一般规定为比例尺精度的一半，即0.05Mmm（M为比例尺分母）。当测图比例尺为 1∶500 时，对点误差的容许值为 2.5cm；1∶1 000时为 5cm；1∶2 000时为 10cm。当比例尺小于 1∶2 000 时，可直接用目估对点。

2. 整平

整平就是使图板水平，是利用基座脚螺旋和照准仪直尺上的水准器来完成的。整平时，照准仪直尺应交替放置在图板两个相互垂直的方向上。实际上，单纯因图板的倾斜对测图精度的影响并不显著，但由此引起的望远镜横轴的倾斜，就会产生描绘方向线的误差，所以当照准仪上没有横轴调平的装置，或在山区测图时（竖直角较大），应仔细进行整平工作。

3. 定向

定向是使图上通过测站点的直线与地面上相应的直线处于同一竖直面内。定向的方法有直线定向和磁针定向两种。

（1）直线定向。这是一种精确的定向方法。如图 2-36，实地 A、B 点在图上的位置为 a、b，现以 A 为测站点，对点、整平后，将照准仪的直尺边贴，靠 ab 线，转动图板使瞄准 B 点，然后固定图板。已知直线定向的精度，取决于直尺贴靠的精确程度和已知直线的长度，直线 ab 愈长，则定向愈精确。一般用作定向的直线长度不宜小于 20cm。在实际工作中，往往将已知直线在图廓外作其延长线，以增加定向直线的长度。为了保证定向的准确性，还应以其他已知直线（如 ac）进行检核。

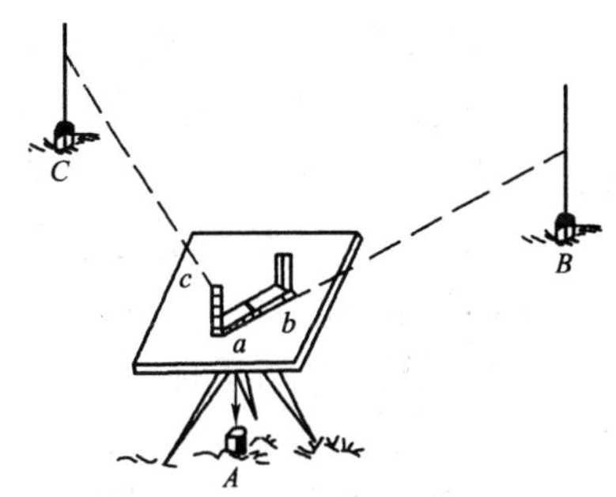

图 2-36　平板仪绘图示意图

(2)磁针定向。将长盒磁针的侧边紧靠图上绘有的磁北方向线，转动图板，使磁针静止后其北端指零，然后固定图板。用磁针定向的精度较低，只有在概略定向或图上没有已知直线方向时使用。与对点、整平相比，定向误差对测定点位的精度影响最大，所以必须准确可靠。

上述安置平板仪的三项工作，在操作时将互有影响，不可能一次完成，必须按以下两步进行：先目估定向，概略整平、大致对点（尽量不破坏前面的定向和整平）；在上述概略安置后，再按对点、整平、定向的程序作精确安置。

四、平板仪的检验与校正

（一）小平板仪的检验与校正

1．平板的检验

平板仪的平板应当是一平面，以便在上面放图纸绘图，而且平板安置后应当有一定的稳定性，不能因在观测时和绘图时手轻轻接触平板而改变原来的位置。

检验的方法：将已经校正好的直尺，放在平板上各个位置，若都无空隙，则表示满足平整的条件，否则表示平板不平。不平的平板不能用来测图，应当进行修理后再用。

将平板安置整平后，用照准器瞄准任意一点，照准器不动，用手指轻轻压平板，这时照准丝将离开所瞄准的点，放松手指后，照准丝应仍恢复到原来所瞄准的点，否则应检查连接平板的基座或其他原因，进行修理。

2．照准器的检验

小平板仪的照准器应检验直尺的边是否成一直线，直尺下表面是否平整及直尺上水准管是否正确等。

对前两项可按一般直尺的检验方法进行检验。对水准管的检验可按下述方法：将照准器放在平板上，用平板下面的脚螺旋或倾斜螺旋使气泡居中，然后把照准器调头（即转180°），看气泡是否居中。居中，则表示满足条件；若偏离中央，则应校正。校正的方法同经纬仪上水准管的校正。

3．对点器的检验

要求对点器的尖端 m 和垂球的尖端在同一条铅垂线上。

检验的方法：将对点器在相对180°的两个位置把图上同一点 m 投在地面上，若两次垂球尖都对准地面上同一个点，则表示满足条件；否则，应校正（图2-37）。

校正是移动垂球线的位置，使垂球尖对准两次投影点的中间。

4．附近定向罗盘的检验

主要是检验磁针是否平衡，转动是否灵活等，方法同一般罗盘仪的检验。

（二）大平板仪的检验与校正

大平板仪的平板、对点器及定向罗盘等的检验与校正方法同小平板仪。这里主要介绍 PG_3-X_2 光学大平板照准仪的检验与校正方法。

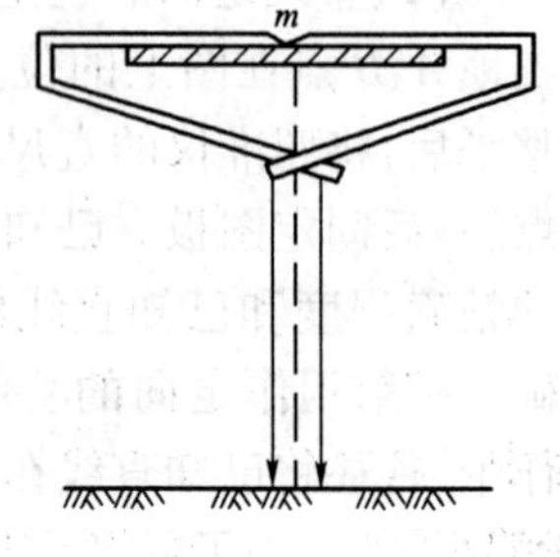

图2-37　对点器

大平板照准仪应满足的主要条件：

(1)视准轴应垂直于横轴；

(2)横轴应平行于直尺下表面；

(3)十字丝纵丝应铅垂；

(4)视准轴应平行直尺边沿；

(5)对竖盘要进行指标差的检验与校正。

1. 视准轴垂直于横轴的检验与校正

安置平板，瞄准远处大致水平方向上一点，沿直尺边画一直线。将照准仪转 180°，倒镜再瞄准原来远处一点，再沿直尺边画一直线。若所画的两直线重合(或平行)，表示满足条件；否则须校正。

校正时，将照准仪直尺边靠紧两直线夹角的平行线，拨望远镜十字丝环上的左右两个校正螺丝，使十字丝交点对准远处原来所瞄准的点。反复校正，至满足条件为止。

2. 横轴平行于直尺下表面的检验与校正

这项检验的方法与经纬仪横轴垂直于纵轴的检验方法相似。具体方法是：距一高目标不远处安置平板，仰起望远镜瞄准高处一点，沿直尺边画一直线，下倾望远镜到大致水平方向，按十字丝交点标定一点。然后将照准仪转 180°，直尺边靠紧所画直线，倒镜再瞄准原来高处的一点，下倾望远镜，视第一次所标定的点是否在视线上，若在视线上，则满足条件，否则须校正。

校正时，按十字丝交点再标定一点，取两点的中点，转动支架微动螺旋，使纵丝对准中点，调节支架水准管校正螺丝，使气泡居中，反复校正至满足条件为止。

3. 十字丝纵丝铅垂的检验与校正

这项检验与校正同经纬仪望远镜十字丝纵丝的检验与校正的方法。若经检验须校正，待校正后应再将第一项重新检验。

4. 视准轴平行于直尺边沿的检验与校正

安置平板，用望远镜瞄准远处一点，沿直尺边画一直线，在直线两端插两根细针，通过两细针观察，如果望远镜瞄准的点在两细针的方向上，则满足条件，否则须校正。

校正时，将基尺底面固定立柱的四个螺丝放松，转动立柱使满足条件，再将螺丝拧紧。

5. 大平板照准仪竖盘指标差的检验与校正

检验与校正的方法同经纬仪竖盘指标差的检验与校正。

有的照准仪没有上述中的(2)、(4)两项的校正设备，对这类仪器，经检验若不满足条件，并相差较大，需送厂修理。

第六节　测量仪器的使用保管和维修

要保持测量仪器的精度和延长使用寿命，就必须加强对测量仪器的保管、维修并应在使用时按规定细心操作。如保管不善，维修不及时和操作不当，不仅容易损坏，而且影响工作。

一、使用仪器时应注意的主要事项

1. 开箱取仪器时，要注意仪器在箱内放置的正确位置，然后用双手握着仪器的下盘或基座部分，慢慢取出，切忌握住望远镜取出。用毕装箱前，要用小毛刷(仪器箱内附有)轻轻刷去灰尘。先松各制动螺旋，按原来各部分的正确位置装放，放妥后，再将各制动螺旋适当旋紧，以免仪器在箱内晃动，最后关好箱。若发现关箱时困难，甚至关不上箱盖，则说明仪器装箱位置不正确，这时不要强硬关箱，要仔细检验，纠正后再关好。

2. 在使用仪器时，要手扶支架转动仪器，切勿握望远镜转动仪器，旋动各螺旋要手轻心细，制动螺旋不要旋得太紧，微动螺旋须保持在适中位置，使旋进旋出灵活，如发现转动紧涩，要检查原因，不要硬旋，以防损坏。

3. 在野外测量时，仪器要有专人负责，工作时要用伞遮蔽，不使仪器受到日晒雨淋，当仪器安置在街道、路旁等附近工作时,要随时注意,避免行人碰撞。工作中间短暂休息时,测量员不得离开仪器。

4. 搬测站时,远距离时须将仪器卸下装箱搬移,近距离时可以不卸下连同三脚架一起搬移,但要注意保护仪器,防止仪器碰撞。搬站前,将三个脚螺旋旋至中等位置,各制动螺旋都适当旋紧,微动螺旋旋至适中位置。望远镜向下,目镜向上。垂球放在衣袋里。

5. 望远镜的物镜和目镜,切不可用手触摸,也不可用纸或手帕去擦。镜头上若有灰尘,只能用仪器箱内的软绒布轻擦。

6. 仪器远途运输,要有专人携带,注意防振。

二、仪器保管工作注意事项

1. 要有仪器保管室,根据仪器数量和仪器精度来确定。仪器不多的单位,也应该有一个妥善地方放置,不能随便到处乱放,以免丢失和损坏。若仪器较多,应有专供放置仪器的保管室和仪器的检修室。

保管室内要清洁、干燥,南方要注意防潮,北方要注意防尘。

2. 应有仪器保管规章制度,如对各仪器的规格、性能,曾发生过什么故障,各次的使用和维修情况等进行登记,以便保管人员和领用人员都能熟悉仪器情况,更好发挥仪器的作用。

3. 仪器在野外使用,也要注意放置地方要干燥通风,不要使仪器受潮。

三、测量仪器的维修工作

测量仪器经常在野外使用,容易受到不良气候的侵袭和振动,除加强保管工作和使用时注意外,还应及时检查和修理。测量人员不仅要熟悉仪器构造和性能,正确的使用仪器,还应了解一些仪器维修方面的基本知识,做到及时检查校正仪器,排除一些故障,进行一些简单的维修工作。这样不但可以节约开支,节省时间,而且可以保证野外工作的顺利进行。

仪器较多的单位,应该有适当的仪器检修室和专门的仪器修理人员。

仪器检修室的要求和布置:

可根据现有条件和工作需要作适当安排,有一间或几间比较切合实际的检修室,专供测量仪器检修使用。

仪器多、检修任务大的单位,可把仪器的各项检修分派专人进行,这样可以节省人力,有利于提高工作效率和检修质量。

室内要有充足的光线,除尽量采用天然光外,应装置照明设备,包括固定的和可供移动的。

室内要保持干燥清洁,地面要坚实。在地面上可设置稳固坚实的仪器安置台,室内可设置标志,以供检修时瞄准。在室外、视线透过窗子能达 100 ~ 200m 的建筑物或电杆上,设立固定标志和标尺,以供远距离的瞄准。

仪器检修的好坏,除取决于检修人员的责任心和技术能力外,也与检修设备有关。仪器的结构各有不同,某些零件的安装和拆卸,需用专门的特殊工具,修理时不可勉强使用不合适的工具,以防把仪器弄坏。

检修室应备的一般工具:(1)大小不同规格的起子和一套钟表起子;(2)各种(小口、偏口)钳子;(3)各种(4 ~ 10in 活口和小号梅花)扳手;(4)仪表榔头,木榔头;(5)各种镊子;(6)各种规格(板、圆、半圆)的锉刀和什锦锉;(7)吹风器和吹风球;(8)放大镜等。此外,还应有玻璃罩、各种毛刷、白磁盘、电烙铁、木锯,钢锯、中小型台钳、台钻、电动或手摇砂轮等。

第三章 公路路线

第一节 平面线形

公路是一条带状的三维空间体，它的中心线（以下简称公路中线）是一条中间曲线，这条中心线在水平面上的投影简称为公路路线的平面。

一、平面线形的组成及要素

当一条公路的起、终点确定后，选择路线的方向应尽可能地使两点之间距离最短，以缩短里程。两点之间距离最短的应该是直线，但实际设置时，往往受到地形、地质、水文条件以及现状地物的影响而需转折绕道通过；或因在起、终点间必须通过的大桥桥位、城镇等而必须转折，所以公路从起点至终点在平面上不可能是一条直线，而是由许多直线段和曲线段组合而成，如图 3-1 所示。

路线由一个方向偏转至另一个方向时，偏转后的方向与原方向的夹角称为偏角，用 α 表示。相邻直线的转折点称为交点，用 JD 表示。直线与圆曲线的切点称为直圆点，用 ZY 表示。圆曲线与直线的切点称为圆直点，用 YZ 表示。圆曲线的中点称为曲中点，用 QZ 表示。当曲线半径小于不设超高最小半径时，为行车舒适，在直线与圆曲线之间插入缓和曲线，直线与缓和曲线的切点称为直缓点，用 ZH 表示。缓和曲线与圆曲线相切点称为缓圆点，用 HY 表示。圆曲线与缓和曲线相切点称为圆缓点，用 YH 表示。缓和曲线与直线的切点称为缓直点，用 HZ 表示。因此，直线、缓和曲线、圆曲线是构成平面线形的主要线形，如图 3-2 所示。

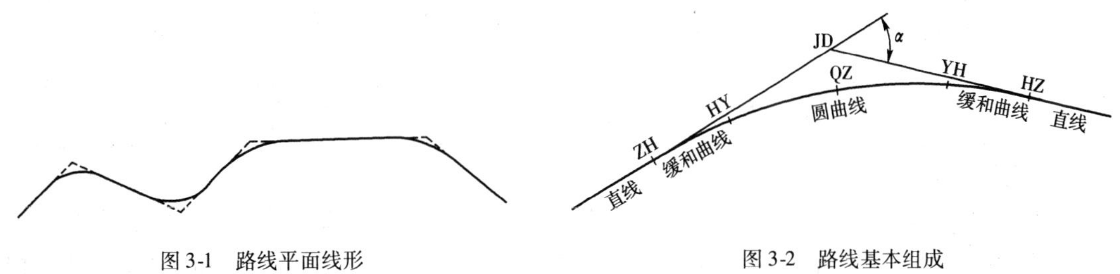

图 3-1 路线平面线形

图 3-2 路线基本组成

（一）直线

直线是两点间距离最短的路线，因此，一般来讲，采用直线线形里程最短，测设与施工方便，营运费用低。但是直线过长容易造成驾驶员思想麻痹、感觉单调、精神疲倦、反应迟缓及盲目高速行驶，容易造成事故；另外，直线线形缺乏变化，不易与地形、地物相适应，会造成经济上的不合理。所以应该避免过长直线。同向曲线间直线段最小长度及反向曲线间直线最小长度可参考表 3-1。

直线长度参考值　　表 3-1

计算行车速度(km/h)		100	80	60	40
最大直线长度(m)		2 000	1 600	1 200	800
最小直线长度(m)	同向曲线间	600	480	360	240
	反向曲线间	200	160	120	80

(二)圆曲线

1. 圆曲线半径

根据汽车在弯道上行驶时的受力状况及各种力的几何关系推导出下式：

$$R \geqslant \frac{v^2}{127(f+i)} \tag{3-1}$$

式中：R——曲线半径，m；

v——计算行车速度，km/h；

f——路面与轮胎之间的横向摩擦系数；

i——路面的横向坡度。

汽车以一定的速度沿着半径为 R 的圆曲线行驶时，除了受重力外，还受到离心力 $c = mv^2/R$ 的作用。离心力的产生，可能会使汽车有向外滑移或倾覆的危险，为了保证汽车在曲线上的行车安全、舒适，必须对离心力加以限制。限制离心力的方法之一便是降低车速，但是公路等级既定，计算行车速度为定值，不能改变；另一个方法，则是对半径的限制，半径越大，离心力就越小，汽车在曲线上行驶就越稳定。《公路工程技术标准》(JTG B01—2003)规定了三种类型的最小半径，即极限最小半径、一般最小半径、不设超高最小半径。极限最小半径主要满足安全要求，适当考虑起码的舒适性，在条件非常受限制时才可以使用。一般最小半径主要考虑具有较好的安全性和舒适性，是推荐的最小半径。不设超高的最小半径，考虑即使不设超高也能保证安全性和舒适性。不同公路等级的最小半径值见表 3-2。在适应地形情况下应选用较大的曲线半径，一般情况下采用极限最小平曲线半径的 4 ~8 倍为宜。

圆曲线最小半径　　表 3-2

设计速度(km/h)		120	100	80	60	40	30	20
一般值(m)		1000	700	400	200	100	65	30
极限值(m)		650	400	250	125	60	30	15
不设超高最小半径(m)	路拱≤2.0%	5 500	4 000	2 500	1 500	600	350	150
	路拱 >2.0%	7 500	5 250	3 350	1 900	800	450	200

2. 圆曲线要素

圆曲线是平面线形中使用最多的线形。特点是比较容易适应地形的变化，又能引起驾驶员的注意，从正面亦能够看到路侧的景观，能起到视线诱导作用。当不设缓和曲线时，其几何要素的计算及关系如图 3-3 所示。

切线长：

$$T = R\tan\frac{\alpha}{2} \tag{3-2}$$

外距：

$$E = R\left(\sec\frac{\alpha}{2} - 1\right) \tag{3-3}$$

曲线长：

$$L = \frac{\pi}{180}R\alpha \tag{3-4}$$

式中：R——圆曲线半径，m；

α——偏角，(°)。

（三）缓和曲线

1. 缓和曲线线形

为了适应汽车行驶的轨迹需要，在直线与圆曲线间，或圆曲线与圆曲线间设置半径连续变化的曲线，称为缓和曲线。缓和曲线在与直线相切处的半径为无穷大，与圆曲线相切处与圆曲线的半径相等。其半径随着行车距离而逐渐发生变化，同时汽车行驶时的离心力也随之发生变化。其作用是使离心力从零逐渐变化到定值，或者是从定值逐渐变化到零，不会使乘车人因离心力突然产生或消失而产生摇摆的感觉，对于汽车运动状态的突变可起到缓和作用，所以称为"缓和曲线"。缓和曲线的插入有利于行车稳定和易于驾驶转向操作，并使线形顺畅、美观和视觉协调。

根据以上对缓和曲线的要求，把回旋线作为缓和曲线。回旋线是一种半径随曲线长度的增大而反比例均匀减小的曲线。即在回旋线上任一点的半径 r 与曲线的长度 l 成反比，如图 3-4 所示。

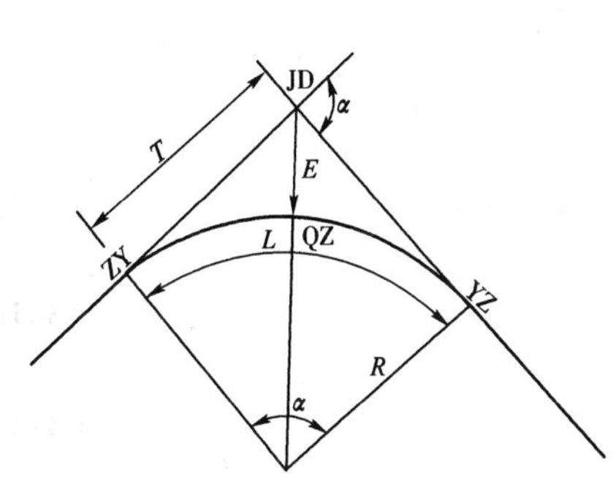

图 3-3　圆曲线几何要素

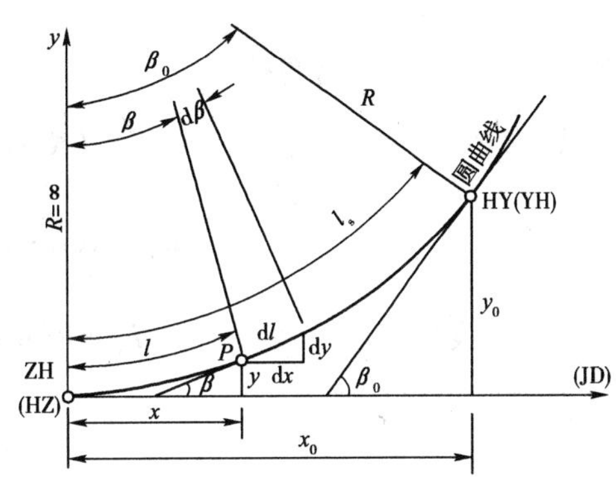

图 3-4　缓和曲线基本图式

公式表示为：

$$rl = A^2 \tag{3-5}$$

式中：r——回旋线上某一点的曲线半径，m；

l——回旋线上某一点到原点的曲线长，m；

A——回旋线参数。

缓和曲线全长所对应的中心角称为缓和曲线角，用 β 表示。

$$\beta = \frac{l_s}{2R} \times \frac{180°}{\pi} \tag{3-6}$$

《公路工程技术标准》(JTG B01—2003)中规定：当公路的平曲线半径小于表 3-2 所列不设超高的最小半径时，应设缓和曲线，四级公路可不设缓和曲线，用直线径相连接。缓和曲线采用回旋线，缓和曲线的长度应根据相应公路等级的计算行车速度求算，并应大于表 3-3 所列数值。

缓和曲线最小长度　　表 3-3

设计速度(km/h)	120	100	80	60	40	30	20
缓和曲线最小长度(m)	100	85	70	50	35	25	20

2. 带缓和曲线的平曲线要素

如图3-5所示，在直线与圆曲线之间插入缓和曲线时，必须将原有的圆曲线向内移动距离p，才能使缓和曲线的起点位于直线方向上，这时切线增长q。公路上一般采用圆心不动的平行移动方法，即未设缓和曲线时的曲线半径为$(R+p)$；插入缓和曲线后，圆曲线向内移p，此时半径为R，所对圆心角为$(\alpha-2\beta)$。

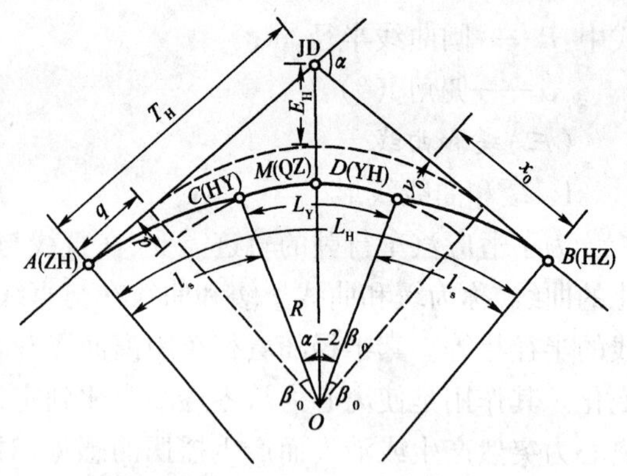

图3-5 带缓平曲线几何要素

圆曲线内移值p与切线加长值q的计算如下：

$$p=\frac{l_s^2}{24R} \tag{3-7}$$

$$q=\frac{l_s}{2}-\frac{l_s^3}{240R} \tag{3-8}$$

则带缓平曲线要素计算如下：

切线长：
$$T=(R+p)\tan\frac{\alpha}{2}+q \tag{3-9}$$

曲线长：
$$L_H=R(\alpha-2\beta_0)\frac{\pi}{180°}+2l_s \tag{3-10}$$

其中圆曲线长：
$$L_y=R(\alpha-2\beta_0)\frac{\pi}{180°} \tag{3-11}$$

外距：
$$E_H=(R+p)\sec\frac{\alpha}{2}-R \tag{3-12}$$

式中：R——内移以后圆曲线半径，m；

p——内移值，m；

q——切线加长值，m；

α——偏角，(°)；

β——缓和曲线角，(°)。

(四)平面线形的常见组合方式

1. 基本型

按直线—回旋线—圆曲线—回旋线—直线的顺序组合，其中回旋线—圆曲线—回旋线的长度比宜为1∶1∶1，如图3-6a)所示。

2. "S"形

两个反向圆曲线用回旋线连接的组合，如图3-6b)所示。S形相邻两个回旋线参数A_1与A_2宜相等。当采用不同参数时，A_1与A_2之比应小于2.0，有条件时以小于1.5为宜。两圆曲线半径之比不宜过大，以$R_2/R_1=1\sim1/3$为宜。其中R_1为大圆曲线半径，R_2为小圆曲线半径。

3. 卵形

用一个回旋线连接两个同向圆曲线的组合，如图3-6c)所示。卵形回旋线的参数宜在$R_2/2\leqslant A\leqslant R_2$范围内，其中$R_2$为小圆曲线半径。两圆曲线半径之比以$R_2/R_1=0.2\sim0.8$为宜。

4. 凸形

在两个同向回旋线间不插入圆曲线而径相衔接的形式,(图 3-6d)所示。凸形的回旋线的参数及其连接点的半径,应分别符合容许最小回旋参数和圆曲线一般最小半径的规定。只有在路线严格受地形、地物限制的地方方可采用。

5. 复合型

两个以上同向回旋线在曲率相等处相互连接的形式,(图 3-6e)所示。复合型的两个回旋参数之比以小于 1∶1.5 为宜。仅在受地形或其他特殊原因限制时(互通立体交叉除外)使用。

6. "C"形

同向曲线的两个回旋线在曲率为零处径向衔接的形式,(图 3-6f)所示。C 形只有在特殊地形条件下方可采用。

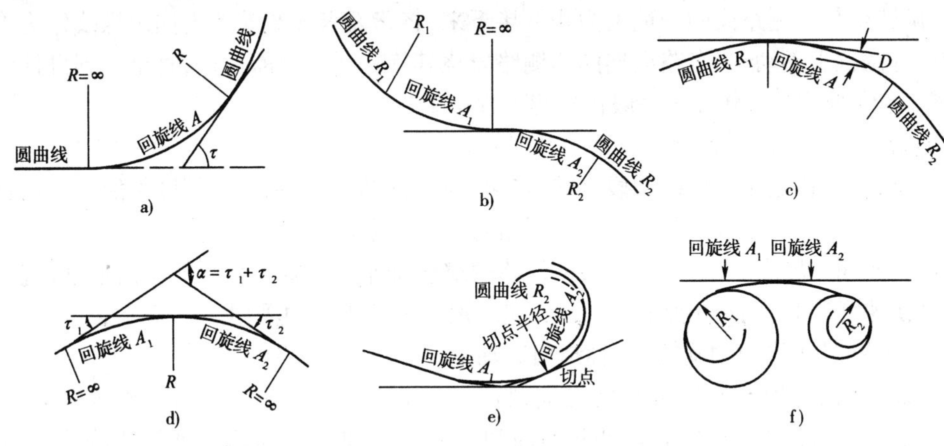

图 3-6 直线、圆曲线、回旋线组合

a)基本型;b)"S"形;c)卵形;d)凸形;e)复合型;f)"C"形

二、平曲线超高

(一)设置超高的原因

当圆曲线半径小于不设超高最小半径时,为了使汽车能安全、经济、舒适地通过圆曲线,必须将圆曲线部分的路面做成向内侧倾斜的单向坡。这个单向坡坡度称为超高横坡度,用 $i_{超}$ 表示。目的是让汽车在圆曲线上行驶时能获得一个向圆曲线内侧的横向分力,以克服离心力,减小横向力,如图 3-7 所示。

(二)超高横坡度的确定

超高横坡度 $i_{超}$ 和圆曲线半径 R 有密切的关系

$$i_{超}=\frac{v^2}{127R}-f \tag{3-13}$$

式(3-13)是理论计算公式,在确定超高横坡度时,还要考虑在圆曲线上行驶的车辆可能以低速行驶,甚至完全停在圆曲线上的可能性。这时,如果超高横坡度太大,汽车有可能向内滑移,特别是在冬季结冰的季节里;但超高横坡度太小,又不足以克服离心力。综合各种因素,在一般情况下,高速公路和一级公路超高横坡度不大于 10%,其他各级公路超高横坡度不大于 8%,在积雪、寒冷地区,超高横坡度不宜大于 6%。

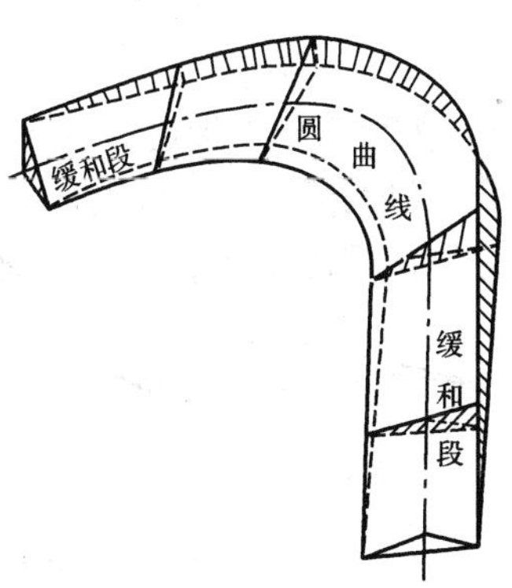

图 3-7 平曲线上的超高

根据以上内容，当圆曲线半径小于不设超高最小半径时，圆曲线部分必须做成向内侧倾斜的单向坡。而在直线段上，路面的形式是中间高、两边低的双向路拱，因此如果汽车直接由双向坡驶入单向坡，将是一个突变，不可能顺利行车，因此在直线与圆曲线之间必须设置缓和段，才能使汽车顺利地由直线驶入圆曲线。这种为了汽车平稳地从直线上的双向横坡逐渐过渡到圆曲线上的单向横坡的缓和段称为超高缓和段，如图3-7所示。

（三）超高设置方法

1. 单幅公路设置平曲线的超高

（1）绕路面内边缘为轴旋转（简称绕内边轴旋转）

设置超高时，首先在超高缓和段之前，将两侧路肩横坡度分别绕内外侧未加宽时的路面边缘线旋转至路拱横坡，然后将路面中心至路肩外侧边缘部分，以路面中心线为轴旋转，同时向前推进，旋转至与内侧路面同一坡度为止。接下来，将路面未加宽前的内侧边缘线作为旋转轴保持在原有位置上不动，整个路面连同两侧路肩绕其旋转同时向前推进，直至达到设计的横坡度，如图3-8a）所示。此种方式一般在新建工程中采用。

（2）以路面中心线为轴旋转（简称绕中轴旋转）

设置超高时，首先在超高缓和段之前，将两侧路肩横坡度分别绕内外侧未加宽时的路面边缘线旋转至路拱横坡，然后将外侧路面连同路肩绕路面未加宽时的中心线旋转同时向前推进，至与内侧路面同一坡度后，整个路面及两侧路肩继续绕原来的轴旋转同时向前推进，直至达到设计超高横坡度，如图3-8b）所示。此种方式一般在改建工程中采用。

（3）绕路面外边缘为轴旋转（简称绕内边轴旋转）

设置超高时，首先在超高缓和段之前，将两侧路肩横坡度分别绕内外侧未加宽时的路面边缘线旋转至路拱横坡，然后将外侧路面和路肩绕未加宽时的路面外侧边缘旋转并向前推进，与此同时，内侧路面和路肩随中心线的降低而相应降坡，使外侧路面和路肩与内侧路面和路肩逐渐变成同一单向坡度，此时将内外侧路面和路肩整体绕原来的轴旋转同时向前推进，直至达到设计超高横坡度，如图3-8c）所示。此种方式可在特殊设计（如强调路容美观）时采用。

2. 双幅公路设置平曲线的超高

（1）绕分隔带的中心线旋转

将中间带中心线保持在原有位置上，内侧行车道先不动，先将外侧行车道绕中间带中心线向上旋转，旋转至与内侧行车道同一坡度后，整个行车道以中心线为轴继续旋转，直至达到设计超高横坡度。此时，中央分隔带呈倾斜状，如图3-9a）所示。中间带宽度小于4.5m的公路可采用此种方式。

（2）绕分隔带边缘旋转

将两侧行车道分别绕中央分隔带边缘旋转，使之各自成为独立的单向超高平面，此时中央分隔带维持原水平状态，如图3-9b）所示。各种宽度中间带的公路均可采用此种方式。

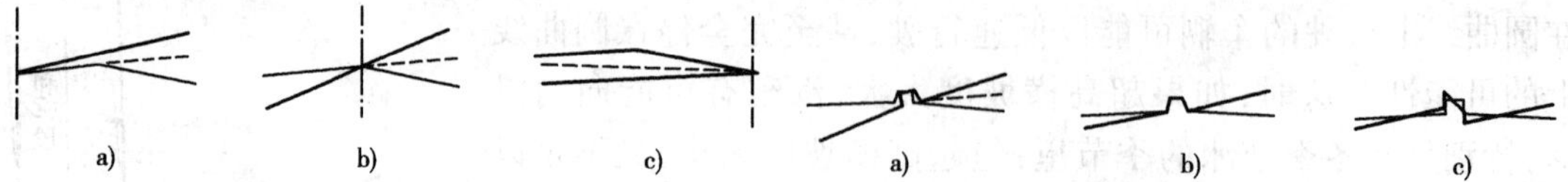

图3-8　单幅公路超高设置方式图

a）绕内侧边缘旋转；b）绕中线旋转；c）绕外侧边缘旋转

图3-9　双幅公路超高设置方式图

a）绕平面带的中心线旋转；b）绕中央分隔带边缘旋转；c）绕各自行车道中线旋转

(3)绕分隔带两侧路面中心旋转

将两侧行车道分别绕各自中心线旋转，使之各自成为独立的单向超高平面，此时中央分隔带成为倾斜断面，再将中央分隔带两边缘分别升高与降低而成为倾斜断面，如图3-9c)所示。车道数大于4条的公路可采用此种方式。

三、曲线加宽

(一)加宽的原因

汽车在圆曲线上，各个车轮的行驶轨迹是不同的。其中，前轴外侧车轮的轨迹半径最大，后轴内侧车轮的行驶轨迹最小，如图3-10所示。因此，在弯道行驶的汽车所占的行车道宽度比在直线上所占的宽度要大一些，才能满足行车要求。另外，汽车在曲线行驶时，前轴中心的轨迹并不完全符合理论轨迹，而是有较大的摆动偏移，故也需要进行加宽。举一个例子，一辆汽车在一条胡同里行驶，胡同的宽度和车辆的宽度正好相等。在理想情况下，汽车行驶时绝对走直线，这时，汽车能够向前行驶。假定前方胡同拐一个半径很小的弯，但宽度不变，试想汽车能通过吗？当然不能，解决的办法就是把拐弯部分的胡同宽度增大，这样汽车才能通过。

(二)圆曲线加宽值的确定

汽车进入圆曲线后，圆曲线的半径为定值，汽车从圆曲线起点至圆曲线终点的车轮转向角是保持不变的，则从圆曲线起点至终点的加宽值也就是一个不变的定值，这个定值称为圆曲线上的全加宽。

圆曲线上的全加宽值是根据会车时两辆汽车之间及汽车与路面边缘之间所需的间距决定的，它与圆曲线半径、车型、行驶速度等有关，由两部分组成：一部分是前后轮迹半径不同引起的；另一部分是由于汽车在曲线上行驶的摆动引起的。参照图3-10用下式计算得出全加宽值。

$$e_1 = \frac{L_0^2}{R} + \frac{0.1v}{\sqrt{R}} \tag{3-14}$$

式中：e_1——圆曲线上的全加宽值，m；

L_0——汽车后轴至前悬之间的距离，m；

R——圆曲线半径，m；

v——计算行车速度，km/h。

对于半挂车、挂车或牵引平板车所需要的加宽值计算如下：

$$e = \frac{L_0^2}{R} + \frac{L_1}{R} + \frac{0.1v}{\sqrt{R}} \tag{3-15}$$

式中：e——圆曲线的全加宽值，m；

L_0——牵引车后轴至前悬之间的距离，m；

L_1——牵引车后轴至被拖的半挂车后轴之间的距离，m；

R——圆曲线半径，m；

v——计算行车速度，km/h。

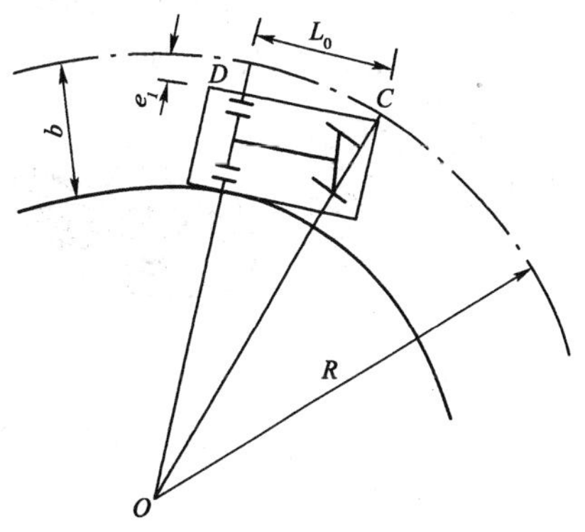

图3-10　圆曲线上加宽图示

车型一定的情况下，圆曲线的半径越大，曲线的加宽值越小。当曲线半径很大时，加宽值小到一定程度后就可忽略不计。根据《标准》规定，当圆曲线半径小于或等于250m时，双车道路面设置的全加宽值按式(3-14)和式

(3-15)计算后,经调整,按表3-4规定的数值在圆曲线的内侧予以加宽。四级公路和三级公路山岭重丘区段(设计速度为30km/h)可采用第1类加宽;二级公路以及设计速度为40km/h的三级公路有集装箱半挂车通行时,应采用第3类加宽;不经常通行集装箱运输的半挂车的公路,可采用第2类加宽。

双车道路面圆曲线加宽值 表3-4

加宽类别	平曲线半径 加宽值(m) / 汽车轴距加前悬(m)	250~200	<200~150	<150~100	<100~70	<70~50	<50~30	<30~25	<25~20	<20~15
1	5	0.4	0.6	0.8	1.0	1.2	1.4	1.8	2.2	2.5
2	8	0.6	0.7	0.9	1.2	1.5	2.0	—	—	—
3	5.2+8.8	0.8	1.0	1.5	2.0	2.5	—	—	—	—

(三)加宽的设置

由于弯道上路面加宽后与弯道两端的直线段的路面宽窄不一,影响公路的美观,故需要设置从直线正常宽度逐渐增加到圆曲线上全加宽的缓和段,如图3-11所示。所以从直线到圆曲线之间应插入缓和段,称为加宽缓和段。加宽缓和段的设置方式,在一般情况下,可按比例逐渐加宽。即加宽缓和段上任一点的加宽值 b 等于该点到加宽缓和段起点的距离 x 和加宽缓和段长度 L_c 的比与全加宽值 B_j 的积。

公路加宽缓和段上加宽值计算:

$$b_x = \frac{x}{L_c} B_j \tag{3-16}$$

式中:b_x——加宽缓和段上任意断面处的加宽值,m;

x——距加宽缓和段起点的距离,m;

L_c——加宽缓和段全长,m;

B_j——圆曲线部分全加宽,m。

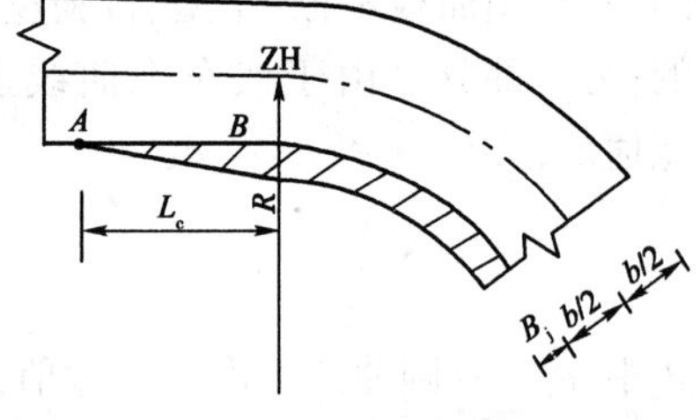

图3-11 加宽过渡示意图

四、回头曲线

在山区地形中,地面的自然坡度很陡,为了降低纵坡而延长路线长度,在同一个坡面上路线反复经过,我们称之为回头曲线,如图3-12所示。回头曲线可能使上下路线重叠和产生急弯陡坡,降低公路的使用质量,因此只能在地形条件限制非常严格的情况下采用。

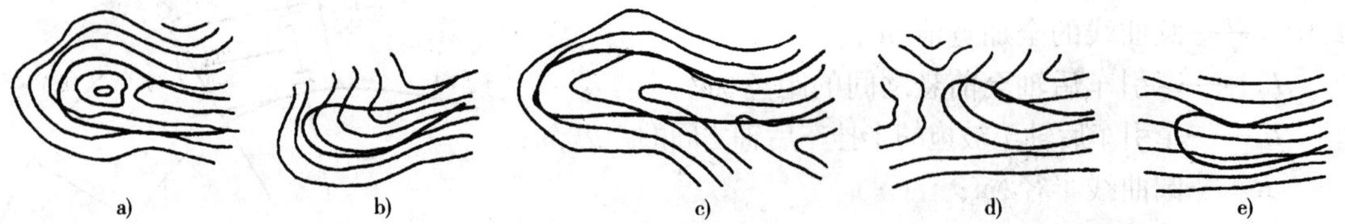

图3-12 回头曲线

a)利用山包回头;b)利用山背回头;c)利用平缓山沟回头;d)利用垭口回头;e)利用平缓山坡回头

五、路线平面图

公路在水平面上的投影图称为路线平面图,简称平面图,如图3-13所示。它是公路设计

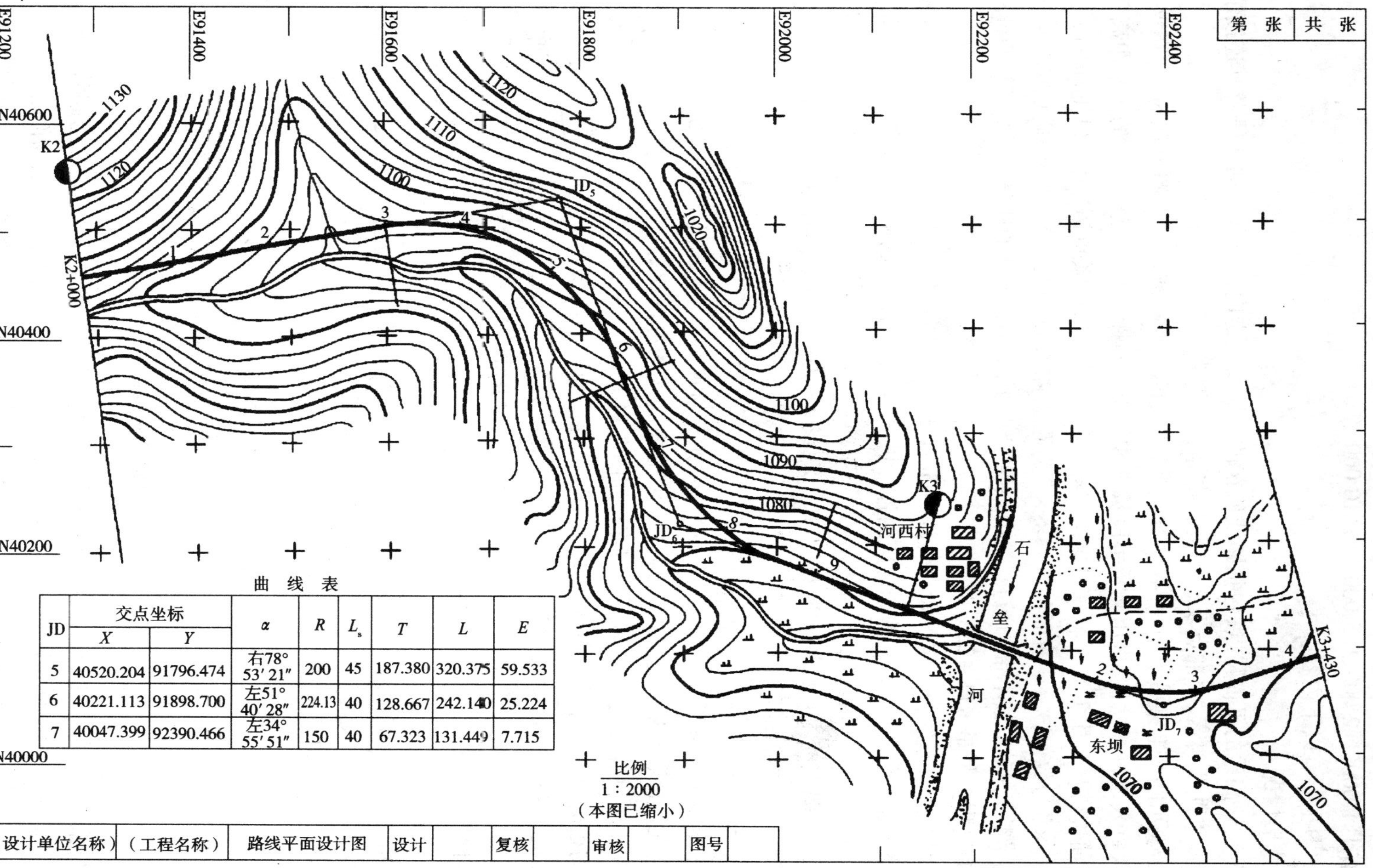

曲 线 表

JD	交点坐标		α	R	L_s	T	L	E
	X	Y						
5	40520.204	91796.474	右78° 53′21″	200	45	187.380	320.375	59.533
6	40221.113	91898.700	左51° 40′28″	224.13	40	128.667	242.140	25.224
7	40047.399	92390.466	左34° 55′51″	150	40	67.323	131.449	7.715

图 3-13 公路平面图

基本设计文件之一。路线平面图一般应表示出沿线一定范围内的地面起伏、山岭河谷、地物、路线位置、里程及平曲线要素等。平面图是在公路勘查测量时,按一定比例绘制而成。常用的比例尺有1∶1 000、1∶2 000、1∶5 000和1∶10 000等。

平面图主要有以下内容

1. 线形情况

充分反映路线的平面特点,包括路线所在的位置及其走向,直线段、曲线段及其连接情况,各桩里程、平曲线要素、水准点及桥涵构造物等。

里程表示路线上某一点距离路线的起点沿路线的水平距离。在公路勘测时,先在该点的实地位置钉入木桩或铁桩,再用测量手段量出或算出该点距路线起点沿路线的水平距离,称里程桩号,简称桩号。用K×××+×××.××表示。其中,K系英语“公里(kilometer)”的缩写符号,“×”为数值,“+”前面的“×××”为距公路起点的公里数,“+”后面的“×××.××”为米数,有时米数不带小数点。例如:某一点距离路线起点的距离是11 223.47m,那么这一点的里程桩号是K11+223.47。

一般情况下,路线按一定的距离每隔20m或50m设置桩,用来表示路线的形状。另外,还有表示路线特征的桩,分为整桩和加桩两种。桩号为整数而设置的桩称为整桩,整百米桩称为百米桩,如:K12+300;整公里桩称为公里桩,如:K4+000。加桩设在公路的起终点、桥梁涵洞的中心点、平曲线的主点(ZH、HY、QZ、YH、HZ、或ZY、QZ、YZ)、与其他路线的交叉点、地形与地质变化点、地物点等。

2. 地形情况

平面图显示公路所经过地区的地形特征,尤其对那些对公路线形制约严重处,以便检查路线设计有无问题,是否有改善的余地。表示地面起伏的办法是采用等高线法,用高程投影方法测绘而得,如图3-14所示。地面上同一高程的点在水平面上的投影的连线称为等高线。等高线的间距“疏”,则表示该处地形平缓;若“密”,则表示地形陡峭。因而可以根据等高线的分布与形状来判断地面实际的起伏变化情况,这种具有等高线的平面图称为地形图。

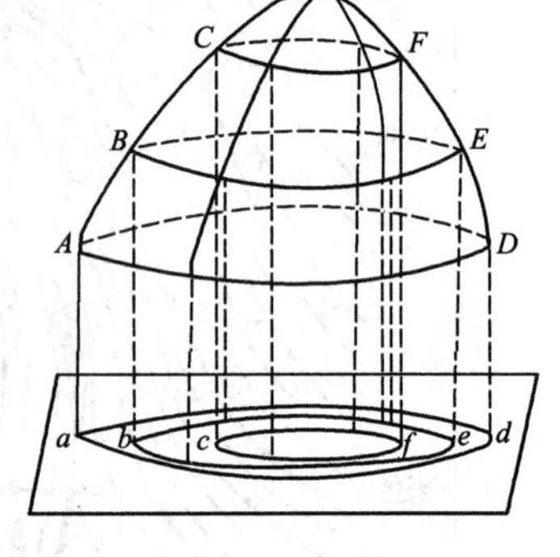

图3-14 等高线图

3. 地物位置

平面图上反映出路线两侧地物的情况,以及各种地物与路线的相互关系。路线两侧地物按比例描绘,其形状、位置应准确,并按有关技术规范规定的符号来表示。

第二节 纵断面线形

一、路线纵断面图

沿公路的中线作一垂直于水平面的剖面,然后展开所得到的垂直面,称为路线纵断面图。由于公路所经过的地面是起伏不平的,铺筑在地面上的公路也往往随着地面而起伏,因此路线在纵断面上就由不同的上坡段和下坡段组成。为了使汽车安全平顺地由一个坡段驶进另一个坡段(坡度线),在相邻的两个坡段间应用曲线连接起来,这种在纵断面上的曲线称为竖曲线,如图3-15所示。从图上可以看出,在纵断面图上,有两条主要的线:一是地面线,它是根据中

K0+0000.00–K0+676.15

第　页　共　页

BM1–10.000

+010右侧3m的挡墙顶上

K0+010.00

12.64

K0+120.00

R=1000
T=17.5
E=15

E=17
T=18.67
R=1000

10.54

K0+260.00

18.58

K0+620.00

R=800
T=16.27
E=17

BM2–8.480

左侧4m的房角基顶

K0+620.00

2%

120

–1.5%

140

2.233%

360

–1.834%

56.15

横向：
1∶2 000
纵向：
1∶200

地质概况

里程桩号	地面高程(m)	设计高程(m)	填挖高度(m)
K0	10.24	10.24	+0.00
16.97	10.26	10.58	+0.32
30.14	10.14	10.84	+0.70
43.28	10.39	11.11	+0.72
1			
09.00	13.88	12.40	–1.48
19.69	15.24	12.49	–2.75
42.75	13.46	12.30	–1.16
67.75	12.89	11.92	–0.97
72.34	12.73	11.85	–0.88
76.94	12.51	11.79	–0.72
2	11.60	11.41	–0.19
38.83	10.15	10.86	+0.71
63.69	11.68	10.73	+0.95
88.39	10.92	11.17	+0.25
3			
34.33	11.50	12.20	+0.70
59.33	12.36	12.76	+0.40
65.26	13.59	12.89	–0.70
90.27	13.87	13.45	–0.42
4			
15.27	13.15	14.01	–0.86
28.31	13.15	14.30	+1.15
41.36	13.15	14.59	+1.44
66.36	14.37	15.15	+0.78
5			
39.54	14.78	16.78	+2.00
64.54	16.68	17.34	+0.66
73.18	16.68	17.53	+0.85
81.83	16.68	17.73	+1.05
6			
06.83	18.37	18.28	–0.09
17.26	18.65	18.40	–0.25
40.39	18.67	18.21	–0.46
55.93	18.07	17.92	–0.15
71.47	17.48	17.64	–0.16

直线及平曲线：JD_1　JD_2　JD_3　JD_4　JD_5　JD_6　JD_7

××工程设计室	××～××公路	路线纵断面图	设计		复核		审核		图号	

图 3-15　路线纵断面图

线上各个桩的地面高程绘出的，是一条不规则的折线；另一条是设计线，对于高速公路和一级公路，它是中央分隔带外侧边缘各点的连线，对于二、三、四级公路，它是公路未超高加宽前路基边缘各点的连线。同时，它是根据技术、经济以及美学上许多要求比选而定出来的。在任一桩号上，设计高程与地面高程的差称为该桩的施工高度，施工高度的大小决定了公路施工时填方高度或挖方深度。图的下半部分是与纵断面设计相关的内容，以供纵断面设计时综合考虑。

纵断面图的比例为：竖向 1∶200 或 1∶100；横向 1∶2 000 或 1∶1 000。

从纵断面图的设计线看到，它是由直线（坡度线）和曲线（竖曲线）组成的，因此，纵断面设计也要解决坡度线和竖曲线问题。

二、纵 坡 设 计

纵断面坡度有上坡和下坡，坡度的大小用坡度线两端的高差 h 与其水平距离 l 的比值的百分数来表示，称为纵坡度 i。沿路线前进的方向，上坡为正，下坡为负。

$$i=\frac{h}{l}\times100\% \tag{3-17}$$

例如：图 3-16 所示，A 点的高程为 21.00m，B 点的高程为 24.00m，C 点的高程为 20.00m，AB 之间的水平距离为 100m，BC 之间的水平距离为 200m。

第一段纵坡度：

$$i_1=\frac{h_{\mathrm{B}}-h_{\mathrm{A}}}{L_{\mathrm{AB}}}\times100\%=\frac{24.00-21.00}{100}\times100\%=3\%\text{（上坡）}$$

第二段纵坡度：

$$i_2=\frac{h_{\mathrm{C}}-h_{\mathrm{B}}}{L_{\mathrm{BC}}}\times100\%=\frac{20.00-24.00}{100}\times100\%=-2\%\text{（下坡）}$$

坡度的大小及其长度会影响汽车的行驶速度、工程造价与运营经济及行车安全，因此，必须对坡度的大小加以限制。

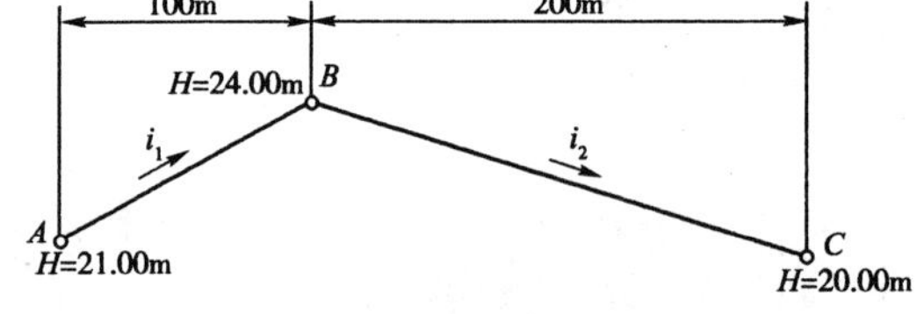

图 3-16　坡度计算示意图

（一）纵坡设计的基本要求

1. 纵坡应满足汽车动力性能要求

汽车在公路上能够行驶，必须具备两个条件：一是汽车的牵引力必须大于所有行驶阻力（如空气阻力、上坡阻力、滚动阻力、惯性阻力）；二是汽车的牵引力又不能大于驱动轮与路面的附着力。

根据第一个条件，《标准》是按各级公路的计算行车速度及已定车型的动力性能，确定其最大纵坡度及坡长限制等技术指标，故必须满足《标准》有关纵坡的各项规定；第二个条件则可以通过路面的设计和施工来满足行车要求。

2. 纵坡应满足汽车的使用性能要求

（1）速度性能

汽车的使用性能是指汽车在具体使用条件下可能达到的加速度和最大爬坡等性能。最大车速是指汽车在平直良好的路面上可以达到的最高行驶速度；最大爬坡是指汽车在额定荷载下，其最大驱动力在正常道路与自然条件下，在坡道上保持一定车速所能爬升的最大坡度。

（2）通过性能

通过性能指汽车在正常的道路与自然条件下，汽车在道路上行驶时，顺利通过的能力，也称越野性能。它的主要技术参数有:最小离地面高度、接近角和离去角、纵向通过半径等,如图3-17 所示。

汽车离地最小高度 h 是指汽车底盘最低点与路面间的距离;接近角 α 是前轮外缘与前挡板的切线与地面线的夹角;离去角 β 是后轮外缘与车厢底板的切线与地面的夹角;纵向通过半径 R 是前后轮与汽车底板相切的圆弧的半径。要满足汽车的通过性能要求,纵坡不能太陡,竖曲线半径不能过小。

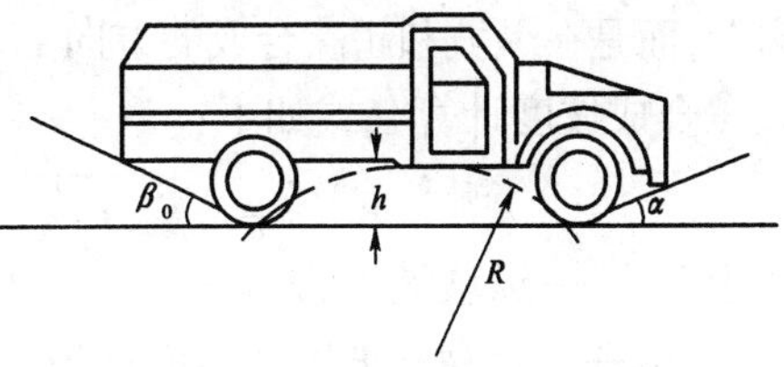

图 3-17 汽车使用主要技术参数

(3)安全性能

汽车在纵坡上不但要有足够的驱动力爬坡,也要在下坡时其制动性能有足够的可靠度。这样,纵坡不宜过陡、过长,长陡坡尽头不要设置小半径的平曲线,以保证汽车在坡度上行驶的安全和稳定。

(4)经济性能

通常以汽车在一定条件下行驶所消耗的燃料来评价,以每百公里的最低燃料消耗量表示。坡度愈大则耗油愈多,因此,纵坡要尽可能平缓。

3. 纵坡应与地形相适应,与环境相配合

设计的纵坡,在满足技术要求前提下,应尽可能与地形相吻合,不能因贪图道路平坦而高填深挖,破坏生态平衡和自然景观。要根据当地地形、土壤地质、水文等作综合考虑,根据不同情况加以处理,以保证道路畅通和稳定。

4. 纵坡应具有一定的平顺性

起伏不宜过于频繁,也不宜连续采用极限长度的陡坡,而应争取较均匀的纵坡,以保证汽车以一定速度安全、顺适行驶。纵坡还应尽量做到纵向填挖平衡,以节省工程造价。

(二)最大纵坡与最小纵坡

1. 最大纵坡

最大纵坡是指在纵坡设计时,各级公路允许采用的最大纵坡度值。它是公路设计中的一项重要指标。纵坡的大小直接影响着路线的长短、使用品质的好坏、工程量大小与运输成本的高低。公路纵坡过陡,在上坡时,导致车速降低,下坡时,制动次数增多,导致制动器发热、失效,甚至引起车祸。《公路工程技术标准》(JTG B01—2003)在综合考虑了标准车型的动力特性、行车安全、营运经济、道路等级及地形条件等因素,结合我国国情规定了最大纵坡的极限值,如表 3-5 所示。高速公路受地形条件或其他特殊情况限制时,经技术经济论证,最大纵坡可增加 1%。

公路最大纵坡 表 3-5

设计速度(km/h)	120	100	80	60	40	30	20
最大纵坡(%)	3	4	5	6	7	8	9

2. 最小纵坡

规定对最大纵坡进行限制,不等于说纵坡越小越好。为保证挖方地段、设置边沟的低填方地段和横向排水不畅的地段排水,防止积水渗入路基而影响其稳定性,一般应在这些地段避免采用水平纵坡,即 $i=0$。所以,《公路工程技术标准》(JTG B01—2003)规定了上述情况下路线的纵坡不应小于 0.3%,但干旱少雨地区不受此限。

（三）合成坡度

公路在平曲线路段，如果纵向有纵坡并且横向有超高，则最大坡度既不在纵坡上，也不在超高上，而是在纵坡和超高合成的方向上，这时的最大坡度称为合成坡度（$i_{合}$），如图 3-18 所示。

合成坡度计算公式如下：

$$i_{合} = \sqrt{i_{纵}^2 + i_{横}^2} \tag{3-18}$$

式中：$i_{纵}$——纵坡坡度，%；

$i_{横}$——超高横坡度或路面横坡，%。

公路上的纵坡较大而平曲线半径较小，则其合成坡度较大，当汽车在弯道上行驶时的速度较慢或静止时，汽车有可能沿合成坡度的方向滑移或倾覆，造成事故。所以要对合成坡度加以限制。

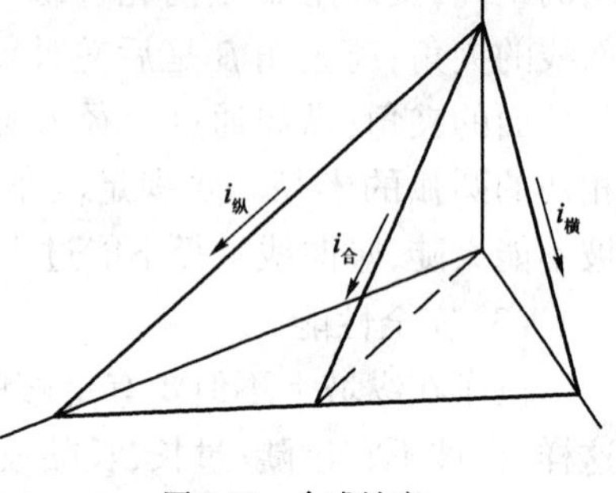

图 3-18　合成坡度

（四）高原纵坡折减

在海拔较高的高原地区，汽车发动机的功率因空气的稀薄而减小，相应地降低了爬坡能力；另外，在高原地区汽车水箱中的水易于沸腾而破坏冷却系统。因此，在实际工作中，对于海拔 3 000m以上的地区，除选择适用于高原地区的发动机外，在纵坡设计中应把纵坡适当减小。见表 3-6 所示。最大纵坡折减后，如小于 4%，则仍用 4%。例如，海拔 6 000m 处的计算行车速度为 60km/h 的三级公路，按表 3-6 折减后的最大纵坡为 3%，这时仍要以 4% 作为最大纵坡限制值。

高原纵坡折减值　　表 3-6

海拔高度（m）	3 000～4 000	>4 000～5 000	5 000 以上
折减值（%）	1	2	3

（五）坡长限制

坡长限制包括两方面内容：一是陡坡坡长限制；二是最短坡长限制。

1. 陡坡坡长限制

坡长限制是根据汽车的动力性能决定的。长距离的陡坡对汽车行驶非常不利，上坡因长时间以低挡爬升，燃料消耗增加，行车速度降低，机件较易发生故障；下坡时，则因制动次数增加，机件磨损严重，又易使制动器发热、失效而出事故。因此，当公路纵坡大于 3% 时，为了行车安全和营运经济，其坡长要加以限制。《公路工程技术标准》（JTG B01—2003）对各级公路的坡长限制见表 3-7 所列。

不同纵坡最大坡长（m）　　表 3-7

设计车速（km/h）		120	100	80	60	40	30	20
纵坡坡度（%）	3	900	1 000	1 100	1 200			
	4	700	800	900	1 000	1 100	1 100	1 200
	5		600	700	800	900	900	1 000
	6			500	600	700	700	800
	7					500	500	600
	8						300	400
	9							200

高速公路和一级公路纵坡及坡长的选用，应充分考虑车辆运行质量的要求。二级、三级、四级公路，当连续纵坡大于 5% 时，为了恢复因爬坡降低的速度，以利继续爬坡，应在不大于表

3-7 所规定的长度处，还要设置纵坡不大于 3% 的缓和坡段，其长度满足表 3-7 的要求。

2. 最短坡长限制

坡度长度要限制，是因为坡长过短，则纵坡上转坡点过多，路线呈波浪状态，车辆行驶时会频繁颠簸，车速愈高则愈显突出，会使乘客感到不适，机件磨损加剧，货物亦受到震荡。因此，为了提高行车的平顺性，各级公路纵坡的最小坡长应满足表 3-8 的要求。

公路最小坡长 表 3-8

设计速度(km/h)	120	100	80	60	40	30	20
最小坡长(m)	300	250	200	150	120	100	60

三、竖 曲 线

纵断面上相邻两条坡度线相交处，就会出现变坡点和变坡角。在变坡处，用一段曲线予以连接，以利车辆平顺行驶，这就是竖曲线。

变坡角用 ω 表示，ω 的大小近似等于相邻两纵坡坡度的代数差：

$$\omega = i_1 - i_2 \tag{3-19}$$

式中：i_1，i_2——分别为相邻坡度线的坡度值，%。

变坡角上坡为正、下坡为负，如图 3-19 所示。当 ω 为正时，为凸形竖曲线，反之为凹形竖曲线。

《公路工程技术标准》(JTG B01—2003)规定各级公路在纵坡变更处，均应设置竖曲线。

图 3-19 竖曲线示意图

1. 竖曲线要素计算

竖曲线有抛物线和圆曲线两种。这两种线形计算的结果在应用范围内是完全相同的。由于在纵断面上只计水平距离和垂直高度。斜线不计角度而计坡度，故竖曲线的切线长和弧长均以其水平投影的长度计算。切线支距是竖向的高程差，如图 3-20 所示。

竖曲线要素的计算见下式：

竖曲线长：
$$L = R\omega \tag{3-20}$$

切线长：
$$T = \frac{R\omega}{2} \tag{3-21}$$

外距：
$$E = \frac{T^2}{2R} \tag{3-22}$$

$$y = \frac{x^2}{2R} \tag{3-23}$$

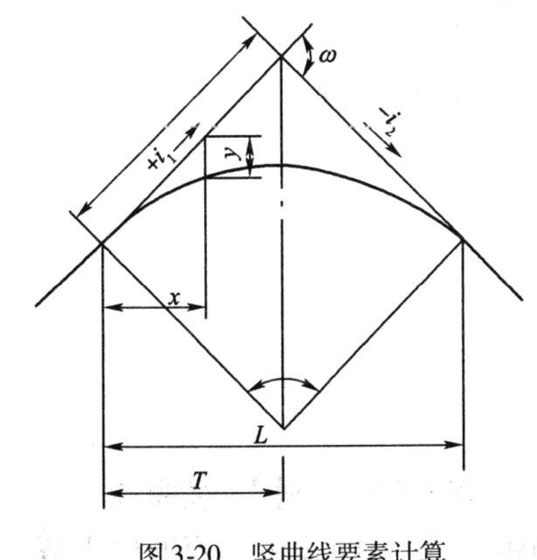

图 3-20 竖曲线要素计算

式中：R——竖曲线半径，m；

T——切线长，m；

L——竖曲线的长度，m；

E——外距；m；

x——竖曲线上任意一点距竖曲线起点或终点的水平距离，m。

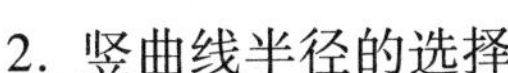

2. 竖曲线半径的选择

竖曲线设计，首先要确定其半径。竖曲线半径的选定与平曲线半径选定一样，以满足行车要求出发，应力求选用较大半径，只有在地形困难地段才采用小半径。

汽车在凹形竖曲线上行驶，视距一般能得到保证，但车辆在其重力方向上又受到离心力作用而使车辆增重，会使乘客感到不适，对汽车的悬挂系统也不利。为保证车辆行驶安全和舒适，减少车辆颠簸和振动，应对离心加速度有所限制，故竖曲线半径不能太小。

汽车在凸形竖曲线上行驶，离心力方向与重力方向相反，汽车会减重，对汽车的悬挂系统也不利；另外，在凸曲线上行车，如半径过小，则视线受阻，影响行车安全，所以，竖曲线半径不能太小。

《公路工程技术标准》（JTG B01—2003）规定竖曲线半径不小于表 3-9 所列数值。

竖曲线最小半径和竖曲线最小长度 表 3-9

设计速度（km/h）		120	100	80	60	40	30	20
凸形竖曲线半径（m）	一般值	17 000	10 000	4 500	2 000	700	400	200
	极限值	11 000	6 500	3 000	1 400	450	250	100
凹形竖曲线半径（m）	一般值	6 000	4 500	3 000	1 500	700	400	200
	极限值	4 000	3 000	2 000	1 000	450	250	100
竖曲线长度（m）		100	85	70	50	35	25	20

四、平、纵面线形的组合

公路线形设计不仅要注意个别元素的尺寸大小，且要考虑各元素间的组合；不是孤立地考虑某一个投影面，而要综合考虑平、纵、横三个投影面的协调；不仅要满足汽车行驶的力学要求，还要顾及交通条件、驾驶员的视觉和心理因素以及美学上的要求等，如图 3-21 为立体线形要素。

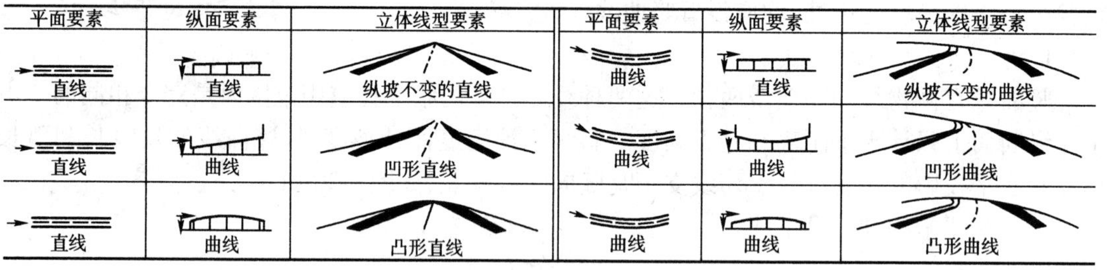

平面要素
纵面要素
立体线型要素
直线
直线
纵坡不变的直线
直线
曲线
凹形直线
直线
曲线
凸形直线
平面要素
纵面要素
立体线型要素
曲线
直线
纵坡不变的曲线
曲线
曲线
凹形曲线
曲线
曲线
凸形曲线

图 3-21 各种直线和曲线组合的立体线形要素

根据经验做好如下几点，便会得到较好的线形。

1. 竖曲线与平曲线重合

平曲线和竖曲线的顶点一一对应，且平曲线比竖曲线长，使竖曲线在平曲线范围内，即“平包竖”，如图 3-22 所示。这样，对视觉有诱导作用，对行车安全有利。

组合不当
组合得当
竖曲线位置
平曲线
直线
回旋线
圆曲线
回旋线
直线

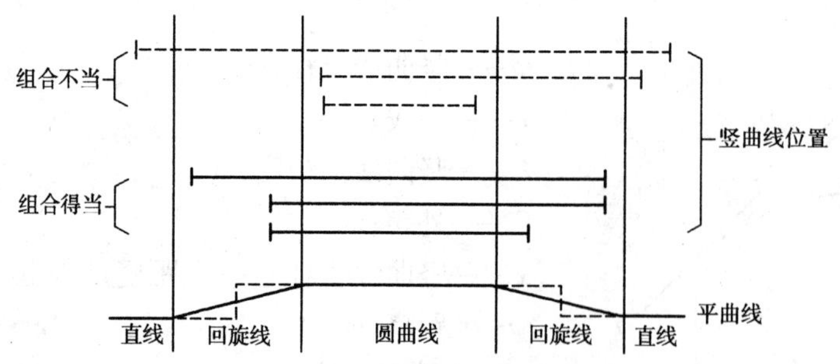

（虚线为不设回旋线的情况）

图 3-22 平、纵曲线位置的对应

若平、竖曲线的半径都很大，则平、竖曲线的位置可不受上述限制；若做不到平、竖曲线一一对应，而两者的半径都小于某限值时，亦可把平、竖曲线拉开相当距离，使平曲线位于直坡段上或竖曲线位于直线上。

2. 平曲线与竖曲线半径大小保持均衡

平曲线与竖曲线的线形，其中一方大而平缓时，则要注意另一方也要大而缓，切不可使二者差别太大。根据经验，在平曲线半径小于 1 000m 的情况下，竖曲线半径为平曲线半径的10～20倍，即可获得线形的均衡性。表 3-10 所列数据为德国考虑视觉和工程费用的综合平衡，得到的平曲线与竖曲线大小相对应的结果。

平竖曲线半径的均衡　　表 3-10

平曲线半径(m)	600	700	800	900	1 000	1 100	1 200	1 500	2 000
竖曲线半径(m)	10 000	12 000	16 000	20 000	25 000	30 000	40 000	60 000	100 000

3. 不要在凸形竖曲线顶部、凹形底部插入小半径的平曲线。前者因没有视线诱导而必须急转方向盘，从而增加操作困难；后者因驾驶员向凹形底部行驶时，可能错认为是水平路段，以过高速度行驶，导致急弯处易发生事故。

4. 在一个平曲线内，应避免纵面线形反复凸凹在一个平曲线范围内，若纵面线形反复凸凹时，往往形成看得见脚下和前方，而看不见中间凹陷的线形，如图3-23所示。因此，驾驶员由于视觉上不放心，即使凹度很小，也不敢以正常速度行驶。

图 3-23　中间凹陷看不见的线形

第三节　横　断　面

公路是具有一定宽度的带状构造物。如果沿路中心线的垂直方向做一个剖面，那么，这个剖面就称为横截面。横截面上公路的形状就称为公路的横断面，它反映了路基的形状和尺寸。

一、横断面的组成与标准横断面图

横断面由若干部分组成，如行车道、路肩、分隔带、边沟、边坡及截水沟等。常用的横断面形式称为标准横断面图，如图 3-24 所示。我国高速公路、一级公路通行能力大，一般均为四条车道

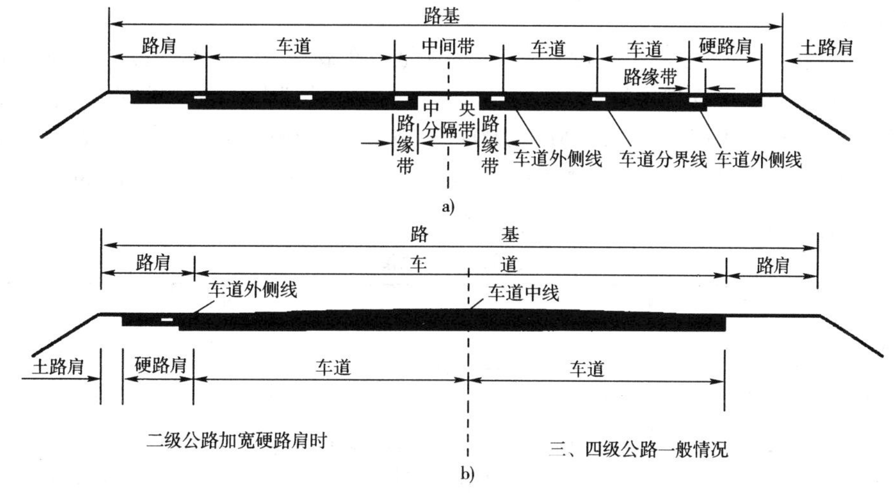

图 3-24　标准横断面图

a)高速公路、一级公路；b)二级、三级、四级公路

或更多,二、三、四级公路为双车道。在特殊情况下,由于地形复杂或交通量小等原因,四级公路有时做成单车道。一般情况下,高速公路的横断面形式为整体式,在地形条件受限制的条件下,高速公路横断面形式也可以做成分离式。

二、公路路幅

公路路幅是指公路路肩两侧外边缘之间的部分,路幅宽度即指路肩两侧外边缘之间的水平距离,即路基宽度。各级公路的路基宽度见表3-11。

各级公路路基宽度 表3-11

公路等级		高速公路、一级公路								
设计速度(km/h)		120			100			80		60
车道数		8	6	4	8	6	4	6	4	4
路基宽度(m)	一般值	45.00	34.50	28.00	44.00	33.50	26.00	32.00	24.50	23.00
	最小值	—	—	26.00	—	—	24.50	—	21.50	20.00

公路等级		二级公路、三级公路、四级公路					
设计速度(km/h)		80	60	40	30	20	
车道数		2	2	2	2	2或1	
路基宽度(m)	一般值	12.00	10.00	8.50	7.50	6.50(双车道)	4.50(单车道)
	最小值	10.00	8.50	—	—	—	

注:1."一般值"为正常情况下采用值;"最小值"为条件受限制时经技术经济论证后可采用的值。

2. 八车道的内侧车道宽度如采用3.5m时,相应路基宽度减少0.5m。

一般路幅布置包括行车道和路肩,除四级公路可设置为单车道外,公路按路幅布置形式主要分为单幅双车道和双幅多车道两种类型。我国公路中,二、三级和部分四级公路采用单幅双车道,在总里程中占比重最大。高速公路和一级公路为适应车辆速度快,交通量大需要设置中间带,把对向行驶的车道分隔成两部分(即两幅),每幅包括两条或多条单向行车的车道称为双幅多车道公路。

(一)行车道

行车道是专供汽车行驶的公路主要部分。为保证汽车高速、安全行驶,行车道必须保证足够的宽度。行车道宽度包括车辆宽度和富余宽度。车道的数量则根据交通量及通行能力来确定。表3-12是《公路工程技术标准》(JTG B01—2003)中规定的各级公路的行车道宽度。高速公路和一级公路,当纵坡(见本章第二节)大于4%时,可设置爬坡车道,宽度一般为3.5m。高速公路互通式立体交叉、服务区等处,应设置变速车道,宽度一般也为3.5m。

公路行车道宽度 表3-12

设计速度(km/h)	120	100	80	60	40	30	20
车道宽度(m)	3.75	3.75	3.75	3.50	3.50	3.25	3.00(单车道时为3.50)

(二)路肩

路肩位于行车道两侧,是公路横断面不可缺少的组成部分。它的主要作用是保护路面,供汽车发生故障时临时停车;供行人和非机动车使用;同时使驾驶员在行车时视觉开阔、有安全感,有助于增进行车的舒适和避免驾驶的紧张。在公路路面维修时,较宽的路肩还可以临时作为行车道,在挖方地段的平曲线段,较宽的路肩能够改善视距。

路肩的宽度是根据公路的等级、汽车、非机动车的交通量大小和行人稠密程度而定。路肩宽度见表3-13。

公路路肩宽度 表3-13

设计速度(km/h)		高速公路、一级公路				二级公路、三级公路、四级公路				
		120	100	80	60	80	60	40	30	20
右侧硬路肩宽度(m)	一般值	3.50 3.00	3.00	2.50	2.50	1.50	0.75			
	最小值	3.00	2.50	1.50	1.50	0.75	0.25			
土路肩宽度(m)	一般值	0.75	0.75	0.75	0.50	0.75	0.75	0.75		0.25(双车道)
	最小值	0.75	0.75	0.75	0.50	0.5	0.5	0.50		0.50(单车道)

注:"一般值"为正常情况下的采用值;"最小值"为条件受限制时,经技术经济论证后可采用的值。

在高等级公路中还要铺筑硬路肩,当硬路肩宽度小于2.5m时,还应在路肩外侧设置紧急停车带。其间距不宜大于500m,宽度包括硬路肩在内为3.5m,有效长度不小于30m,如图3-25所示。

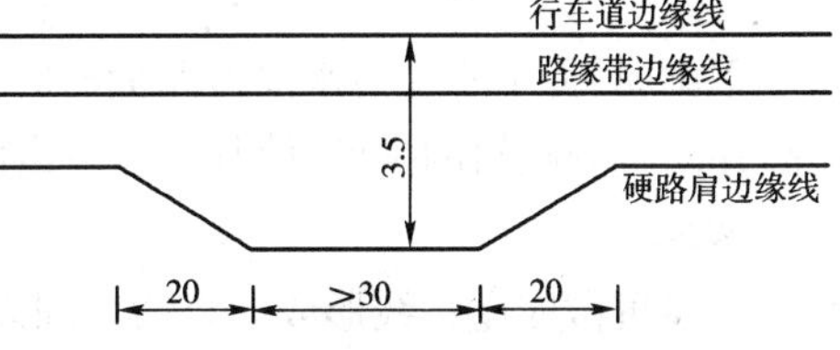

图3-25 紧急停车带(尺寸单位:m)

(三)中间带

中间带位于路幅中间,是由两条左侧路缘带及中央分隔带组成,主要是为了保证对向车辆能够高速、安全行驶,减少事故,提高道路通行能力。另外,在中央分隔带可以种植花草或合适的树木,起到绿化和保护环境的作用,而且树木又可挡住夜间行车时对向车辆的灯光,避免眩目。路缘带的设置起到诱导视线的作用。常见的中间带是与两边的行车道在同一平面上,也可因地制宜地放在不同高程上,形成分离式行车道。这样,不仅夜间行车不会有对向汽车车灯眩目,而且从工程经济上来看,可以减少一部分土石方数量。自然条件地面越陡,所减少的工程量也就越多。从景观开发上,分离式行车道比整体式更有利于融入自然景观。

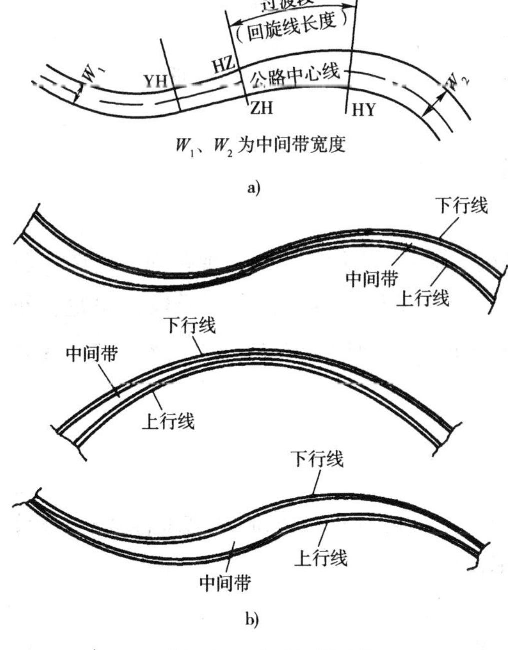

图3-26 中间带过渡方法

a)中间带宽度小于等于4.5m;b)中间带宽度大于4.5m

高速公路必须设置中间带,一级公路一般应设置中间带。当受到特殊条件限制时,一级公路可不设中央分隔带,但必须设置分隔设施。

整体式断面的中间带宽度见表3-14。

分离式断面中间带宽度宜大于4.5m。一条路上在不降低公路线形标准的前提下,可以根据地形、地质等自然条件,在不同的路段设置不同的中间带宽度,但不得频繁变更宽度。这对于减少工程造价、改善景观都起到很好的作用。中间带减窄或增宽时,应设置过渡段,中间带的过渡段以设在回旋线范围内为宜,其长度应与回旋线相等。当中间带宽度大于4.5m时,过渡段设在半径较大的平曲线路段为宜,如图3-26所示。

中间带宽度　　表 3-14

设计速度(km/h)		120	100	80	60
中央分隔带宽度(m)	一般值	3.00	2.00	2.00	2.00
	最小值	2.00	2.00	1.00	1.00
左侧路缘带宽度(m)	一般值	0.75	0.75	0.50	0.50
	最小值	0.75	0.50	0.50	0.50
中间带宽度(m)	一般值	4.50	3.50	3.00	3.00
	最小值	3.50	3.00	2.00	2.00

注:“一般值”为正常情况下的采用值;“最小值”为条件受限制时,经技术经济论证后可采用的值。

三、路　拱

下雨时,为了不让雨水滞留路面时间过长,迅速将其导向公路的排水设施,路面应设置成中间高并向两侧倾斜的拱形,使其具有一定的坡度,我们称这种形式为路拱,坡度称为路拱横坡度,用 i_1 表示。

路拱可做成抛物线形或两直线中间以曲线连接的形式。

(1)整个路拱为抛物线形,如图 3-27 所示。

(2)圆顶直线形路拱,如图 3-28 所示。这种形式一般使用于高等级公路,在路拱两侧设斜直线间插入圆曲线,圆曲线长约为路面行车道宽度的 1/3。

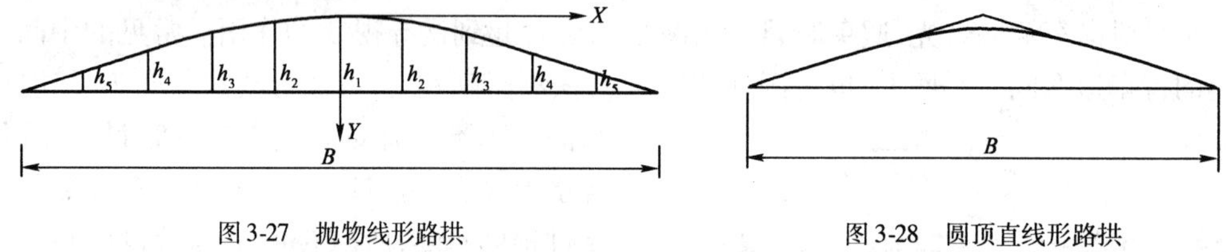

图 3-27　抛物线形路拱　　图 3-28　圆顶直线形路拱

第四节　行 车 视 距

为了保证行车安全,驾驶员应能够随时看到路面前方的一定距离,以便发现路面上的障碍物或迎面来车时,能够在一定车速下及时制动或避让。汽车在这段时间内沿公路行驶的最短行车距离,称为行车视距。各级公路在平面和纵面上,都应保证必要的行车视距。行车视距按行车状态不同分为停车视距、会车视距和超车视距。

一、停 车 视 距

汽车在公路上行驶,当驾驶员发现路面前方有障碍物,经判断后,采取制动措施,使汽车在障碍物前停止,这一必须保证的最短安全距离,称为停车视距。

停车视距由三部分距离组成,如图 3-29 所示。

停车视距

$$S_T = S_1 + S_2 + S_3 \qquad (3\text{-}24)$$

式中:S_T——停车视距,m;

S_1——驾驶员反应与判断时间内行驶的距离,m;

S_2——从开始制动到完全停止时汽车行驶的距离,m;

S_3——安全距离,m。一般为 5 ~ 10m。

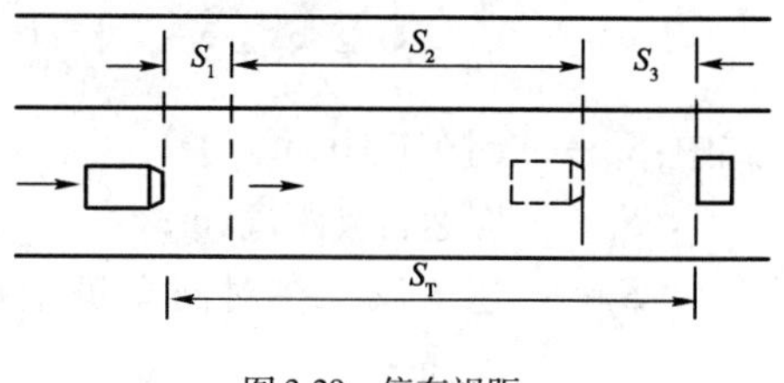

图 3-29　停车视距

汽车由行驶到停止的全部时间,包括制动前的反应时间及制动开始到完全停止所经历的时间共两个时间阶段。

反应时间是驾驶员看到车道路面前方障碍物的瞬间算起,到决定实施停车的一瞬间为止所经历的时间。反应时间的长短,因人而异,一般为 1 ~ 2s。

制动时间是驾驶员从实施制动一瞬间起,制动系统发生制动作用到强迫车辆停止的一瞬间所经历的时间。这一段时间的长短,除去制动前的速度因素以外,还与制动系统的机械效率、车轮与路面的摩擦系数有关系。

综合各种因素,《公路工程技术标准》(JTG B01—2003)规定了各级公路的停车视距。

高速公路、一级公路的停车视距应符合表 3-15 规定。

高速公路、一级公路停车视距　　表 3-15

设计速度(km/h)	120	100	80	60
停车视距(m)	210	160	110	75

二、三、四级公路的停车视距、会车视距与超车视距应符合表 3-16 规定。

二、三、四级公路停车视距、会车视距与超车视距　　表 3-16

设计速度(km/h)	80	60	40	30	20
停车视距(m)	110	75	40	30	20
会车视距(m)	220	150	80	60	40
超车视距(m)	550	350	200	150	100

二、会 车 视 距

在不设中间带或不分车道行驶的双车道公路上,来往车辆都习惯于沿路中心线行驶到会车相互避让,或者采取制动措施,在双方还没有碰撞之前停下来。这一段从彼此发现到双方车辆完全停止时,两车同时驶过的距离之和称为会车视距。如果双方行驶的车辆车型和速度都相同,会车视距约等于两倍停车视距。对于四级公路为单车道时,会车视距就会成为一个比较重要的设计指标。

三、超 车 视 距

在双车道公路上,车速较高的车辆常常追上车速较低的车辆,并利用路中心线左侧的车道进行超车。在这种情况下,为保证超车时不致发生与对向车辆碰撞,超车之前,驾驶员必须观察左侧车道是否有来车。当驾驶员看到对向驶来的车辆相距很远时,自己超过同向行驶的低速车并回到原来车道的正常位置后不会与对向驶来的车辆相撞。在这一段时间之内,双向车辆行驶的距离之和,称为超车视距,如图 3-30 所示。

超车视距可按下式计算：

$$S_H = S_1 + S_2 + S_3 + S_4 \quad (3\text{-}25)$$

式中：S_H——超车视距，m；

S_1——加速行驶距离，m；

S_2——超车汽车在对向车道上行驶的距离，m；

S_3——超车后的安全距离，m；

S_4——超车从开始加速到超车完成时段内，对向汽车行驶的距离，m。

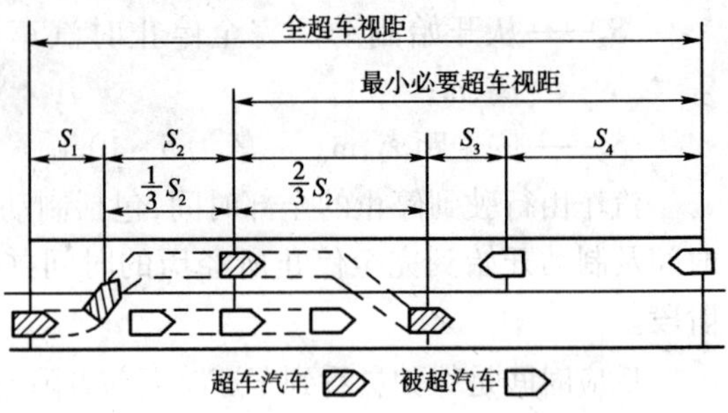

图3-30　超车视距

实际上，超车汽车在对向车道追上被超汽车后，一旦发现与对向来车的距离不足时，超车汽车还可以回到原来车道上。这段距离约占超车在对向车道上行驶距离1/3，于是最小必要超车视距为：

$$S_H = \frac{2}{3}S_2 + S_3 + S_4 \quad (3\text{-}26)$$

《公路工程技术标准》(JTG B01—2003)规定的超车视距见表3-16。

四、平曲线视距保证措施

汽车在直线上行驶，一般停车视距和超车视距容易保证。但当汽车在平曲线地段行驶时，如果遇到内侧有障碍物、树木、路堑边坡等均有可能阻挡视线，保证不了视距要求。这是就应该清除视野范围内的障碍物，以保证行车安全。

如图3-31所示，假设A点为行驶的汽车，弧长AB是停车视距，因为视线是直的，所以AB之间的直线(即弦长)与弧构成的区域内有障碍物的话，视线将会被阻挡，将不能保证视距，所以必须清除。同样的道理，汽车在曲线段行驶到任何一点，均应保证视线与停车视距构成的区域内不能有障碍物。我们做出一条曲线与所有的视线相切，那么这条曲线就是汽车在弯道上行驶时，障碍物不能进入的界限。如果有障碍物，必须予以清除。

按照上述方法我们知道了需要清除障碍物的范围，如果曲线段为挖方路段，内侧边坡如果阻挡了视线，那么按照我们所定出的界限，将在边界线内的边坡挖掉，即开挖视距台。开挖视距台时，设定驾驶员视线的高度为1.2m，如图3-32所示。

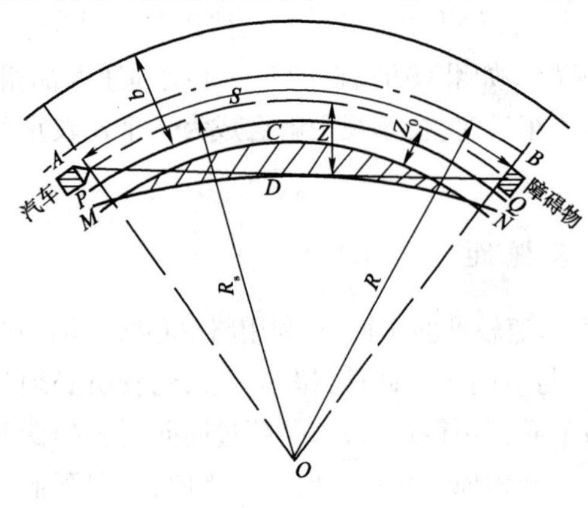

图3-31　平曲线视距图

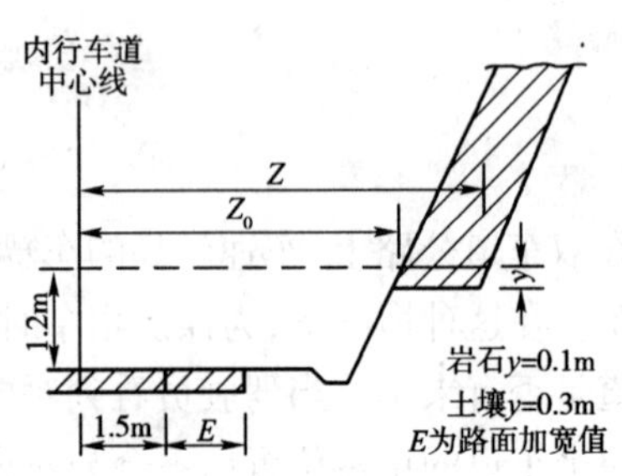

图3-32　视距台

第五节　路基土石方计算与调配

中桩路基横断面设计完成后，就可以进行横断面面积和土石方体积的计算，并对土石方进行合理的调配。

路基土石方工程的工程数量在整个工程项目中所占的比例较大，它影响公路的造价、工期、用地等许多方面，是主要技术经济指标之一。土石方数量及其调配关系到取土或弃土地点、公路用地范围，同时对工程造价、所需劳动力和机具设备的数量及施工期限有一定影响。

土石方计算与调配的主要任务是计算每公里路段的土石数量和全线总土石方工程数量，涉及挖方的利用和填方的来源及运距，为编制工程预(概)算、确定合理的施工方案以及计量支付提供依据。

由于自然地面起伏多变，填、挖方体积不可能是一个简单的几何体，若依实际地面起伏变化情况来进行土石方数量地计算，不仅繁杂，而且实用意义不大。因此，在公路的测设过程中，土石方的计算通常采用近似方法，计算精度按工程的要求而定。一般情况下，横断面的面积以平方米为单位，取小数后一位，土石方的体积以立方米为单位，取至整数。

一、横断面面积的计算

路基横断面上的填挖面积是原地面线与路基设计线所包围的面积。可分别计算出填方面积 F_T 和挖方面积 F_w。横断面面积计算的方法有许多种，一般常用的计算方法如下。

1. 积距法

积距法是按单位宽度 b 把横断面划分为若干个梯形和三角形条块，则每个小块的近似面积等于其平均高度 h_i 乘以横距 b，F 为平均断面积的总和，如图 3-33 所示。其计算公式为：

$$F = h_1 b + h_2 b + \cdots + h_n b = b\sum_{i=1}^{n} h_i \qquad (3\text{-}27)$$

式中：F——横断面面积，m^2；

b——横断面所分成的三角形或梯形条块的宽度，通常为 1m 或 2m；

h——横断面所分成的三角形或梯形条块的平均高度，m。

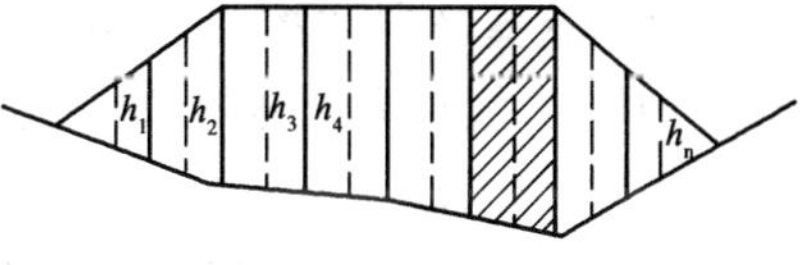

图 3-33　积距法计算示意图

由此可见，积距法求面积就是在实际操作中转化为量取 h_i 的累加值，这种操作可以用分规按顺序接连量取每一条块的平均高度 h_i，分规最后的累计高就是 $\sum h_i$，将条块宽度乘以累计高度 $\sum h_i$ 即为填或挖方的面积。积距法也可以用米格纸拆成窄条作为量尺，每量一次 h_i 在窄条上画好标记，从开始到最后标记的累计距离就是 $\sum h_i$，然后乘以条块宽度 b，即为所求面积。

2. 几何图形法

当横断面地面线较规则时，可分成几个规则的几何图形，如三角形、矩形和梯形，然后分别计算面积，即可求出总面积。

3. 混合法

在一个填方或挖方面积较大的横断面设计图中，几何图形法和积距法共用，可以加快计算速度。

二、土方数量计算

在所有中桩的横断面积求出来后，就可以进行土石方数量计算。

现在工程上通常采用平均横断面法来计算土石方数量。该方法是假定相邻两断面间为一棱柱体，其间距为 L(图3-34)，棱柱体的体积可按下式计算：

$$V=\frac{F_1+F_2}{2}\cdot L \tag{3-28}$$

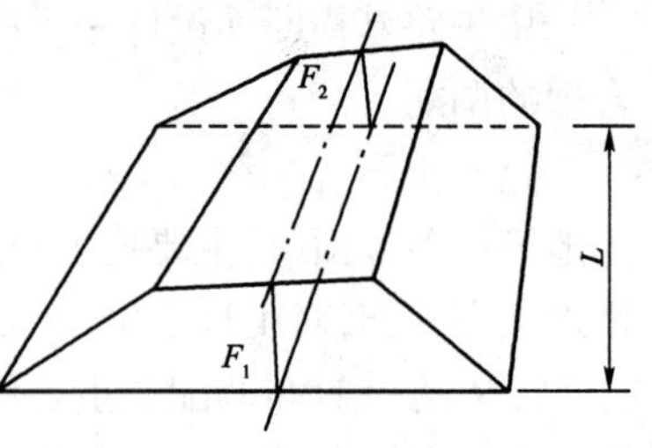

图 3-34　土石方数量计算示意图

式中：F_1，F_2——相邻桩号两填方面积或者两挖方面积，F_1、F_2 分别大于或等于零。

按平均断面法计算土石方量，通常都利用《路基土石方数量计算表》进行计算，并进行土石方调配。

三、土石方调配

路基土石方数量计算完毕后，应考虑土石方的调运问题，以便确定填方用土的来源、挖方弃土的去向，以及计价土石方的数量和运量。

在路基的施工过程中，就某一断面的土石方而言，会发生 3 种情况。一是挖去多余的土，形成路基，或者本桩有填有挖，利用了本桩的土后，还有多余，需要调走(挖余)；二是借其他地方的土，形成路基，或者本桩有填有挖，利用了本桩的土后，还不够，需要借土(填缺)；三是本桩有填有挖，利用本桩的土填挖平衡(本桩利用)。通过调配，合理地解决各路段土石方数量的平衡与利用问题，把从路堑挖出的土石方，在经济合理的调运条件下移挖作填，就近运到填方路堤，达到填方有所“取”，挖方有所“用”，避免不必要的借土和弃土，尽量减少占用耕地的数量，减少水土流失，保护自然环境。

针对这些情况，“挖余”有两种处理方法：调至其他断面利用或作为废方弃土。“填缺”也有两种处理方法：从其他断面调土或从路外借土。土石方调配就是要解决这些问题。

1. 调配原则

(1)半填半挖路基，应首先考虑本路段内横向移挖作填，进行横向平衡，然后再作纵向调配，以减少总的运量。

(2)调配时应考虑到桥涵位置对施工运输的影响，一般不跨沟、跨河调运。同时应注意施工的可能与方便，如人工运输尽可能避免和减少上坡运土。

(3)为使土方调配合理，必须根据地形情况和施工条件，选用适当的运输方式，确定合理的经济运距，用以分析工程用土是调运还是外借。

(4)土方调配“移挖作填”，固然要考虑经济运距问题，但这不是唯一的指标，还要综合考虑弃土或借方占地、赔偿青苗损失及对农业产生影响等问题。有时移挖作填虽然运距超出一些，运输费用可能稍高一些，但如能少占地、少影响农业生产，这样，从整体来看也是经济的。

(5)不同的土方和石方应根据工程需要分别进行调配，以保证路基稳定和人工构造物的材料供应。

(6)位于山坡上的回头曲线，要优先考虑上、下线的土方竖向调运。

(7)土方调配，对于借土和弃土应事先同地方相关部门商量，妥善处理。借土应结合地形、农田规划等选择借土地点，并综合考虑借土还田、整地造田等措施；弃土应不占或少占耕地，在可能条件下宜将弃土平整为可耕地，切莫乱弃乱堆，防止产生水土流失、泥石流和堵塞河流、损害农田等病害。

2. 调配方法

土石调配方法有多种，如累计曲线法、调配图法以及土石方计算表调配法等。目前设计上多采用土石方计算表调配法。该法不需要绘制累计曲线与调配图，可直接在土石方表上进行调配。其优点是方法简捷、调配清晰、精度符合要求。该表也可由计算机自动完成。具体步骤是：

(1)调配是在土石方数量计算与复核完毕的基础上进行的。调配前应将可能影响运输调配的桥涵位置、陡坡、大沟等注在表旁，供调配时参考。

(2)弄清各桩号间路基填方、挖方情况并先作横向平衡，明确本桩利用方、欠方及可作远运土石方等的数量。

(3)在纵向调配前，应根据施工方法及可能采用的运输方式定出合理的经济运距。

(4)根据欠方、可作远运土石方数量的分布情况，结合路线纵坡和自然条件，本着技术经济和支农的原则，具体拟定调配方案。

(5)经过纵向调配，如果仍有欠方或可作远运方，则应会同当地协商确定借土或弃土地点，然后将借土或弃土的数量和远运距离分别填注到借方和弃方栏内。

(6)土石方调配后，应按下面的公式进行复核检查：

$$\text{横向调运方}+\text{纵向调运方}+\text{借方}=\text{填方}$$

$$\text{横向调运方}+\text{纵向调运方}+\text{弃方}=\text{挖方}$$

$$\text{挖方}+\text{借方}=\text{填方}+\text{弃方}$$

以上检查一般是逐页进行，如有跨页调配，须将其数量考虑在内。通过复核可以发现调配与计算过程中有无错误，经核实无误后，即可分别计算计价土石方数量、运距和运量等，为编制概、预算提供资料。

第六节　路线交叉

道路与道路或道路与铁路相交部位称为道路交叉口(由于道路的纵横交错而形成很多交叉口)。它是道路系统的重要组成部分，是道路交通的咽喉。相交道路的各种车辆和行人都要在交叉口汇集、通过，稍有不慎，最易发生交通事故。由于人、车，特别是非机动车的相互干扰，阻滞了交通的流畅，降低了道路的通行能力。此外，在交叉口处的周期性制动、启动，对于燃料、车辆机件和轮胎的消耗都很大。因此，对于道路交叉口，如何设法减少以至消灭交通事故，提高交叉口的通行能力是道路设计的一项重要任务。

根据相交道路交会点的竖向高程设置安排不同，可分为平面交叉口和立体交叉口两种类型。前者是道路在同一平面上相交，后者是道路在不同平面上相交。

一、平面交叉口的交通分析

(一)交叉口的交通分析

进出交叉口的车辆由于行驶方向不同，车辆与车辆之间的交错也有所不同，产生交错点的性质也不一样。同一行驶方向的车辆向不同方向分开的地点，称为分流点；来自不同行驶方向的车辆以较小角度向同一方向汇合的地点，称为合流点；来自不同行驶方向的车辆以较大角度（≥90°）相互交叉的地点，称为冲突点（危险点），如图3-35所示。上述不同类型的交错点是影响交叉口行车速度和引发交通事故的主要原因，其中车辆左转和直行形成的冲突点对交通的影响最大，车辆容易产生碰撞；其次是合流点，是车辆产生挤撞的危险地点，对交通安全不利。所以，在交叉口的设计中，要尽量设法减少冲突点和合流点，尤其是要减少或消灭冲突点。

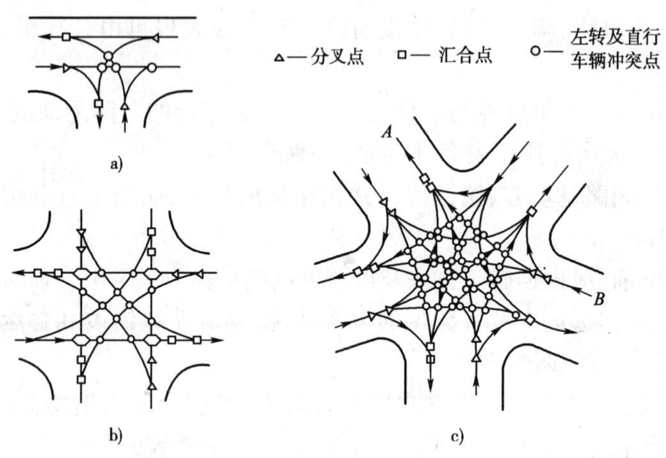

图3-35　交叉口的冲突点

在没有交通管制的情况下，三条、四条、五条道路平面相交时的冲突点分别如图3-35所示。通过上图的交通分析，可得出如下结论：

1. 在平面交叉口上，都存在冲突点（危险点），并随着相交道路条数增加而急剧增加。如三条道路相交的冲突点只有3个、合流点3个；四条道路相交的冲突点则增加到16个、合流点8个；而五条道路相交时，冲突点竟达到50个，合流点为15个。

2. 产生冲突点最多的是左转弯车辆。如在四条道路相交，若没有左转弯车辆，则冲突点可从16个减少到4个。因此，在交叉口设计中，如何正确处理左转弯车辆所引起的冲突点，是交叉口设计中的关键之一。

通常消灭冲突点的方法有三种：

1. 实行交通管制。用交通信号灯或交警手势指挥，使直行和左转弯车辆通过交叉口的时间错开。

2. 渠化交通。在交叉口合理布置交通岛，组织车辆分道行驶，将冲突点变为交织点，减少车辆行驶时的相互干扰。

3. 设置立体交叉。将相交道路互相冲突的车流分别设在不同平面的车道上，各行其道，互不干扰，是保证行车安全和效率、提高道路通行能力的最有效措施。

（二）平面交叉口的基本要求

1. 在保证相交道路上所有车辆和行人安全的前提下，使车流和人流交通受到最小的阻碍，亦即保证车辆和行人在交叉口处能以最少时间顺利、安全通过，这样就能使交叉口的通行能力适应各条道路的行车要求。

2. 正确设计交叉口立面，保证转弯车辆行驶稳定。

3. 要符合排水要求，使交叉口地面水能迅速排除，保持交叉口的干燥状态，有利于车辆和行人通过，并可使路面使用寿命延长。

二、公路平面交叉

（一）平面交叉的一般要求

公路的平面交叉是公路的一个重要组成部分，平面交叉选用的技术标准和形式是否合理，会直接影响公路的通行能力、使用品质以及交通安全。因此，设计交叉口时应符合如下要求：

1. 路线交叉部分的计算行车速度，应符合《公路工程技术标准》（JTG B01—2003）规定要求。

2. 交叉口的形式应根据相交道路的交通量、交通性质及地形条件综合考虑后再确定。

3. 交叉口应选择在地形平坦、视线开阔的位置，至少应保证相交道路上汽车距冲突点前后的停车视距范围内通视，有碍视线的障碍物应予清除。

4. 交叉口的竖向布置要符合行车舒适、排水畅通的要求。

（二）平面交叉口的形式

平面交叉口常见形式，有如下几种：

1. 简单交叉口

简单交叉口是指平面交叉中，对交叉部位不作任何特殊处理的交叉口。常见的形式有：十字形、X 字形、T 字形、Y 字形以及多路复合交叉等，如图 3-36 所示。

采用最多的是十字形交叉口，如图 3-36a）所示。它形式简单，交通组织方便，街角建筑容易处理，适用范围广，可用于相同等级或不同等级的道路交叉，在任何一种形式的道路网规划中，它都是最基本的交叉口形式。

X 字形交叉口是两条道路以锐角或钝角斜交，如图 3-36b）所示。当相交的锐角较小时，将形成狭长的交叉口，对转弯车辆行驶极为不利，锐角街口的建筑物也难处理。因此，应尽量使相交道路的锐角大些。

T 字形交叉口，如图 3-36c）、d）所示，是一条尽头道路与另一条直行道路近于直角相交的交叉口，适用于不同等级道路或相同等级道路相交。

Y 字形交叉口，如图 3-36e）所示，是一条尽头道路与另一条道路以锐角或钝角（<75°或>105°）相交的交叉口，适用于主要道路与次要道路相交，主要道路应设在交叉口的顺直方向。

复合交叉口，如图 3-36f）所示，是多条道路交汇的地方，容易起到突出中心的效果，但用地较大，并给交通组织带来很大困难，采用时，必须全面慎重考虑。

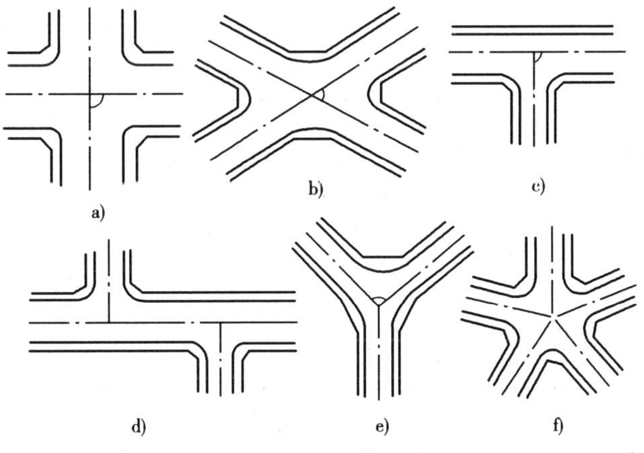

图 3-36　简单交叉口形式

2. 拓宽路口式交叉口

当交通量较大,转弯车辆较多,而交叉口的通行能力不能满足交通量的需要时,可在简单交叉口基础上,增设候驶车道和变速车道以适应车辆临时停候和变速行驶之用,如图3-37所示。

加宽路口的增辟车道,一般在车道右侧加宽3~3.5m,其长度主要根据候车的车辆数决定,减速车道长为50~80m,加速车道长为20~50m。

3. 环形交叉口

为了减少车辆阻滞,在交叉口中心设一圆形交通岛,使各类车辆按逆时针方向绕岛作单向行驶,这种平面交叉称为环形交叉,如图3-38所示。它的优点是把冲突点变为交织点,从而消除车辆碰撞危险,对安全行车有利。车辆到达交叉口可以连续行驶,不需要专人指挥交通。利用交通岛绿化或布设景观可以美化环境。但占地面积大,直行车须绕岛通过,增加行驶距离,左转弯车辆则绕行距离更长,当非机动车较多时,对环形交通的行驶速度、通行能力影响较大,甚至容易引起阻塞。因此,选用环形交叉口时要慎重。

环形交叉口的基本要素由中心岛、交织角、交织长度、环道宽度、进出口转弯半径等组成,如图3-38所示。其几何要素可根据道路等级、条数、计算车速、乘客的舒适程度以及交叉口地形、工程造价等论证选定,亦可参考表3-17数据选用。进口半径应与中心岛半径相同,出口半径则应稍大于进口半径。

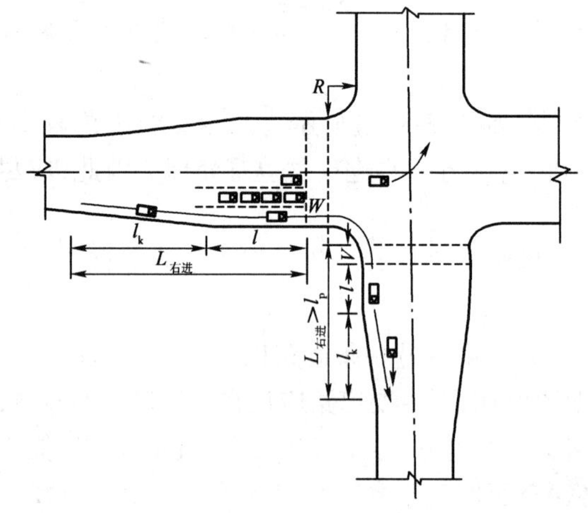

图3-37 拓宽路口式交叉口

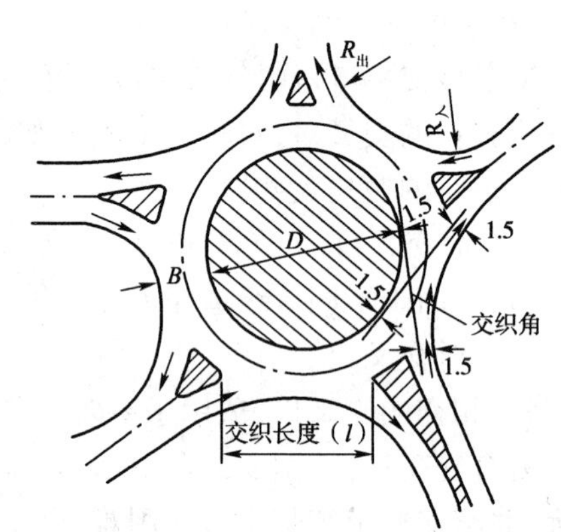

图3-38 环形交叉口(尺寸单位:m)

环形交叉中心岛与最小交织长度 表3-17

环形交叉适应的交叉口性质	1. 与一级公路相交,公路交通量很少; 2. 二级公路与其他公路相交; 3. 二、三级公路与城市道路相交			1. 一级公路与其他各级公路相交; 2. 三级公路与三级公路相交; 3. 三级公路与城市道路相交		
环道计算行车速度(km/h)	40	35	30	30	25	20
中心岛半径(m)	55~60	40~50	30~35	30~35	20~25	10~15
环道宽度(m)	12	12	12	12	9	9
最小交织长度(m)	45	40	35	35	30	25

三、立体交叉

立体交叉是两条道路在不同高程上的交叉,两条道路上的车流能够互不干扰,各自保持原有车速通过交叉口。因此，道路的立体交叉是一种保证行车安全和提高交叉口通行能力的最有效办法。但立体交叉与平面交叉相比较，立体交叉技术复杂，占地面积大，造价高。因此，只有在下列情况才采用立体交叉。

(1)高速公路或一级公路与其他各级公路相交。

(2)其他各级道路通过交叉口的交通量超过1 000辆/h。

(3)当地形与环境适当时，如各级公路在3m以上挖方地段与其他公路相交，或较高的桥头引道与滨河路相交等。

立体交叉的交通组织方式不同，其组成部分也有不同，互通式立体交叉的主要组成，如图3-39所示。

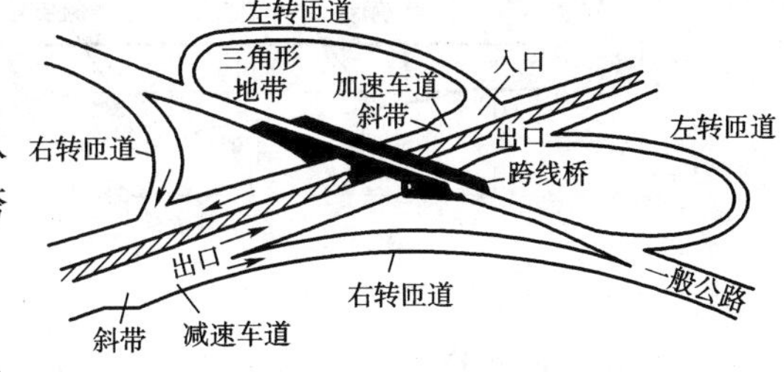

图3-39 互通式立体交叉形式

1. 跨线桥

它是立体交叉的主要结构物。高速公路从桥上面通过，相交道路从桥下通过的称为上跨式，反之称为下穿式。

2. 匝道

匝道是连接互通式立体交叉上、下道路，供左右转弯车辆行驶的道路。匝道与高速公路或相交公路的交点称为匝道的终点，如图3-40所示。由高速公路驶出，进入匝道的道口称为出口；由匝道驶出，进入高速公路的道口称为入口。“出”和“入”都是针对高速公路本身而言的。匝道有的分成内、外两条单向车道分道行驶。凡由高速公路右转弯进入相交道路或由相交道路右转弯进入高速公路的匝道都是设在外侧，这些匝道称为外环。反之，凡左转弯的匝道，都是设在内侧，这些匝道称为内环。

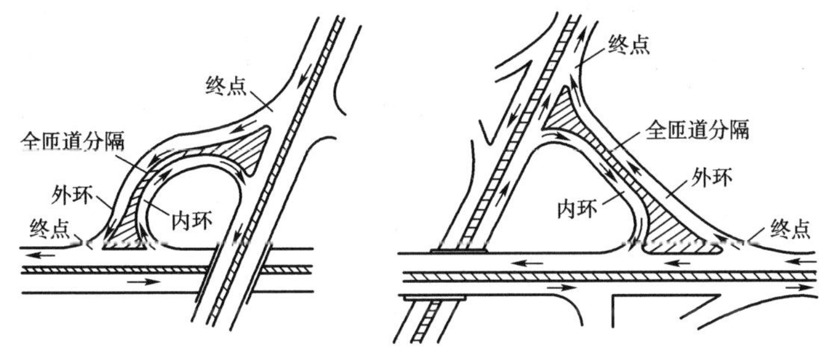

图3-40 匝道

由于匝道既有弯道又有坡度，行车条件较差，且受地形限制，平曲线半径较小，故其计算行车速度只能取相交道路计算车速的50%～70%。其最大纵坡亦不宜大于5%，其最小半径则可参考表3-18所列数值。

匝道最小平曲线、竖曲线半径表　　表3-18

匝道计算车速(km/h)		20	25	30	35	40	50	55	60	70	80
最小平曲线半径(m)		15	20	25	40	50	80	100	125	180	250
最小竖曲线半径(m)	凸形	500	500	500	750	1 000	1 500	2 000	2 500	3 000	4 000
	凹形	500	500	500	500	500	500	750	750	750	1 000

3. 变速车道

减速车道和加速车道统称变速车道。当由高速公路进入匝道或由匝道进入高速公路时，均须设置变速车道。

变速车道有定向式和平行式两种，如图 3-41 所示。当高速公路与匝道的车速相差较大时，需设置平行式车道；当两计算车速相差不大时，宜采用缓和曲线连接或设置定向式变速车道。

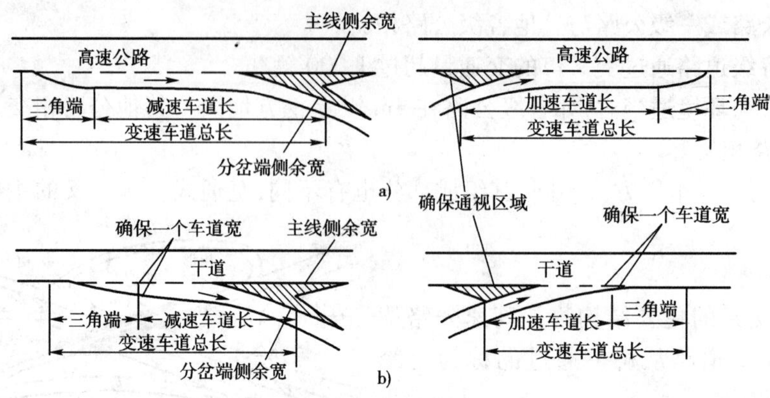

图 3-41　变速车道

平行式变速车道的起点明显，比较容易识别，但变速车辆须沿反向曲线行驶，对行车不利。定向式变速车道线形平顺，比较符合实际的行车轨迹，变速车道可以得到充分利用；但定向式变速车道的起点不易识别，因此，采用时最好用不同颜色的路面或在路面上划线，以便识别。

第四章 路　　基

第一节 概　　述

一、路基的特点和要求

路基是道路工程的重要组成部分。它是路面的基础，是公路的主体。它与桥梁和环境景观相协调，可以形成一门凝固的艺术。路基工程质量的好坏，直接影响到结构物的排水稳定、公路的使用品质、旅客的舒适和正常的行车交通，对国民经济建设具有重要意义。

路基的特点是线形长，通过的地带类型多，技术条件复杂，受地形、气候和水文地质条件影响很大。如公路可能通过平原、丘陵或山岭，还有河川、沼泽、岩石、冰雪（或永冻土）、沙漠或盐渍土等，除一般的施工技术外，还要考虑软土压实、桩基、边坡稳定、挡土墙和其他人工调治结构物等。此外，路基的土石方数量大，劳力和机械用量多，施工期长。在城市道路中，除征地拆迁外，遇到的隐蔽工程较多，如给水管、污水管、煤气管、电缆或蒸汽管线等，需与有关部门相互协调，公共关系比较复杂。

路基必须满足如下基本要求：

1. 具有足够的强度

路基和路面的自重以及由路面传下的行车荷载会对路基产生压力，路基会产生一定变形。因此，路基要有一定的抵抗变形的能力，在荷载作用下不致发生超过允许的变形，导致路基失稳即路基必须具有足够的强度。

2. 具有足够的水温稳定性

路基的水温稳定性是指路基在水和温度的作用下保持其强度的能力。路基在地面水和地下水的作用下，其强度将会显著降低。特别是在季节性冰冻地区，由于水温状况的变化，路基将发生周期性冻融，形成冻胀和翻浆，使路基强度急剧下降。因此，路基不仅要有足够的强度，而且保证在最不利的水温状况下，强度不致显著降低，这要路基具有一定的水温稳定性。

3. 具有足够的整体稳定性

路基是直接在地面上填筑或挖去一部分地面建成的。路基施工改变了地面的天然平衡状态。在某些地形、地质条件下，挖方路堑边坡可能坍塌，陡坡路堤可能沿地表整体下滑，软土路基可能整体滑坍等。为使路基具有抵抗自然因素侵蚀的能力，路基设计时必须采取一些技术措施（例如，排水、边坡加固或设置挡土墙等），以确保路基的整体稳定性。

二、路基土的分类和性质

我国公路用土，依据土的颗粒组成特征、土的塑性指标和土中有机质存在的情况，分为巨粒土、粗粒土、细粒土和特殊土四类，并进一步细分为 12 种土。土的颗粒组成特征可用不同粒径粒组在土中的百分含量表示。不同粒组的划分界限及范围见表 4-1 所列。土分类总体系包括四类并且细分为12种，见图4-1所示。

粒组划分表

表4-1

200　60　20　5　2　0.5　0.25　0.074　0.002(mm)

巨粒组		粗粒组						细粒组	
漂石(B) 块石(B_a)	卵石(C_b) 小块石(Cb_a)	砾(G)(角砾)(G_a)			砂(S)			粉粒 (M)	黏粒 (C)
		粗	中	细	粗	中	细		

巨粒组(大于60mm的颗粒)质量多于总质量50%的土称为巨粒土。巨粒土分为漂(卵)石、漂(卵)石夹土和漂(卵)石质土。

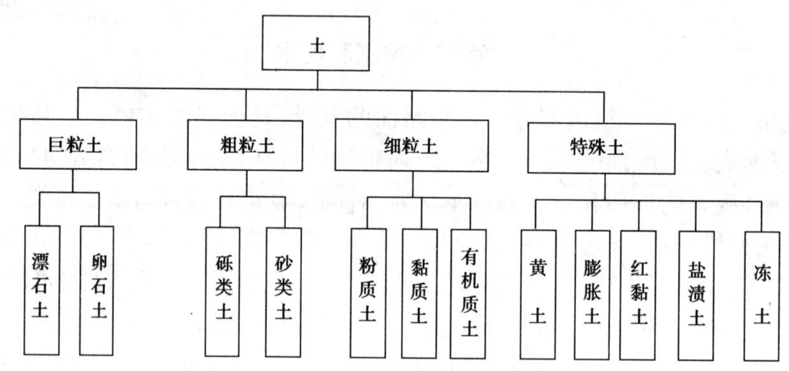

图4-1　土分类总体系

粗粒土分砾类土和砂类土两种，砾粒组(2～60mm的颗粒)质量多于总质量50%的土称为砾类土，砾粒组质量小于或等于50%的土称为砂类土。

细粒组(小于0.075mm的颗粒)质量多于或等于总质量50%的土称为粗粒土。细粒土中粗粒组(2～60mm的颗粒)质量小于总质量25%的土称粉质土或黏质土。粗粒组质量为总质量25%～50%的土称为含粗粒的粉质土或含粗粒的黏质土。有机质含量多于或等于总质量的5%，且少于总质量10%的细粒土称为有机质土。

特殊土主要包括黄土、膨胀土、红黏土和盐渍土。黄土、膨胀土、红黏土按塑性指数和液限划分，据特殊塑性图上的位置定名。黄土属低液限黏土，$w_L < 40\%$；膨胀土属高液限黏土，$w_L > 50\%$；红黏土属高液限粉土，$w_L > 55\%$。盐渍土按照土层中所含盐的种类和质量百分率进行分类，分为弱盐渍土、中盐渍土、强盐渍土和过盐渍土。

三、土的工程性质

公路用土具有不同的工程性质，在选择路基填筑材料以及修筑稳定土路面结构层时，应根据不同的土类分别采取不同的工程技术措施。

1．巨粒土

巨粒土有很高的强度及稳定性，是填筑路基很好的材料。对于漂石土，在码砌边坡时，应正确选用边坡值，以保证路基稳定。对于卵石土，填筑时应保证有足够的密实度。

2．粗粒土

砾类土由于粒径较大，内摩擦力亦大，因而强度和稳定性均能满足要求。级配良好的砾类土混合料，密实度好。对于级配不良的砾类土混合料，填筑时应保证密实度，防止由于空隙大而造成路基积水、不均匀沉陷或表面松散等病害。

砂类土又可分为砂、含细粒土砂(或称砂土)和细粒土质砂(或称砂性土)三种。

砂和砂土无塑性,透水性强,毛细上升高度很小,具有较大的摩擦系数,强度和水稳定性均较好。但由于黏性小,易松散,故压实困难,需要振动法或灌水法才能压实。为克服这一缺点,可添加一些黏质土,以改善其使用质量。

砂性土既含有一定数量的粗颗粒,有利于路基具有强度和水稳性,又含有一定数量的细粒土,使其具有一定的黏性,不致过分松散,且一般遇水疏散快,不膨胀,干时有相当的黏结性,扬尘少,容易被压实。因此,砂性土是修筑路基的良好材料。

3. 细粒土

粉质土为最差的筑路材料。它含有较多的粉土粒,干时稍有黏性,但易被压碎,扬尘性大,浸水时很快被湿透,易成稀泥。粉质土的毛细作用强烈,上升高度快,毛细上升高度一般可达0.9~1.5m,在季节性冰冻地区,水分积聚现象严重,造成严重的冬季冻胀,春融期间出现翻浆,故又称翻浆土。如遇粉质土,特别是在水文条件不良时,应采取一定的措施,改善其工程性质,在达到规定的要求后进行使用。

黏质土透水性很差,黏聚力大,因而干时坚硬,不易挖掘。它具有较大的可塑性、黏结性和膨胀性,毛细管现象也很显著,用来填筑路基比粉质土好,但不如砂性土。浸水后,黏质土能较长时间保持水分,因而承载能力小。对于黏质土,如在适当的含水率时加以充分压实并有良好的排水设施,筑成的路基也能获得稳定。

有机质土(如泥炭、腐殖土等)不宜作路基填料,如遇有机质土,在设计和施工上均应采取适当措施。

4. 特殊土

黄土属大孔和多孔结构,具有湿陷性;膨胀土受水浸湿发生膨胀,失水则收缩;红黏土失水后体积收缩量较大;盐渍土潮湿时承载力很低。因此,特殊土也不宜作路基填料。

四、土基的干湿类型

土基的干湿类型可分为干燥、中湿、潮湿和过湿四种。这四种类型表示路基在工作时,路基土所处的含水状态。

路基的干湿类型影响路基的强度与稳定性。正确区分路基的干湿类型是搞好路基设计的基本前提。路基土所处的状态是由土的含水率或土的平均稠度 w_c 决定的,含水率取决于湿度的来源及作用的延续时间。导致路基土湿度变化的水源来自于以下几个方面。

(1)大气降水:主要通过路面、路肩和边坡渗入路基。

(2)地面水:边沟及排水沟排水不良时,导致地表积水,以毛细水的形式渗入。

(3)地下水:靠近地面的地下水,借助毛细作用上升到路基内部。

(4)凝结水:在土颗粒空隙中流动的水蒸气,遇冷凝结为水。

路基干湿类型的划分与判断:

1. 根据土的平均稠度 w_c 划分

按路槽底面以下80cm深度内土的平均稠度 w_c 划分:

$$w_c = (w_L - w)/(w_L - w_P) \tag{4-1}$$

式中:w_c——土的平均稠度;

w_L——100g平衡锥所测土样液限含水率,%;

w——路床80cm深度内的平均含水率,%;

w_P——100g 平衡锥所测土样塑限含水率,%。

路基干湿类型应根据实测不利季节路床表面以下 80cm 深度内土的平均稠度 w_c,按表 4-2 确定,土基干湿状态的分界稠度值见表 4-2。

土基干湿状态的分界稠度值表 表 4-2

干湿状态 / 土组	干燥状态	中湿状态	潮湿状态	过湿状态
	$w_c \geq w_{c1}$	$w_{c1} > w_c \geq w_c$	$w_{c2} > w_c \geq w_{c3}$	$w_c < w_{c3}$
土质砂	$w_c \geq 1.20$	$1.20 > w_c \geq 1.00$	$1.00 > w_c \geq 0.85$	$w_c < 0.85$
黏质土	$w_c \geq 1.10$	$1.10 > w_c \geq 0.95$	$0.95 > w_c \geq 0.80$	$w_c < 0.80$
粉质土	$w_c \geq 1.05$	$1.05 > w_c \geq 0.90$	$0.90 > w_c \geq 0.75$	$w_c < 0.75$

2. 根据临界高度判断

对于新建公路,路基尚未建成。此时,可采用地下水或地表长期积水的水位至路槽底的距离(H)与路基的临界高度进行比较,来确定路基的干湿类型。临界高度是指在不利季节,当路基分别处于不同干湿类型时,路槽底面距地下水位或地表长期积水的最小高度,分别为干燥状态临界高度(H_1)、中湿状态临界高度(H_2)、潮湿状态临界高度(H_3)。当 $H > H_1$ 时,路基处于干燥状态;当 $H_2 < H \leq H_1$ 时,路基处于中湿状态;当 $H_3 < H \leq H_2$ 时,路基处于潮湿状态;当 $H \leq H_3$ 时,路基处于过湿状态。

第二节 路基的基本构造

一、路基横断面形式

为满足行车要求,适应天然地面的起伏,有些路段的路基设计高程高于地面高程,则需要在地面上进行填筑:有些路段的路基设计高程低于地面高程,则需要进行挖掘。由于填挖情况的不同,路基横断面形式可分为路堤、路堑、半填半挖和不填不挖四种形式。全部用土石填筑而成的路基称为路堤,全部在天然地面开挖而成的路基称为路堑,当原地面横坡较大,则需要在一侧开挖而在另一侧填筑时,路基称为半填半挖路基。

(一)路堤

路堤按高度可分为矮路堤、一般路堤和高路堤三种。矮路堤高度低于 0.8m;水稻田或长年积水地带,用细粒土填筑路基高度在 6m 以上,或其他地带填土或填石高度超过 20m 的,称为高路堤;介于两者之间的为一般路堤。根据其所处的条件和加固类型不同,还有软土路堤、沿河路堤、护脚路堤等,当地面横坡较陡时,须将原地面开挖成台阶形状,以防止路基下滑,如图 4-2 所示。

(二)路堑

路堑是开挖地面而形成的路基,两旁设排水边沟。基本形式有全挖式、台口式、半山洞式。

在陡峻的山坡上,可挖成台口式路基。在整体坚硬的岩层上,为减少工程量有时可采用半山洞路基,如图 4-3 所示。

(三)半填半挖路基

在一个断面内,部分为路堤,部分为路堑。这种路基的形式如果处理得当,路基稳定可靠,而且比较经济。但是由于开挖部分路基为原状土,而填方部分为扰动土,往往这两部分密实程度各不相同。另外，填方部分与山坡结合不够稳定，若处理不当，这类路基会在填挖交界处出现纵向裂缝、填方沿基底滑动等病害。因此，应加强填挖交界面结合处的压实，原地面横坡陡于 1∶5 的填方部分，应采取开挖台阶等措施。必要时，在路堤部分设置挡土墙或石砌护脚，如图 4-4 所示。

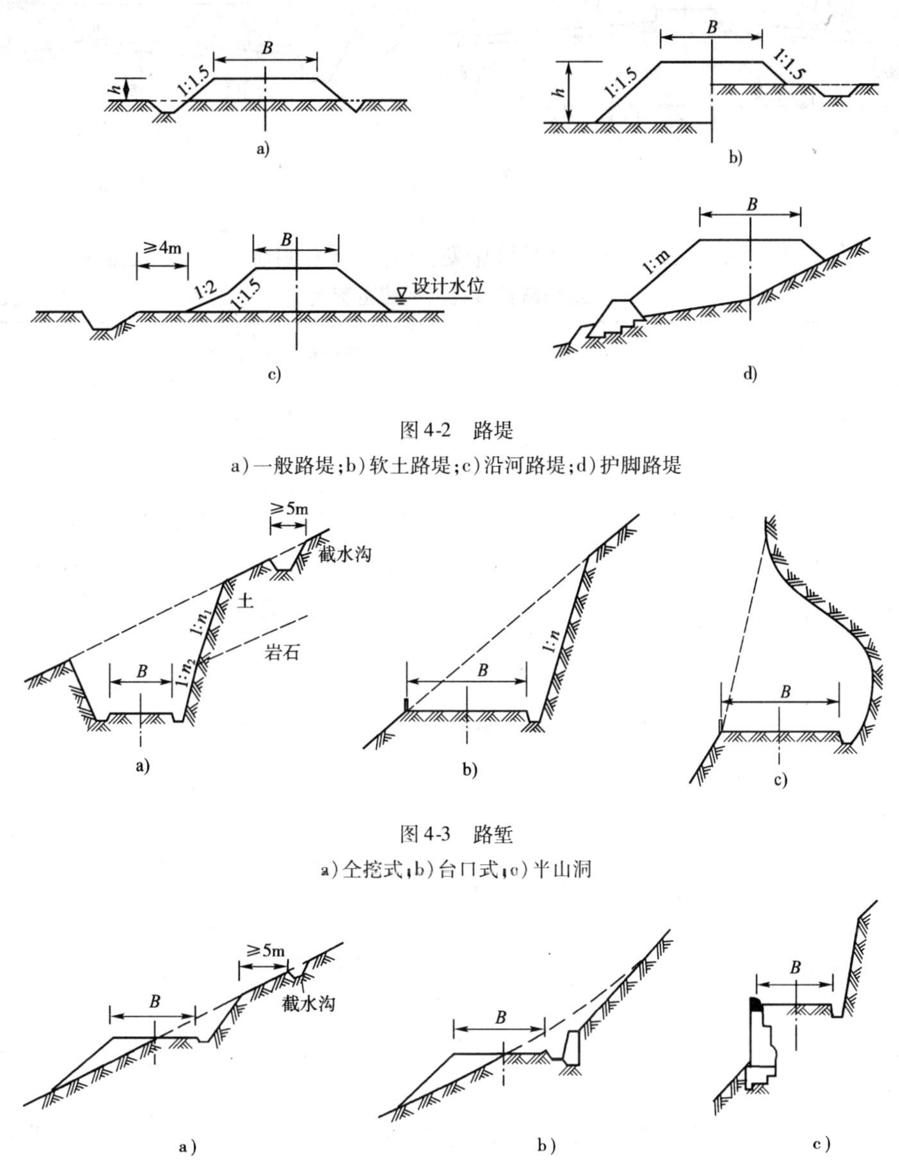

图 4-2　路堤

a）一般路堤；b）软土路堤；c）沿河路堤；d）护脚路堤

图 4-3　路堑

a）全挖式；b）台口式；c）半山洞

图 4-4　半填半挖路基

a）半填半挖；b）陡坡挖阶及砌筑挡土墙；c）挡土墙路基

（四）不填不挖路基

这种路基形式节省土方但不利于排水，常用于干旱的平原和丘陵区。

二、路基的技术规定

（一）路基宽度

为满足车辆及行人在公路上正常通行，路基需有一定的宽度。路基宽度，等于两侧路肩外侧边缘之间的水平距离,如图4-5所示。

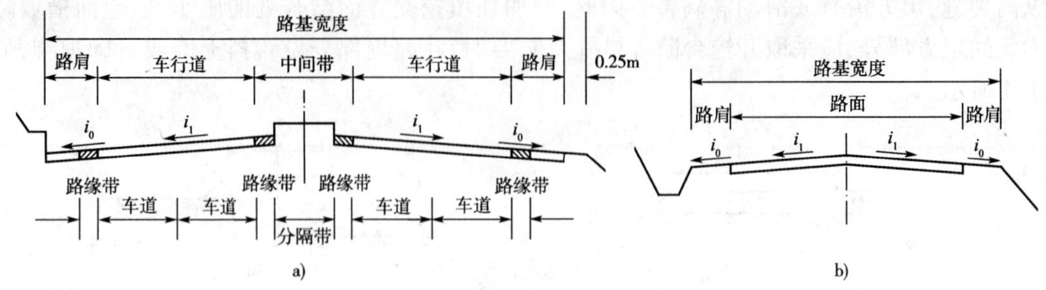

图4-5　路基宽度图

《公路工程技术标准》(JTG B01—2003)中对路基宽度有明确的规定,见表4-3。

各级公路整体式断面路基宽度　　表4-3

公路等级		高速公路、一级公路								
设计速度(km/h)		120			100			80		60
车道数		8	6	4	8	6	4	6	4	4
路基宽度(m)	一般值	45.00	34.50	28.00	44.00	33.50	26.00	32.00	24.50	23.00
	最小值	42.00	—	26.00	41.0	—	24.50	—	21.50	20.00

公路等级		二级公路、三级公路、四级公路					
设计速度(km/h)		80	60	40	30	20	
车道数		2	2	2	2	2或1	
路基宽度(m)	一般值	12.00	10.00	8.50	7.50	6.50(双)	4.50(单)
	最小值	10.00	8.50	—	—	—	

注:1."一般值"为正常情况下的采用值;"最小值"为条件受限制时,可采用的值。

2. 八车道高速公路路基宽度45.00m为设置左侧硬路肩、内侧车道采用3.50m时的宽度。

八车道高速公路路基宽度42.00m为不设置左侧硬路肩、内侧车道采用3.75m时的宽度。

(二)路基高度

路基高度是保证路基稳定性的有效措施,也是保证路面强度、稳定性和降低造价的重要途径。路基高度包括路基设计高程和路基填挖高度两个内容。

路基设计高程由公路纵断面确定,对于无中央分隔带的公路是指未设超高和加宽前路基边缘的高程;对于有中央分隔带的公路是指中央分隔带外侧边缘的高度。沿河及受水浸淹的路基设计高程应高出表4-4所规定的洪水频率的计算水位加壅水高、波浪侵袭高和0.5m的安全高度。

路基设计洪水频率　　表4-4

公路分类	高速公路	一级	二级	三级	四级
设计洪水频率	1/100	1/100	1/50	1/25	按具体情况确定

路基填挖高度指路基中心自然地面高程与路基设计高程之差。它是综合考虑路线纵坡、

路基稳定性和工程经济等因素，通过纵坡设计确定的。

（三）路基边坡

1. 边坡的表示方法

路基两侧的土（或石）坡叫边坡。为了使路基坚固稳定，边坡应该有一定的坡度。边坡越缓，稳定性越好，但工程数量增大，而且边坡过缓使坡面暴露面积太大，易受雨雪侵蚀。相反，边坡越陡，工程数量减少，但稳定性相对较差。边坡坡度的陡与缓，还要看构成边坡的土质、自然条件等因素。

边坡坡度以两点间的高差与其水平距离之比来表示。为方便起见，常将高差与水平距离之比换算为 1∶m（m 为变数），如图 4-6 所示。

图 4-6b）中路基边坡的高差为 2m，水平距离为 3m，则边坡坡度为：2∶3 = 1∶1.5。这一段路基边坡坡度为 1∶1.5。

2. 路堤边坡

路堤边坡坡度应根据路基填料的力学性质、气候条件、密实程度和边坡高度及水文条件而定。一般可按表 4-5 所列数值选定。

路堤边坡坡度 表 4-5

填料种类	边坡最大高度(m)			边坡坡度		
	全部高度	上部高度	下部高度	全部高度	上部高度	下部高度
黏性土、粉性土、砂性土	20	8	12		1∶1.5	1∶1.75
砾石土、粗砂、中砂	12			1∶1.5		
碎石土、卵石土	20	12	8		1∶1.5	1∶1.75
不易风化的石块	20	8	12		1∶1.3	1∶1.5

有水淹没的地方，视填料情况，可采用 1∶1.75 或 1∶2 的边坡，必要时，还应根据具体情况予以防护和加固。一般情况下，当路堤填筑高度过大时，应取两个坡度，上部较陡，下部较缓，如图 4-7 所示。

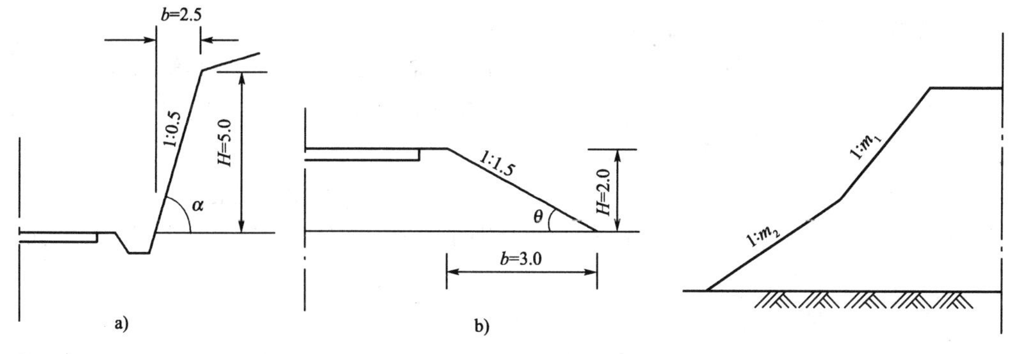

图 4-6 边坡计算示意图

图 4-7 折线边坡

3. 路堑边坡

路堑边坡坡度，应根据边坡高度、土石种类与性质（密实、风化程度等）、地面水、地下水情况及施工方法等因素确定，见表 4-6。

路堑边坡坡度 表4-6

土石种类		边坡高度(m)	
		<20	20~30
一般土	较松	1:1.0~1:1.5	1:1.5~1:1.75
	中密、密实	1:0.5~1:1.0	1:0.75~1:1.15
	胶结	1:0.3~1:0.5	1:0.5~1:0.75
黄土		1:0.1~1:1.25	1:0.4~1:1.25
岩石	岩浆岩、厚层灰岩或硅钙质砂砾岩、片麻岩、石英岩、大理岩	1:0.1~1:0.75	1:0.1~1:1.0
	中薄层砂砾岩、中薄层灰岩、较硬的板岩	1:0.1~1:1.0	1:0.2~1:1.25
	薄层砂页岩、千枚岩、云母、绿泥、滑石片岩、碳质页岩	1:0.2~1:1.25	1:0.3~1:1.5

深路堑根据土石类型的不同,边坡可根据土层分布及深度采用折线和台阶等形式,如图4-8所示。

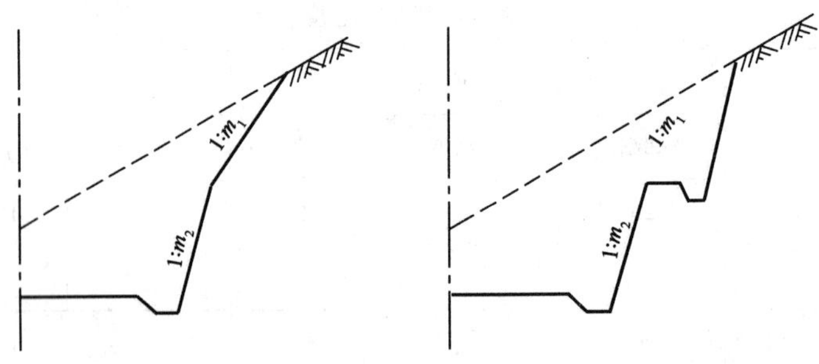

图4-8 路堑边坡的形式

三、公路用地

公路及沿线设施用地,根据公路建设的需要保证必需的用地,并应考虑农业生产等尽可能节约用地。

(一)公路路基用地

1. 新建公路路堤两侧排水沟外缘(无排水沟时为路堤坡脚)以外,或路堑坡顶截水沟外缘(无截水沟时为坡顶)以外不少于1m的土地为公路用地范围。在有条件的地方,高速公路、一级公路不少于3m,二级公路不少于2m。

2. 高路堤或深路堑路段,为保证路基的稳定,可根据计算确定用地范围。

3. 在风沙、雪害及特殊地质地带,根据需要确定设置防护林、种植固沙植物,安装防沙或防雪栅栏等所需的用地范围。

(二)公路其他用地

公路沿线的工程养护和管理用房、料场、苗圃等生产用地及养路职工必要的生活用地,尽量利用坡荒地,并根据需要确定用地范围。

(三)公路用地范围内的建筑物规定

公路用地范围内,不得修建非路用建筑物,不得埋设管道、电缆等,也不得开挖沟渠等非公路附属建筑物。

四、路基附属设施

为了确保路基稳定和行车安全，一般路基的附属设施主要有取土坑、弃土堆、护坡道、碎落台、堆料坪、错车道及护栏等。这些设施也是路基设计的组成部分，对保证路基稳定和交通安全具有重要作用。

（一）取土坑

路基填方时，如果挖方挖出的填料不足以供应填方，根据需要可从路侧取土，取土后的地方形成坑状，称为取土坑。如需从取土坑借方时，应对取土坑作出规划设计。取土坑应尽量设在荒坡、高地上，少占农田耕地，并与农业、水利和环保部门紧密联系，协调发展。

取土坑底纵坡不小于0.5%，横坡度2% ~3%，并向外侧倾斜。取土坑边坡一般不宜陡于1∶1，靠路基一侧不宜陡于1∶1.5。路侧取土坑边缘与路基边缘间应设置护坡道，一般公路为1 ~2m，高速公路和一级公路为3m，如图4-9所示。

（二）弃土堆

路基挖方过剩，不能完全利用，则需弃土。路基弃土应作规划设计，与当地农田建设和自然环境相结合，利用弃土改地造田。山坡弃土应注意避免破坏或掩埋下侧林木农田，沿河弃土应防止河床堵塞或引起水流冲毁农田房屋等。弃土堆一般就近设在低地，或弃于地面下坡一侧。弃土堆宜堆成梯形横断面，边坡不陡于1∶1.5，弃土堆坡脚与路堑坡顶之间的距离一般为3 ~5m，路堑边坡较高，土质较差时应大于5m，如图4-10所示。

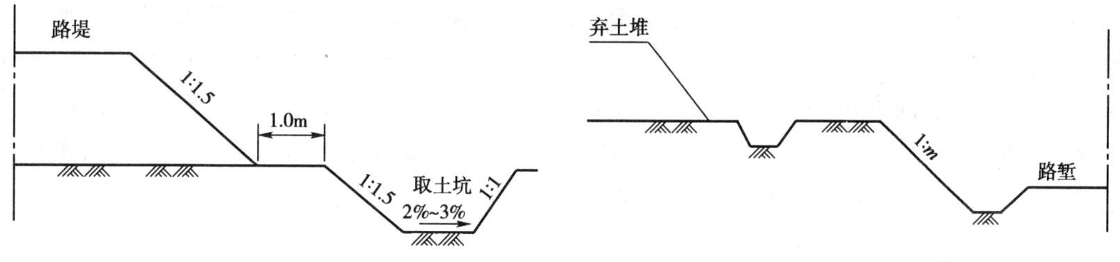

图4-9　取土坑示意图

图4-10　弃土堆示意图

（三）护坡道和碎落台

护坡道的作用是保护路基边坡。护坡道一般设在路堤坡脚或挖方坡脚处，边坡较高时亦可设在边坡上方或挖方边坡的变坡处。浸水路基的护坡道，可设在浸水线以上的边坡上。

碎落台设置于挖方边坡坡脚处，位于边沟外缘，有时也可设在挖方边坡的中间，宽度一般为1.0 ~1.5m，其作用是使零星土石块下落时提供临时堆积，以免堵塞边沟，同时也起护坡道的作用。此外，在弯道上也起到增大视距的作用，如图4-11所示。

（四）堆料坪和错车道

砂石路面需要经常性养护。养护用的砂石料可堆放在路堤边缘外的堆料坪上。错车道是为了单车道公路上会车和避让的需要而设置的。错车道不大于300m，错车道处的路基宽度大于6.5m，有效长度大于20m，如图4-12所示。

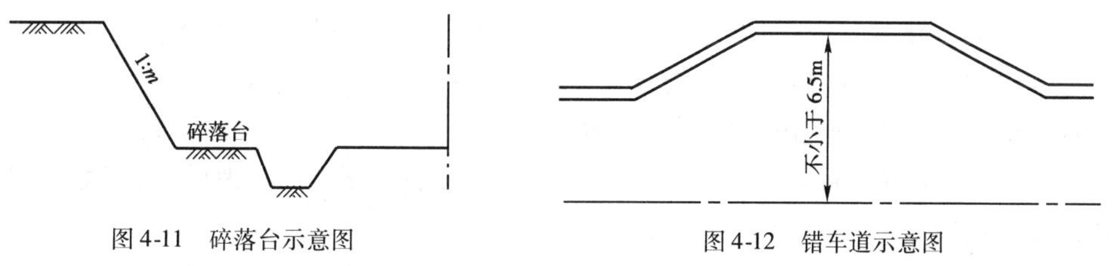

图4-11　碎落台示意图

图4-12　错车道示意图

第三节　路基排水设施

路基变形和破坏的主要原因是受水的影响。因此,必须十分重视路基的排水设计。

路基水的来源有地面水和地下水。地面水有雨、雪和江河湖水;地下水有泉水、毛细水和间隙水等。它们都会使路基湿软,降低其承载力,造成滑坡坍方或冻害翻浆等。

路基排水的目的是减小路基的湿度,保证路基常年处于干燥或中湿状态,确保路基路面的结构稳定。

考虑排水的原则首先要查清水源,结合农田水利进行全面规划,排除隐患。水沟宜短不宜长,及时疏散,就近分流。要充分利用地形,不宜挖深沟,以减少水土流失。设计时要注意就地取材,结构应经济实用,并作出优化选择。

一、地面排水设施

地面排水设施常见的类型有边沟、截水沟、排水沟、跌水、急流槽、蒸发池、倒虹吸等,分别设于路基的不同部位。

(一)边沟

边沟主要用来汇积和排除路基范围及流向路基的少量地面水。通常设置在路堑、矮路堤、零填路基及陡坡路堤外侧或坡角外侧。按照岩土性质和施工方式的不同,边沟横断面可筑成三角形、矩形、梯形和流线型,如图4-13所示。边沟深浅和横断面大小,随地面降水量大小而定。高速公路、一级公路边沟的底宽、深度不应小于0.6m,其他等级公路边沟深度和底宽一般不小于0.4m,干旱地区的深度可小到0.2m。梯形边沟内侧边坡一般为1∶1～1∶1.5;岩石边沟边坡为1∶0～1∶0.5;浆砌边沟内侧边坡可直立;三角形边沟内侧边坡一般为1∶2～1∶3。外侧坡度可参照挖方路基。边沟应该有一定的纵坡,一般情况下以1%～2%为宜,不应小于0.3%～0.5%。

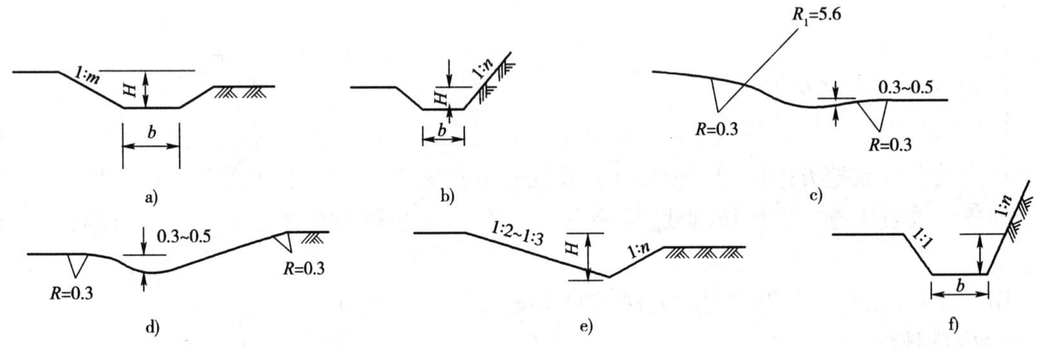

图4-13　边沟示意图

(二)截水沟

截水沟位于路堑坡顶或斜坡路堤以外适当的自然坡面上,为了拦截自然坡面的径流,使其不致沿着边坡流入路基之内,以减轻边沟的排水负担。故此截水沟必须设置大致与地面水流方向垂直,以提高截水效能和缩短沟的长度,如图4-14所示。

路堑坡顶至截水沟内侧边缘的距离一般不小于5m,山坡填方路段若需设置截水沟,应保证截水沟与坡角之间有2m的距离。截水沟沟身的横断面形式,一般为梯形,底宽和沟深应不小于0.5m,边坡坡度一般为1∶1～1∶1.5。

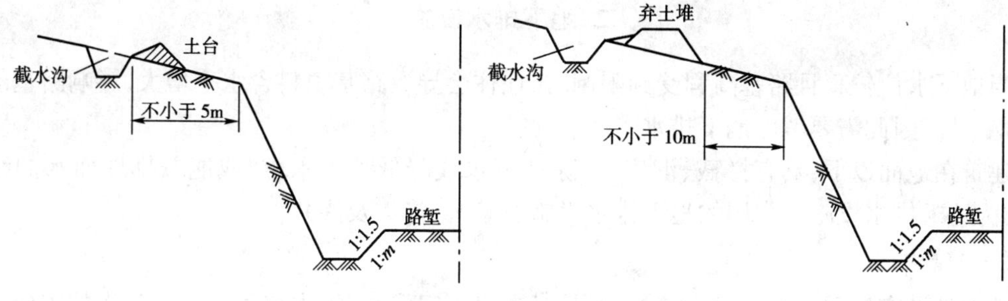

图 4-14　截水沟示意图

(三)排水沟

排水沟是一种人工沟渠,用来汇集路基边沟和截水沟中的流水,一般引至桥涵或路基范围以外的天然河沟或低洼地,也可用排水沟连通取土坑或路基附近低洼处的积水,引至桥涵等处水道中排泄。排水沟的横断面大小,视汇集和排泄的水量经水文计算而定,通常都大于边沟横断面。排水沟的横断面形式,应随地质情况选定,土质地段多为梯形,石质地段多为矩形。

(四)跌水和急流槽

两者均为人工排水沟渠的特殊形式,用于陡坡地段。在陡坡或深沟地段设置的沟底为阶梯,水流呈瀑布跌落式通过的沟槽称为跌水。其作用是在较短的距离内,降低水流速度,削减水流能量。在陡坡或深沟地段设置的坡度较陡,水流不离开槽底的沟槽称为急流槽,其作用是将上下游水位差较大的水流引至桥涵进口或路基下方。跌水和急流槽纵坡大,水流急,冲刷严重,因此两者均需用浆砌块石或水泥混凝土砌筑,且基础应埋设牢固,如图 4-15、图 4-16 所示。

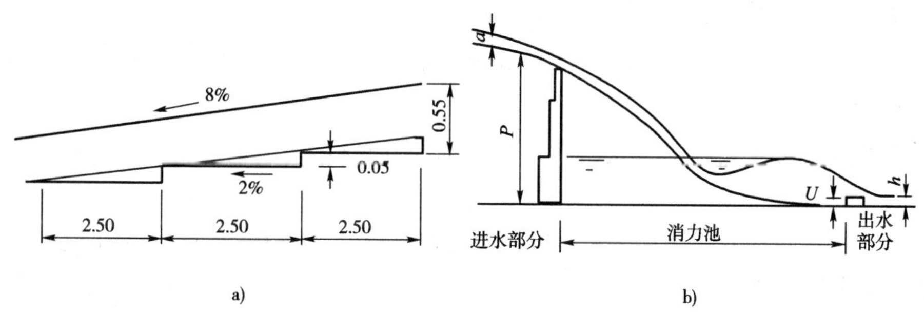

图 4-15　跌水示意图

a)多级跌水纵剖面;b)单级跌水构造

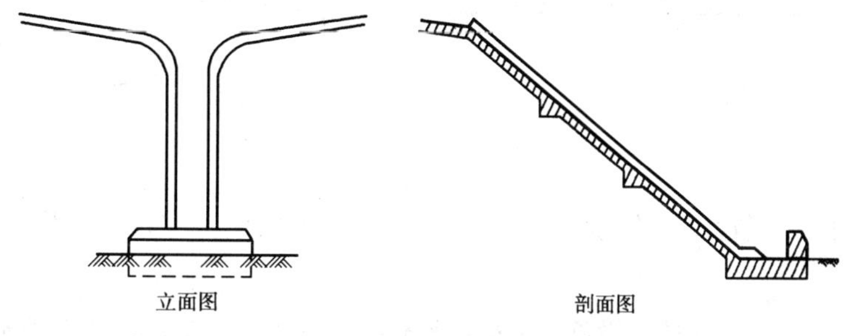

图 4-16　急流槽示意图

二、地下排水设施

当地下水位较高且路基高程受到限制时，往往会导致路基填料含水率增大，影响路基的强度与稳定性，因此需要考虑地下排水。

建筑在地面以下，具有拦截、汇集、排除地下水或降低地下水位，或能兼排地面水的结构物，称为地下排水设施。常用的地下排水设施有暗沟、渗沟及渗井。

(一)暗沟

暗沟是设在地面以下引导水流的沟渠，其本身不起渗水、汇水作用。因此暗沟的主要作用是把路基范围内的泉水或渗沟拦截，把汇集的水流排到路基范围之外。高速公路、一级公路中央分隔带有雨水浸入时，通过雨水口将路面的水引入地下暗沟，排到路基范围之外。暗沟可分为洞式和管式两大类，如图4-17所示。

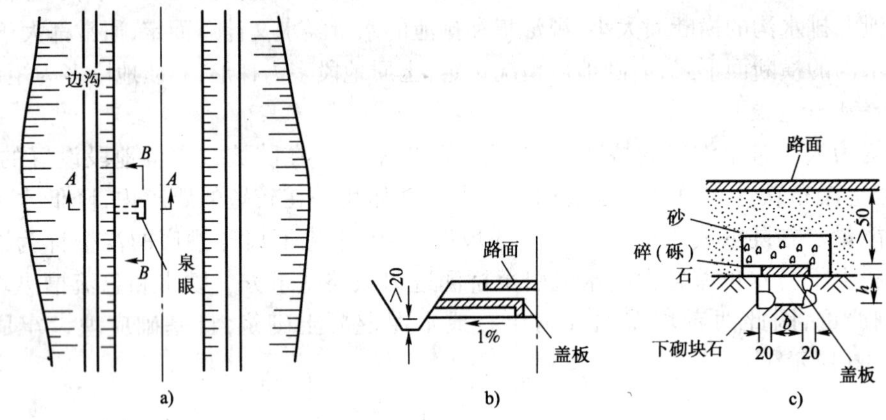

图4-17 暗沟构造图(尺寸单位:cm)

(二)渗沟

渗沟主要用来吸收降低地下水位，汇集和拦截流向路基的地下水，并将其排出路基范围之外。它是公路路基最常见的一种地下排水沟渠，尤其使用于地下水蕴藏量大、面积分布广泛的路段。根据地下水位分布的情况，渗沟可设置在边沟、路肩、路基中线以下或路基上侧山坡适当的位置，如图4-18所示。

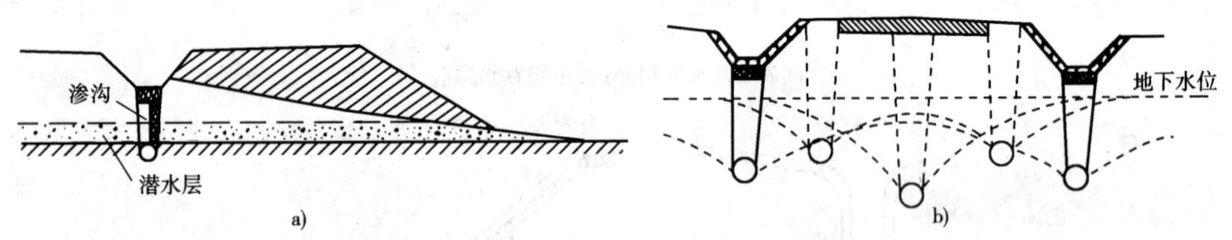

图4-18 渗沟布置图

渗沟由碎(砾)石或管(洞)排水层、反滤层和封闭层所组成，如图4-19所示。

(三)渗井

渗井是一种立式的地下排水设施，在多层含水的地基上，向地下穿过不透水层，将上层含水层的水引入下层渗水层，以利于地下水扩散排除，如图4-20所示。

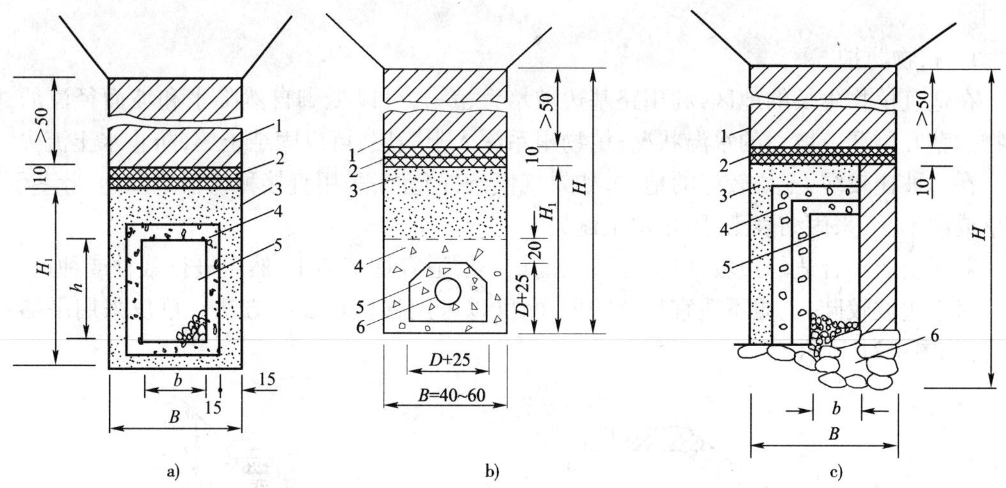

图 4-19　渗沟构造示意图(尺寸单位:cm)

a)盲沟式;b)渗水隧洞;c)渗洞

1-夯实黏土;2-双层反铺草皮;3-粗砂;4-石屑;5-浆砌片石沟洞;6-泄水孔

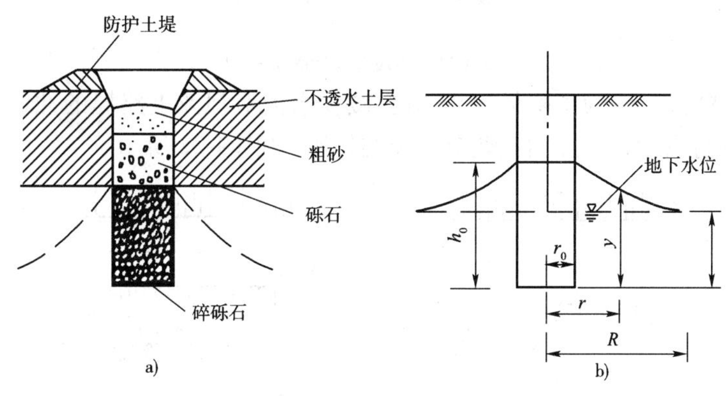

图 4-20　渗井结构示意图

第四节　路基防护与加固

路基建成之后,暴露在太阳的照射下,加上风化、降水、冰冻、风沙等自然因素的侵蚀,随着时间的推移,路基边坡的轮廓将发生变形,岩土的物理性质也会发生很大的变化,使路基的强度和稳定性受到影响。所以,除了做好路基排水以外,还必须对路基采取有效的防护和加固措施。路基防护设施主要是以路基稳定为前提,防止冲刷和风化,起隔离作用。路基加固设施主要防止路基或山体因重力作用坍塌而起支撑作用。

一、防护设施

路基防护工程设施,按作用不同可分为边坡坡面防护、冲刷防护、支挡建筑物及湿软地基加固。

(一)坡面防护

土坡表面最容易遭受降水的冲刷、冰冻的损毁和风沙的吹蚀。因此通过对坡面的封闭隔绝或隔离,避免或减缓与大气的接触,阻止或减缓降水对坡面的冲刷、侵蚀,从而达到防护的目的。

1. 植物防护

在适宜植物生长的地区,利用路基边坡培育植物,可以抵御自然降水和坡面径流的冲刷;植物的茎叶可调节坡面的水温状况;植物根系深入土表层,可以固结土壤,防止水土流失。

在边坡比较缓、土质较好的地方,如果气候条件允许,采用直接种植根系发达、叶茎低矮的花草或灌木丛,来固结表土,防止水土流失。

对于土质不合适的边坡,可在边坡上铺筑一层适宜种植的土,然后进行栽种或种植。

对于边坡较陡、土质不适宜种草的坡面,可以采用移植草皮的方法。草皮采用平铺、叠铺方式,如图 4-21 所示。

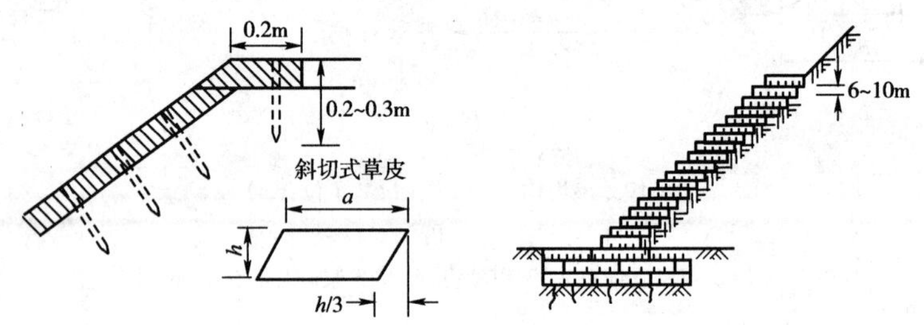

图 4-21　边坡草皮加固形式

在漫水河滩或海滩上,为了降低水流速度,减少水流对河滩上路堤的冲刷,可以在滩上植树,这样还能起到防风沙、美化路容、调节气候的作用,如图 4-22 所示。

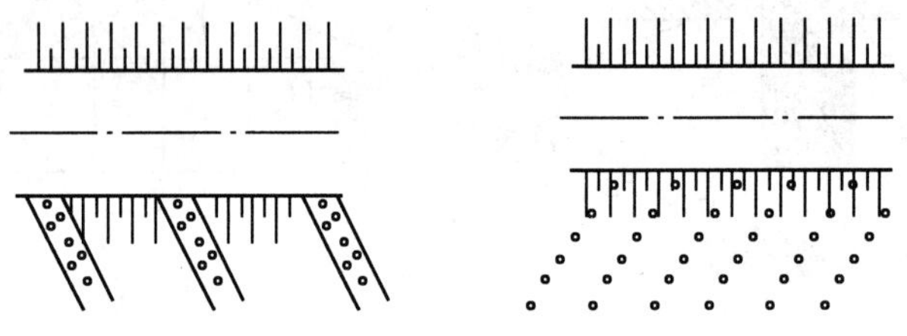

图 4-22　植树的形式

2. 矿料防护

在不适宜植物防护的情况下,可采用砂石、水泥或石灰等材料对风化的软质岩石进行抹面防护,一般采用三合土(石灰、炉渣或黏土)或四合土(石灰、炉渣、黏土和砂)。对于整体性较好、表面平整和施工面石质新鲜的边坡,可采用水泥喷枪,将水泥粉末与少量雾化水珠混合,借高压喷涂到岩层表面上,形成一层水泥薄壳罩。对于易风化而坡面不平的岩石边坡,可采用喷浆防护,喷浆为水泥、石灰、砂和水的混合料。对于岩石坚硬而不易风化的边坡,如果岩层间缝隙较宽或岩层间夹有很薄的软层,为防止水分浸入裂隙导致岩石抗风化能力减弱,可用水泥、砂浆灌缝和勾缝。

3. 砌石防护

对于易发生严重剥落或溜方的路基边坡,可采用砌石防护,砌石防护可分为干砌和浆砌。干砌靠石料之间的摩阻力和嵌挤力而不使用水泥砂浆;浆砌通过水泥砂浆将石料黏结在一起。

(1)护面墙

为覆盖各种软质岩层和较破碎岩石的挖方边坡免受大气因素影响而修建的墙,称为护面墙。护面墙除自重外,不承受其他载重,也不承受墙后土压力,所以,护面墙所防护的边坡应该是稳定的,如图4-23所示。

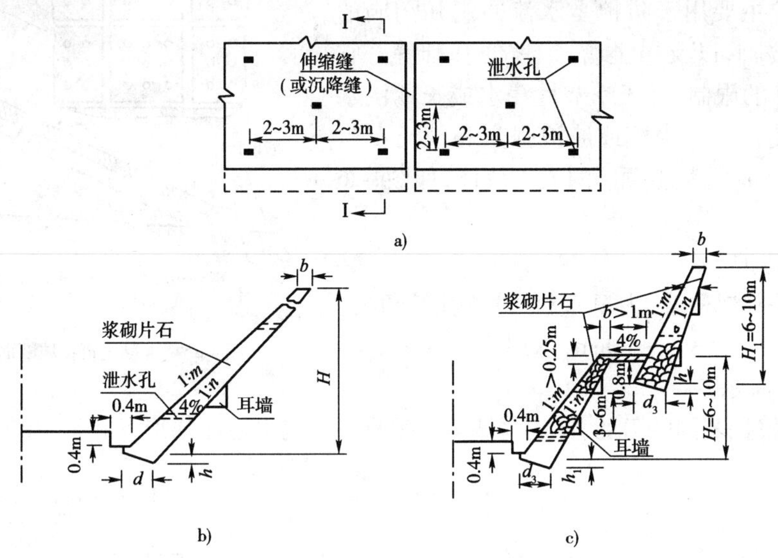

图4-23 护面墙(尺寸单位:m)

(2)护坡

沿河路基边坡因长期受水冲刷或严重剥落的软质岩层边坡,可采用护坡。干砌片石护坡一般可分为单层铺砌和双层铺砌两种。当水流流速较大,波浪作用强,有漂浮物等冲击时,采用浆砌片石护坡。无论是干砌还是浆砌,均应在片石下设置碎(砾)石或砂砾混合物垫层,以起到平整作用,并可防止水流将片石下面的边坡细土粒带走,如图4-24所示。

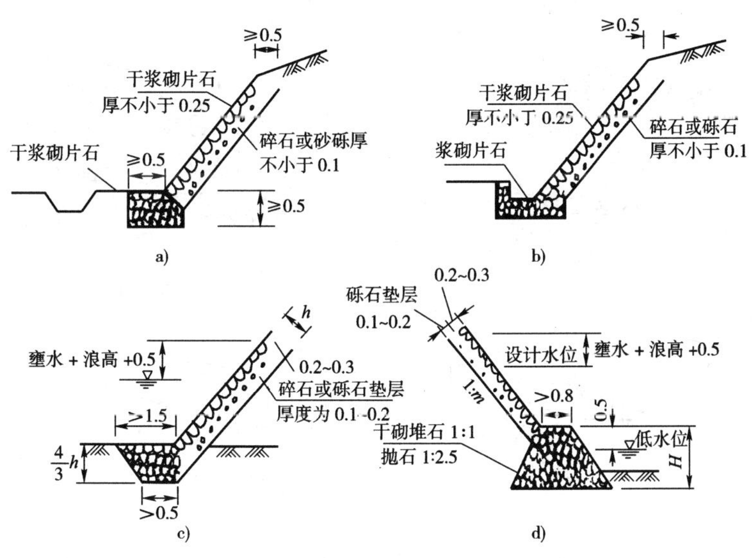

图4-24 石砌护坡(尺寸单位:m)

4. 混凝土预制块防护

在缺乏石料的地区,可采用混凝土预制块防护路基,它比浆砌片石护坡能抵抗更大的流速水流和波浪的冲击,但造价较高,如图4-25所示。

（二）冲刷防护

1. 抛石防护

抛石防护主要用于防护受水流冲刷和淘刷的路基边坡和坡脚，以及挡土墙、护坡的基础等。它不受气候条件的限制，对于季节性浸水或长期浸水的边坡均可使用。在水流或波浪强烈和缺乏石料的地区，可用水泥混凝土预制的人工块体，如图4-26所示。

2. 石笼防护

用铁丝编制成框架，内填石料，设置在坡角处。笼内填石粒径一般为5～20cm，外层石料要求有棱角，如图4-27所示。

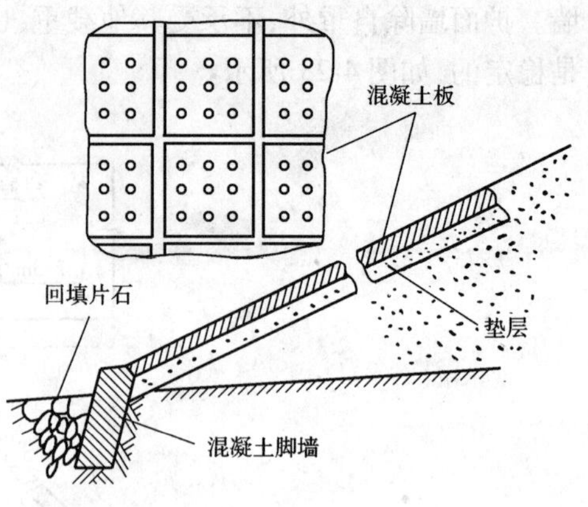

图4-25　混凝土板护坡断面示意图

铺砌时，根据不同的目的，铺成与坡角线垂直或垒码平铺成梯形，如图4-28所示。

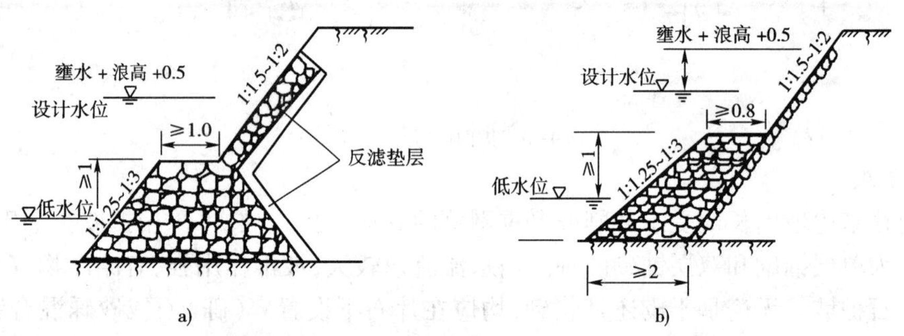

图4-26　抛石防护（尺寸单位：m）

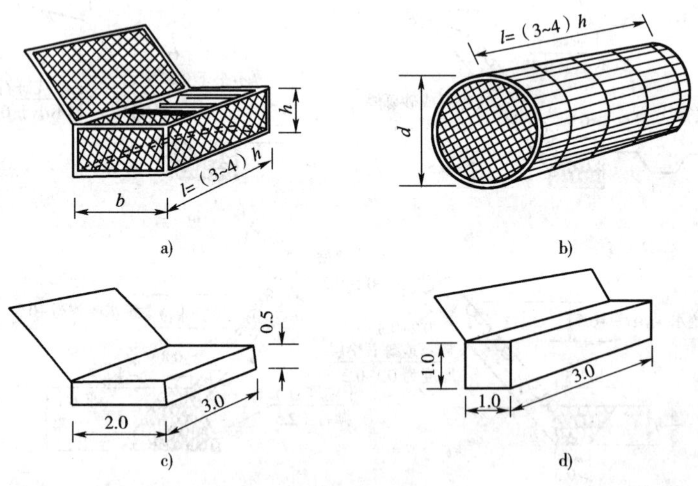

图4-27　石笼的形式（尺寸单位：m）

二、路基加固

挡土墙是路基加固的主要设施，为防止路基填土或山坡土体坍塌而修筑的承受土体侧压力的墙式结构物。路基挡土墙既可用于抵御挖方边坡岩土的滑坍，也可抵御路堤填料下滑，起到稳定边坡的作用。另外,还可以起到防止冲刷、收缩坡脚、节约土石方数量和公路用地的作用。挡土墙必须设置在稳定性好和承载力高的地基上,承受来自土体的侧压力以及路基填土传来的车辆荷载的作用。

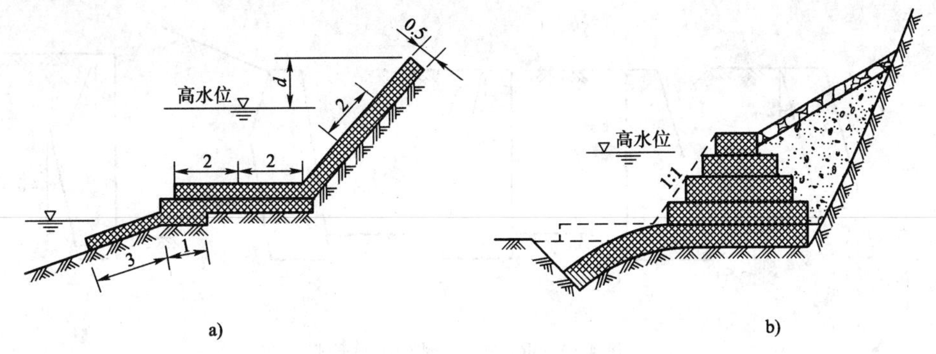

图 4-28　石笼防护(尺寸单位:m)

(一)挡土墙的形式

按照挡土墙的墙体设置的位置,挡土墙可分为:路肩墙、路堤墙、路堑墙和山坡墙等类型,如图 4-29 所示。

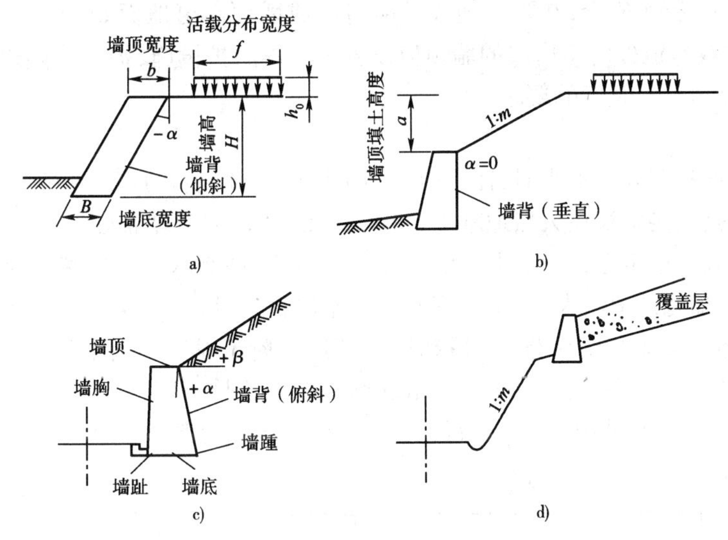

图 4-29　设置挡土墙的位置

a)路肩墙;b)路堤墙;c)路堑墙;d)山坡墙

按照挡土墙的结构形式,挡土墙可分为:重力式挡土墙、锚碇式挡土墙、薄壁式挡土墙、加筋式挡土墙等。

按照挡土墙的墙体材料,挡土墙可分为:石砌挡土墙、混凝土挡土墙、钢筋混凝土挡土墙、钢板挡土墙等。

挡土墙各部分名称为靠回填土或山体的一侧面称为墙背;外露的一侧面称为墙面,也称墙胸;墙的顶面部分称为墙顶;墙的底面部分称为基底或墙底;墙面与墙底的交线称为墙趾;墙背与墙底的交线称为墙踵;墙背与铅垂线的夹角称为墙背倾角 α。

(二)重力式挡墙的构造

常用的重力式挡墙,一般由墙身、基础、排水设施和沉降、伸缩缝等几部分组成。

1. 墙身

根据墙背不同的倾斜方向，墙身的断面形式可分为仰斜、垂直、俯斜、凸形折线式和衡重式等几种，如图4-30所示。

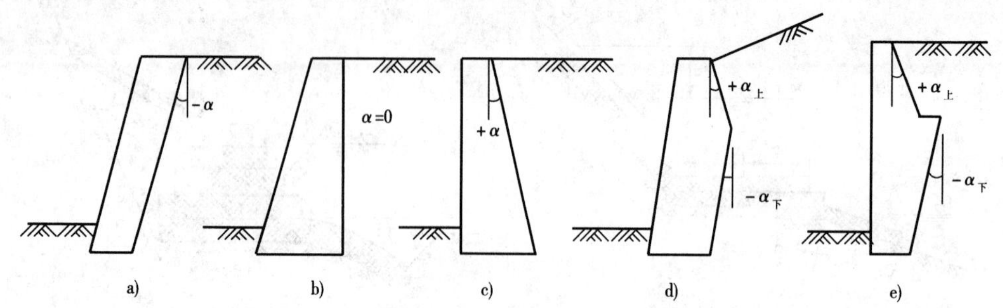

图4-30 重力式挡土墙的不同形式

a)仰斜；b)垂直；c)俯斜；d)凸形折线式；e)衡重式

挡土墙的墙面一般为平面，墙面坡度除应与墙背的坡度相协调外，还应考虑墙趾处地面的横坡度。

墙顶最小宽度，浆砌片石不应小于50cm，干砌片石不应小于60cm，为了增加驾驶员在心理上的安全感，保证行车安全，在险峻地段的路肩墙或墙顶高出地面6m以上，且连续长度大于20m的路肩墙或弯道处的路肩墙的墙顶应设置护栏等防护设施，护栏内侧边缘距路面边缘的距离，应满足路肩最小宽度的要求。

2. 基础

当地基不良或基底处理不当时，往往引起挡土墙的破坏，所以应重视基础的设计与施工。挡土墙大多数都是直接砌筑在天然地基上，当地基承载力不足且墙趾处地形平坦时，为减小地基应力和增加抗倾覆稳定性，常采用扩大基础，如图4-31a)所示。当地基压应力超过地基承载力过多时，需要加宽的值较大，可采用钢筋混凝土底板基础，如图4-31b)所示。当挡土墙修筑在陡坡上，而地基又为稳定坚硬的岩石时，可采用台阶形基础，如图4-31c)所示。如果地基有短缺口(如深沟等)或挖基困难，可采用拱形基础，如图4-31d)所示。如果地基为软弱土层，如淤泥、软黏土等，可采用砂砾、碎石、矿渣或石灰土等材料予以换填，以此来扩散地基应力。

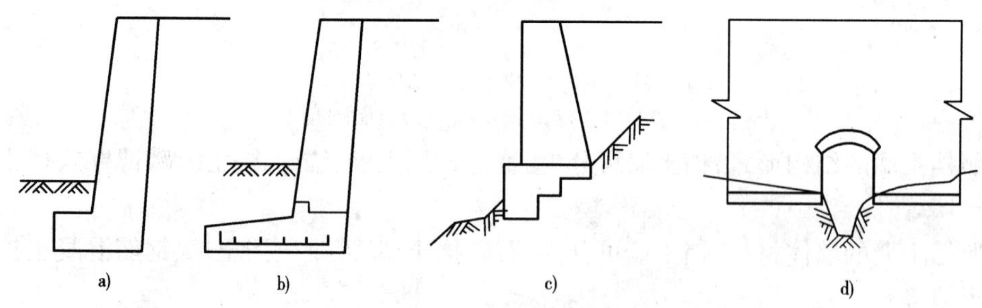

图4-31 挡土墙基础形式

a)扩大基础；b)钢筋混凝土底板基础；c)台阶形基础；d)拱形基础

3. 排水设施

挡土墙排水处理是否得当，直接影响到挡土墙的安全及使用效果。因此，挡土墙应设置排水设施以疏干墙后填料中的水分。挡土墙的排水设施通常有地面排水和墙身排水两部分。

(1)地面排水可设置地面排水沟,引排地面水。

(2)墙身排水主要是为了迅速排出墙后积水。浆砌挡土墙应根据渗水量在墙身适当的高度处布置泄水孔,如图4-32所示。泄水孔尺寸可视泄水量大小分别采用5cm×10cm、10cm×10cm、15cm×20cm的方孔或直径为5~10cm的圆孔。泄水孔间距一般为2~3m,上下交错布置。为防止水分渗入地基,在最下一排泄水孔的底部应设置30cm厚的黏土防水层,在墙背设置粗粒料反滤层,以避免堵塞泄水孔。

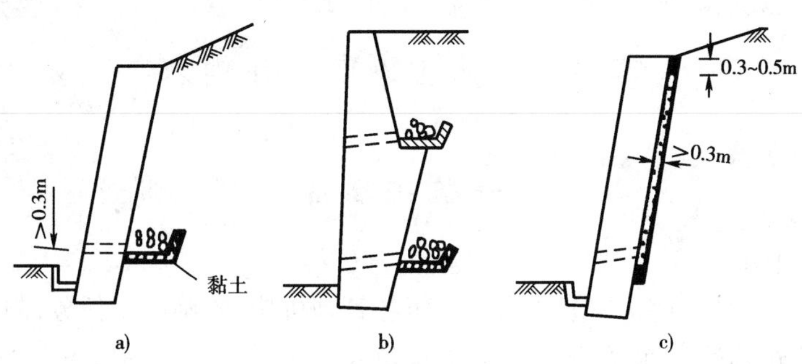

图4-32 泄水孔及滤水层

4. 沉降缝和伸缩缝

为防止地基不均匀沉陷而引起的墙身开裂,可根据地基的地质条件和墙高、墙身断面的变化情况设置沉降缝;为防止砌体因砂浆硬化收缩和温度变化而产生裂缝,须设置伸缩缝。通常把沉降缝和伸缩缝合并在一起。缝宽一般为2~3cm,用胶泥填塞,缝间距一般为10~15m。

第五章　路基施工准备

第一节　施工准备工作内容

一、施工准备

1. 组织准备工作

组织准备工作主要是建立和健全施工队伍和管理机构,明确施工任务,制订必要的规章制度,确立施工所应达到的目标等,还要与有关单位及个人签订协议,在动工前将各种拆迁及征用土地等处理完毕。组织准备是做好一切准备工作的前提。

2. 物质准备工作

物质准备工作应按实施性施工组织设计的要求和合同的相关规定进行,包括各种材料与机具设备的购置、采集、加工、调运与储存,以及生活后勤供应等。

3. 技术准备工作

路基开工前,施工单位应在全面熟悉设计文件和设计交底的基础上作进一步的研究并进行施工现场勘查,核对设计文件,发现问题应及时根据有关程序提出修改意见并报请变更设计,编制施工组织设计,恢复路线,施工放样与清理场地,搞好临时工程的各项工作等。主要概括为以下三方面内容。

(1)进一步熟悉、研究并核对设计文件。设计文件是组织工程施工的主要依据。进一步熟悉、核对施工图纸是领会设计意图,明确工程内容,掌握工程特点的重要环节,一般应注意以下几个方面。

①进行施工前的现场调查,核对设计计算的假定和采用的处理方法是否符合实际情况,工程质量能否保证,施工是否有足够的可靠性,对保证安全施工有无影响。

②核对设计是否符合施工条件,如需采用特殊施工方法和特定技术措施时,技术上和设备条件上有无困难。

③结合生产工艺和使用上的特点核对有哪些技术要求,施工能否满足设计规定的标准。

④核对有无特殊的材料要求,这些材料的品种、规格、数量能否解决。

⑤核对图纸说明有无矛盾,规定是否明确、齐全。

⑥核对图纸各构造物的主要尺寸、位置、高程有无错误。

⑦核对土建工程与设备安装有无矛盾,施工中如何交叉衔接。

⑧通过熟悉图纸,明确场外在施工中所需材料和构件等制备工程项目的安排。

在有关施工人员熟悉设计文件,充分准备的基础上,由建设单位负责人召集设计、施工、监理、科研人员参加图纸会审会议。设计人员向施工方作图纸交底,讲清设计意图和对施工的主要要求。施工人员应对图纸和有关问题提出质询。最终由设计单位对图纸会审中提出的合理化建议,按程序进行变更设计或作补充设计。

(2)制订施工组织设计

根据核实的工程量、工地条件、工期要求及本单位的施工设备情况，制订实施性施工组织设计(其包括选择施工方案、确定施工方法、布置施工场地、编制施工进度计划、材料、劳力、机械计划、拟定关键工程的施工技术措施与安全措施等)，报监理工程师审批。

(3)施工现场的准备工作

路基施工前，现场的准备工作有施工测量，路基放样，清理场地，修建临时工程等。本节将主要讲述施工现场的准备。

二、施工测量

路基开工前应做好施工测量工作，在现场恢复和固定路线。内容包括导线、中线、水准点复测与固定，横断面检查与补测，增设水准点等。施工人员还应对路基工程范围内的地质、水文情况做详细调查，通过取样试验确定其性质和范围，并提出改进设计的意见和建议。

1. 施工测量要点

施工技术人员在施工测量中应注意的要点有：

(1)认真阅读研究设计文件，熟悉和掌握勘测成果中的“直线、曲线及转角一览表”、“护桩记录”及路线平面图等设计资料。对高速公路、一级公路，主要是熟悉和掌握“主桩坐标表”、“导线成果表”。因为它们是恢复路线中线的依据。

(2)路线的主要控制桩，如交点、转点、圆曲线与缓和曲线的起讫点等，在施工中如有被挖掉、损坏或遗失的可能时，应视实地的地形与地物情况，采用有效可靠的固桩方法，予以保护或移桩。

(3)在施工期间，应根据固定桩恢复原桩(特别是高填高挖地段)，并认真检核其是否符合原设计标准。

(4)中线复测后，应做好标平(基平)和中平测量，复核原水准点高程和中桩地面高程，测定增设的临时水准基点高程和加桩的地面高程，以满足施工期间引用的需要。

下列情况下应增设临时水准基点：

①桥位附近及填土超过5m地段；

②隧道进出口、山岭垭口及其他较大的人工构造物附近(如涵洞、挡土墙等)；

③重丘、山岭区工程集中、地形复杂地段。

不准采用不符合测设精度要求的临时水准基点的高程。因此，必须对精度进行认真检核。如有个别水准基点因受施工影响(如爆破、行车等)的可能时，应将其移至受影响的范围之外，并检核其高程是否与原水准基点相闭合。

(5)路基施工前，施工技术员应详细检查和核对横断图，发现错误或持有怀疑时，应进行复测，加桩处应补测横断面。

(6)路基土石方工程基本完成后，应认真做好全线的竣工测量，包括中线测量、横断面测量及中平测量，以便整修路基，并作为竣工验收的依据。当竣工测量精度符合规定要求时，应及时将曲线的交点桩、长直线的转点桩等路线主控制桩按永久基桩的要求做好埋设工作。

(7)在所有的施工测量工作中，施工技术人员必须严格按照相关的规定、表式、计算方法等做好真实可靠的记录，并妥善归档保存。

(8)所有测量成果资料应按合同规定提交监理工程师检核认可。

2. 路线的恢复与固定

从路线勘测到施工进场，一般要经过一段时间。在这段时间内，原钉桩标志可能有部分丢失或发生移动。因此，监理工程师向施工单位交桩后，施工方必须按设计图表对路线进行复测，把决定路线位置的各测点加以恢复。其内容有导线、中线的复测和固定，水准点的复测和增设，横断面的检查与补测。

(1)导线、中线复测和固定

导线复测就是把控制路线中线的各导线点在地面上重新钉出。导线复测应采用满足测量精度的仪器，其测量精度应满足设计要求。复测导线时，必须和相邻施工段的导线闭合。对有碍施工的导线点，在施工前应设护桩加以固定。

中线复测就是把标定路线平面位置的各点在地面上重新钉出，有时还要在平曲线上以及地形有突变或土石方成分有变化等处增钉加桩，并复核路线的长度。对路线的主要控制点，如交点、转点、曲线的起讫点，应采取有效的方法加以固定。

恢复中线时应注意与独立施工的桥梁、隧道及相邻施工段的中线闭合，发现问题应及时查明原因，并报监理工程师。

(2)水准点的复测与加设

中线恢复后，对沿线的水准点作复核性水准测量，以复核水准点一览表中各点的水准基点高程和中桩的地面高程。当相邻水准点相距太远，为便于施工期间引用，可加设一些临时水准点。在如桥涵、挡土墙等较大构造物附近，以及高路堤、深路堑等集中土石方地段附近，应加设水准点。临时水准点的高程必须符合精度要求。

(3)横断面的检查与补测

路线横断面应详细检查与核对，发现疑问与错误时，必须进行复测。在恢复中线时新设的桩点，应进行横断面的补测。此外，应检查路基边坡设计是否恰当；与有关构造物如涵洞、挡土墙的设计是否配合相称；取土坑、弃土堆的位置是否合理。应当注意，凡是在恢复路线时发现原设计中的一切不正确之处，都应在图纸上明确地记录下来，并与复测的结果一起呈报监理工程师复核或审批。

三、路 基 放 样

路基施工前，应根据路线中桩、路基横断面图或路基设计表进行放样工作。目的是在原地面上标定出路基边缘、路堤坡脚及路堑坡顶、边沟以及各种附属设施（如取土坑、护坡道、弃土堆）等的位置，定出路基轮廓，放置边桩，画出作业界限，方便施工。下面主要介绍路基边桩和边坡的放样。

(一)路基边桩的放样

路基边桩放样就是在地面上将每一个横断面的路基边坡线与地面的交点，用木桩标定出来。边桩的位置由两侧边桩至中桩的距离来确定。路基边桩的放样方法有图解法、计算法、渐近法。

1. 图解法

从路基横断面图上按比例量出坡脚（顶）点与中桩间的水平距离，然后在实地上用皮尺沿横断面方向量出该水平距离即可定出边桩，如图 5-1 中的 A、B 点。在每个断面都放出边桩后，再分别将中线两侧的路堤坡脚或路堑坡顶用灰线连接起来，即为路基填挖边界。此法一般用于较低等级公路。

图解法要点如下：

(1)对向要准，量测时的横断面必须垂直中线；

(2)量距时，尺子必须拉平，横坡较大时，应分段丈量。

2. 计算法

根据施工填挖高度及路基宽度，计算出边桩与中桩距离，并以此距离标定出边桩位置。精度比图解法高，主要用于平坦地形或地面横坡均匀一致地段的公路路基边桩放样。

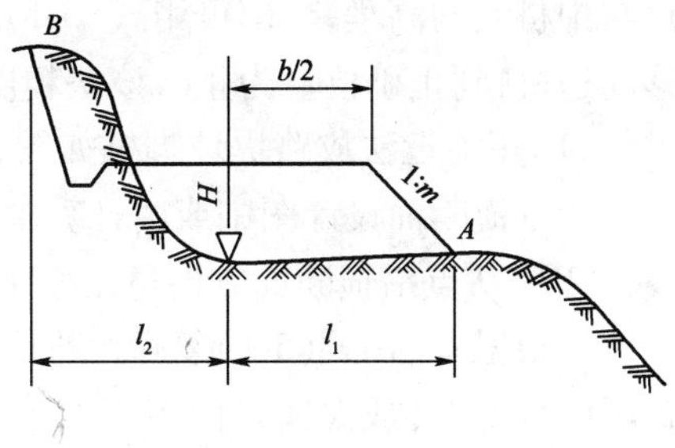

图 5-1 图解法放边桩

(1)平坦地形的边桩放样

路堤坡脚至中桩的距离：$$z = b/2 + mH \tag{5-1}$$

路堑坡顶至中桩的距离：$$z = b_1/2 + mH \tag{5-2}$$

式中：b——路基设计宽度，m；

b_1——路基与两侧边沟宽度之和，m；

m——设计边坡坡率；

H——路基中心设计填挖高度，m。

(2)倾斜地面上边桩放样

当地面横坡较大时，计算应考虑横坡度的影响。设地面横坡度为 1∶s，如图 5-2 所示，则得：

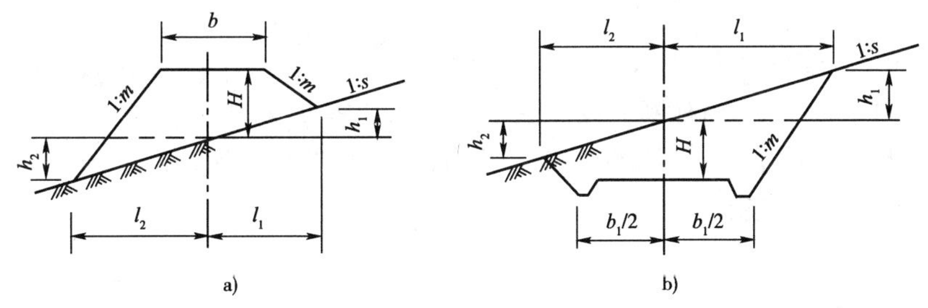

图 5-2 计算法边桩放样

a)路堤；b)路堑

①路堤坡脚至中桩的距离：

上侧坡脚：$$l_1 = \frac{b}{2} + m(H - h_1) = \left(\frac{b}{2} + mH\right)\frac{s}{s-m} \tag{5-3}$$

下侧坡脚：$$l_2 = \frac{b}{2} + m(H + h_1) = \left(\frac{b}{2} + mH\right)\frac{s}{s-m} \tag{5-4}$$

②路堑坡顶至中桩的距离：

上侧坡顶：$$l_1 = \frac{b_1}{2} + m(H + h_1) = \left(\frac{b}{2} + mH\right)\frac{s}{s-m} \tag{5-5}$$

下侧坡顶：$$l_2 = \frac{b_1}{2} + m(H - h_2) = \left(\frac{b}{2} + mH\right)\frac{s}{s-m} \tag{5-6}$$

3. 渐近法

渐近法的原理是：在分段丈量水平距离的同时，用水准仪、全站仪(高等级公路使用)、经纬仪、手水准或其他方法(如抬杆法、钓鱼法)测出该段地面两点的高程差，最后累计得出边桩点与中桩点的高程差，即可用式(5-1)～式(5-6)验证其水平距离是否正确，如有不符，就逐渐移动边桩，到正确位置为止。该法精度高，既可用于高等级公路，又适用于中、低级公路。

(1)用渐近法放路堤坡脚桩如图5-3所示，路堤上侧坡脚A点的放样步骤如下：

①从横断面设计图中或由计算求得上侧坡脚A至中桩O的水平距离l'，l'为概值；

②从O点沿横断面方向量出水平距离l'得A_1点，同时测出A_1、O两点的高程差h'；

③根据h'，用式(5-1)复算水平距离z，如复算值大于(或小于)实测值z'时，说明假定的边桩距中桩太近(或太远)，两者相差｜$l—l'$｜。

④继续假定增长(或缩短)z'值，相应地重测h'，代入公式再计算，直到计算距离z与实测距离l'相等时为止。

用渐近法测定路堤下侧坡脚B，步骤相同，只需用式(5-4)代替式(5-3)即可。

(2)用渐近法放路堑坡顶桩，方法同上，分别用式(5-5)和式(5-6)进行验证。

【例5-1】 已知路基面顶宽$b_1=9.50$m，中桩开挖高度$H=5.20$m，边坡率$m=0.5$，试定出它的边桩，参看图5-4。

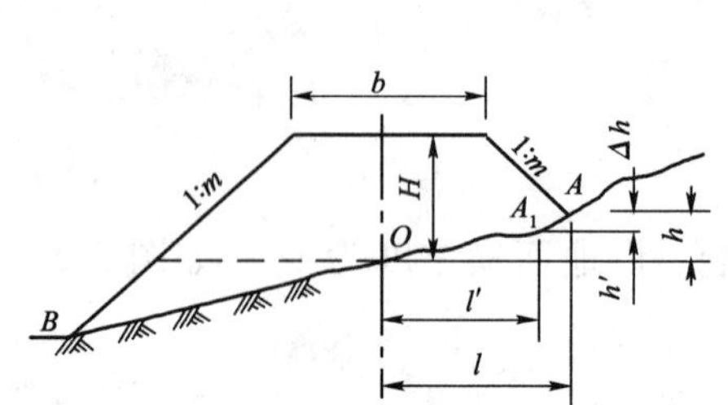

图5-3 用渐近法放路堤坡脚

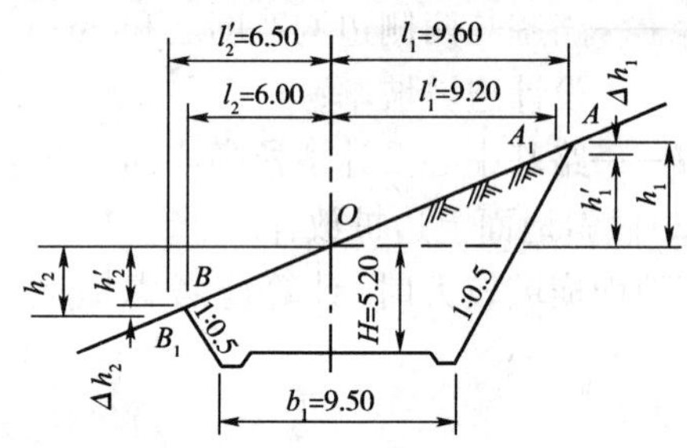

图5-4 用渐近法放路堑坡顶

解：(1)定上侧坡顶A，由横断面设计图中量得$l'_1=9.20$m。

(2)丈量水平距离l_1得A_1点，同时测出A_1点与O点的高差为$h'_1=4.30$m。

用式(5-5)计算l_1进行验证：

$$l_1=\frac{b_1}{2}+m(H+h'_1)=\frac{9.50}{2}+0.5\times(5.20+4.30)=9.50\text{m}>9.20\text{m}$$

说明所定边桩距中桩距离太近。

(3)假定$l'_1=9.60$m，丈量水平距离，得A点，测得A和A_1两点的高差为$\Delta h_1=0.20$m，算出A点与中桩D点的高差为：

$$h_1=h'_1+\Delta h_1=4.30+0.20=4.50\text{m}$$

(4)继续用公式验证：

$$l_1=\frac{b_1}{2}+m(H+h'_1)=\frac{9.50}{2}+0.5\times(5.20+4.30)=9.50\text{m}$$

计算的距离与实测的距离相等，A点即为上侧坡顶桩，以同样的方法可得B点即为下侧坡顶桩。

(二)路基边坡的放样

有了边桩还不足以指导施工，为了使填、挖的边坡达到设计要求，还应把边坡坡度在实地标定出来，以方便施工。

1. 用竹竿、绳索(挂线法)放边坡

当路堤填土高度不大时，可一次把线挂好；当路堤高度较高时，可分层挂线，在每层挂线前,应当标定中线并用水准仪、手水准抄平,见图5-5。

2. 用坡度样板放边坡

施工前按照设计边坡做好边坡样板,施工时,按照边坡样板进行放样。边坡样板有活动样板(坡度尺)和固定样板两种。坡度尺如图5-6所示,当水准气泡居中时,边坡尺的斜边所指示的坡度正好为设计边坡坡度,故借此指示或检核路堤或路堑边坡。路堑边坡放样时,可采用在坡顶外侧设置固定的坡度样板的方法,见图5-7。

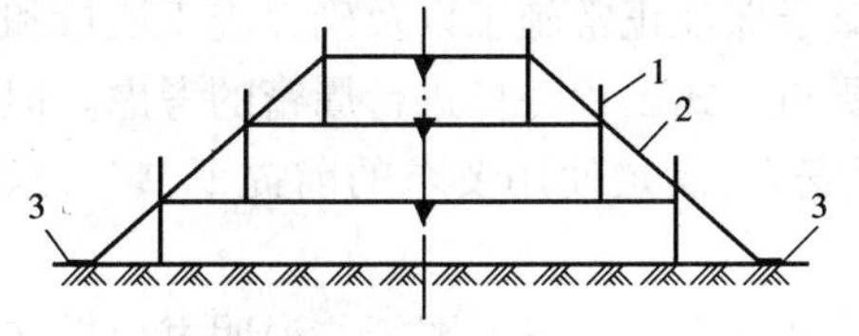

图5-5 分层挂线法边坡放样

1-竹竿;2-麻绳;3-边桩图

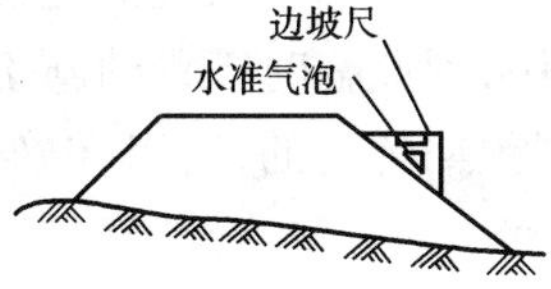

图5-6 活动边坡样板放样

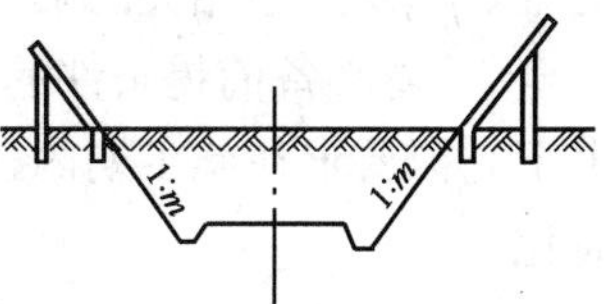

图5-7 路堑固定边坡样板放样

四、清 理 场 地

施工前应清除施工现场内所有阻碍施工或影响工程质量的障碍物,其工作内容如下。

1. 用地划界及拆迁建筑物

新建公路路堤两侧排水沟外边缘(无排水沟时为路堤或护坡道坡脚)以外,路堑坡顶截水沟外边缘(无截水沟为坡顶)以外不少于1m的土地为公路用地范围;在有条件的地段,高速公路、一级公路不少于3m,二级公路不少于2m的土地为公路用地范围。高填深挖路段,为保证路基的稳定,应根据计算确定用地范围。种植多行林带的路段,应根据实际情况确定用地范围。

施工前,应进行公路用地测量,并绘制用地平面图及用地划界表,送交有关单位办理拆迁及占用土地手续。

施工前对路基范围内的既有垃圾堆、有机杂质、淤泥、泥炭、软土、盐渍土、草丛、各类溶穴、水井、池塘均应妥善处理。路基施工范围内的既有房屋、道路、河沟、通信、电力设施、上下水道、坟墓及其他建筑物,均应会同有关部门事先拆迁或改造。因路基施工影响沿线附近建筑物的稳定时,应对建筑物适当加固。

用地划界及拆迁建筑物工作一般由业主在施工单位进驻工地前完成。

2. 清除树木和灌木丛

公路工程占地范围内的树木、灌木丛、孤石等必须清除或移植。高等级公路和路基填土高度小于1 m的其他公路,应将路基范围内的树根全部挖除,并将坑穴填平夯实;填土高度大于1m的其他公路,允许保留树根,但根部露出地面不得超过20cm。采用机械化施工的路堑及取土坑,均应将树根全部挖除。

在填方和借方地段的原地面应进行表面清理,清理深度应根据种植土厚度决定,清出的种植土应集中堆放。填方地段在清理完地表面后,应整平压实到规定要求,方可进行填方作业。

3. 施工场地排水

场地排水是指疏干、排除场地上所积地面水,保持场地干燥,为施工提供正常条件。通常是根据现场情况,设置纵横排水沟,形成排水系统,或者抽水机强制排水,将水引入附近河渠、低洼处予以排除。为节省工程量,避免返工浪费,所开挖的排水沟,应按所设计的路基排水系统布置。

在受地面积水或地下水影响的土质不良的地段施工时，为了保证工程质量，减少土方挖掘、运送和夯实的困难，施工前也应切实做好场地排水工作。

五、临 时 工 程

临时工程与设施包括为实施永久性工程所必需的各项相关的临时性工程与相关工作，如临时道路、桥涵的修建与维护，临时电力、电信线路的架设与维修，临时供水、排污系统的建设与维护以及其他相关的临时设施等。临时工程的建设对于保证正常施工以及确保施工质量和安全，起着必备前提条件的作用，因此临时工程的施工要与正式工程一样进行周密的考虑。但由于它只要求在施工期内达到预期的目的，所以在确保安全、满足使用要求的前提下，应力求简化。

施工单位应按规定要求对临时工程与设施进行设计和施工，其设计、图纸与说明书应提交监理工程师审批。

1. 场内交通及水电设施的施工要点

(1)场内道路应常维护，保持畅通。载重车辆通过较多的道路，其弯道半径一般不小于15m，特殊情况不得小于10m；手推车道路的宽度不小于1.5m；急弯及陡坡地段应设置明显交通标志；与铁路交叉处应有专人看管，并设信号装置和落杆；靠近河流和陡壁处的道路，应设置护栏和明显警告标志，场内行驶斗车、平车的轨道应平坦顺直，纵坡不得大于3%，车辆应装制动闸，铁路终点应设置倒坡和车挡。

(2)利用现有的乡村道路作为临时道路时，应对其进行整修、加宽、加固，且设置相应的交通标志，以保证施工的需要，并应经监理工程师认可。

(3)工程施工期间，应配备人员对临时道路进行养护，以保证其满足施工的需要。

(4)生产生活用水应进行鉴定，其水质必须符合国家现行标准。对水源应采取保护措施，防止水质污染。

(5)所有垃圾必须每天由专人负责清理、集中并合理处理，作业现场保持整洁、卫生，并不得污染周边环境。

(6)施工中所需全部电力的发电和配电系统的说明与图纸，应报监理工程师批准。

(7)电力和通信设施的施工，均应按相关的规范和操作规程进行。

2. 临时用地

临时用地包括施工单位的办公和生活用地、仓库与料场、预制场地、借土场、工地试验室、临时道路、临时堆土场等及监理工程师所需的办公、生活、试验等用地。

(1)施工技术人员必须熟悉施工组织设计文件的内容和相关规定要求。

(2)按设计图纸和规范组织实施施工。

六、施工前的复查和试验工作

路基工程需要大量的填料，它是路基工程的物质基础。因此，在施工前的准备工作中，必须对路基工程范围内的地质、水文情况进行调查，并通过取样、试验，确定土、工业废渣等相关材料的性质、数量，以保证施工所需。同时要了解附近既有工程、建筑物对特殊土的处理方法，以便借鉴参考。其要点如下。

(1)施工技术人员应根据设计文件提供的资料，对取自挖方、借土场、料场的路堤填料进行复查和取样试验。如设计文件提供的料场不足时，应自行勘察寻找，以保证施工用料可靠和数量充足。

(2)挖方、借土场和料场用作填料的土应进行下列项目的试验,按《公路土工试验规程》(JTG E40—2007)进行试验。

①液限、塑限、塑性指数、天然稠度或液性指数;

②颗料大小分析试验;

③含水率试验;

④密度试验;

⑤相对密度试验;

⑥土的击实试验;

⑦土的强度试验(CBR 值);

⑧高速、一级公路应做有机质含量试验及易溶盐含量试验。

对于特殊土,还应结合对各种土定名的需要,辅以相应的专门鉴别试验,以确定其种类及处治方法。

(3)使用新材料(如工业废渣等)填筑路堤时,除应按相关规范做有关试验外,还应做对环境卫生有害成分的试验,同时提出报告,经批准后,方可使用。

(4)试验路段的相关要求如下:

①高等级公路以及在特殊地区或采用新技术、新工艺、新材料进行路基施工时,应采用不同的施工方案做试验路段,从中选出路基施工的最佳方案指导全线施工。

②试验路段的位置应选在地质条件、断面形式均具有代表性的地段,长度大于100m。通过试验要确定:不同机具压实不同填料的最佳含水率、适宜的松铺厚度和相应的碾压遍数、最佳的机械配套和施工组织。

③在整个试验段施工时,应加强对有关指标的检测,完工后及时写出试验报告,上报监理工程师审批。

七、安全保障

在施工前的准备工作中,要高度重视施工安全,施工技术人员对"管生产必须管安全"原则必须要有深刻的认识,并落实安全保障措施。例如,在施工现场的准备工作中,如果对施工现场内的沟、坑、水塘等边缘不按安全规定设置安全护栏或设置的护栏施工质量不好,则将会给施工工人、施工车辆等带来安全隐患,发生安全事故;又如,在施工测量的准备工作中,如果测量人员在高压线附近工作,既无安全防范措施,又没有保持足够的安全距离,则将会有给测量人员造成人身安全的危险;再如,在场内交通及水电设施的准备工作中,如果场内架设的电线绝缘性能差,悬挂高度及线间距离不符合安全规定,甚至乱搭乱接电线,这些都可能使施工人员随时有触电而造成人身安全的危险或造成火灾等。

为此,在这里应强调,施工技术人员作为第一线的指挥员、战斗员,必须重视施工安全,落实施工安全措施,遵循《公路工程施工安全技术规程》(JTJ 076—95)规定,做好施工安全工作。

第二节　路基施工的主要机械与应用

随着高等级公路建设的蓬勃发展,公路建设具有工程量大、工程质量要求高、施工工艺复杂等特点。为了提高施工的经济效益，机械化施工在公路工程施工中占有越来越重要的地位。要进行机械化施工，运用的劳动工具主要是施工机械。从某种意义上讲，施工机械对机械化施工起着决定性作用。

路基工程施工机械可概括为土方挖运机械、压实机械、石方施工机械三类。本节主要简单介绍这三类机械的种类及适用范围。

一、主要挖运机械

常用的土方挖运机械主要有推土机、铲运机、平地机、挖掘机、装载机、工程运输车辆等。

（一）推土机

推土机是路基土方工程施工中最常用的机械之一，它的特点是所需作业面小、机动灵活、转移方便、短距离运土效率高、干湿地带都可以独立工作，同时也可以配合其他机械施工，因此在土方工程机械化施工中得到广泛应用。

1. 推土机的分类

推土机按行走装置分为履带式和轮胎式两类；按推土板安装方式分为固定式和回转式两种；按推土板操纵方式分为机械式和液压式两类；按发动机功率大小分为小型（37kW 以下）、中型（37～250kW）、重型（大于 250kW）三种。目前，推土机的操纵方式大多为液压式，行走装置多为履带式，发动机功率向大功率方面发展，功率在 120kW 以上的其后面多带有松土器，使推土机的适用范围越来越广。

2. 推土机的适用范围

推土机一般适用于季节性较强、工程量集中、施工条件较差的工程环境，主要用于 50～100m 短距离的作业，并可为铲运机与挖装机械松土和助铲及牵引各种拖式工作装置。

履带式推土机是使用最广泛的一种推土机，适用于 IV 级以下土的推运。当推运 IV 级和 IV 级以上土和冻土时，须先进行松土。常见的作业方式有直铲作业、侧铲作业、斜铲作业、松土器的劈开作业。国产推土机的适用范围见表 5-1。

（二）铲运机

铲运机主要用于较大运距的土方工程，如填筑路堤、开挖路堑和大面积的平整场地等。由于它本身能完成铲装、运输和卸铺作业，并兼有一定的压实和平整能力，所以在公路工程施工中，铲运机是一种使用范围很广的土方施工机械。

1. 铲运机分类

铲运机可按铲斗容量、卸土方法、操纵系统形式、行走方式及轴数等进行分类。

2. 铲运机的适用范围

铲运机的适用范围主要取决于土质特性、运距、机器本身的性能和道路状况。

铲运机的经济运距视类型不同而异，一般与斗容量的大小成正比。斗容量 $6m^3$ 以下的铲运机的最短运距以不小 100m 为宜，最长不应超过 350m，经济运距为 200～300m。斗容量 $10～30m^3$ 的自行式铲运机，最小运距不小于 800m，最长运距可达 1 500m 以上。

铲运机应在 I、II 级土中施工，如遇 III、IV 级土应预松，最适宜在湿度较小（含水率在 25% 以下）的松散砂土和黏土中施工，但不适宜于在干燥的粉砂土和潮湿的黏性土中作业，更不宜在地下水位高的潮湿地区和沼泽地带以及岩石类地区作业。

铲运机在施工中应尽可能地利用地形下坡铲装和运输以提高生产率。一般铲装时的下坡角不应大于 7°～8°，如坡度过大，铲下的土不易进入斗内，效率反而降低。

表 5-1

国产推土机的适用范围

型号		额定功率（kW）（马力）	结构质量（t）	推土装置				松土器		经济运距（m）	接地比压（kPa）	最大牵引力（kN）
				推二板（长×宽）（m×m）	安装方式	操纵方式	切土深度（5m）	形式	松土深度（mm）			
履带式推土机	移山－80	66.2（90）	14.9	3.1×1.1 3.72×1.04	固定式 回转式	机械式				50～100	63	99
	180			3.03×1.1	固定式	机械式	180					
	T100（DY100）	66.2（90）	13.5	3.03×1.1	回转式	机械式	180			50～100		90
	TY100（DY200）	66.2（90）	16.01	3.8×0.88	回转式	液压式	650	4～5 齿	550	50～100	68	90
	TY120A	103.0（540）	16.9	3.91×1	回转式	液压式	300			50～100	63	117.6
	TY120（上海）	88.3（520）	16.2	3.76×1	回转式	液压式	300			50～100	65	118
	TY80（T180）	132.4（580）	21.8	4.2×1.1	回转式	液压式	530	3 齿	620	50～100	81	187.4
	TY240	176.5（240）	36.5	4.2×1.6	回转式	液压式	600			50～100		320
	TY320（DI554）	235.4（320）	37.0	4.2×1.6	回转式	液压式	600	多齿	1100	50～100	98	320 360
湿地推土机	TS120	88.3（520）	16.9	4×0.96	回转式	液压式	400				28	112
轮式推土机	TL160	117.7（560）	12.8	3.19×1	回转式	液压式	400			50～100		85
水陆两用		88.3（520）	14.0							作业水深 3m		

各种铲运机的适用范围及使用条件见表5-2及表5-3。

各种铲运机的适用范围　　表5-2

类别			堆装斗容(m^3)		经济运距(m)		道路坡度(%)
			一般	最大	一般	最大	
拖式铲运机			2.5～18	24	100～500	100～300	15～25
自行式铲运机	单发动机	一般铲装	10～30	50	200～2 000	200～1 500	5～8
		链板装载	10～30	35	200～1 000	200～600	5～8
	双发动机	一般铲装	10～30	50	200～2 000	200～1 500	10～15
		链板装载	10～16	34	200～1 000	200～600	10～15

几种国产铲运机的使用条件　　表5-3

型号		斗容量(m^3)	牵引方式及动力(kW)(马力)	操纵方式	卸土方式	切土深度(mm)	卸土深度(mm)	适用运距(m)
拖式铲运机	CT6	6～8	履带拖拉机58.8～73.6(80～100)	机械式	强制式	300	380	100～700
	CTY7	7～9	履带拖拉机88.3(520)	液压式	强制式			100～700
	CTY9	9～12.5	履带拖拉机132.4～161.8(580～220)	液压式	强制式	300	350	100～700
	CIY10	10～12	履带拖拉机95.6～147.1(530～200)	液压式	强制式	300	300	100～700
自行式铲运机	CL7	7～9	单轴牵引车132.4(580)	液压式	强制式	300	400	800～1 500

(三)平地机

平地机是一种装有以铲土刮刀为主,配备其他多种可换作业装置,进行刮平和整型连续作业的工程机械。平地机的铲土刮刀较推土机的推土铲刀灵活,它能连续进行改变刮刀的平面角和倾斜角,使刮刀向一侧伸出,可以连续进行铲土、运土、大面积平地、挖沟、刮边坡等作业。

1. 平地机的分类

平地机按走行方式有自行式及拖式两种,自行式使用最为普遍;按工作装置(铲刀)和行走装置的操纵方式可以分为机械操纵和液压操纵两种,大多采用液压操纵;按铲刀长度或发动机功率等分为轻、中、重型,见表5-4。

平地机分类　　表5-4

类型	铲刀长度(m)	发动机功率(kW)	质量(kg)	车轮数
轻型	≤3	44～66	5 000～9 000	四轮
中型	3～3.7	66～110	9 000～14 000	六轮
重型	3.7～4.2	110～220	14 000～19 000	六轮

2. 平地机的适用范围

平地机主要用途有:从路线两侧取土,填筑不高于1m的路堤;修整路堤的横断面;旁刷边坡;开挖路槽和边沟,以及大面积平整等。此外,还可以在路基上拌和、摊铺路面材料;清除路肩上的杂草以及冬季道路除雪等。

平地机是一种铲土、运土、卸土同时进行的连续作业机械，主要工作装置是刮刀，它可以调整四种作业运作，即刮刀平面回转、刮刀左右端升降、刮刀左右引伸和刮刀外侧倾斜，来完成刮刀刀角铲土侧移、刮刀刮土侧移、刮刀刮土直移和机身外刮土等作业。

（四）挖掘机

挖掘机在公路工程中是用于挖掘和装载土、石、砂砾和散粒材料的重要施工机械。按照挖掘机的结构和工作原理不同，可分为单斗挖掘机和多斗挖掘机两大类。公路工程施工中以单斗挖掘机最为常见，故此处仅介绍单斗挖掘机。

1. 单斗挖掘机的分类

单斗挖掘机按行走方式分为履带式、轮胎式、步履式和轨行式；按采用的动力不同分为内燃式和电动式等；按传动方式分为机械传动和液压传动，近年来，机械式逐步被液压式所取代；按适应工作环境分为适于高原地区、寒冷地区、沼泽地区等。

2. 挖掘机的使用范围

挖掘机是土石方工程施工的主要机械，它的特点是效率高、产量大，但机动性较差。因此选用大型挖掘机施工时要考虑地形条件、工程量的大小以及运输条件等。在公路工程施工中，遇到开挖量较大的路堑和填筑高路堤等大工程量时，选用挖掘机配合运输车辆组织施工是比较合理的。

为了使挖掘机发挥最大效能，在使用挖掘机时应考虑最小工程量和最低工作面高度。在使用正铲挖掘机械时，工作面的最低高度如表 5-5 所列。使用正铲和拉铲挖掘机时，最小工程量如表 5-6 所列，否则很不经济。

正铲挖掘机工作面最小高度 表 5-5

工作面高(m) / 斗容量(m^3) / 土级别	1.5	2.0	2.5	3.0	3.5	4.0	5.0
Ⅰ~Ⅱ	0.5	1.0	1.5	2.0	2.5	3.0	—
Ⅲ	—	0.5	1.0	1.5	2.0	2.5	3.0
Ⅳ	—	—	0.5	1.0	1.5	2.0	2.5

如果工程量较小，但又必须使用挖掘机施工时，可选用斗容量较小、机动性强的轮胎式全液压挖掘机。

挖掘机的主要工作条件为：工作物为Ⅰ~Ⅳ级土和松动后的Ⅴ级以上的土；可用于装载和开挖爆破后的石方以及不大于斗容的石块；机械传动的正铲挖掘机，其工作面只能在停机面以上，而机械传动的反铲挖掘机，其工作面只能在停机面以下，液压传动、液压操纵的正反铲挖掘机，其工作面不受此限制。

正铲、拉铲挖掘机最小工程量表(m^3) 表 5-6

铲斗容量(m^3)	正铲挖掘机		拉铲挖掘机	
	工程量	土级别	工程量	土级别
0.5	15 000	Ⅰ~Ⅳ	10 000	Ⅰ~Ⅱ
0.75	20 000	Ⅰ~Ⅳ	15 880	Ⅰ~Ⅱ
0.75	—	—	12 000	Ⅲ
1.00	15 000	Ⅴ~Ⅵ	15 000	Ⅰ~Ⅱ
1.00	25 000	Ⅰ~Ⅳ	20 000	Ⅲ
1.50	25 000	Ⅴ~Ⅵ	20 000	Ⅰ~Ⅱ

(五)装载机

装载机是一种工作效率较高的铲土运输机械,它兼有推土机和挖掘机两者的工作能力,可以进行铲掘、推运、整平、装卸和牵引等多种作业。其优点是适应性强、作业效率高、操纵简便,是一种发展较快的循环作业式机械。

1. 装载机的分类

按工作装置不同可分为单斗式、挖掘装载式和斗轮式三种;按动臂形式的不同可分为全回转式、半回转式和非回转式三种;按自身结构特点可分为刚性式和铰接式两种;按行走方式分为轮胎式与履带式两种。

2. 装载机适用范围和条件

装载机的适应范围主要取决于使用场所、土石料特性和工作环境,选用时应注意以下几点:

(1)装载机的经济合理运距。装载机在运距和道路坡度经常变化的情况下,如果整个采、装、运作业循环时间少于3min时,自铲自运是经济合理的。

用轮胎式装载机代替挖掘机,与自卸汽车配合工作的合理运距见表5-7,它与设计年土石方生产量、设备斗容和装载量有关。加大装载机容量就可增加合理运距。

(2)装载机的斗容与自卸汽车车厢容积的匹配。通常以2~4斗装满一车厢为宜,车厢长度要比装载斗宽大25%~75%。倾斜卸载时,斗齿最低点的高度要比车厢侧壁高20cm~1m。

(3)充分发挥装载机的效率。装载机作业循环时间,小型的不超过15s,大型的不超过20s,而且应考虑装载机走行与转弯速度。

轮胎装载机与自卸汽车配合的合理运距 表5-7

年生产量(10^4t)	10	30		50		80		100以上	
挖掘机斗容(m^3)	2.25	2.25	4	2.25	4	2.25	4	2.25	4
自卸汽车载重量(t)	10	10	27	10	27	10	27	10	27
装载机质量(t)	装载机合理运距(m)								
2	470	170	260	110	160	80	110	71	65
4	760	280	450	190	280	130	190	118	108
5	920	350	540	240	340	170	230	155	143
9.9		800	1 190	560	750	400	520	384	347
16		890	1 330	630	830	440	570	432	387

(六)工程运输车辆

在公路工程施工中,大量土石方、砂砾料和大宗建筑材料、机电设备、施工机械等物资的运输,主要依靠轮胎式工程运输车辆。轮胎式车辆包括载重汽车和用轮胎式牵引车拖带的各种挂车和半挂车。采用轮胎式车辆的优点是行驶速度快,机动性高,能到达工地道路延伸所及的任何地点;载运筑路材料的性能范围广;对道路的弯道、坡度和路面的要求较低;产品系列齐全,与各类挖掘装载机械配套使用方便;操纵灵活,使用可靠。

公路工程部门使用的轮胎式运输车辆的类型很多,可分为公路型和非公路型两大类。

非公路型车辆的轴荷和总重均超过公路规定标准,因此不允许在正规公路上行驶。

1. 公路型车辆

(1)自卸汽车:其特点是靠自身的动力驱动车辆行驶,车厢是直接安装在汽车车架之上的,对于自卸汽车的车厢,一般是向后倾翻卸料,侧翻卸料的车型不多。按照转向方式,可分为偏转车轮转向和铰接转向两种。采用铰接式转向机构的车辆,其转弯半径较小,且有良好的越野性能。按照公路运输车辆轴荷和总重的法规限制,公路型双轴汽车的总重不超过20t,三轴汽车的总重不超过30t,单后轴重不超过13t,双后轴重不超过$2 \times 12 = 24$t。

(2)牵引汽车和挂车:牵引汽车是专门用来牵引挂车和半挂车来进行公路运输的。并通过支承连接装置与半挂车相连。半挂车和挂车有底卸式半挂车、后卸式半挂车(主要用来运输砂石材料)、阶梯车架式半挂车和重型平板车挂车(用来运输施工机械)等形式。

2. 非公路型车辆

非公路型车辆包括:后卸式或侧卸式重型自卸汽车、双轴牵引车拖带的底卸式或侧卸式半挂车、单轴牵引拖带的底卸式或后卸式半挂车。

与公路型自卸式汽车相比较,非公路型车辆的后卸式重型自卸汽车,外形尺寸较大,车轴载荷不受公路轴荷和总重的限制。

在公路工程施工中使用最普遍的工程运输车辆是各种型号的载重自卸汽车。

二、主要压实机械

路基工程应采用专门的压实机械压实。压实机械的选择应根据工程规模、场地大小、填料种类、压实度要求、气候条件、压实机械效率等因素综合考虑确定。

1. 压实机械的分类

(1)按压实力作用原理分为静作用碾压机械、振动碾压机械和夯实机械三种类型。

①静作用碾压机械。静作用碾压机械是依靠机械自重的静压力作用,利用滚轮在碾压层表面往复滚动,使被压实层产生一定程度的永久变形而达到压实目的。这类压实机械包括各种型号的钢轮压路机、轮胎压路机、羊足压路机及各种拖式压滚等。

②振动碾压机械。振动式碾压机械是利用专门的振动机构,以一定的频率和振幅振动,并通过滚轮往复滚动传递给压实层,使压实材料的颗粒在振动和静压力联合作用下发生振动位移而重新组合,使之提高密实度和稳定性,达到压实目的。这类机械包括各种拖式和自行式振动压路机。

③夯实机械。夯实机械又可分为冲击夯实和振动夯实两类。冲击夯实是利用机械在运动过程中离开地面上升到一定高度,然后自由落下所产生的冲击力把材料层压实,这类机械包括各种内燃式和电动式夯土机等。

振动夯实除具有冲击夯实力外,还有振动力同时作用于被压实层,这类机械包括振动平板夯和快速冲击夯等。

(2)按走行方式可分为拖式和自行式两类。

(3)按碾轮形状可分为钢轮、羊足碾和充气胎轮三种。钢轮也有采用在其表面覆盖橡胶层的碾轮。

2. 使用范围

(1)钢轮压路机

钢轮压路机按其质量可分为特轻型、轻型、中型、重型和特重型五种。这种压路机由于单位线压力小,压实深度浅,适用于一般的筑路工程,其应用范围见表5-8。

钢轮压路机按质量的应用范围　　表 5-8

按质量分类	加载后质量(t)	单位直线压力(kPa)	应　用　范　围
特轻型	0.5~2.0	>800~2 000	压实人行道和修补沥青类路面
轻型	>2~5	>2 000~4 000	压实人行道、沥青表处层、公园小道、体育场和土路
中型	>5~10	>4 000~6 000	压实路基、砾石、碎石基层、沥青混合料层
重型	>10~15	>6 000~8 000	砾石、碎石类基层、沥青混合料层的终压作业
特重型	>15~20	>8 000~12 000	压实大块石填筑的路基和碎石结构层

(2)羊足(凸块)压路机

羊足(凸块)压路机有较大的单位压力(包括羊足的挤压力),压实深度大而均匀,并能挤碎土块,因而有很好的压实效果和较高的生产率。

(3)轮胎压路机

轮胎压路机机动性好,便于运输,进行压实工作时土与轮胎同时变形,接触面积大,并有揉搓的作用,压实效果好。适用于压实黏性土、非黏性土及沥青混合料的复压。

(4)振动压路机

振动压路机单位线压力大,振动力影响深,因此压实深度较大,压实遍数相应较少。振动压路机种类繁多,应用广泛。各种振动压路机的应用范围见表 5-9。

振动压路机应用范围表　　表 5-9

质量和形式	块石	砂砾石		粉土、粉质土、冰碛土		黏土	
		优良级配	均匀粒级	粉质砂、粉质砾石、冰碛土	粉土、砂质粉土	低、中强黏土	高强度黏土
3t 以下,钢轮		△	△	△	△		
3~5t,钢轮		①	①	△	△	△	
5~10t,钢轮	△	①	①	①	△	△	△
10~15t,钢轮	①	①	①	①	△	△	△
振动凸块式			△	△	①	①	①
振动羊足式			△	△	△	①	①

注:①——适用;△——可用。

(5)夯实机械

夯实机械分振动夯实和冲击夯实,体积小、质量轻,主要用于狭窄工作面的铺层压实。几种常用压路机的使用技术性能见表 5-10,各种土质适宜的碾压机械见表 5-11。

常用压路机的使用技术性能　　表 5-10

机 具 名 称	最大有效压实厚度(实厚)(m)	碾压行程次数				适宜的土类
		黏性土	亚黏土	粉砂土	砂性土	
人工夯实	0.10	3~4	3~4	2~3	2~3	黏性土与砂性土
牵引式钢面碾	0.15	—	—	7	5	黏性土与砂性土
羊足碾(2 个)	0.20	10	8	6	—	黏性土
自动式钢面碾 5t	0.15	12	10	7	—	黏性土与砂性土
自动式钢面碾 10t	0.25	10	8	6	—	黏性土与砂性土
气胎路碾 25t	0.45	5~6	4~5	3~4	2~3	黏性土与砂性土
气胎路碾 50t	0.70	5~6	4~5	3~4	2~3	黏性土与砂性土

续上表

机 具 名 称	最大有效压实厚度（实厚）(m)	碾压行程次数				适宜的土类
		黏性土	亚黏土	粉砂土	砂性土	
夯击机0.5t	0.40	4	3	2	1	砂性土
夯击机1.0t	0.60	5	4	3	2	砂性土
夯板1.5t,落高2m	0.65	6	5	2	1	砂性土
履带式	0.25	6～8		6～8		黏性土与砂性土
振动式	0.40			2～3		砂性土

各种土质适宜的碾压机械　　表5-11

机械名称＼土的类别	细粒土	砂类土	砾石土	巨粒土	备　　注
6～8t两轮钢轮压路机	A	A	A	A	用于预压整平
12～18t三轮钢轮压路机	A	A	A	B	最常使用
25～50t轮胎压路机	A	A	A	A	最常使用
羊足碾	A	C或B	C	C	粉、黏土质砂可用
振动压路机	B	A	A	A	最常使用
凸块式振动压路机	A	A	A	A	最宜使用于含水率较高的细粒土
手扶式振动压路机	B	A	A	C	用于狭窄地点
振动平板夯	B	A	A	B或C	用于狭窄地点,机械质量800kg
手扶式振动夯	A	A	A	B	用于狭窄地点
夯锤(板)	A	A	A	A	夯击影响深度最大
推土机、铲运机	A	A	A	A	仅用于摊平土层和预压

注:①表中符号:A代表适用;B代表无适当的机械时可用;C代表不适用。

②土的类别按《公路土工试验规程》(JTG E40—2007)的规定划分。

③对特殊土和黄土(CLY)、膨胀土(CHE)、盐渍土等的压实机械选择可按细粒土考虑。

④自行式压路机宜用于一般路堤路堑基底的换填等的压实,宜采用直线式进退运行。

⑤羊足碾(包括凸块式碾、条式碾)应有钢轮压路机配合使用。

三、石方施工主要机械

在公路的施工过程中,除了需要填筑、开挖土方路堤路堑等路基工程外,常常在路线通过山岭、丘陵以及沿溪傍山地带时,遇到集中或分散的岩层和大块石,在开挖路堑或半填半挖半路堑时,就需要填筑、开挖石方;而且在公路的施工过程中为了修筑桥涵、防护物,还需要大量的块(片)石与各种规格的碎石。这些石方的填筑、开挖和石料的开采、加工过程称为石方工程施工,对石方的填筑、开挖和石料的开采、加工的机械与设备称为石方施工机械。石方施工机械主要有空气压缩机(简称空压机)、凿岩机、破碎机和筛分机等。公路施工中常用的是空压机、凿岩机和破碎机。

1. 空压机

空压机是一种以内燃机或电动机作为动力,将自由空气压缩成高压空气的机械。它所制配出来的压缩空气是驱动各种风动工具的动力来源,故有时又称之为动力机械。

在筑路工程中,活塞式空压机使用极为广泛。

2. 凿岩机

石方工程的主要工作就是凿岩打孔。凿岩打孔(即钻炮眼)是为实现爆破、大规模进行石方路基施工的基础。凿岩机是石质隧道和石料开采等石方工程钻炮眼的主要工具。凿岩机还可以用来改作破坏器,用于破碎原有混凝土之类的坚硬层,以便消除或重新修造。

凿岩机通常按其动力的来源,可分为风动、内燃和电动三种基本类型。所有类型的凿岩机,它们的工作都是在旋转过程中进行冲击钢钎。如果将机头加以改装,使之只冲击不旋转,便成了破凿机具(又称风镐)。

3. 破碎机

用凿岩机在岩层上凿击炮眼,放进炸药,经爆破后所得到的是一些大小不等的石块,不能用来铺筑路面和制配混凝土材料。为了获得各种规格的碎石,还必须将大的石块破碎成碎石(常常要经过多次破碎,才能符合要求),破碎机的用途就是机械化地破碎石块。

破碎机按其结构的不同,可分为颚式、锥式、锤式和滚筒式四大类。这些破碎机根据加工前后石块尺寸的大小,又可分为粗碎、中碎和细碎三类。

第六章　路基施工

第一节　路堤填筑施工方法

路堤填筑是道路工程中最基本的施工项目之一。它是根据不同的施工条件、施工环境和施工对象等情况，按照技术要求，填筑成一条符合质量标准的路基。

一、填筑前的基底处理

(1)将基底上的树木、树根、草皮、残存农作物、腐殖土和淤泥等有害杂物清除干净。

(2)对基底上的树穴、基穴、坑洞和沟渠等进行处理，其方法是分层填土填筑到基底高程并应分层压实。

(3)如果基底表层是耕植土或松散土时，应经碾压密实，或翻挖松动将土块打碎摊平后碾压密实，方可进行路基填土。

(4)当填方路段是水田或池塘时，应根据实际情况或采取抽干蓄水和清除淤泥，逐层填土压实，或采取不排水清淤，而用抛石(或工业废料)或沉排挤淤，直至填出水面后，再进行正常的填土作业。

(5)基底横向坡度不大于1∶10，且土质好，清理后，可直接在自然地面上填土。否则应按接合面的方法进行处理，如图6-1所示。

二、对不同土类的填筑要求

用同类的土，填筑在同一路段上，这是正确使用土源的基本要求。若确有困难，应尽可能做到分类分段填筑，或将透水性小的土用于上层，透水性大的土用于下层，切不可将透水性相差悬殊的两种土，逐层相间填筑。

三、填筑方式

1. 纵向分层填筑

纵向分层填筑是在路基全幅内，沿道路纵向分层填筑，也是常用常见的填筑方式，如图6-2所示。

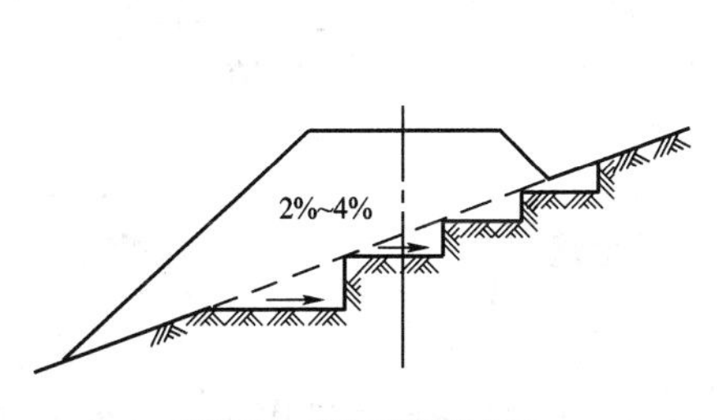

图6-1　接合面处理方式

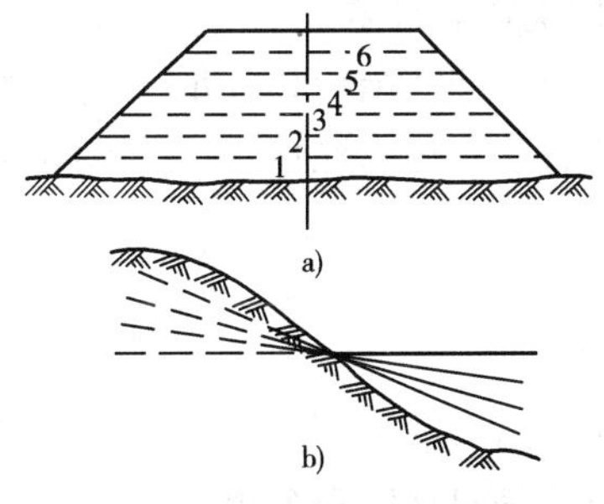

图6-2　纵向填筑

a)水平分层纵向填筑；b)纵向分层纵向填筑

2. 横向填筑

原地面横向坡度很陡的路段，填筑高路堤土方，因受地形限制，运土车辆难于通行，就需要采取沿道路纵向的横向卸土的办法，将土倾卸在路堤底部，逐渐向外拓展至路基幅宽，如图6-3所示。这种方式的缺点是填土太厚，不易压实，应尽可能地选用砂性土和高效能的压实机具(如振动压路机)。

3. 联合填筑

为了减少路基的不均匀沉陷和提高路基的稳定性，克服横向填筑方式的缺点，在原地面横向坡度很陡路段，采用横纵向联合填筑方式，即路基下都用横向填筑，路基上大约相当于路基持力层深度范围，都采用纵向填筑，如图 6-4 所示。

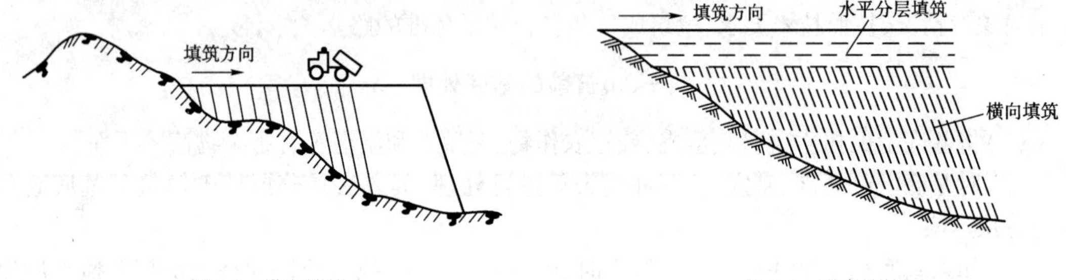

图 6-3　横向填筑　　图 6-4　联合填筑

4. 路基填土接合面的处理

在路基填土和施工中，必须对新填土和先后填土接合面进行处理。对于原路基加宽的接茬处理，在清除边坡草皮和杂物后，将原路基边坡挖成台阶，再进行填土。台阶宽度常为30cm，高度为20cm，如图 6-5 所示。

对于路基填土连续作业的纵横接合面的处理，一般是将先填土的接合处挖松 30cm，作为与新填土的搭接长度。当采取半幅施工或非连续作业，且先填土与后填土接合面高差悬殊时，则应预留台阶或按图 6-5 处理。

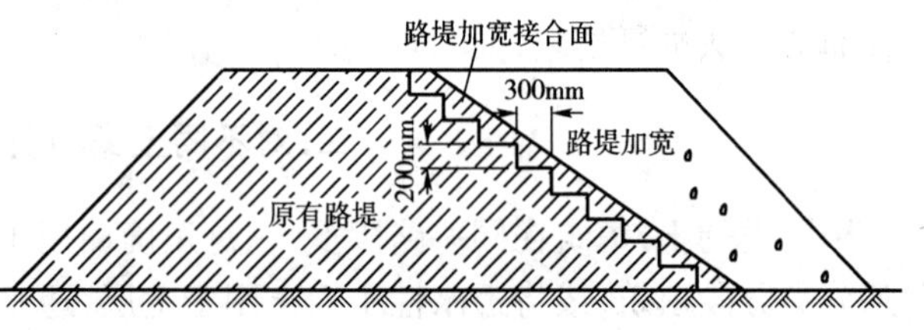

图 6-5　原路基加宽时接合面处理

5. 地下构筑物沟槽填土

沟槽填土前，必须将积水和被水浸湿的软土清除干净，在构筑物两侧或四周分层、均匀和对称地同时进行填土，并采取薄铺和对称轻夯的施工方法，直至构筑物顶面以上 50cm 为止，而后与路基同步进行填筑施工。

6. 构筑物墙身填筑

当构筑物墙体结构具有足够抵抗侧压力的强度和稳定性时，方可进行墙背填筑和压实。填筑材料宜选用透水性强、稳定性好的粗粒料。当路基有锥坡时，路基锥坡填土应与墙背填土同时进行压实。

四、路堑挖土及取土场挖土施工

1. 横向全宽开挖法

此方法是对路堑整个宽度，沿路线纵向一端或两端向前掘进，其法适用于较短的路堑，如图 6-6 所示。在实际操作中，为了增加工作面，可分成几个台阶，同时在几个不同高程的台阶上进行开挖，台阶的高度，视施工操作的方便和安全而定，一般为2m左右。每一台阶均应有单独的运土路线和临时排水沟渠，以免相互干扰，影响工效。

2. 纵向开挖法

此法是先沿路堑纵向挖出一条通道，然后再沿此通道两侧进行拓宽，以扩大施工操作面，如图6-7所示。此法适用于挖掘土方量集中的深路堑。

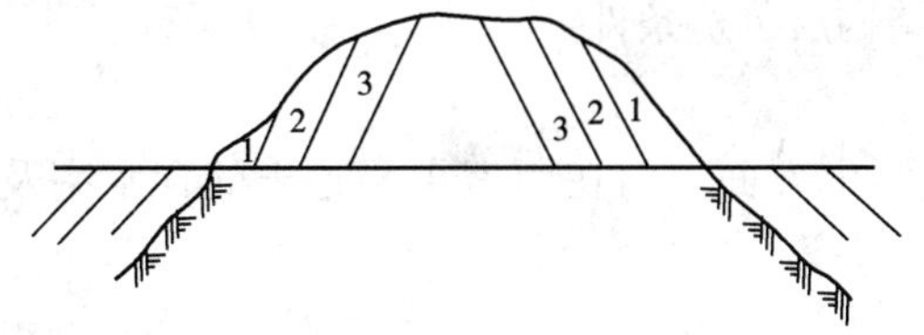

图6-6 横向全宽开挖法

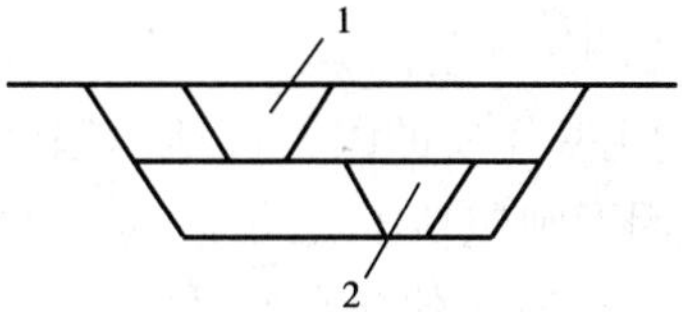

图6-7 纵向开挖法
1-第一次通道；2-第二次通道

3. 混合开挖法

对于特别深的路堑，土方量很大，为扩大施工操作面和加快施工进度，有时可采用上述两种方案混合开挖，如图6-8所示。即先沿路堑纵向挖出通道1，然后再沿横向两侧，挖出若干条辅助通道2、3等，这样就可集中较多的人力和机具，沿纵横向通道同时挖土。混合开挖时要特别注意运土与临时排水的统一安排，以保证施工操作的方便与安全。

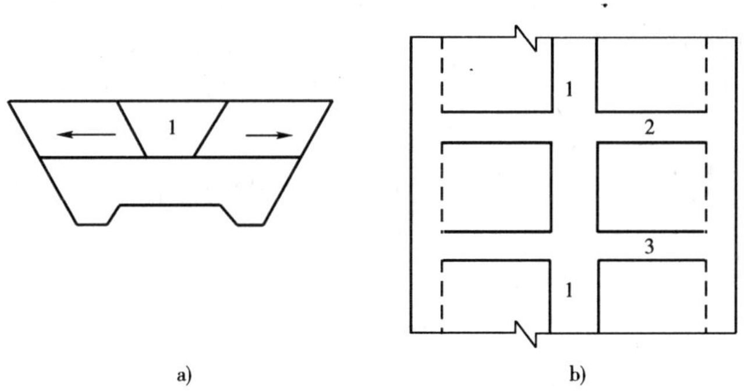

图6-8 混合开挖法
a）剖面图；b）平面图
1-通道1；2-通道2；3-通道3

当用人工挖掘深路堑土方时，严禁采用崩土法作业。当要采用爆破法松碎土层时，应由爆破专业单位施工。

各种开挖方案的选择，应根据设计断面考虑当地的地形条件、工程量的大小、施工工期以及采用的机具等因素。此外，尚需考虑土层的利用，如利用挖方填筑路堤时，则应按不同的土层分层开挖，以满足路堤填筑的要求。

4. 取土场挖土

取土场一般有两种形式，平地挖坑取土和挖山或土堆取土。

对于挖山取土，当确定取土范围后，根据竣工高程、护砌和其他要求，结合地形地貌状况，以确定采用分层取土法或采用从山脚开始向前推进取土为宜。

在地下水位高和丰富的地点取土，应采取降水措施，如采用井点降水等，以保证取土的顺利进行和土的天然含水率的适当。取土坑内应设置纵横排水沟和集水井，配足排除坑内积水的抽水设备，不可使坑内长期积水，而延误取土。

五、路基压实

路基压实是指采用碾压设备(机具)对路基进行的压实。路基的压实，可以提高路基土土体的密实程度，降低填土的透水性，防止水分聚积和浸蚀，避免土基软化及因冻胀而引起不均匀的变形，提高路基土的强度，为减薄路面结构层创造条件。

1. 影响压实的因素

影响土基压实的因素包括内因及外因两个方面。内在因素主要是土的含水率及土的性质，外在因素则包括压实功能、压实工具和方法等。

(1)压实时土的含水率对压实的影响

判断土的含水率是否达最佳含水率的简易方法是“手捏成团、但不沾手、落地开花”。

(2)土质对压实的影响

通过对不同土质进行击实试验，结果表明，不同的土类，有不同的最佳含水率及最大干密度，表6-1列出了几种土的最佳含水率及最大干密度。

各类土的最佳含水率和最大干密度的参考值 表6-1

分类符号	S、S-F	SFL	FL		FI (CI、S MI)	SFI (SCI、SMI)	FH (CH、MH)	SFI-I (SCH、SMH)
统一分类法名称	砂、微含细粒土的砂	含低液限细粒土的砂	低液限细粒土		中液限细粒土	含中液限细粒土的砂	高液限细粒土	含高液限细粒土的砂
土名	砂土(粗、中、细、极细砂土)	砂性土(粉质、粗亚、细亚砂土)	粉性土(粉质亚砂土)	粉性土(粉土)	黏性土(粉质黏土)	黏性土(重亚黏土)	黏性土(轻黏土)	
最佳含水率(%)	8~12	9~15	18~21	16~22	12~15	16~20	19~23	
最大干密度(kg/m^3)	1.85~1.88	1.85~2.08	1.65~1.74	1.61~1.80	1.85~1.95	1.67~1.79	1.58~1.70	

(3)压实功能对压实的影响

对同类土，压实功能增加，其最佳含水率减少，而最大干密度增大；当含水率一定时，压实功能越大则干密度越高。在施工中如果土的含水率低于最佳含水率，而加水又有困难时，可用增加压实功能的办法来提高其干密度，即采用重型压路机或增加碾压次数等。

(4)压实工具和方法对压实的影响

压实工具不同，压力传递有效深度也不同。夯击式机具压力传递最深，可达0.6~0.7m；振动式机具次之，为0.4~0.6m；碾压式机具最浅，为0.15~0.4m。

2. 土基压实施工

(1)土基压实标准

《公路路基设计规范》(JTG D30—2004)规定，管涵顶面填土厚度必须大于50cm方能上压路机。桥涵、管道沟槽、检查井、雨水口周围的回填土应在对称的两侧或四周同时均匀分层回填压(夯)实,填土材料宜采用砂、砾等透水性材料或石灰土。

回填土压实度要求如表 6-2 中所示。

土质路基压实度标准 表 6-2

填挖类别	路床顶面以下深度(cm)	路基压实度(%)		
		高速公路、一级公路	二级公路	三、四级公路
零填及挖方	0~30	≥96	95	≥94
填方	0~80	≥96	95	≥94
	80~150	≥94	94	≥93
	>150	≥93	92	≥90

注:①表列压实度系按《公路土工试验规程》(JTG E40—2007)重型击实试验法求得的最大干密度的压实度。

②当三、四级公路铺筑沥青混凝土和水泥混凝土路面时,应采用二级公路的规定值。

③路堤采用特殊填料或处于特殊气候地区时,压实度标准可根据试验路在保证路基强度要求的前提下适当降低。

(2)压实工作组织

土基的压实要以尽可能小的压实功能获得良好的压实效果为目的。

对于土基的压实,在任何情况下,都应坚持"先轻后重、先慢后快、主轮重叠"以及直线段"先边后中"和平曲线段"先内侧、后外侧"的压实方法。同时,应注意压实机具的作业安全,如采用大型压实机具碾压高路堤时,应距堤边 50cm,以防机具翻滚。

压实机具的工作路线,一般应先两侧后中间,以便形成路拱,在弯道部分设有超高时,由低的一侧向高的一侧边缘碾压,以便形成单向超高横坡。当路基设有纵坡时,宜由低处向高处碾压。

路基碾压时,相邻两次的轮迹应重叠 1/3 左右,使各点都得到压实,避免土基产生不均匀沉陷,路基土碾压机械选择如表 6-3。

路基土碾压机械选择 表 6-3

碾压机械名称	土质名称							备注
	块石、圆石、砾石	砂石土	砂	砂质土	黏土、黏性土	混杂砾石的黏土、黏性土	非常硬的黏土、黏性土	
钢质光轮压路机	☆	★	★	★	☆	×	×	利用路基的平整
自行式轮胎压路机	☆	★	★	★	★	×	☆	最常用
牵引式轮胎压路机	☆	★	★	★	☆	×	×	用于坡面,坡长 5~6m 时最有效
振动压路机	★	★	★	★	☆	×	×	适用路基、基层
夯实机	★	★	★	★	☆	×	×	适用狭窄地点的碾压
夯锤	☆	★	★	★	☆	×	×	适用狭窄地点的碾压
推土机	★	★	★	★	☆	×	★	被用于摊铺
夯式压路机	×	☆	☆	☆	☆	×	★	破碎作用大
沼泽地区压路机	×	×	×	☆	☆	★	×	常用含水较高的土

注:★-适合使用;☆-可使用;×-不适用。

(3)压实机具的选择

①压实机具的种类。常用的压实机具可分为静力式、夯击式和振动式三大类。静力压路机械有光面碾(普通压路机)、羊足碾和气胎碾等。夯击式压实机具包括各种夯锤、夯板和内燃式火力夯、风动夯等;振动式压实机具包括振动器和振动压路机。压实机具的类型和数量选择是否恰当,直接关系到压实的质量和工效,选择时应综合考虑各种因素。

②压实机具的选择。不同的压实机械,适用于不同的土质压实,其压实效果也各异,见表6-3。一般来说,对砂性土,用振动式机械压实效果最好,夯击式次之,碾压式较差;而对黏性土,则以碾压式和夯击式压实效果较好,而振动式较差甚至无效。

在选择压实机具时还应考虑土的状态、层厚和碾压遍数,以充分发挥机械的效率,获得最佳压实效果。各种压实机具压实的分层厚度和碾压遍数可参照表6-4。

各种压实机具压实的分层厚度和碾压遍数 表6-4

<table>
<tr><th colspan="2" rowspan="2">压实机具</th><th rowspan="2">每层松铺厚度(cm)</th><th colspan="2">有效碾压(夯击)遍数</th><th rowspan="2">合理选用压实机具的条件</th></tr>
<tr><th>非塑性土</th><th>塑性土</th></tr>
<tr><td>羊足碾</td><td>6~8t</td><td>20~30</td><td>4</td><td>8</td><td rowspan="5">碾压长度不宜小于100m;宜于压实塑性土;钢质光轮压路机适用于压实非塑性土</td></tr>
<tr><td rowspan="3">钢质光轮压路机</td><td>轻型(6~8t)</td><td>15~20</td><td>4</td><td>8</td></tr>
<tr><td>中型(9~12t)</td><td>20~30</td><td>4</td><td>8</td></tr>
<tr><td>重型(13~15t)</td><td>25~35</td><td>4</td><td>8</td></tr>
<tr><td>轮胎压路机</td><td>16t</td><td>30~35</td><td>3</td><td>8</td></tr>
<tr><td rowspan="5">振动压路机</td><td>2t</td><td>11~20</td><td>3</td><td>5</td><td rowspan="5">碾压长度不宜小于100m;宜于压实塑性土;也可用于压实非塑性土</td></tr>
<tr><td>4.5t</td><td>25~35</td><td>3</td><td>5</td></tr>
<tr><td>10t</td><td>30~50</td><td>3</td><td>4</td></tr>
<tr><td>12t</td><td>40~55</td><td>3</td><td>4</td></tr>
<tr><td>15t</td><td>50~70</td><td>3</td><td>4</td></tr>
<tr><td rowspan="3">重锤(板夯)</td><td>1t举高2m</td><td>65~80</td><td>3</td><td>5</td><td rowspan="3">用于工作面受到限制时;宜于压实塑性土;也可用于压实非塑性土</td></tr>
<tr><td>1.5t举高1m</td><td>60~70</td><td>3</td><td>5</td></tr>
<tr><td>1.5t举高2m</td><td>70~90</td><td>3</td><td>4</td></tr>
<tr><td rowspan="2">机夯、人力夯</td><td>0.3t</td><td>30~50</td><td>3</td><td>4</td><td rowspan="2">用于工作面受到限制及结构物接头处</td></tr>
<tr><td>0.04t</td><td>20~25</td><td>3</td><td>4</td></tr>
<tr><td>振动器</td><td>2t</td><td>60~75</td><td>1~3min</td><td>3~5min</td><td>宜用于压实非塑性土</td></tr>
</table>

注:1. 非塑性土是指砂、砂砾无塑性的土。

2. 非塑性土的每层松铺厚度可取稍高的值;反之塑性土的每层松铺厚度可取稍低的值。

③高填方路堤

高填方路堤的基底承受路堤土本身的荷载很大,因此对基底应进行场地清理,并按照设计要求的基底承压强度进行压实。设计无要求时,基底的压实度不应小于90%。当厚土压实不能满足设计要求的承压强度时,应进行地基加固处理。当基底处于陡峻山坡上或谷底时,应作挖台阶处理。当场地狭窄时,压实工作应采用小型的手扶式振动压路机或振动夯进行。当场地较宽广时应采用自行式 12t 以上的振动压路机碾压。

第二节　路基支挡结构施工要点

支挡构筑物即路基加固工程，其作用是支挡路基体，以保证路基在自重及各种自然因素作用下保持稳定。常用的支挡构筑物主要是挡土墙。挡土墙是支承路基填土或山坡土体，以防止其变形失稳的结构物。同时也是高等级公路重要的结构物。可以利用石料修建干砌或浆砌石料挡土墙，也可以利用水泥、钢筋和砂石材料等修建毛石混凝土挡墙或钢筋混凝土挡墙。挡土墙的基本构造及各部分名称如图 6-9 所示。

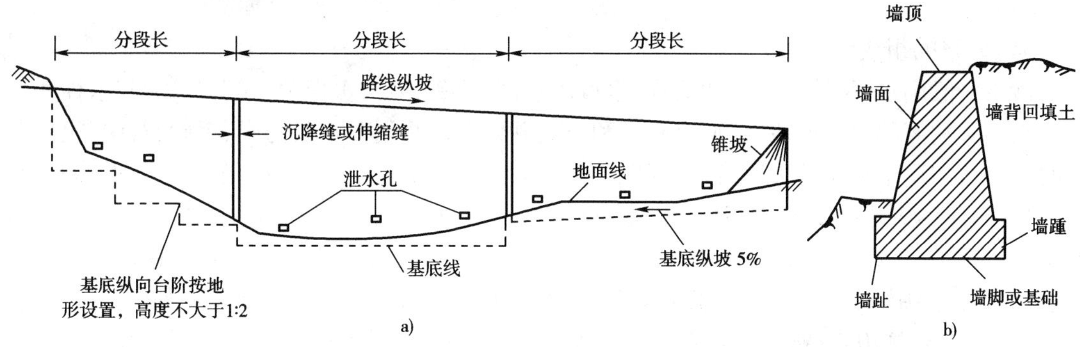

图 6-9　挡土墙的基本构造及各部分名称

a）正面；b）侧面

挡土墙按位置和作用不同，可分为路堑式、路肩式、路堤式、山坡式等。按其结构特点，挡土墙又可分为石砌重力式、石砌衡重式、钢筋混凝土悬臂式和扶壁式、柱板式、锚杆式、锚定板式及垛式等类型。

目前工程中最常用的为重力式挡土墙。重力式挡土墙结构简单，施工方便，取材容易，但由于墙背侧向土压力主要是依靠墙身的自重来保持平衡，故墙身断面尺寸较大，对地基承载力要求也较高。一般多用片石、块石或预制混凝土块砌筑。

1. 施工前的准备工作

（1）测量放样，恢复路基中线，精确测定挡土墙基座主轴线和起讫点两端的衔接是否顺适。一般在直线段 20m 设一桩，曲线段 10m 设一桩，并可根据地形需要适当加桩。测定的重要控制桩应有护桩，并至少由 2 ~ 3 组构成，以便相互核对，确保精度。护桩保留到工程结束，因此要设在施工干扰地区之外，埋置应稳固。

（2）按施工放样的实际需要增补横断面桩，测量中桩和挡土墙各点的地面高程，并设置施工水准点。

（3）熟悉设计文件，会同设计单位进行现场核对。根据核对的工程量、工地特点、工期要求及施工条件，结合自己的设备能力，做出实施性施工组织设计，包括施工方法、工程数量、开工及完工日期、需要劳力、机械设备、材料数量以及其他临时工程和场地布置等，以便全面落实。

（4）在受地面积水和地下水影响的土质不良地段，应切实做好场地排水设施。外购及自采材料在采集前，先应通过试验鉴定，合格后方可进场。提前做好砂浆配比及墙背填料的击实试验。

2. 材料要求

1)石料

石砌挡土墙石料按开采方法与清凿加工程度分为片石、块石和料石三种。

(1)石料应经过挑选,质地均匀,无裂缝,不易风化。在冰冻地区,还应具有耐冻性。

(2)石料的抗压强度不低于25MPa。在地震区及严寒地区,应不低于30MPa。

(3)尽量选用较大的石料砌筑。块石应大致方正,其厚度不小于15cm,宽度和长度相应为厚度的(1.5~2.0)倍和(1.5~3.0)倍较合适。片石应具有两个大致平行的面,其厚度不宜小于15cm,其中一条边长不小于30cm,体积不小于0.01 m^3。砌筑时,如用小片石垫平、垫稳,可不受此限制。

2)砂浆

(1)砂浆的组成

砂浆一般用水泥、砂和水拌和而成,也可用水泥、石灰、砂与水拌和,或石灰、砂与水拌和而成。它们分别简称为水泥砂浆、混合砂浆和石灰砂浆。砂浆用砂一般为中、粗砂,若中、粗砂缺乏时可在增加适量水泥后采用细砂。拌和砂浆砌筑片石砌体时,砂的粒径不应超过5mm;块石、料石砌体不应超过2.5mm;强度等级大于M10的砂浆,含泥量不应超过5%,小于M10的砂浆不应超过10%。砂浆用石灰应纯净,燃烧均匀,熟化透彻,一般采用石灰膏和熟石灰。淋制石灰膏时,要用网过滤,要有足够的熟化时间,一般为半个月以上;未熟化颗粒大于0.6mm以上者,不得超过10%;熟石灰粉应用900目/cm^2以上的筛筛分过,其筛余量不得大于3%。

(2)砂浆的拌制

①强度。砂浆强度等级代表其抗压强度。拌制砂浆必须符合设计要求,一般不得低于M5。严寒地区、地震烈度8度、墙高大于12m和地震烈度9度以上的地震区,应较非地震区提高1级;勾缝用砂浆应比砌筑用提高1级。

②稠度。主要包括和易性与流动性。一般情况下,将砂浆用手捏成小团,松手后不松散或以不由灰刀上流下为度。水泥砂浆的水灰比应控制在0.60~0.70。

③配合比。用质量或体积比表示,可由试验确定,还可根据已有的经验和资料参考决定。

④拌制方法。可用人工或机械拌和。人工拌和不如机械拌和均匀,人工拌和至少应拌3遍,拌至颜色均匀为止。砂浆应随拌随用,保持适宜的流动性,在运输中已离析的砂浆应重新拌和。

(3)砂浆塑化剂的应用

砂浆塑化剂是掺入水泥砂浆中能使之增加工作度的材料,常用的有非水硬石灰砂浆塑化剂和加气型砂浆塑化剂两种。加气塑化剂是一种加入水泥砂浆后产生微气泡状空气的外加剂,微气泡在砂浆中出现后会与水泥颗粒一起填满较粗的砂粒间的孔隙,使砂浆获得较高的工作度。

3. 施工要点

砌筑工艺分浆砌、干砌两种。浆砌多用于排水、导流构筑物及挡土墙;干砌多用于河床铺砌、护坡等。

1)浆砌石料

(1)工艺方法

浆砌原理是利用砂浆胶结砌体材料,使之成为整体而组成人工构筑物,一般有坐浆法、抹浆法、灌浆法和挤浆法多种。

①坐浆法。又叫铺浆法。砌筑时先在下层砌体面上铺一层厚薄均匀的砂浆，压下砌石，借石料自重将砂浆压紧，并在灰缝上加以必要的插捣和用力敲击，使砌石完全稳定在砂浆层上，直至灰缝表面出现水膜。

②抹浆法。用抹灰板在砌石面上用力涂上一层砂浆，尽量使之贴紧，然后将砌石压上，辅助以人工插捣或用力敲击，使浆挤后灰缝平实。

③挤浆法。综合坐浆法与抹浆法的砌筑方法。除基底为土质的第一层砌体外，每砌一块石料，均应先铺底浆，再放石块，经左右轻轻揉动几下后，再轻击石块，使灰缝砂浆被压实。在已砌筑好的石块侧面安砌时，应在相邻侧面先抹砂浆，后砌石，并向下及侧面用力挤压砂浆，使灰缝挤实，砌体被贴紧。砂浆的铺砌见图6-10。

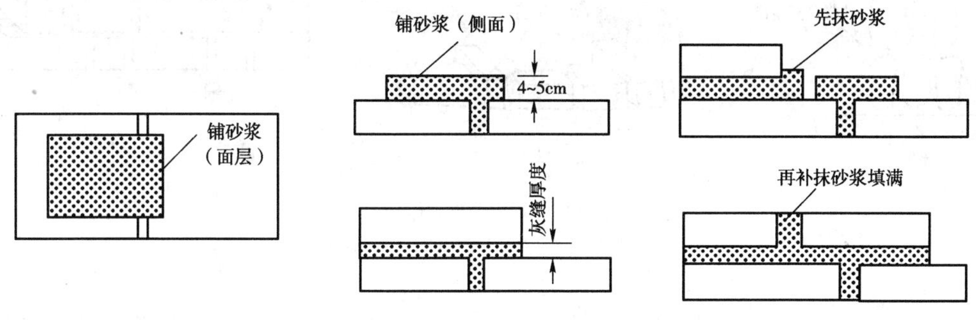

图6-10　砂浆的铺砌

④灌浆法。把砌石分层水平铺放，每层高度均匀，空隙间填塞碎石，在其中灌以流动性较大的砂浆，边灌边捣实，直至砂浆不能渗入砌体空隙为止。

(2)浆砌砌体

浆砌前应做好一切准备工作，包括工具配备，按设计图纸检查和处理基底，放线，安脚手架、跳板等施工设施，清除砌石上的尘土、泥垢等。

①砌筑顺序。其以分层进行为原则。底层极为重要，它是以上各层的基石，若底层质量不符合要求，则要影响以上各层。较长的砌体除分层外，还应分段砌筑，两相邻段的砌筑高差不应超过1.2m，分段处宜设置沉降缝或伸缩缝。分层砌筑时，应先角石，后边石或面石，最后才填腹石，如图6-11。角石安好后，先向两边的中心进行，然后再由边向中。

②浆砌片石。可用灌浆法、坐浆法和挤浆法，常以挤浆法为主。如图6-12a)所示，砌体外圈定位行列与转角石应选择表面较平、尺寸较大的石块。浆砌时，长短相间并与里层石块咬紧，下层竖缝错开，缝宽不大于4cm，分层砌筑应将大块石料用于下层，每处石块形状及尺寸应合适。竖缝较宽者可塞以小石子，但不能在石下用高于砂浆层的小石块支垫。排列时，应将石块交错，坐实挤紧，尖锐凸出部分应敲除。

③浆砌块石。多用坐浆法和挤浆法。先铺底层砂浆并打湿石块，安砌底层。分层平砌大面向下，先角石，再面石，后腹石，上下竖缝错开，错缝距离不应小于10cm，镶面石的垂直缝应用砂浆填实饱满，不能用稀浆灌注。厚大砌体，若不易按石料厚度砌成水平时，可设法搭配成较平的水平层。块石镶面如图6-12b)所示，为使面石与腹石连接紧密，可采用丁顺相间，采取一丁一顺或两丁一顺的排列。

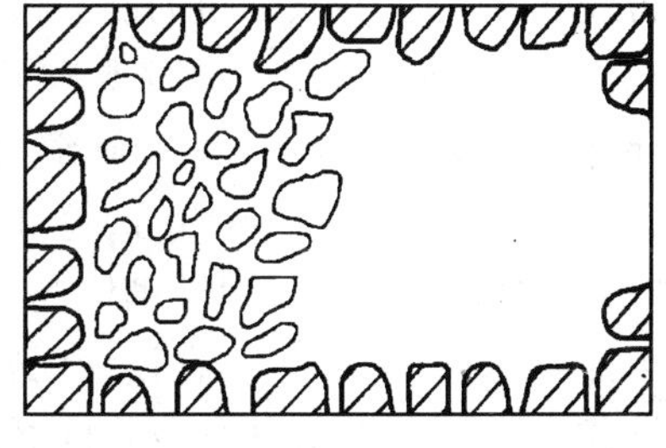

图6-11　砌筑顺序

④浆砌料石。先将砌筑层数计算清楚,然后选择石料,严格控制平面位置和空间高度。按每块石料厚度分层,层间灰缝应成直线,块间和层间的灰缝应垂直,厚石砌在下面,薄石砌在上面,面石铺筑应符合图 6-12b)所示原则,砌缝横平竖直,缝宽不超过 2cm,错缝距离大于 10cm,里层可用块石砌筑。图 6-12c)所示为料石砌筑主要工程,如要求修饰整齐美观的挡土墙及路缘、拦河坝等。

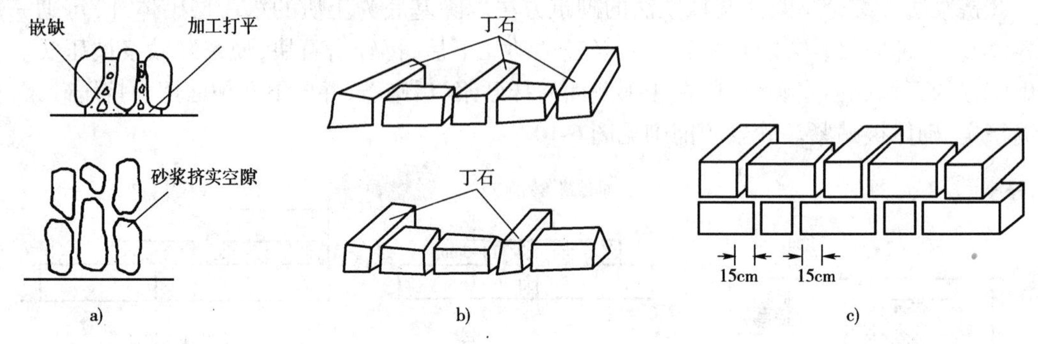

图 6-12　浆砌砌体

a)片石砌筑;b)块石砌筑;c)料石砌筑

(3)砌缝

①错缝。砌体在段间、层间的垂直灰缝应互相交错,压叠成不规则的灰缝,如图 6-13a)所示,这种用箭头所指的灰缝叫错缝,它们相互间距离,对于片石和块石,每段上、下层及段间的垂直距离不小于 8m;对粗料石不小于 10cm;在转角处不小于 15cm;并严禁出现图 6-13b)所示的错缝。

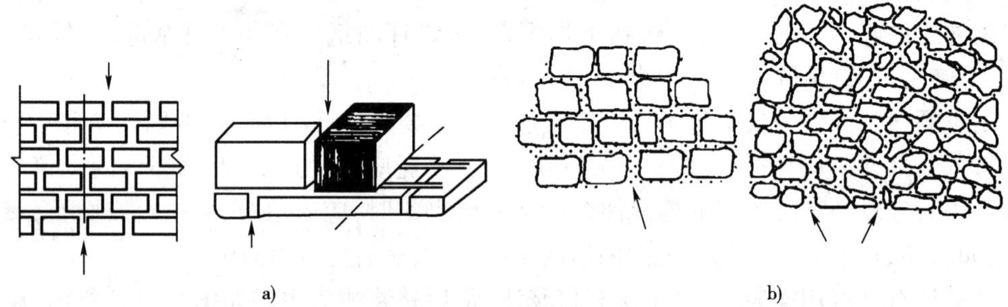

图 6-13　错缝

a)正常错缝;b)不符合要求的错缝

注:图中箭头表示错缝的位置

②通缝。通缝指砌体的水平灰缝,如图 6-14 所示。这是砌体受力的薄弱环节,其承压能力较好,受剪、抗拉、受扭的能力极差,最容易在此遭受损坏。砌体对通缝要求较高,不仅要求砂浆饱满密实,成缝时还不允许有干缝、瞎缝和大缝,对通缝的宽度也有一定的要求。

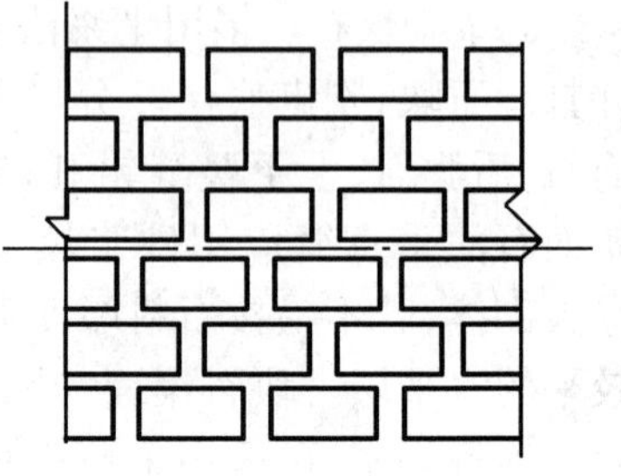

图 6-14　水平通缝

③勾缝。勾缝有平缝、凹缝和凸缝等。勾缝具有防止有害气体和风、雨、雪等侵蚀砌体内部,延长构筑物使用年限及装饰外形美观等作用。在设计无特殊要求时,勾缝宜采用凸缝或平缝,勾缝宜用 1:1.5~1:2的水泥砂浆,并应嵌入砌缝内约 2cm。勾缝前,应先清理缝槽,用水冲洗湿润,勾缝应横

平竖直,深浅一致,不应有瞎缝、丢缝、裂纹和黏结不牢等现象,片石砌体的勾缝应保持砌后的自然缝。

2)干砌石料

干砌是不用胶凝材料,仅靠石块间摩擦力和挤压力的相互作用使砌体的砌石互相咬紧的施工方法。由于它不用砂浆胶凝,坚固性和整体性较差,操作比浆砌困难。因此,在施工中应注意以下几点:

(1)选择的片石要尽量大,铺砌时大面向下。

(2)错缝要间错咬接,不得有松动的石块。接触面积要尽可能多,空隙及松动石块间必须用小石块嵌填紧密,但不得在一处集中填塞小碎石块。

(3)要考虑上、下、左、右间的接砌,应将面石的角棱修整,以利砌筑和美观。

(4)干砌顺序应先中后边,先外后里,并要求外高内低,以防石块下滑。

(5)分层干砌应于同一层的每平方米面积内干砌一块直石,以便上、下层咬接。

3)墙顶

墙顶宜用粗料石或现浇混凝土做成顶帽,厚30cm,路肩墙顶面宜以大块石砌筑,采用M5.0以上砂浆勾缝和抹平顶面,厚2cm,并均应在墙顶外缘线留出10cm的帽沿。

4)基础

(1)基础的各部尺寸、形状、埋置深度均按设计要求进行施工。当基础开挖后,若发现与设计情况有出入时,应按实情请示有关部门以调整设计。

(2)在松软地层或坡积层地段开挖时,基坑不宜全段贯通,而应采用跳槽办法开挖以防止上部失稳。当基底土质为碎石土、砂砾土、砂性土、黏性土等时,将其整平夯实。基础开挖大多采用明挖,但遇有特殊水文、地质情况时,也可采用桩基、沉井等基础。

(3)当遇有基底软弱或土质不良地段时,可按以下方法分别进行处理:

①当地基软弱,地形平坦,墙身又超过一定高度时,为减少地基压应力,增加抗倾覆稳定性,可在墙趾处伸出一台阶,以拓宽基础。如地基压应力超过地基承载力过多时,为避免台阶过多,可采用钢筋混凝土底板。

②如地层为淤泥质土、杂填土等,可采用砂砾,碎石、矿渣灰土等材料予以换填或用砂桩、石灰桩、碎石桩、挤淤法、土工织物及粉喷桩等方法分别予以处理。

a. 换填。挖除软土,抽出坑中积水,换填碎砾石,其最大粒径以5cm为宜,并进行分层夯实,顶面宽度应比基础宽出1.0m。

b. 砂桩、碎石桩、石灰桩。用振动或冲击机具将套管打至设计高程,将砂或生石灰灌入孔中,然后逐步提升套管,同时振动,使其填料密实成桩。石灰等级宜在3级以上,砂桩应用中、粗砂,含泥量不大于5%。无论采用何种方法,挤密桩的打桩顺序均应先外后里。

c. 挤淤法。软土层不厚时,将大于30cm的石料从基础中部向两侧堆码,使软土向两侧挤出,然后用重型压路机压实,上面填做砂砾垫层后再做基础。

d. 土工织物。将土工织物平铺在垫有15cm厚的砂层上,其应伸出基础宽度1.0m,幅与幅之间搭接的宽度不小于10cm,并在土工织物上填以一定厚度的砂砾石层后方可回填基坑。

e. 粉体喷搅。在软土地基中,输入以生石灰、水泥等粉体加固材料,通过和原位地基土强制性搅拌混合,使地基土和加固材料发生物理化学反应,从而使软土结硬,形成具有整体性强、水稳性好和足够强度的柱体,增加地基承载力,减少沉降量。

(4)若发现岩层有孔隙裂缝,应以水泥砂浆或小石子混凝土浇注饱满;若基底岩层有外露软弱夹层，宜在墙趾前对此层作封面保护。墙趾地面纵坡较大时，为减少圬工，挡土墙的基底可做成不大于5%的纵坡。如为岩层时，可在纵向做成台阶，台阶尺寸随地形变动而定，一般宽度不小于50cm，高宽比不宜大于1:2。

(5)基坑开挖大小，需满足基础施工的要求。渗水土的基坑要根据基坑排水设施(包括排水沟、集水坑、网管)和基础模板等大小而定，一般基坑底面宽度应比设计尺寸各边增宽0.5～1.0m，以免施工干扰。基坑开挖坡度按地质、深度、水位等具体情况而定。

(6)当排水挖基有困难，或具有水中挖基的设备时，可采用下列水中挖基方法。

①挖掘机水中挖基适用于各种土质，但开挖时不要破坏基坑边坡的稳定，可采用反铲挖掘和吊机配合抓泥斗挖掘。

②水力吸泥机适用于砂类土及砾卵石土，不受水深限制，其出土效率随水压、水量的增加而提高。

③空气吸泥机适用于水深5.0m以上的砂类土或有少量碎、卵石的基坑，在黏土层使用时，应与射水配合进行，以免破坏土层结构。吸泥时应同时向基坑内注水，使基坑内水位高于河水位约1.0m，防止流砂或涌泥。

(7)任何土质基坑挖至高程后不得长时间暴露、扰动或浸泡而削弱其承载能力。一般土质基坑挖至接近高程时，保留10～20cm的厚度，在基础施工前以人工突击挖除。基底尽量避免超挖，如有超挖或松动，应将其夯实。基坑开挖完成后，应放线复验，确认位置无误并经监理签认后，方可进行基础施工，基坑抽水应保证砌体砂浆不受水流冲刷。当基础完成后，立即回填，以小型机械进行分层压实，并在表层稍留向外斜坡，以免积水渗入浸泡基底。

5)排水设施及伸缩沉降缝

可按有关章节方法进行处理，但应与砌体施工同步进行和同时完成，其内容有反滤层的填筑、泄水孔位置的预埋或预留孔槽以及纵横向盲沟的设置等。

6)墙背填料

(1)需待砌体砂浆强度达70%以上时，方可回填墙背填料，并应优先选择渗水性较好的砂砾土填筑。如确有困难需采用不透水土时，必须做好砂砾反滤层，并与砌体同步进行。浸水挡土墙背应全部用水稳性和透水性较好的材料填筑。

(2)墙背回填要均匀摊铺平整，并设不小于3%的横坡逐层填筑，逐层夯实，不允许向着墙背斜坡填筑，严禁使用膨胀性土和高塑性土。每层压实厚度不宜超过20cm，碾压机具和填料性质应进行压实试验，确定填料分层厚度及碾压遍数，以便正确地指导施工。

(3)压实时应注意勿使墙身受较大的冲击影响，在临近墙背1.0m范围内，应采用小型压实机具碾压。小型压实机械有蛙式打夯机、内燃打夯机、手扶式振动压路机、振动平板夯等。

4. 施工注意事项

施工应与设计要求相配合，并严格按施工规范的规定执行。同时还应注意如下事项：

(1)施工前应做好地面排水和安全生产的准备工作。滨河及水库地段挡土墙宜在枯水季节施工。

(2)在松软地层或坡积层地段，基坑不宜全段开挖，以免在挡土墙完工以前发生土体坍滑，而宜采用跳槽开挖的方法。

(3)基坑开挖后，若发现地基与设计情况有出入，应按实际情况修改设计。若发现岩基有裂缝，应以水泥砂浆或小石子混凝土灌注至饱满。若基底岩层有外露的软弱夹层，宜于墙趾前对此层作封面保护，以防风化剥落后基础折裂而使墙身外倾。

(4)墙趾部分基坑,在基础施工完成后应及时回填夯实,并做成外倾斜坡,以免积水下渗,影响墙身的稳定。

(5)挡土墙的外墙应用规格块、料石砌筑,并采用丁顺相间的方法,同时还应保证砂浆饱满,防止出现"墙体里外两层皮"的现象。

(6)注意泄水孔和排水层(即反滤层)的施工操作,保证排水通畅。

(7)浆砌挡土墙需待砂浆强度达70%以上时,方可回填墙背填料。且墙背填料应符合设计要求,避免采用膨胀性土和高塑性土,并做到逐层填筑,逐层夯实。不允许向着墙背斜坡填筑,夯实时应注意勿使墙身受较大冲击影响。墙后地面横坡陡于1:3时,应作基底处理(如挖台阶),然后再回填。

(8)浆砌挡土墙的墙顶,可用M5砂浆抹平,厚2cm,干砌挡土墙墙顶50cm厚度内,用M2.5砂浆砌筑,以利稳定。

第三节　路基防护工程施工

公路路基在雨水、风、气温变化及水流冲刷的作用下,路基边坡产生一系列的变形,如边坡表土剥落、边坡冲沟及滑塌等,严重地影响路基的稳定性和交通安全。为了保证公路的使用通畅,对土质不良的路基边坡和易于受水冲刷的路基进行必要的防护与加固是非常重要的。

路基防护按作用分有坡面防护、冲刷防护及滑坡防护。坡面防护常用的类型有生物防护和圬工防护;路基冲刷防护包括坡岸防护、导流构造物防护和其他防护;路基滑坡防护类型有抗滑桩、抗滑墙及预应力锚杆等。

本节仅对坡面防护、冲刷防护的施工要点进行阐述。

一、路基防护原则

1. 为防止水流、波浪、雨水、风力、不良水文地质和其他因素对路基的危害,改善环境,保护生态平衡,应根据当地条件,因地制宜采用经济合理、耐久适用的防护措施。

2. 工程施工前应进行现场核对,如发现设计与实地不符,应及时做补充调查,进行变更设计,并报有关部门批准后施工。

3. 公路路基防护工程及所用各种材料,均应符合部颁有关规范、规定要求。

4. 注意当路基土石方施工时或完毕后,应及时进行路基防护施工和养护。各类防护与加固应在稳定的基础或坡体上施工。

5. 防护工程的砂浆、混凝土,应用机械拌和,不应直接在砌体面上或路面上以人工拌和,并应随拌随用。

二、路基坡面防护施工要点

路基坡面防护常用的生物防护有种草、铺草皮和植树等,圬工防护有片(块)石护坡和护面墙、菱形网格护坡、六角空心砖护坡、窗孔肋式护坡、喷射混凝土护坡、预应力锚索等。

路基坡面防护应根据影响边坡稳定性的因素、地区特点、地质构造、自然环境及当地的气候和水文条件等,确定采用边坡防护形式,不但要考虑到边坡的稳定性,还要考虑美观和环保问题。对高等级公路下边坡一般采用菱形网格加植草防护并加密排水沟;上边坡第一台阶,根据不同地质情况采用护面墙、浆砌片(块)石护坡、六角空心砖护坡等防护形式;以上各台阶可根据不同地质情况,采用菱形网格、窗孔肋式护坡、喷射混凝土等防护形式。上述防护形式除护面墙、浆砌片(块)石护坡和喷射混凝土外,其他都可在其上植草防护,以恢复自然环境和美化公路。对稳定的岩石边坡不必再进行圬工防护,只需在一些低凹处放置一些耕植土,种植耐旱性较强的爬藤植物,可起到绿化美化的作用。

1. 生物防护及施工注意事项

1)种草防护

种草是一种施工简单、造价经济和有效的坡面防护。草能覆盖表土,防止雨水冲刷,调节土的湿度,防止裂缝产生及坡面风化剥落,有利于路基的稳定。

种草防护适用于坡度较缓、边坡不高且适宜于草类生长的土质路堑和路堤边坡。

对边坡不宜于种草者,可先铺一层有利于草生长的种植土,铺土厚10~15cm。为使种植土与边坡结合牢固,可在边坡上间隔100cm的距离挖20cm宽的台阶。

(1)草种的选择

应选择适合当地土质和气候条件、根系发达、茎干低矮、枝叶茂盛、生长能力强的多年生草种,如白茅草、毛鸭嘴、鱼肩草及两耳草等。

(2)施工注意事项

①草籽应均匀撒布在已清理好的坡面上。为使草籽撒布均匀,可先将草籽与砂、干土或锯末混合播种,草籽埋入深度应不小于5cm,种完后将土耙匀拍实。

②路堤的路肩和路堑顶边缘应埋入与表层齐平的带状草皮,草皮厚度不小于5cm,宽度不小于20cm。

③播种时间一般应在春季、秋季,不能在干燥的风季和暴雨时播种。

④路堑边坡或路堤较高时,可通过试验,将草籽与含肥料的有机质泥浆的混合物,喷射于坡面上。

⑤草籽播种后,应适时进行洒水施肥、清除杂草等养护管理,直到草覆盖坡面。

2)平铺草皮

铺草皮对坡面的防护作用同种草防护,但效果更好,并可用在较高较陡的边坡上。

铺草皮适用于各种土质边坡及严重风化的岩层和成岩作用差的软岩层边坡。为防止表水冲刷产生冲沟、流泥等病害,而种草成活率低,且附近草皮来源较容易的情况下,可用铺草皮防护。

(1)草皮选择与要求

①草皮应选择根系发达、茎矮叶茂的耐旱草种,如白茅草、假俭草、绊根草等。干枯腐朽及喜水草种不宜采用,泥沼地区的草皮禁用。

②草皮规格:挖草皮时草皮的两端最好斜切,横断面呈扁平四边形,长30cm,宽20cm,厚10cm。干燥和炎热地区,厚度可增加到15cm。

③草皮应与坡面密贴,并用木锤将草皮的斜边拍紧拍平。每块草皮的四角用长20~30cm的木桩或竹桩钉固。当边坡缓于1:1.5时,可不钉桩。

对有的岩层,钉木桩或竹桩有困难时,可将坡面挖成深为5~10cm的锯齿形,用浸湿变软的草皮块铺上并拍紧。

④草皮应铺过堑顶肩部至少100cm或铺至截水沟。坡脚应选用厚度适当且整齐的草皮或作其他加固处理。

⑤当草皮来源不足，而草根容易蔓延时，在高度不大的土质路堤边坡，可改用方格草皮结构。条状草皮应嵌入边坡4～8cm，草皮条宽20～30cm，在坡顶和坡脚50～100cm高度内满铺草皮，也可在方格内撒播草籽。

(2)施工注意事项

①铺草皮前边坡表层要挖松整平，洒水湿润。

②铺草皮可自坡脚向上铺钉，也可自上而下铺钉。护坡顶部和两端的草皮应嵌入坡面内，草皮护坡的边缘与坡面衔接处应平顺，防止阻水和雨水沿草皮与坡面间隙渗入而使草皮下滑。

③铺草皮施工一般应在春季或初夏。西北地区因气候干燥，应在雨季铺种。

④铺种的草皮应洒水养护，使坡面湿润，直至草皮成活。

3)三维植被网边坡防护

三维植被网是由多层塑料凸凹网和高强度平网复合而成的立体网结构。面层外观凸凹不平，材质疏松柔韧，留有90%以上的空间可填充土壤及草籽，将草籽及表层土壤牢牢固定在立体网中间。同时，由于网垫表面凸凹不平，可使风及水流在网垫表层产生无数小涡流，起到缓冲消能作用，并促使其携带物沉积在网垫中，这样就有效地避免了草籽及幼苗被雨水冲走流失，大大提高了植草覆盖率。当植草生长茂盛后，植物根系可从网垫中舒适均衡地穿过，深入地下达0.5m以上，与网垫、泥土三者形成一个牢固的复合整体。植被根系可增加土壤的透水性能，一旦遇有雨水可迅速渗透；植被的覆盖可使地表土壤免受雨水的直接冲击，并缓冲雨水流速，阻止水流的形成，即使形成水流也几乎是清澈而不含任何泥土的；同时，三维网垫及植物根系还可起到浅层加筋的作用。因此，这种复合体系具有极强的抗冲刷能力，能够达到有效防护边坡的目的。下面结合某高速公路的施工实例介绍三维植被网边坡防护。

(1)三维植被网的特点

①由于网包的作用，能降低雨滴的冲击能量，并通过凸出的网包降低坡面雨水的流速，从而有效地抵御雨水的冲刷。

②在边坡表层土中起着加筋加固的作用，从而有效地防止了表面土层的滑移。

③在边坡防护中使用三维植被能有效地保护坡面不受风、雨、洪水的侵蚀。三维植被网的初始功能有利于植被生长，随着植被的形成，它的主要功能是帮助草根系统增强其抵抗自然水土流失能力。

④三维植被网能做成草毯进行异地移植，能解决快速防护工程的植被要求。

(2)工艺流程

边坡整理成型→细平整→挂网→固定→覆土→播种→再覆土→覆盖纤维布或稻草、秸秆→浇水养护→后期管理。

(3)施工技术方案

①边坡整理成型，细平整。

a. 在路基土方已经完工并经监理工程师验收后，放出路基边坡坡脚桩。直线路段路基边桩及坡脚桩每隔20m打桩，进入曲线段加密到5～10m，以保证路基边坡线平滑顺直。

b. 定出路基边桩及坡脚桩后，用白灰标出控制线，然后开始刷坡。刷坡时可以用人工配合挖掘机按1:1.5的坡度进行。用挖掘机刷坡时要预留约20cm宽由人工清除，以保证路基边坡的密实度，人工刷坡时要挂线，并用坡度尺检验路基边坡坡度，以确保路基边坡的外观线形，刷坡后将边坡上的土块粉碎、平整，并施入底肥。完工后经监理工程师检查验收。

②开挖沟槽。在坡顶及坡脚处，按照施工图纸设计尺寸，人工开挖预埋植被网的沟槽，并

平整。注意开挖沟槽和刷坡一次不要过长，防止雨水、风沙等作用破坏路基边坡坡面。

③覆网。边坡整理完工并经监理工程师验收后，按照设计图纸和施工规范要求或工程师的指示，及时进行人工铺设 CM3 型三维植被网。覆网时，先将网置于坡顶沟槽内，然后从坡顶到坡脚依次进行。网尽量与坡面贴附紧密，防止悬空，使网保持平整，不产生皱褶。网块之间要重叠搭接，搭接部分应在 10cm 左右。

④固定三维植被网。覆网后按照一定的密度和方式，采用竹钉（长 25cm）或 R 型钢筋（长 25cm）打入边坡进行固定；然后将植被网预埋在沟槽中，再回填土夯实。

⑤覆土。在三维植被网固定好以后，在网上覆一薄层土进入网包（可以用木条刮入），而土壤要求细碎、肥沃、pH 值适中。

⑥播撒草籽。要求如下：

a. 根据气候、土质、含水率等因素，选择易于成活、枝叶茂盛、根系发达、茎低矮、多年生、便于养护和经济的草籽种类。

b. 撒播草籽应在无风、气温 15°C 以上的天气进行，避免在干燥的风季和暴雨季节播种。为使草籽均匀分布，草籽应掺加细砂或细土，搅拌均匀后播撒。

⑦再覆土。撒播草籽后，网上面再均匀覆盖一薄层土，并适当拍实，使边坡表面平整，并保证使土盖住草籽。网上覆上总厚度约为 2cm 左右。

⑧覆盖纤维布或稻草、秸秆。为了让草籽尽快发芽，边坡上面应考虑采用纤维布或稻草、秸秆等进行覆盖，使土壤保持湿润和适宜草籽生长的温度。

⑨浇水养护。种植草籽后应适时进行洒水施肥，清除杂草等养护管理，直到草籽成活并覆盖坡面。浇水时最好采用雾状喷施，防止形成径流，以免造成草籽分布不均匀而影响覆盖率和美观。

⑩养护期加强管理。应有效地养护所有种植面上的植物，直到养护期终止。

4）植树防护

植树防护适宜于各种土质边坡和严重风化的岩石边坡，但在经常浸水、盐渍土和经常干涸的边坡上及粉质土边坡上不宜采用。植树防护最好在 1∶1.5 或更缓的边坡上。

（1）树种选择和要求

①树种应为根系发达、枝叶茂盛、能迅速生长分蘖的低矮灌木，如紫穗槐、夹竹桃。

②选择紫穗槐的树苗至少要有一年的树龄。挖掘树苗时，不得损伤大的根系，最好附带些土，以利成活。

③夹竹桃是截枝插栽，用来截枝的夹竹桃树要有两年以上的树龄，每一根截枝最少要有四节，下端切成斜形，上端切齐平，并用泥土包好，防止水分蒸发。

④植树布置有梅花型和方格型，植树间距 40 ~ 60cm，植树坑深为 25cm，坑直径 20cm，每坑内栽紫穗槐两棵，插夹竹桃三根。

（2）植树施工注意事项

①边坡如有不利于灌木生长的砂石类土，则栽种的坑内应换填宜于灌木生长的黏质土。

②灌木栽种后，坑中应及时填土压实，并经常浇水，使坑内保持湿润，直到灌木发芽成活。

③栽种灌木的边坡，在大雨过后要进行检查，发现问题及时处理。

④栽种灌木应当在当地的植树造林季节。

2. 圬工防护及施工注意事项

圬工防护适用于不宜草木生长的陡坡面，一般采用灌浆与勾缝、抹面、捶面、单层干砌片石、浆砌片石、浆砌片石骨架、浆砌片石护面墙、喷浆及喷射混凝土、锚杆铁丝网喷浆及锚杆铁丝网喷射混凝土等方法处理。

1)灌浆及勾缝

灌浆适用于较坚硬的、裂缝较大较深的岩石路堑边坡;勾缝适用于较硬、不宜风化、节理裂缝多而细的岩石路堑边坡。

灌浆可用1:4或1:5的水泥砂浆,裂缝很宽时可用混凝土灌注。

勾缝用1:2或1:3的水泥砂浆,也可用1:0.5:3或1:2:9的水泥石灰砂浆(灰浆比例为体积比)。

灌浆和勾缝的作用是借灰浆的黏结力把裂开的岩石黏结为一整体,以免其坠落或坍塌;同时防止雨水及有害杂质侵入裂缝而促使岩石的风化和裂缝的扩大,进而破坏边坡的稳定。

灌浆和勾缝前应先用水清洗坡面,并清除裂缝内的杂草和泥土。

2)抹面

抹面适用于尚未严重风化的各种易风化的岩石边坡,但对煤系岩层及成岩作用很差的红色黏土岩组成的边坡不适用。

抹面防护的坡度不受限制,但坡面应较干燥。抹面厚度3~7cm,分为2~3层,使用年限8~10年。

(1)抹面要求及材料配合比

①抹面工程的周边与未防护的坡面衔接处应严格封闭。为此可在边坡顶部断面为20cm×20cm的小型截水沟的沟底及沟帮用砂浆抹面,厚度为10cm;可在坡顶凿槽,槽深不小于10cm,并和相衔接边面平顺;坡脚宜设1~2m高的浆砌片石护坡。

②在软硬岩层相间的边坡上,仅对软岩层抹面时,在软硬分界处,抹面应嵌入硬岩层至少10cm。

③大面积抹面时,每隔5~10m应设伸缩缝一道,缝宽1~2cm,缝内用沥青麻筋或油填充。

④根据当地的气候条件,若需增强抹面的抗冲蚀能力和防止表面开裂,而对外观要求不高时,可在表面涂沥青保护层。

⑤抹面材料的配合比,可根据当地的材料情况选择。水泥砂浆1:3~1:4(体积比),水泥石灰砂浆1:2:9(体积比)。

(2)抹面施工注意事项

①抹面前边坡上大的凹陷应用浆砌片石嵌补,宽的裂缝应灌浆。

②抹面作业前,须将边坡表面的风化岩石清刷干净,并用清水将边坡浮土冲洗干净,使边坡湿润后再开始抹面。采用石灰炉渣浆抹面时,在灰浆抹上后,稍干即进行夯拍,直至表面出浆为止,然后磨平并涂上速凝剂,盖草洒水养护。

③抹面不宜在严寒季节、雨天及日照强烈时施工,其适宜的气温为4℃~30℃。

④抹面工程应经常检查维修,如发现裂纹或脱落,要及时灌浆修补。

3)捶面

捶面适用于易受冲刷的土质边坡或易受风化剥落的岩石边坡,边坡坡度不大于1:0.5,使用年限为10~15年。

捶面厚度为10~15cm,一般采用等厚截面。当边坡较高时,采用上薄下厚截面。

捶面护坡与未防护坡面衔接处应封闭,措施与抹面相同。

(1)捶面材料及配合比

①捶面材料常用石灰土、二灰土和水泥炉渣混合土。其中水泥宜用低强度等级的;砂子应

用中粗砂；石灰应符合三级石灰的要求。

②材料配合比应根据材料的情况选择，一般情况下为水泥∶石灰∶砂子∶炉渣 =1∶3∶6∶9(质量比)；石灰∶黏土∶砂子∶炉渣 =1∶2.5∶5∶9(质量比)；水泥∶砂子∶炉渣 =1∶3∶7(质量比)；石灰∶黏土∶炉渣 =1∶1∶4(体积比)。

(2)施工注意事项

①捶面前应清理坡面，当边坡有坑凹时，应填补处理。在土质边坡上，为使捶面与坡面贴牢，可在坡面挖小台阶或锯齿，齿深 5 ~10cm，间隔 50 ~100cm。

②捶面施工时先洒石灰水润湿坡面，捶面夯拍用力要均匀，提浆要及时，提浆后 2 ~3d 进行洒水养护 3 ~5d。

③在寒冷地区施工不宜在冬季进行。

④捶面在使用时应经常养护检查，发现开裂和脱落时应及时修补。

4)单层干砌片石护坡

单层干砌片石护坡适用于土质路堤及土夹石边坡。坡面易受地表水冲刷或边坡经常有少量地下水渗出，而产生小型溜坍等病害的地段，宜采用单层干砌片石护坡。边坡坡度不宜陡于1∶1.25。

干砌片石厚度一般为 0.3m，当边坡为粉质土、松散的砂类土等易被冲刷的土时，在干砌片石的下面应设厚度不小于 10cm 的碎石或砂砾垫层。干砌片石护坡基础应选用较大石块砌筑，基础埋深至侧沟底。当基础与侧沟相连时，采用 M5 水泥砂浆砌筑。

干砌片石施工时，应自下而上进行立砌(栽砌)，彼此镶紧，接缝要错开，缝隙间用小石块填满塞紧。

5)浆砌片石护坡

浆砌片石护坡适用于易风化的岩石边坡和土质边坡，常用于路堤边坡，应待路堤完成沉降后再施工；边坡坡度不宜陡于1∶1。

浆砌片石护坡一般采用等截面，其厚度视边坡高度及坡度而定，一般为 0.3 ~0.4m。边坡过高时应分级设平台，每级高度不宜超过 20m，平台宽度视上级护坡基础的稳固要求而定，一般不超过 1m。

当护坡面积大，且边坡较陡或坡面变形较严重时，为增强护坡自身稳定性，可采用肋式护坡。

护坡沿线路方向每隔 10 ~20m 应设伸缩缝，在护坡的下部应留泄水孔。为便于养护维修检查，应在坡面适当位置设置 0.6m 宽的台阶形踏步。

6)浆砌片石骨架护坡

浆砌片石骨架护坡适用于易受冲刷的土质边坡和风化极严重的岩石边坡。当边坡潮湿，发生溜坍及坡面受冲刷严重时，若采用草皮护坡或捶面护坡易被冲毁脱落，则可采用浆砌片石骨架的加强措施。在骨架内铺草皮、捶面或栽砌卵石，应根据当地材料来源确定。

浆砌片石骨架一般采用方格型，间距 3 ~5m，与边坡水平线成 45°角。护坡的顶部 0.5m 及坡角 1m 范围内，用 M5 水泥砂浆砌片石镶边。骨架应嵌入坡面一定深度，其表面与草皮或捶面齐平。

7)浆砌片石护面墙

浆砌片石护墙能护治比较严重的坡面变形，适用于各种土质边坡及易风化剥落而破碎的岩石边坡。

(1)等截面护面墙高度

当边坡为1:0.3～10.5时，不宜超过6m；当边坡缓于1:1时，不宜超过10m。变截面护面墙高度，单级不宜超过20m，否则应采用双级或三级护面墙，但总高度一般不宜超过30m。双级或三级护面墙的上墙高不应大于下墙高，下墙的截面应比上墙大，上下墙之间应设错台，其宽度应使上墙修筑在坚固牢靠的基础上，错台宽度一般不宜小于1m。

(2)等截面护面墙厚度

等截面护面墙厚度一般为0.5m，变截面护面墙顶宽 b 一般为0.4m，底宽 B 根据墙高 H 而定：

$$B = b + \frac{H}{10} \text{或} B = b + \frac{H}{20} \tag{6-1}$$

采用 $H/10$ 还是 $H/20$，应根据边坡坡度及墙基承载力的要求确定。边坡陡于或等于1:0.5时，采用 $H/10$；边坡为1:0.5～1:0.75时，采用 $H/20$。

(3)护面墙基础

护面墙基础应置于冻结线以下，地基承载力一般不宜小于0.3MPa，否则应采取加固措施。一般将墙底做成倾斜的反坡，其倾斜度，土质地基采用0.1～0.2，岩石地基采用0.2或等于墙面坡度。

(4)耳墙

为增加护面墙的稳定性，当护面墙高度超过8m时，在墙背中部设置耳墙一道；护面墙高度超过13m时，设置耳墙两道，间距4～6m。当墙背坡度陡于1:0.5时，耳墙宽0.5m；墙背坡度缓于1:0.5时，耳墙宽1.0m。

(5)孔窗式护面墙

孔窗通常为半圆拱形，高2.5～3.5m，宽2.0～3.0m，圆拱半径1.0～1.5m。

(6)拱式护面墙

当拱跨大于5.0m时，多采用混凝土拱圈。拱圈厚度应根据拱圈上部护面墙垂直高度而定，墙高5m时，采用20cm；10m时采用24cm；15m时采用30cm。拱矢高为81cm。

当护面墙为变截面时，拱圈以下的肋柱采用等厚截面。

当拱跨为2～3m时，拱圈可采用M10水泥砂浆砌块石。拱的高度视边坡下部岩层的完整程度而定。

(7)浆砌片石护面墙施工注意事项

①护面墙施工前应先清除边坡松动岩石，清理边坡上的凹陷部分，不可采用片石回填或干砌片石，应采用与墙体相同的砂浆砌筑。

②各式护面墙墙顶均应设置25cm厚的墙帽，并使其嵌入边坡20cm，以防雨水灌入。

③护面墙每10～20m应设伸缩缝一道。护面墙基础建在不同地基上时，在相接处应设沉降缝。沉降缝及伸缩缝的宽度为2cm，可用沥青麻筋或沥青木板填塞。

④护面墙应设10cm×10cm或直径为10cm的泄水孔，泄水孔上下左右间隔2～3m交错布置，泄水孔纵坡5%，孔后应设反滤层。有地下水时，应酌情增设泄水孔。

⑤护面墙高度等于或大于6m时，应设置检查梯和拴绳环，多级护面墙还应在上下检查梯之间的错台上设置安全栏杆，以便于养护维修。

⑥护面墙施工应重视洒水养生工作。

8)喷浆及喷射混凝土

喷浆及喷射混凝土适用于易风化但尚未严重风化的岩石边坡,坡面应较干燥,以防止进一步风化、剥落及零星掉块。对高而陡的边坡,上部岩层较破碎而下部岩层完整时,以及需大面积防护的边坡,采用喷浆或喷混凝土较为经济。但对成岩作用差的黏土边坡不宜采用。

(1)施工要点

喷浆施工的砂浆强度不应低于 M10,厚度宜为 5 ~ 7cm;喷射水泥混凝土的强度不应低于 C15,厚度宜为 10 ~ 15cm。在喷射过程中应添加速凝剂以促使其早凝固。施工时需要专用喷射机械设备,并在坡面上隔 2 ~ 3m 设置泄水孔,对大面积坡面防护还应设置伸缩缝。

喷浆或喷射混凝土防护的周边与未防护面衔接处应严格封闭,做法与抹面、捶面相同。坡脚岩石风化比较严重时,应设高 1 ~ 2m、顶宽 40cm 的浆砌片石护裙。

(2)材料的技术要求及配合比

①水泥。应采用强度等级不低于 42.5 的普通硅酸盐水泥。

②砂。喷浆采用粒径为 0.1 ~ 0.25mm 的纯净细砂;喷射混凝土采用粒径为 0.25 ~ 0.5mm 的中粗砂,砂的含量不得超过 5%。

③混凝土粗集料。喷射混凝土的粗集料应采用纯净的卵石或碎石,最大粒径不得大于 25mm,大于 15mm 的颗粒应控制在 20% 以下,针片状颗粒含量不得超过 15%。

④速凝剂。速凝剂应采购信誉好的厂家生产的产品,掺量应根据需要通过试验确定。

⑤配合比。水泥砂浆及混凝土的配合比应根据施工机械及当地的材料供应情况通过试验确定,以下为常用的配合比(质量比)。

水泥砂浆:1∶4(水泥∶砂)。

水泥石灰砂浆:1∶1∶6(水泥∶石灰∶砂)。

混凝土:1∶2∶2 ~ 1∶2∶3(水泥∶砂∶粗集料)。

(3)施工注意事项

①施工前应将坡面浮土、碎石清除,并用水冲洗。

②喷浆及喷射混凝土的机械设备,在正式施工作业前应进行试喷,以便调整施工配合比。当水灰比过小时,灰体表面颜色灰暗,出现干斑,有粉尘飞扬;水灰比过大时,则喷射灰体表面起皱、拉毛、滑动或流淌;水灰比合适时,喷射灰体呈黏糊状,表面光泽平整,集料分布均匀,回弹量小。

③为保证施工安全,喷枪手应佩戴防护面罩,穿防护服,戴防尘口罩。其他参加施工人员也应戴防尘口罩。

④喷射作业应自下而上进行。喷枪嘴应垂直坡面,并与坡面保持 0.6 ~ 1.0m 的距离。喷射混凝土厚度大时,应分 2 ~ 3 次喷射。

⑤为防止堵塞,输料管直径以 20 ~ 30m 为宜,其喷射工作压力为 0.15 ~ 0.20MPa。喷嘴供水压力要比喷射工作压力大 0.05 ~ 0.10MPa,以保证水与干料拌和均匀。

⑥喷浆灰体初凝后应立即洒水养生,养生时间应持续 7 ~ 10d。

⑦喷射作业时应按要求制取试件,在标准条件下养护 28d 后试压,作为喷浆或喷射混凝土的强度凭证。

⑧喷射作业严禁在结冰季节及大雨天进行。

⑨喷浆及喷射混凝土防护工程应经常检查维修,有杂草及时拔除,开裂处要及时灌浆勾缝,脱落处要及时补喷。

(4)挂网喷射

当岩石坡面的岩体破碎时,为加强喷浆及喷射混凝土的防护效果,可采用挂网喷射。铁丝网采用 φ4 ~ 10mm 的圆钢筋编制而成,孔径视边坡岩石情况而定,一般为 10cm,,铁丝网平铺于坡面上,与坡面距离不得小于 20mm,并用钢筋锚钉固定。为了节省钢筋,可用高强度聚合物土工格栅代替钢筋网。土工格栅是工厂生产的岩土工程材料,其原料为高强度聚合物聚乙烯,经热压成型,具有强度高、质量轻、耐腐蚀等特点,是新型的路基、路面加固和边坡防护材料。常用的 CE 系列土工格栅,运输铺设均很方便。土工格栅挂网喷浆在一些地段上曾做过试验,使用效果较好,但因时间还比较短,其长期防护效果尚待时间检验,但其价格低、操作简便、效率高的特点是比较明显的。以 CE131 型土工格栅与直径 10mm 的钢筋网比较,土工格栅价格仅为钢筋网价格的 1/4 ~ 1/5,因而其在公路路堑边坡防护中有广阔的推广前景。

挂网喷射时,喷浆厚度不小于 3cm,喷射混凝土厚度不小于 5cm,,沿框条延伸方向每隔 10 ~ 12m设一道伸缩缝,缝宽 2cm,用沥青麻筋填塞。

施工注意事项:在灌注固定锚杆的砂浆时,要捣密实;喷浆及喷射混凝土的厚度要均匀,防止铁丝网及锚钉头外露。

9)锚杆喷射混凝土防护(简称锚杆防护)

锚杆防护适用于坡面为破裂的硬岩或层状结构的不连续地层,以及坡面岩石与基岩分离,并有可能下滑的路堑边坡,特别对岩层倾角接近边坡坡角和有裂隙的岩层更为适合。

施工时,在岩石边坡上尽量垂直于岩层倾角,用凿岩机钻孔至稳定岩层区,将锚杆插入,用水泥砂浆锚固,使坡面岩体和有下滑可能的岩石与基岩连成整体。

若岩石边坡破碎,节理发育时,可在锚杆与坡面间同时采用喷浆或挂网喷浆以提高防护能力,锚杆采用 ϕ16 ~ 32mm 钢筋制作,孔眼直径应大于锚杆直径 30mm 以上,以保证锚孔内砂浆对锚杆的握裹力。锚固深度应根据岩体性质确定,并伸入到稳定基岩内,孔深应比锚固深度深 20cm,锚杆间距宜采用 1.0 ~ 1.5m。锚孔插入筋锚杆后,即用压力灌注 1∶3水泥砂浆。若采用挂网喷浆时,铁丝网可使用较细的,直径为 2mm 的普通镀锌铁丝编制,网孔 20 ~ 25cm,也可以采用高强度聚合物土工格栅代替铁丝网。

(1)锚杆防护施工的一般规定

①锚杆钻孔前应根据设计要求及坡面岩石情况,定出孔位并作标记。

②锚杆孔距误差不宜超过 15cm,预应力锚索孔距误差不宜超过 20cm。

③预应力锚索的钻孔轴线与设计轴线的偏角不应大于 3°,其他锚杆的钻孔轴线应符合要求。

④水泥砂浆锚杆孔深度误差不宜大于 ±50mm,其他锚杆应符合设计要求。

⑤锚杆孔径应符合下列规定:

a. 水泥砂浆锚杆孔径应大于杆体直径 1.5mm;

b. 树脂锚杆和快硬水泥卷锚杆孔径宜为 42mm;

c. 其他锚杆的孔径应符合设计要求。

(2)全长黏结型锚杆施工

①水泥砂浆锚杆的材料及砂浆配合比应符合下列规定。

a. 锚杆杆体应平直、除锈、去污;

b. 水泥:对水泥的要求同喷浆防护;

c. 砂:宜采用中细砂,粒径不大于 2.5mm,使用前应过筛;

d. 砂浆配合比:水泥:砂=1:1~1:2(质量比),水灰比为0.38~0.45。

②砂浆应拌和均匀,并随拌随用。一次拌和的砂浆应在初凝前用完,并严防石块及杂物混入。

③注浆作业应遵守下列规定:

a. 注浆开始或中途停止超过30min时,应用水或稀水泥浆润滑注浆灌入其管路;

b. 注浆时,注浆管应插至距孔底5~10cm处,随砂浆的注入缓慢匀速拔出;杆体插入后,若孔口无砂浆溢出,应及时补注。

④杆体插入孔内长度不应小于设计规定长度的95%。安装锚杆前应检查锚杆型号、规格及孔位、孔径、孔深及布置是否符合设计要求,孔内积水及岩粉应吹洗干净。

⑤锚杆安装后,不得随意敲击,3d内不得悬挂重物。

(3)预应力锚索施工

①锚索体加工和组装应遵守下列规定:

a. 锚索表面无损伤,除锈去污,并严格按设计尺寸下料;

b. 编排钢丝或钢绞线,应安设排气管;每股钢丝或钢绞线沿锚索轴线方向应平直、头齐,每隔1.0~1.5m设置隔离架或内芯管,必要时可设置对中支架;锚索体应捆扎牢固,捆扎材料不宜用镀锌材料;

c. 锚索体与内锚头及外锚具的连接必须牢固,其强度应大于锚索的张拉力。

②孔口支承墩应符合下列规定:

a. 支承墩尺寸和强度,应根据所施加的预应力大小、岩体强度和施工场地等条件决定;

b. 支承墩的承力面应平整,并与锚索的受力方向垂直。

③预应力锚索的安装必须遵守下列规定:

a. 机械式内锚头安装时,宜采用活扣捆扎,待内锚头送至锚固部位后,再松绑固定;安装过程中应防止捆扎材料损伤和磨断,以防外夹片脱落;

b. 胶结式内锚头的胶结材料,可采用灰砂比为1:1,水灰比为0.45~0.50的水泥砂浆;胶结材料未达设计强度时,不得张拉锚索;

c. 安装锚索时,必须保护好排气管,防止扭压、折曲或拉断。

④锚索张拉和锁定的规定:

a. 锚索张拉前应对张拉设备进行标定;

b. 锚索张拉应按规定的程序进行;在编制张拉程序时,应考虑邻近锚索张拉时的相互影响;

c. 锚索正式张拉前,应预张拉1~2次;预张拉力取设计张拉荷载的20%~30%,锚索是否超张拉应按锚索的材料性质决定;非低松弛钢绞线及钢丝应张拉到设计荷载的105%~110%,持荷2min后再进行锁定;

d. 锚索锁定后48h内,若发现有明显应力松弛时,应进行补偿张拉。

⑤封孔注浆注意事项:

a. 注浆前应检查排气管是否畅通,发现堵塞应采取措施;

b. 注浆材料及配合比应符合上述③的规定。

(4)喷射混凝土施工

喷射混凝土施工要求同喷射混凝土防护。

(5)施工安全注意事项

①施工前应认真检查和处理锚喷作业区的危石,以确保施工人员的安全。

②坡面破碎严重时应先喷后锚。喷射混凝土厚度不应小于5cm。喷射作业时应设专人跟随观察坡面情况。锚杆施工宜在喷射混凝土终凝3h后进行。

③施工用电线路、开关应设防触电设施。

④针对施工机械操作,应制定安全操作规程。对施工人员进行安全教育,非施工人员不得进入施工区。

⑤施工用的工作平台,应牢固可靠,必要时应经过专门设计计算。平台上应设安全护栏。

⑥预应力锚索的施工安全应遵守下列规定:

a. 张拉锚索时,孔口前方严禁站人;

b. 施工面在上层作业时,下方严禁有人作业或停留;

c. 封口水泥砂浆未达到设计强度的70%时,不得在锚索端部悬挂重物或碰撞锚具;

d. 防尘注意事项同喷浆防护。

(6)质量检查与工程验收

①喷射混凝土和锚固砂浆的强度应符合设计要求,一般每喷射50~100m^3的混合料或小于50 m^3的独立工程,不得少于一组试件,每组不得少于3块。材料配合比变更时应增加试块。在标准养护条件下养护28d的抗压强度,作为喷射混凝土及锚固砂浆的强度。

对喷射混凝土及锚固水泥砂浆的强度评定,应按《公路桥涵施工技术规范》(JTJ 041—2000)的有关规定执行。

②喷射混凝土的厚度检查,可用凿孔法检查,检查频率可按设计规定执行。设计无规定时,应取有代表性的断面不少于3个点。验收标准为:每个断面上,全部检查孔处的喷层厚度的60%不小于设计厚度,最小值不应小于设计值50%,同时检查孔的厚度平均值不应小于设计厚度。

③锚杆质量检查要求:

a. 锚杆的抗拔力试验,每300根必须抽一组,每组锚杆不少于3根;当设计变更或材料变更时应另取一组。

b. 质量标准:同批试件抗拔力的平均值不得小于锚杆的设计锚固力;同批试件抗拔力的最小值不得低于抗拔力的90%;

c. 当抗拔力不符合要求时,可加密锚杆予以补强。

第四节 路基冲刷防护施工要点

山区公路沿河路线或傍水库修建,因河流的天然演变,河岸和河床都经常地或周期性地受到水流的冲刷作用。为了保证公路的正常使用,必须对路基进行防护,使路基有足够的坚固性和稳定性。防止冲刷常用的方法有直接防护和间接防护两种。常用的直接防护有抛石(或堆石)防护、干砌片石护坡、浆砌片石护坡、石笼防护及挡土墙;间接防护类型常用的有导流坝、防护林带及改河道等。

一、路基边坡直接防护

所谓直接防护就是对边坡直接加固,以抵抗水流的冲刷及淘刷作用。直接防护适用条件为水流流速不太大、流向与河岸路基接近平行的地段,或者路基位于宽阔的河滩、凸岸及台地边缘等,水流破坏作用较弱的地段。若在山区河流狭窄的地段,虽然纵坡陡,流速大,破坏作用较强烈,但受地形条件的限制,很难改变水流的性质,不得不采取直接加固的办法。

1. 抛石(或堆石)防护

抛石防护主要用于水下边坡。抛石可以防止水下边坡遭受水流冲刷和波浪对路基边坡的破坏,以及淘空坡脚。抛石防护类似在坡脚处设置护脚,所抛石料应选用坚硬不易风化的石块。为了使抛石有一定的密实度,宜用不小于按流速大小确定的最小尺寸的石块与较大石块掺杂抛投。

为了增加抛石防护的稳定性,抛石边坡坡度通常不得陡于1:1.5;当流速较大时不得小于1:2~1:3。

常用的抛石类型有普通抛石和带反滤层抛石。反滤层的作用是为了在洪水退走后,使路堤本身迅速干燥,减少路基土被冲走,适用于黏质土路堤并应在枯水时施工。反滤层一般分层设置,从里向外第一层可用10~15cm厚的粗中砂;第二层可用10~20cm厚,粒径为1~3cm的砾石;第三层可用厚度为20cm的碎石或卵石。

抛石的粒径大小与水流速度、水深、浪高及边坡坡度有关,抛石的粒径及质量以不被水冲走及淘刷为宜。

抛石防护石堆的高度,一般应高出设计洪水位,顶部宽度应不小于1.0m,底部尺寸由抛石顶外侧,按抛石外侧坡度放坡与河底的交点到边坡坡脚的距离确定。

对于波浪很强烈的水库边岸防护或海岸防护,当需要的石块尺寸及质量过大时,可采用混凝土预制的异形块体作为护面抛投或铺砌材料。

2. 干砌片石

干砌片石适用于周期性浸水的位于河滩或台地边缘的路基边坡防护,洪水时水流较平顺,不受主流冲刷且流速小于3m/s的地段。根据护坡的厚度常分为单层干砌片石和双层干砌片石两种。

为了防止边坡内的细粒土被水流冲淘出来和增加护坡的弹性,以抵抗外力的冲击作用,在干砌护坡面层与边坡土之间设置1~2层的砂砾垫层,垫层厚度10~15cm。

干砌片石护坡砌筑前应先夯实整平边坡,砌筑石块要互相嵌紧,以增强护坡的稳定性。干砌护坡顶的高度应为路基设计洪水位高加可能的壅水高和波浪侵袭高,再加0.5m的安全高度。

护坡基础应按可能的最大冲刷深度处理。当冲刷深度小于1.0m时,可采用墁石铺砌基础,其断面常用倒梯形,表面宽度不小于冲刷深度的1.5~2.5倍,底宽不小于0.5m,厚度视冲刷深度而定,并不小于护坡厚度的1.5倍。墁石铺砌表层宜用比护坡更大尺寸的石块。当冲刷深度大于1.0m时,宜用浆砌片石脚墙基础并埋置在冲刷深度线以下。

干砌护坡厚度等于或大于35cm时,应采用双层铺砌。双层铺砌时应注意上下层之间的石块要很好地咬合嵌紧,上层石块的尺寸应大于下层石块的尺寸。

3. 浆砌片石护坡

浆砌片石护坡适用于经常浸水的受主流冲刷或受较强烈的波浪作用的路基边坡防护和河岸及水库边岸防护,亦可用于有流冰及封冻的河岸边坡防护。

砌筑护坡的石料宜选用坚硬、耐冻、未风化的石料,其抗压强度不小于30MPa。

用于冲刷防护的浆砌片石护坡的最小厚度一般不小于35cm,并采用双层浆砌,在非严寒地区可使用 M7.5 砂浆,在严寒地区应使用 M10 砂浆。

浆砌片石护坡应设适当厚度的垫层。当护坡厚度较大时,可采用厚度为 15 ~25cm 的砂砾垫层。砌筑前坡面应整平拍实。

用于冲刷防护的浆砌片石护坡基础以脚墙为好。当冲刷深度小于 3.5m 时,可将基础直接埋置在冲刷深度线以下 0.5 ~1.0m,并考虑基础底面置于河槽最深点以下。当冲刷深度更深时,可将基础埋置在冲刷深度线以上较稳定的且有足够承载力的地层内,而在基脚前采用适当的平面防淘措施。

浆砌片石护坡应设置伸缩缝,间距 10 ~15m,缝宽 2cm,用沥青麻筋或沥青木板填塞。

为了排除护坡可能的积水,应在护坡的中下部设置交错排列的泄水孔,可采用 10cm × 15cm 的矩形孔或直径为 10cm 的圆形孔,孔的间距为 2 ~3m。泄水孔后附近范围内应设反滤层,以防淤塞。

4. 石笼防护

石笼防护的优点是具有较好的强度和柔性,而且可利用较小的石料。当水流中含有大量泥砂时,石笼中的空隙能很快淤满,而形成一个整体的防护层。其缺点是铁丝网易锈蚀,使用年限一般只有 8 ~12 年。当水流中带有较多的滚石时,容易将铁丝网冲破,此时一般不宜采用。石笼防护用于防护岸时,一般采用垒砌形式,只有当边坡坡度等于或缓于 1∶2时才采用平铺形式。

用于防护基础淘刷时,一般采用平铺于河床并与坡脚线垂直安放,同时将与基础连接处钉牢固定,其铺设长度不宜小于河床冲刷深度的 1.5 ~2 倍。

石笼的外形一般为箱形和圆柱形。石笼网可用镀锌铁丝和普通铁丝编织,有规则形状的石笼应用 ϕ6 ~8mm 的钢筋组成框架,然后编织网格。网孔形状以六角形为好,常用的网孔尺寸有 6cm ×8cm、8cm ×10cm、10cm ×12cm、12cm ×15cm 等。具体采用何种规格应根据填充石料的最大粒径确定,网孔宜略小于最大粒径。编网时宜用双结以防网孔变形。

石笼的断面尺寸,长方体常为宽 1.0m,高 1.0m;扁长方体一般为宽 1.0m,高 0.5m;圆柱体的直径一般采用 0.5 ~1.0m。石笼的长度可按需要而定,但每隔 3 ~4m 应设置一道横向框架。当石笼全长小于或等于 12m 时,纵向框架筋宜用 ϕ6mm 钢筋;当石笼长大于 12m 时,纵向框架筋宜用 ϕ8mm 钢筋;横向框架可用 ϕ6mm 钢筋。

底层长方体石笼一端的上下纵向主骨架筋可做成挂环,以便于锚定石笼。骨架筋的连接宜采用环绕自身紧缠 3 圈的扭结,以防石笼受力下垂时被拉散。

长方体和长方体的笼盖与笼体的连接以及相邻石笼之间的连接,可沿连接线每隔 0.2m 用铁丝对折成双线绕两圈,再扭三圈扎紧。

铺设石笼的基底应以卵砾石或碎石垫层整平,填充石料宜用未风化的石块,贴近网孔的外层应用较大的石块仔细码砌,并使石块的棱角突出网孔以外,以利保护铁丝网;内层可用较小的石块填充。

为了施工方便,石笼防护应在枯水季节施工。

5. 挡土墙防护

挡土墙防护适用在峡谷急流的河段及因地形限制不宜设置其他类型冲刷防护的边坡。用于冲刷防护的挡土墙,应按浸水条件及所受土压力、水流作用力或波浪作用力等荷载的最不利组合进行设计。

挡土墙的基础应妥善处理,最好埋置在不被冲刷的岩层上。对于可能被冲刷的河床地层,则应将基础埋置在冲刷深度线以下不小于1.0m。若冲刷深度很深时,应根据河床的地质情况采用桩基础或连续墙基础,或者在有条件时采用平面防淘措施。

为了减小墙后的渗透压力和排除墙后积水,应根据当地自然条件和墙后可能积水情况设置适当的集水和排水设施。

二、路基边坡间接防护

路基冲刷的间接防护,作为施工单位一般应按设计要求施工,若自己进行设计或修改设计时应慎重处理。原因是洪水发生时的有关资料不易收集,特别是几十年一遇的大洪水或特大洪水,不进行多地段的广泛调查,分析对比是很难掌握的,而这样的调查研究对施工单位来说是难以胜任的。不了解设计洪水频率的实际情况是不能进行设计的,因为导流建筑物设计布置的正确与否是工程成败的关键。若布置不当,则不但不能起到应有的作用,反而使水流情况恶化,造成水毁事故。若布置适当,则往往只用较小的工程就能收到预期的效果。因此,正确的设计布置必须根据水流情况、河岸和河床的地形地质情况,以及对上下游与对岸的影响等因素综合分析慎重考虑。

间接防护是用导流或阻流的方法来改变水流的性质,或者迫使主流流向偏离被防护的地段,或者改变河槽中冲刷和淤积的部位,以间接地防护河岸路基。

间接防护的适用条件为河床较宽、冲刷和淤积大致平衡、水流性质较易改变的河段。有些地方可以顺河势布置横向导流建筑物时,可采用挑水坝;当防护地段较长时,则更适宜。其优点是防护效果好,而且工程费用也比直接加防护少。对于不宜过多地侵占河槽的情况,则宜采用顺水坝使水流偏转,以达到防护的目的。

采用间接防护时,或多或少地侵占了一部分河床断面,因而不同程度地压缩和紊乱了原来的水流,加重了其他地方的冲刷和淘刷作用。所以应特别注意修建这类防护建筑物后对被防护地段上下游及对岸的影响,应防止对农田水利、居民点及重要建筑物造成损害,而引起不必要的纠纷。

1. 导流构造物

常用的导流构造物有挑水坝和顺水坝。挑水坝也叫丁坝。

(1)挑水坝

挑水坝的作用是迫使水流改变方向离开被防护的河岸。挑水坝压缩水流断面较多,能强烈地扰乱原来的水流。单个挑水坝起不到防护作用,所以挑水坝必须是成群布置。

挑水坝可由柴排或乱石堆砌而成,或砌片石。其断面一般采用梯形,坝身的顶宽一般为2~3m,坝头顶宽3~4m,下游边坡较缓。一般为1:1.5~1:2,上游为1:1.0~1:1.5。坝的长度不宜太长,一般不超过稳定河宽的1/4。挑水坝的布置间距,山区弯曲河段可考虑为坝长的1~1.5倍;顺直河段则为坝长的3~4倍。

由于挑水坝坝根与河岸相接,容易被冲开而使挑水坝失去作用,所以应结合地质及水流特点将坝根嵌入岸边3~5m,并在上下游加设防冲刷措施。

挑水坝群的布置形式有上挑、下挑及垂直布置。上挑式坝轴线与水流方向的夹角小于90°,下挑式坝轴线与水流方向的夹角大于90°,垂直布置坝轴线与水流方向的夹角为90°。按洪水淹没情况又分为漫水式和不漫水式。不漫水的挑水坝宜布置成下挑式,以减轻水流对坝头的冲击作用;漫水的挑水坝宜布置成垂直或上挑式,以减低坝顶溢流的流速。在平原、半山区的宽浅河段,水流易于摆动,当流速和冲刷力不大时,也可将漫水坝布置成垂直或上挑的形式,以促进坝间淤积,较快地形成新岸。

(2)顺水坝

顺水坝常与水流平行,导流建筑物的轴线大体沿导治线的边缘线布置。顺水坝的作用是导使水流较匀顺和缓地改变方向,偏离被防护的河岸。

顺水坝压缩水流断面较少,并不扰乱或很少扰乱原来的水流,不致引起过大的冲刷,坝体和基础的防护均可较轻。但坝的全长与被防护地段的长度相等,故造价较高。

顺水坝的结构,大体与挑水坝相同。坝头受力比挑水坝小,一般无需加宽,顶宽1~2m,迎水面边坡为1:1.5~1:2.5,背水边坡为1:1~1:1.5。坝的长度为防止冲刷河岸长的2/3。

顺水坝的起点应选择在水流匀顺的过渡地段,坝根应牢固嵌入河岸3~5m,终点可与河岸连在一起,下游端与河岸留有缺口,以宣泄坝后水流。顺水坝一般以漫水式居多,坝顶与中水位齐平。

2. 防护林带

植林须有适宜的条件,主要应该有利于林带的成活和快速生长,适宜于被防护的路基外侧有宽阔的河滩或仅在洪水时才被淹没的台地,河滩及台地的土质适宜树木生成,有洪水时的流速不大于3.0m/s 。

防护林带的作用是洪水期使流速降低,减缓冲刷,泥砂沉积,从而起到防护的效果。

防护林带最适宜栽植杨柳类的乔木和灌木。其特点是生长快,对土的要求低,根系发达,枝梢茂密,较长期经受水淹而仍能成活。栽培时宜成行,行列可与水流方向成正交或逆水方向斜交约45°。当水流流速小于1.0m/s时,可用单棵插枝法;当流速大于1.0m/s时,宜用成束插枝法,每束5~6棵。插枝时应插在预先挖好的小圆穴内并注意培土。林带的边缘部分易受水流冲击,应采用编笆插枝法。在预先挖好的引水沟内成束插枝并按棵距钉入木桩,用长约1.5~2.0m的柳条组成编笆。林带的行距可用0.8~1.5m,棵距0.4~0.8m。

沿河岸或路基护脚,宜采用灌木与乔木间植,并每隔10~20m的相等间距设置一道编笆,以促使泥砂淤积,防止坡脚冲刷。植树宜在秋末季节进行。

防护林带的布置应按导流堤设计原理,即应为顺上游流势的圆顺曲线。由水流的边缘轮廓线至被防护的河岸或路基坡脚之间,按规定的行距和棵距整片栽植,行列的方向宜与逆水方向倾斜45°。

3. 改河道防护

改河道防护适用于山区及半山区河道弯曲不规则的河段,通过改弯取直或将急转弯改圆顺,以达到路基防护的目的。

改河道防护时,挖河道的工程量较大,施工时应组织机械设备赶在洪水期之前完成,以保证已施工路基的安全。

改河施工时,应按设计要求开挖河道及处理弃方。

第五节　桥涵及其他构造物处填筑

一、桥涵及其他构造物处产生沉降的原因

桥、涵台背处路基由于沉陷而导致桥头跳车是高等级公路中常见的一种病害,其原因主要有以下几点。

1. 路基与桥梁链结构的差异

由于路基与桥台本身所用材料的不同,决定了它们的竖向位移、塑性变形以及对外部环境改变的相应差异,桥台要比路堤小的多。路桥过渡段作为柔性路堤与刚性桥台的结合部位,在结构上是塑性变形和刚度的突变体(图6-15)。而由散体材料组成的柔性路堤发生变形是不可避免的,因此,必须从过渡段的地基条件、软基的处理方法、填料选择、压实标准、质量检测上采取措施,以减少两者之间的塑性变形差,实现平稳过渡。

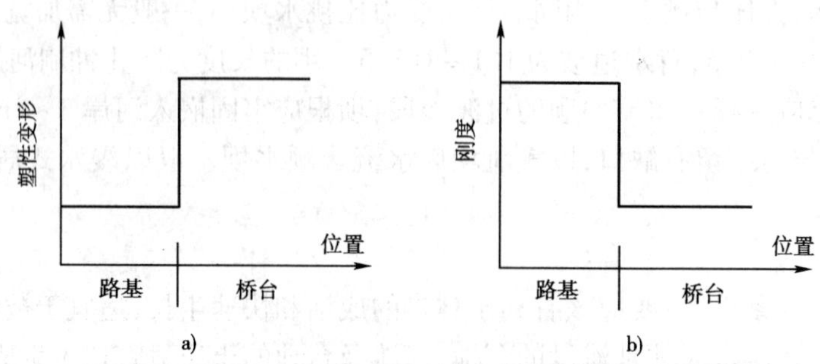

图6-15 过渡段塑性变形和刚度突变图

a)塑性变形;b)刚度

2. 地基条件的差异

现在许多既有道路都是修筑在条件差并未经很好处理的软弱地基土上的。在软土地基上,路桥过渡段的路基和桥梁的工后沉降量是不同的,因此在路桥过渡处必然有沉降差。路桥过渡段由于其结构的原因,桥头路基的填筑高度较大,产生的基础应力也较高,因此,地基在路桥过渡段产生的沉降较其他路段要大一些。

地基土的性质及结构不同,所产生的沉降和沉降达到稳定所需要的时间也不同。对于粉土地基和中、低压缩性的黏土地基,其全部完成沉降需要几年时间;对于高压缩性黏土地基、饱和软黏土地基,则其全部完成沉降需要十几年甚至几十年时间。所以,地基工后沉降是地基造成桥头跳车的成因。

3. 桥台后路堤填料

桥台后路堤填料一般全是填土。由于施工的原因,往往作业面相对狭小,碾压质量不易控制,其压实度达不到设计要求。即使施工时压实度全部达到了设计的要求,但因运营时路堤填土本身的自重和动荷载的作用,也将使路堤填土进一步压缩变形,使得路桥过渡处出现沉降差。

桥台前的防护工程由于受到水平土压力的作用,将产生一定的水平位移。这一水平位移将会导致路桥过渡处路堤出现沉降变形。

路桥过渡处常会产生细小的伸缩裂缝,经过地表水或雨水的渗透后,会使路堤填土出现病害,强度降低,产生沉降,或由于水的渗透流动带走填料中的细颗粒土,使得路桥过渡处出现沉降变形。

4. 设计及施工问题

设计时对路桥过渡区段的施工碾压过程考虑不周,对填料的要求不严格,桥台后的排水设计考虑不周,都将影响其施工质量。

施工时对工期或工序安排不当,以致使路桥过渡区段的填土碾压工作安排在施工工期的尾部,被迫赶工期,不能够很好地控制填土压实质量,使得填土本身出现沉降变形。施工时对路桥过渡区段的回填料不按设计要求填筑，或采用不良填料，或碾压厚度超过要求，或压实度达不到设计要求，都将造成质量缺陷。施工时，碾压机械配置欠佳，压实功率不够，不进行分层次质量检查，也会使压实质量达不到控制要求。

5. 重桥轻路意识的影响

设计和施工中重桥轻路的意识是影响路桥过渡段施工质量的又一因素。目前在公路建设工程中，桥梁建设不仅工程规模大、投资多，而且有时还是保证线路正常通车的关键。从以往的施工过程看，往往是路桥分家，重桥轻路。桥梁施工中集中了大量精干的工程技术人员，而路基施工都未能投入必要的技术力量。在设计中没有把路桥过渡区段作为一种结构物来考虑，没有较为合理的设计要求。在施工过程中路桥过渡区段又是质量控制的薄弱环节。往往在铺轨架桥时，或正常运营一段时间后，路桥过渡区段的问题才明显出现。

分析上述原因，无一不与填筑施工有密切关系，要解决桥涵处填料的下沉问题，就必须采用正确的施工措施和适宜的施工方法。

二、桥涵及其他构造物处（桥台背、锥坡、挡土墙墙背等）的填筑施工要点

为了保证桥涵及其他构造物的稳定和使用要求，必须认真细致进行填筑施工，其要点是：

1. 坚持隐蔽工程必须经监理工程师检查验收认可以后，才能进行回填土施工。

2. 桥涵及其他构造物处的填料，除设计文件另有规定外，应采用砂类土或渗水性土。当采用非透水性土时，应在土中增加外掺剂如石灰、水泥等，以改良其性质后使用。

3. 台背填土顺路线方向长度要求：顶部为距翼墙尾端不小于台高加2m；底部距基础内缘不小于2m；拱桥台背填土长度不应小于台高的3～4倍；涵洞填土长度每侧不应小于2倍孔径长度。

4. 做好压实工作。结构物处的填土应分层填筑，每层松铺厚度不宜超过15cm，结构物处的压实度要求从填方基底或涵洞顶部至路床顶面均应比紧临路段对应层次的压实度高出2%，在达到95%时方与同路段同层次的压实度同步为95%。

5. 在回填压实施工中，应做到对称回填压实，并保持结构物完好无损。压路机压不到的地方，应使用小型机动夯具夯实并达到规定要求的密实度。

6. 施工中注意安排桥台背后填土与锥坡填土同时进行，以取得更佳效果。

7. 涵洞缺口填土，应在两侧对称均匀分层回填压实。如使用机械回填，则涵台胸腔部分及检查井周围应先用小型压实机具压实后，方可用大机械进行大面积回填。

8. 涵洞顶面填土压实厚度大于50cm后，方可允许重型机械和汽车通过。

9. 挡土墙填料宜选用砂石土或砂类土。墙趾部分的基坑，应注意及时回填，并做成向外倾斜的横坡。填土过程中，应采取相应的措施，防止水的浸害。回填结束后，挡土墙顶部应及时封闭。

10. 严格控制和保证达到压实标准。

高速公路和一级公路的桥台和涵身背后、涵洞顶部的填土压实度标准，从填方基底或涵洞顶部至路床顶面均为95%；其他公路为93%。

三、台背填土的施工与控制

1. 设置横向泄水管或盲沟

台、背路基填筑前，在原地基土拱上设置泄水管或盲沟，如图6-16所示。

在基底上,先对基底进行必要的处理,然后填筑横坡为3% ~4% 的夯实黏土土拱,再在土拱上挖一条成双向坡的地沟(地沟尺寸一般宽40 ~60cm、深20 ~50cm)。然后在台背后全宽范围铺一层隔水材料(可用油毡或下垫尼龙薄膜上盖油毡)。在地沟内四周铺设有小孔的硬塑料管(管径一般不小于10cm,其上小孔孔径为5mm,布成绢花形,间距控制在10cm以内)。塑料泄水管的出口应伸出路基外,然后在硬塑料管四周填筑透水性好、粒径较大的砂石材料,分层填筑台后透水性材料,直到路基顶面。

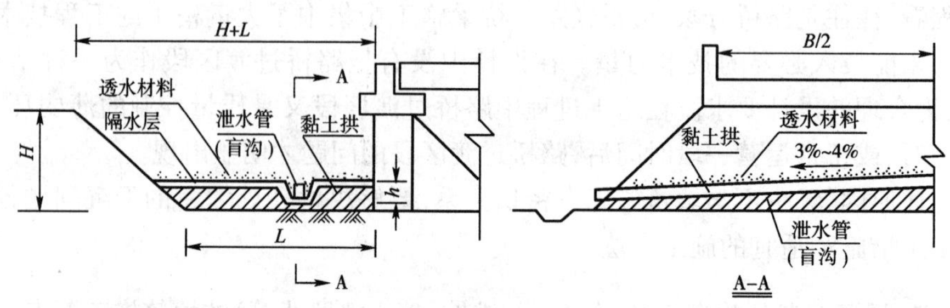

图6-16 桥、涵台背填土基底的处理

横向盲沟的设置与上相同,取消泄水管,以渗透系数较大的透水性材料填筑地沟(如大粒径碎石)。用土工布包裹盲沟出口处,并对其做必要的处理。

2. 台背填筑材料的选择与施工

桥(涵)头跳车产生的原因,主要是路基压缩沉降和地基沉降引起的,台背处填筑内摩擦角较小的材料(如土方),加之压实质量影响,路基的压缩沉降量一般较大。为保证台背处路堤的稳定,其填土除设计文件另有规定外,一般应选用内摩擦角较大的透水性材料,如岩渣、碎石等就能较好地减少路基的压缩沉降;另一方面,也有利于台背缝隙中渗入的雨水沿盲沟或泄水管顺利排出路堤外。台背后填筑透水性材料,应满足一定的长度、宽度和高度要求,在通常情况下,台背填料顺路线方向长度,顶部为距翼墙尾端不小于台高加2m,底部距基础内缘控制长度不小于2m,拱桥台背填土长度不应小于台高的3 ~4 倍,涵洞填土长度每侧不应小于2 倍孔径长度。透水性材料的填筑高度,从路堤顶面起向下计算,在冰冻地区一般不小于2.5m,无冰冻地区填至高水位处。台背与路基接壤处,为保证连接质量,一般路基留一斜坡,斜坡坡度不大于1:1(也可用台阶形式连接)。

台背的填筑施工应注意以下几点:

(1)控制填料的质量,填料的细料含量不宜过大。

(2)填筑前,应在土拱上设置泄水管或盲沟。

(3)台背填筑透水性材料前,桥、涵的台前防护工程及桥梁上部结构均应完成。

(4)填筑时,对涵洞缺口填土,应在两侧对称均匀分层回填压实。如使用机械回填,则涵台胸腔部分及检查井周围应先用小型压实机械压实填好后,方可用机械进行大面积回填,涵顶填土压实厚度必须大于50cm时,才可通过重型机械和汽车。对桥梁构造物,亦应做到两端对称施工,桥台背后填土与锥坡填土同时施工。

(5)应严格按有关施工规范施工,控制每层填筑厚度(一般不超过20cm,当采用小型夯具时,一级以上的公路松铺厚度不超过15cm)。碾压遍数(一般不少10 遍),并对每层填筑质量实施检测,透水性材料以干密度或空隙率控制施工质量。

如果台背要填筑非透水性土时,对土质不好、含水率高的填料要进行处理,必要时可以换土或掺小剂量石灰或水泥等。同时,尽可能做到桥、涵施工与路基开挖的结合,做到桥、涵台砌多高，填土就填多高，分层压实，填至路基处理高度时按路基处理标准进行施工，尽量减少桥、涵完成后再开挖的局面，以保证填土的密实程度。

3. 流态粉煤灰水泥混合料在台背回填技术中的应用

如何提高桥台搭板至路面过渡段的填方强度，是减少路桥结合部位由于不均匀沉降所产生的颠簸和桥头跳车的有效措施。加入粉煤灰适量固化材料（水泥）及外加剂，加水拌和，使其初期有较好的流动性，经过固化后又有较高的强度，可以有效的解决刚柔过渡的问题。

河北省交通厅通过对石（石家庄）黄（黄骅）高速公路桥台台背、唐津高速公路采空区以及河北省青银高速公路桥（涵）台台背回填等工程中流态粉煤灰水泥混合料的应用，较好地处理了桥台跳车问题。应用结果表明：

（1）流态粉煤灰水泥混合料回填台背路堤技术既可废物利用，又可节约资源，大大降低施工成本。

（2）粉煤灰具有自重轻、流动性好、易于密实的特点，不仅用于桥台台背回填，也可用于沟槽或隐蔽部位回填。

（3）虽然流态粉煤灰水泥混合料早期强度较低，但后期强度增长很快，28d 强度可达到 1.0MPa，整体稳定性好，刚度大。

（4）由于流态粉煤灰水泥混合料失水收缩会发生干缩裂缝，除施工中遵照合理的施工工艺，在混合料中还应掺入适量合理的外加剂。

第六节　路基整形、检查验收及维修

一、路基整形

路基基本完工后，必须进行全线的竣工测量，包括中线测量、横断面测量及高程测量，以此作为竣工验收的依据。

当路基土石方工程基本完工时，就由施工单位会同施工监理人员，按设计文件要求检查路基中线、高程、宽度、边坡坡度和截、排水沟系统。根据检查结果编制整修计划，进行路基及排水系统整修。

土质路基表面的整修，可用机械配合人工切土或补土，并配合压路机械碾压。深路堑边坡整修应按设计要求坡度，自上而下进行削坡整修，不得在边坡上以土贴补；石质路基边坡，应做到设计要求的边坡比。坡面上的松石、危石应及时清除。

边坡需要加固的地段，应预留加固位置和厚度，使完工后的坡面与设计边坡一致。当路堑边坡受雨水冲刷形成小冲沟时，应将原边坡挖成台阶，分层填补，仔细夯实。如填补的厚度很小（10～20cm），而又非边坡加固地段时，可用种草整修的方法，以种植土来填补，但应顺适、美观、牢靠。

填方边坡受雨水冲刷形成冲沟或坍塌缺口时，应自下而上，分层挖台阶加宽填补夯实，再按设计坡面削坡，弯道内侧路肩边缘，应修建路肩拦水带。填土经压实后，不得有松散、软弹、翻浆及表面不平整现象。如不合格，必须重新处理。

填石路堤、土石路堤的整修和土质路堤的整修基本相同。土质路基表面做到设计高程后宜用平地机刮平，石质路基表面应用石屑嵌缝紧密，平整、不得有坑槽和松石。

边沟的整修应挂线进行。对各种水沟的纵坡（包括取土坑纵坡）应仔细检查，应使沟底平整,排水畅通,凡不符合设计及规定要求的,就按规定整修。截水沟、排水沟及边沟的断面、边坡坡度,应按设计要求办理。沟的表面应整齐、光滑。填料的凹坑应拍捶密实。

整修路堤边沟表面时,应将其两侧超填的宽度切除。如遇边坡缺土时,可按路堑边坡的处理方法填平夯实。

二、检查及验收

当每一分项、分部工程完成时,应按批准的设计图纸、设计文件、技术规范的要求,对施工质量进行中间检查。

1. 在路基施工过程中在下列情况或阶段时,应进行中间检查:

(1)地基准备工作完成后(清除地面杂草、淤泥等,及在斜坡上完成台阶后);

(2)边坡加固前,应对其加固方法、形式、填挖方边坡加固的适用性,以及边坡坡度是否适当进行检查;

(3)发现已完工的土方工程及竣工后的路基被地面水浸淹(暴雨、洪水等)损坏时;

(4)取土坑及弃土堆超过原设计的数量时;

(5)遇意外的填土下陷及填挖方的边坡坍塌需增加土方及边坡加固工程数量时;

(6)在进行计划以外的附加土方工程(排水沟、截水沟、疏导工程等)时。

2. 遇下列隐蔽工程时,必须按照设计要求和规范有关规定进行中间检查验收,凡不符合要求的项目不得进行下一工序施工:

(1)路基渗沟回填土以前;

(2)填方或挖方地段,按设计规定所做的换土工作完成;

(3)对需采取特殊措施才能保证填方稳定的路基,在地基处理后(如泉水、溶洞、地下水处理后);

(4)路基隔离层上填土以前;

(5)各类防护加固工程基础开挖后,应检查基底地质、高程、地下水情况。

3. 交工竣工验收时,应对下列项目进行检查、验收:

(1)路基的平面位置;

(2)路基宽度、高程、横坡和平整度;

(3)边坡坡度及边坡加固;

(4)边沟和其他排水设施的尺寸及底面纵坡;

(5)防护工程的各部尺寸及位置;

(6)填土压实度和表面弯沉;

(7)取土坑、弃土堆、护坡道、截水沟、渗水井等位置;

(8)隐蔽工程记录。

三、路 基 维 修

路基工程完工后路面未施工前及公路工程初验后至终验前,路基如有损毁,施工单位应负责维修,并保证路基排水设施完好,及时清除排水设施中淤积物、杂草等。对较长时间中途停工和暂时不做路面的路基,也应做好排水设施,复工前应对路基各项工程予以修整。

整修路基表面,应使其无坑槽,并保持规定的路拱,在路堤经雨水冲刷或其他原因发生裂缝沉陷时,应即修补、加固或采取其他措施处理,并查明原因作出记录。遇路堑边坡坍方时,应及时清除。

在未经加固的高路堤和路堑边坡上，或在潮湿地区，对路基有害的积雪应及时清除。当构造物有变形时，应详细查明原因予以修复，并采取相应的稳定措施。

路基工程完成后，每当大雨、连日暴雨或积雪融化后，应控制施工机械和车辆在土质路基上通行。若不可避免时，应将碾压的坑槽中的积水及时排干，整平坑槽，对修复部分重新压实。

第七节 路基工程质量标准

《公路路基施工技术规范》(JTG F10—2006)及《公路工程质量检验评定标准》(JTG F80/1—2004)规定的质量标准如下。

一、路基土石方工程

1. 土方路基

(1)路基必须分层填筑压实，表面平整坚实，无软弹和翻浆现象，路拱合适，排水良好，压实度、土的强度和路床的整体强度符合设计要求。

(2)不得采用设计或规范规定的不适用土料作为路基填料。路基填料强度(CBR)应符合规范和设计规定。

(3)填方地段应在填土前排除地面积水和其他杂物、草皮、淤泥、腐殖土和冰块并平整压实。路堤边坡应修整密实、直顺、平整稳定、曲线圆滑，填料及路堤的整体强度必须符合设计要求。

(4)挖方地段遇有树根、洞穴等必须进行处理，上边坡要平整稳定。路床土质强度及压实度必须符合规定。

(5)取土坑、弃土堆的位置适当、整齐，无水土流失和淤塞河道情况。

(6)土方路基允许偏差见表6-5。

土方路基允许偏差 表6-5

项次	检查项目	允许偏差		
		高速、一级公路	其他公路	
			二级公路	三、四级公路
1	压实度(%)	不低于规范规定		
2	弯沉(0.01mm)	不大于设计计算值		
3	纵断高程(mm)	+10，-15	+10，-20	
4	中线偏位(mm)	50	100	
5	宽度(mm)	符合设计要求		
6	平整度(mm)	15	20	
7	横坡(%)	±0.3	±0.5	
8	边坡	符合设计要求		

2. 石方路基

(1)石方路堑的开挖宜采用光面爆破，开炸石方应避免超量爆破，爆破后坡面的松石、危石必须清除干净，确保上边坡安全、稳定。

(2)路基表面应整修平整，边线直顺，曲线圆滑。

(3)填方路基表面不得露有直径大于15cm的石块。

(4)修筑填石路堤应认真进行地表清理,逐层水平填筑石块,摆放平稳。填筑层厚度及石块尺寸应符合设计和施工规范规定,填石空隙用石渣或石屑嵌压稳定。采用振动压路机分层碾压,压至填筑层顶面石块稳定,振压两遍无明显高程差异。上、下路床填料和石料最大尺寸应符合规范规定。

(5)石方路基允许偏差见表6-6。

石方路基允许偏差　　表6-6

项　次	检查项目		允许偏差	
			高速、一级公路	其他公路
1	压实		层厚和碾压遍数符合要求	
2	纵断高程(mm)		+10,-20	+10,-30
3	中线偏位(mm)		50	100
4	宽度(mm)		符合设计要求	
5	平整度(mm)		20	30
6	横坡(%)		±0.3	±0.5
7	边坡	坡度	符合设计要求	
		平顺度	符合设计要求	

3. 路肩

(1)路肩必须表面平整密实,不积水。

(2)路肩边缘直顺,曲线圆滑。

(3)路肩允许偏差见表6-7。

路肩允许偏差　　表6-7

项　次	检查项目		允许偏差
1	压实度(%)		不低于规范规定
2	平整度(mm)	土路肩	20
		硬路肩	10
3	宽度(mm)		符合设计要求
4	横坡(%)		±0.5

4. 软土地基处治

(1)换填地基的填筑压实要求同土方路基。

(2)砂垫层:砂的规格和质量必须符合设计要求和规范规定;适当加水,分层压实;砂垫层宽度应宽出路基边脚0.5~1.0m,两侧端以片石护砌;砂垫层厚度及其上铺设的反滤层应符合设计要求。

(3)反压护道:填筑材料、护道高度、宽度应符合设计要求,压实度不低于90%。

(4)袋装砂井、塑料排水板:砂的规格、质量、砂袋织物质量和塑料排水板质量必须符合设计要求;砂袋和塑料排水板下沉时不得出现扭结、断裂等现象;井(板)底高程必须符合设计要求,其顶端必须按规范要求伸入砂垫层。

(5)碎石桩:碎石材料应符合规范要求;设置碎石桩时,应严格按试桩结果控制水压、电流和振冲器的留振时间;分批加入碎石,切实注意振密挤实效果,防止发生"断桩"或"颈缩桩"。

(6)砂桩:砂料应符合规定要求;砂的含水率应根据成桩方法合理确定;桩体应确保连续、密实。

(7)粉喷桩:水泥强度等级应符合设计要求;根据成桩试验确定的技术参数进行施工;严格控制喷粉时间、停粉时间和水泥喷入量,不得中断喷粉,确保喷粉桩长度;桩身上部(1/3桩身)范围内必须进行二次搅拌,确保桩身质量;发现喷粉量不足时,应整桩复打;喷粉中断时,复打重叠孔段应大于1m。

(8)软土地基上的路堤,应在施工过程中进行沉降观测和稳定性观测,并根据观测结果对路堤填筑速率和预压期作必要调整。

软土地基处治允许偏差略。

5. 土工合成材料处治

(1)土工合成材料质量应符合设计要求,外观无破损、无老化、无污染现象。

(2)在平整的下承层上按设计要求铺设、固定,土工合成材料应按设计要求张拉,紧贴下承层,锚固端施工应符合设计要求。

(3)接缝搭接黏接强度符合要求,上、下层土工合成材料搭接缝应交替错开。土工合成材料允许偏差略。

二、排 水 工 程

1. 土沟及浆砌水沟(排水沟、截水沟)

(1)土沟边坡必须平整、坚实、稳定。

(2)边沟线条应直顺,曲线圆滑,沟底平整,排水通畅。

(3)浆砌片(块)石水沟,砂浆应饱满密实,砂浆配合比符合设计要求。

(4)浆砌水沟勾缝平顺,缝宽均匀,无脱落现象。

(5)砌体断面均匀平整,无凹凸不平现象,不得有裂缝、空鼓现象,沟底无积水现象。

(6)土沟及浆砌水沟(排水沟、截水沟)允许偏差见表6-8。

边沟(排水沟)允许偏差 表6-8

土沟允许偏差			浆砌水沟允许偏差		
项次	检查项目	允许偏差	项次	检查项目	允许偏差
1	沟底高程(mm)	+0,-30	1	砂浆强度(MPa)	在合格标准内
2	断面尺寸(mm)	不小于设计	2	轴线偏差(mm)	50
3	边坡坡度	不陡于设计	3	沟底高程(mm)	±15
4	边坡直顺度(mm)	50	4	墙面直顺度(mm)或坡度	30或符合设计
			5	断面尺寸(mm)	±30
			6	铺砌厚度(mm)	不小于设计
			7	基础垫层宽、厚(mm)	不小于设计

2. 盲沟

(1)盲沟的设置及材料质量规格应符合规范要求。

(2)反滤层应采用筛选过的中砂、粗砂、砾石等渗水材料分层填筑。

(3)排水层应采用石质坚硬的较大粒料填筑,以保排水通畅。

(4)盲沟允许偏差见表6-9。

盲 沟 允 许 偏 差 表6-9

项 次	检 查 项 目	允 许 偏 差
1	沟底高程	±15
2	断面尺寸	不小于设计

3. 排水泵站

(1)基底土不允许扰动,并具有足够的承载力。

(2)水泵、管及管件应安装牢固,位置正确。

(3)井壁混凝土应符合设计要求,沉井应竖直下沉。

(4)排水泵站允许偏差见表6-10。

排水泵站允许偏差 表6-10

项次	检查项目	允许偏差	项次	检查项目	允许偏差
1	混凝土强度(MPa)	在合格标准内	3	垂直度(mm)	1%井深
2	轴线平面偏位(mm)	1%井深	4	底板高程(mm)	±50

4. 倒虹吸涵管

(1)涵管的进出水口,所设的竖井,井身应竖直,井底高程应低于虹吸涵底高程。

(2)涵身应密实不漏水,浆砌结构应抹面。

(3)为防止泥沙堵塞虹吸涵管,在进水口竖井与虹吸道之间,应设网状拦泥栅。与倒虹涵、管进出口连接的沟渠,在一定长度内应进行加固。

三、挡 土 墙

砌石挡土墙的质量标准如下。

(1)石料规格和质量应符合有关规定。

(2)地基必须满足设计要求。

(3)砂浆或混凝土的配合比符合试验规定。

(4)砌石分层错缝。浆砌时坐浆挤紧,嵌填饱满密实,不得有空洞;干砌时不得松动、叠砌和浮塞。砌体坚实牢固,勾缝平顺,无脱落现象。

(5)墙背填料符合设计和施工规范要求。

(6)沉降缝、泄水孔数量应符合设计要求。

(7)砌石挡土墙允许偏差见表6-11和表6-12。

浆砌挡土墙允许偏差 表6-11

项 次	检查项目		规定值或允许偏差
1	砂浆强度(MPa)		在合格标准内
2	平面位置(mm)		50
3	顶面高程(mm)		±20
4	竖直度或坡度(%)		0.5
5	断面尺寸(mm)		不小于设计
6	底面高程(mm)		±50
7	表面平整度(mm)	块石	20
		片石	30
		混凝土、料石	10

干砌片石挡土墙允许偏差 表6-12

项次	检查项目	规定值或允许偏差	项次	检查项目	规定值或允许偏差
1	平面位置(mm)	50	4	断面尺寸(mm)	不小于设计
2	顶面高程(mm)	±30	5	底面高程(mm)	±50
3	竖直度或坡度(%)	0.5	6	表面平整度(mm)	50

第七章 路基病害与防治

第一节 路基常见病害

路基存在的主要病害形式为:①路肩破坏、松软;②边坡损坏;③排水设施损坏;④支挡、防护工程损坏;⑤路基翻浆;⑥滑坍。

第二节 路基病害防治

一、路　肩

路肩是路基的边缘部分,主要作用是保护路面边缘,加强路基的稳定性,便于行人和非机动车的通行,也可用于紧急情况下的临时停车。路肩破坏、松软俗称“啃边”,主要是因为水的冲刷、侵蚀作用形成的,因此要将地表水通过路肩尽快排出,对于硬路肩应与路面横坡相同,土或植草的路肩应比路面横坡大1% ~2%,以便排水。

路肩的养护。对于土路肩因雨天会车、停车造成的车辙、坑洼,或因行车道加铺磨耗层、保护层造成的错台、残积物等必须及时整理或清除,积水与淤泥应排出和清理,并填平夯实,恢复其原来状态。路肩过高妨碍路面排水时,应铲削整平,达到合乎规定的坡度。路肩外缘由于流水冲刷等各种原因形成缺口时,应及时修补,使其保持整齐顺适。对于雨水冲刷严重的路段应有计划地铺成硬路肩或在路肩和边坡上全范围人工植草,以防冲刷。

二、边　坡

边坡是保护路基的重要组成部分,包括路堑边坡(挖方路基)和路堤边坡(填方路基)。

石质边坡的损坏主要是边坡坡面岩石受到风化、危岩以及浮石的变动所引起的。采取抹面、喷浆、勾缝、灌浆、嵌补、锚固等工艺可以有效地解决此类问题。

土质边坡的损坏主要是因为洪水、边沟流水冲刷所引起的。可以因地制宜地选用种草、铺草皮、栽灌木丛、铺柴束、干砌或浆砌片石护坡等措施进行防护加固。

三、排 水 设 施

路基排水系统能否正常工作直接影响到路基的稳定性。路基排水设施的损坏主要是由于雨水冲刷、年久失修造成的。因此应加强日常的保养,特别是汛期来临前,应全面进行检查疏通,雨中要上路巡查,及时排除堵塞、疏导水流,保持水流畅通,防止水流集中冲坏路基。暴雨后应进行重点检查,如有冲刷、损坏须及时修理加固,如有堵塞应立即清除。在养护工作中,要针对现有排水系统不完善的部分逐步加以改进、完善,充分发挥各种排水设施的功能。

四、支挡、防护工程

挡土墙和护岸是支挡、防护工程中的主要设施。挡土墙是支承路基填土或山坡土体，以防填土或土体失稳的构造物。挡土墙的损坏主要是由于土体的冻融交替以及使用年代过久造成的。平日应加大检查力度，发现裂缝、断裂、倾斜、鼓肚、下沉、表面风化、泄水孔不通、墙后积水、周围地基错台或出现空隙等情况，应查明原因，并观察其发展情况，采取合理的措施进行修理加固。

对出现裂缝、断缝的挡土墙需将裂缝缝隙凿毛，清除碎渣、杂物后用水泥砂浆填塞；对混凝土或钢筋混凝土挡墙的裂缝，可用环氧树脂黏合，也可用混凝土胶黏剂涂抹缝壁，然后用混凝土或水泥砂浆填塞。

对倾斜、鼓肚、滑动或下沉的挡土墙，可选用以下加固方法。

1. 锚固法

适用于水泥混凝土或钢筋混凝土挡墙。此法用高强钢筋做锚杆，穿入钻好的孔内，灌入水泥砂浆，将锚杆固定，待水泥砂浆达到一定强度后对锚杆张拉，并固紧锚头，以此来分担土压力，见图7-1。

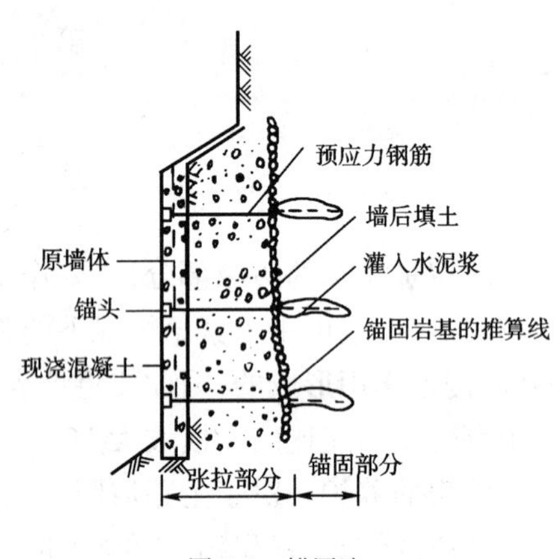

图7-1 锚固法

2. 套墙加固法

用钢筋混凝土在原墙外侧加宽基础，加厚墙身，施工时，先挖除墙后一部分填土，减除一部分土压力，以策安全。同时，还要注意新旧混凝土的结合。可先将旧混凝土表面凿毛，洗净润湿或加设锚拴以增强连接；也可在已修整过的旧混凝土表面涂覆混凝土胶黏剂，然后浇筑套墙。具体见图7-2。

3. 增建支撑墙加固

在挡墙外，增建支撑墙，其基础埋置深度、尺寸和间距，应通过计算确定，见图7-3。

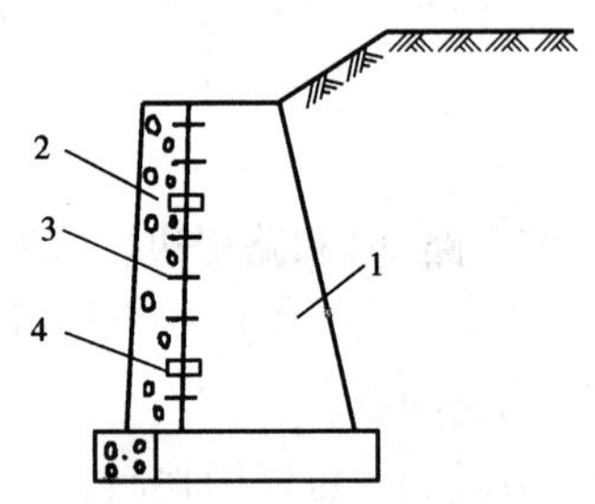

图7-2 套墙加固法

1-原挡墙；2-套墙；3-钢筋锚栓；4-联系石榫

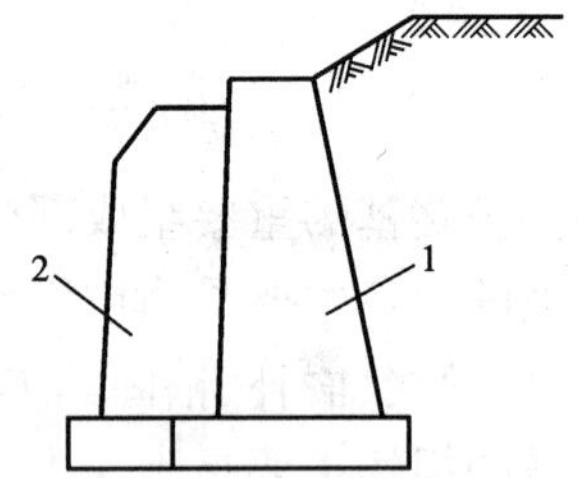

图7-3 支撑墙加固

1-原墙；2-支撑墙

如挡墙损坏严重，必要时也可将损坏部分拆除重建，但必须注意新旧墙的不均匀沉陷，在新旧墙结合处应留沉降缝，并注意新旧挡墙接头的协调。

五、对滑动、下沉破坏的修复

地基处理工程复杂，可采用干砌块石或码砌石笼进行加固。另外，还应保持挡墙的泄水孔畅通，疏通困难时应视墙后地下水情况可增设泄水孔，务必不使墙后积水。挡墙墙面出现碱蚀或风化时，可将风化表层凿除，露出新茬，然后用水泥砂浆抹面或喷涂。锚杆及加筋挡墙，如发现墙身变形、倾斜或肋柱、挡板损坏、断裂等情况时应及时加固或修理、更换其部件，对暴露的锚头、螺母垫圈要定期涂刷防锈漆，锚头螺母如有松动、脱落应及时固紧和补充。挡墙与边坡连接处，易被雨水冲成沟槽或缺口，应及时填补夯实，恢复原状。

六、路基翻浆

翻浆现象指的是在季节性冰冻地区、水文地质条件不良路段的路基在冰冻过程中，土中的水分不断向上移动，使路基上部的含水率大大增加；春融期间，由于土基含水过多，强度急剧降低，再加上重复行车的作用，路面就发生弹簧、裂缝、鼓包、冒泥等现象，通称翻浆。水、温度以及土质的共同作用是形成翻浆的主要因素，翻浆分级如表 7-1。

翻浆分级 表 7-1

翻浆等级	路面变形破坏程度
轻型	路面龟裂、湿润、车辆行驶时有轻微弹簧
中型	大片裂纹、路面松散、局部鼓包、车辙较浅
重型	严重变形、翻浆冒泥、车辙很深

防治翻浆的基本途径是：防止地面水、地下水或其他水分在冻结前或冻结过程中进入路基上部；在化冻期，可将聚冰层中的水分及时排除或暂时蓄积在透水性好的路面结构层中；改善土基及路面结构；采用综合措施防治。

为了便于应用，现将各种防治翻浆的措施列于表 7-2。

防治翻浆措施选择参考表 表 7-2

编号	措施种类	翻浆等级	适用地区或条件
1	路基排水	轻、中、重	平原、丘陵、山区
2	提高路基	轻、中、重	平原、洼地、盆地
3	砂、(砾)垫层	中、重	产砂、砾地区
4	石灰土结构层	轻、中、重	缺少砂、石地区
5	煤渣石灰土结构层	中、重	缺少砂、石地区煤渣供应有保证
6	透水性隔离层	中、重	产砂、石地区
7	不透水隔离层	中、重	沥青、油毡纸、塑料薄膜供应有保证
8	盲沟	轻、中、重	坡腰或横向地下水出露地段，地下水位高的地段
9	换土	中、重	产砂砾或水稳性好的材料地区
10	无纺布或土工膜	轻、中、重	平原区、丘陵区、山区

翻浆现象是一个四季都在发生变化的过程。秋季，水分开始聚积；冬季，水分在路基中重分布；春季，水分使路基上部过分潮湿；夏季，水分蒸发、下渗，路基处于干燥状态。因此，在各个季节里，应根据各自不同的现象，采取适当的养护措施，加强预防性的防治工作，以防止或减轻翻浆病害。

(1)秋季养护

秋季养护的中心内容是排水，尽可能防止水分进入路基，保持路基处于干燥状态，以减少冬季冻结过程中由于温差作用向路面下土层聚流的水分，这是一项最根本的措施。所以秋季养护工作要做好下列工作。

①随时整修路面、路肩、边坡。路面应维护好路拱和平整度,如有裂纹、松散、车辙、坑槽、搓板、纵向冲沟等病害都应及时处理,避免积水。路肩应保持规定的排水横坡,尤其应在雨后夯压密实,保持路肩坚实平整。边坡要保持规定坡度,要拍压密实,防止冲刷和坍塌阻塞边沟,造成积水。

②检查地面排水设施,保证地面排水畅通。

③检查地下排水设施,保证地下水能及时排出。

(2)冬季养护

冬季养护的中心内容是采取措施减轻路基水分在温差作用下向路基上层聚积的程度,同时要防止水分渗入路基。所以冬季养护工作如下。

①应及时清除翻浆路段的积雪。雪层导温性能差,因而具有保温作用,将减缓路基土冻结速度,使冻结线长期停留在路面下很近的地方,路基下层水分有机会大量聚积到路基上层,致使翻浆加重。所以应十分注意除雪工作。

②经常上路检查,发现路面出现裂缝、坑槽等要及时修补,融化雪水要及时排除。

③在往年发现有翻浆而尚未根治的路段以及发现翻浆苗头的路段,应在翻浆前做好准备工作,包括准备好抢防的用料。

(3)春季养护

春季是翻浆的暴露时期,在天气转暖的情况下,翻浆发展很快,养护工作中心内容是抢防。当路面出现潮湿斑点、松散、龟裂,表明翻浆已开始露头,对鼓包、车辙或大片裂缝,行车颠簸,路基发软等现象,应采取以下抢防措施。

①在两边路肩上,每隔3~5m,交错开挖横沟,沟宽一般30~40cm,沟深按解冻情况逐渐加深,直到路面底层以下,沟的外口高于边沟沟底。

②路面坑洼严重的路段,除横向外,还应顺路面边缘加修纵向小盲沟,或渗水井。井的大小以不超过40cm为宜,井与井的间距应根据实际情况确定,沟或渗水井的深度应至路面底层以下。如交通量不大,也可挖成明沟。

③如条件许可,应尽量绕道行车或限制重车通过,避免因行车碾压,加剧路面损坏。

④在交通量较小的县乡道路上,可以用木料、树枝等做成柴排,铺在翻浆路段上。上面再铺碎石、砂土,以临时维持翻浆期间通车,防止路面压坏。

(4)夏季养护

夏季是翻浆的恢复期,这时养护的中心内容是修复翻浆破坏的路基、路面,采取根治翻浆的措施。首先查明翻浆的原因,对损坏路段的长度、起止时间、气温变化、表面特征、养护情况等进行调查分析,作出记录,确定治理方法和措施。

七、滑　坍

滑坍是最常见的路基病害,也是水毁的普遍现象。根据其形成条件、原因和规模大小,大体分为:坍塌、崩坍、滑坡和泥石流四种形式。此处主要介绍有关滑坡与崩坍病害的产生原因及其防治方法。

1. 滑坡

滑坡指的是山坡土体或岩体由于长期受地面水、地下水活动的影响,使其结构破坏,逐渐失去支撑力,在自重的作用下,整体地沿着一定软弱面(或带)向下滑动,这种地质现象称之为滑坡,这种滑动一般是缓慢的,可延续相当长的时间,但坡度较陡时,也会突然下滑。产生滑坡病害的原因很多,主要是地质因素和水的作用。滑坡的类型很多,且成因复杂。因此,在防治和处理滑坡时,要针对各种不同的情况采取不同的防治措施。防治滑坡的措施应以排水疏导为主,再配合抗滑支撑措施,或上部减重,维持边坡平衡。主要方法有以下几种。

(1)地面排水。滑坡体以外的地面水,应予拦截引离;滑坡体上的地面水要注意防渗,并尽快汇集引出。

(2)地下排水。排除滑坡地下水的工程措施,应用较多的有各式渗沟。包括如下几种类型。

①支撑渗沟:用以支撑不稳定的滑坡体,兼起排除和疏干滑坡体内地下水的作用,适用深度(高度)为2~10m,具体形式如图7-4所示。

②边坡渗沟:当滑坡前缘的路基边坡有地下水均匀分布或坡面大片潮湿时,可修建边坡渗沟,以疏干和支撑边坡;同时,也能起到截阻坡面径流和减轻坡面冲刷的作用,具体形式如图7-5所示。

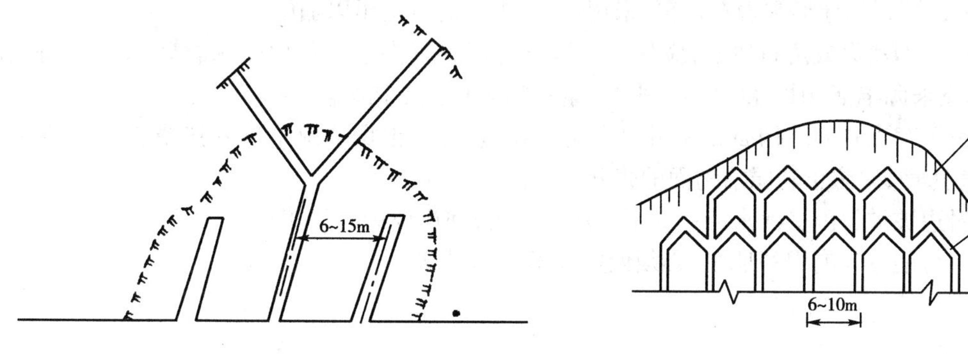

图7-4 支撑渗沟平面布置图

图7-5 网状边坡渗沟

③截水渗沟,当有丰富的深层地下水进入滑坡体时,可在垂直于地下水流的方向上设置截水渗沟,以拦截地下水,并排出滑坡体外,如图7-6所示。

(3)减重。减重就是在滑坡体后缘挖除一定数量滑坡体面使滑坡稳定下来。这种措施适用于推动式滑坡,一般滑动面不深,滑床上陡下缓,滑坡后壁或两侧有岩层外露或土体稳定不可能再发展的滑坡。减重主要是减小滑体的下滑力,不能改变其下滑趋势,所以减重常与其他整治措施配合使用。

(4)支挡工程。支挡工程分为如下几类。

①抗滑垛:一般用于滑体不大,自然坡度平缓,滑动面位于路基附近或坡脚下部较浅处的滑坡。主要是依靠片石垛的自重,以增加抗滑力的一种简易抗滑措施,如图7-7所示。

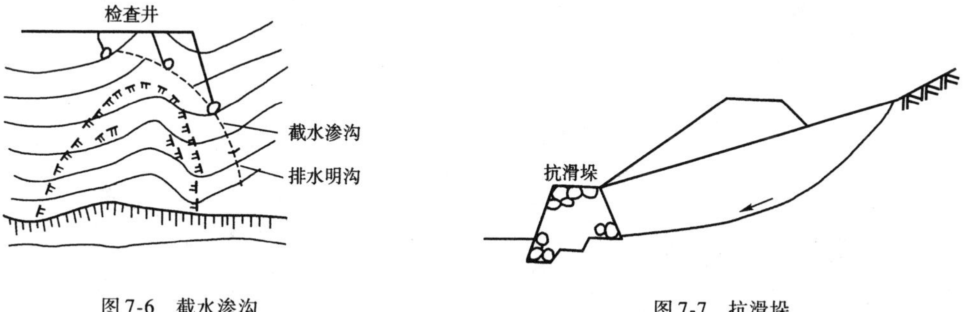

图7-6 截水渗沟

图7-7 抗滑垛

②抗滑挡土墙:在滑坡下部修建抗滑挡土墙,是整治滑坡常用的有效措施之一。抗滑挡土墙一般多采用重力式结构。

③抗滑桩:一种用桩的支撑作用稳定滑坡的有效抗滑措施。一般适用于非塑性体层和中厚度滑坡前缘,以及使用重力式支撑建筑物砌体量过大,施工困难的地点,具体形式如图 7-8 所示。

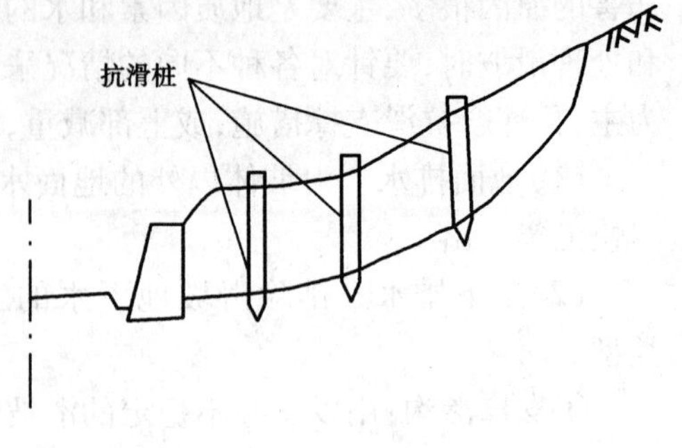

图 7-8 抗滑桩

2. 崩塌

崩塌指的是岩体突然而猛烈地从陡峭的斜坡上崩离翻滚跳跃而下的现象。崩塌可发生在高峻的自然山坡上,也可发生在高陡的人工路堑边坡上。发生崩塌的物体一般为岩石,但某些土坡也会发生崩塌。

防治崩塌的主要措施有:

(1)路基上方的危岩及危石应及时检查清除,特别在雨季前要细致检查。如有威胁行车安全的路段,可根据地形和岩石情况,采用嵌补、支顶的方法予以加固。

(2)在小型崩塌或落石地段,应尽量采取全部清除的办法。如由于基岩破坏严重,崩塌、落石的物质来源丰富,则宜修建落石平台、落石槽等拦截结构物。

(3)由于存在软弱结构面而易引起崩塌的高边坡,可根据情况采用支挡墙或支护墙等措施,以支撑边坡,并防止软弱结构面的张开或扩大。

(4)对边坡坡脚因受河水冲刷而易形成崩塌者,河岸要做防护工程。

(5)在可能发生崩塌的地段,必须做好地面排水设施。

第八章　软土地基处理

一、处 治 方 法

根据工程需要和地基本身的特点，软土地基处理的理论和手段也在不断发展。具体方法不下几十种，有时所选择的处理方法往往是多种方法的综合应用。

按其加固性质，各种方法简述如下。

(1)表层处理法。其中包括表层排水、砂垫层、铺垫、稳定剂处理以及反压护道法和土工聚合物处治加固。

(2)换填法。可分开挖换填和强制换填以及抛石挤淤法等。

(3)重压法。有路堤荷载重压和真空压实法以及降低地下水位法。

(4)竖向排水固结法。

(5)深层水泥浆搅拌桩和高压喷射注浆施工法。

(6)射水振冲碎石桩和干振碎石桩。

(7)粉喷桩。

(8)强夯加固法。

(9)石灰桩加固法。

二、选 用 原 则

软土地基处治的方法很多，各种方法都有它的适用范围。由于具体工程的地质条件千变万化，对地基处理的要求不尽一致，施工部门采用的机具、当地的材料都会不同。因此，必须进行具体分析，从地基条件、处理要求、处理范围、工程进度、材料机具等方面进行综合考虑，以确定合适的处治方案。

在综合考虑时，应尽力选择经济的施工方法，以避免浪费。在深厚软土地基，沉降量大的地方可筑临时性路面，待残余沉降达到一定量时再建正式路面。

在开发、引用新的地基处理方法或对不同处理方法作比较时，宜在大规模施工以前进行小型现场试验来检验其可行性。并获得必要的施工控制指标和施工经济指标。

第一节　表 层 处 理

一、砂　垫　层

在软土层顶面铺设一层砂垫层，主要起浅层水平排水作用，在路基荷载下将软基中的固结水通过砂层排入路基边沟。砂层对于基底应力的分布和沉降量的大小虽无显著影响，但可加速沉降发展，缩短固结过程。

1. 砂垫层施工前准备

将原地面上的腐殖土清除干净后，将基底做成设计要求的横向路拱。选择适宜的料源，以中粗砂为宜，严格控制含泥量，小于0.075mm的细粒含量不超过3%。

2. 适用范围

(1)路堤高度小于两倍极限高度，软土表面无透水性低的硬壳。

(2)软土层不很厚，或虽稍厚，但具有双面排水条件。

(3)当地有砂可取，运距不远，施工期限又不紧迫。砂垫层施工简单，不需特殊机具设备，占地较少。

3. 施工要点

(1)砂垫层施工关键应将砂加密到要求的密实度，加密的方法常用的有振动法(包括平振、插振、夯实)、水撼法和碾压法等。并应逐层铺砂，逐层振密或压实，分层的厚度视振动力大小而定，一般为15~20cm。碾压法施工时，最佳含水率一般控制在8%~12%。

(2)路堤填筑的速度应合理安排，使加荷的速率与地基承载力增加的速率相适应，以确保地基在路堤填筑过程中不发生破坏。通常可利用埋设在路堤中线的地面沉降板和布置在路堤坡脚外的位移边桩进行施工观测，借以判断地基是否稳定，控制填土速度。根据经验，一般情况下水平位移量控制在每天不超过1.0cm，垂直位移量每天不超过1.5cm时，地基便可保持稳定。

(3)砂垫层宽度应宽出路基0.5~1.0m，以免路基施工后，因沉降使固结水无法排出而失去作用。砂垫层厚度一般为0.6~1.0m，应视路堤高度，软土层厚度及压缩情况而定。

(4)在软基上铺设砂垫层，由于地基承载力很低，应根据实情分别采用机械分堆摊铺法，即先堆成若干砂堆，然后用一般机械摊平或采用人工或轻便机械顺序推进铺设，即用人力手推车运砂铺设和小翻斗车铺垫。以免原地基留下车辙，两边隆起土埂，形成隔水层，失去透水性能。砂垫层的断面见图8-1。

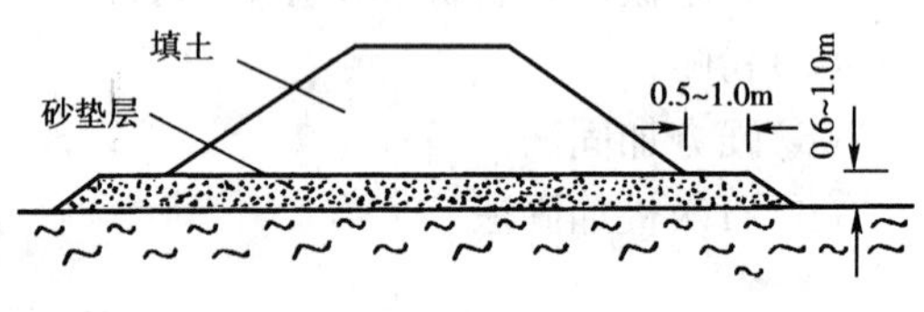

图8-1 砂垫层断面图

二、反压护道

在路堤两侧填筑一定宽度和高度的护道，是以改善路堤荷载方式来增加抗滑力的方法，使路堤下的软土向两侧隆起的趋势得到平衡，从而保证路堤的稳定性。

1. 适用范围

(1)采用反压护道加固地基，不需特殊的机具设备和材料，施工简易方便，但占地多，土用量大，后期沉降大，以后的养护工作量也大。

(2)路堤高度不大于1.5~2倍的极限高度。

(3)非耕作区和取土不太困难的地区。

(4)主要适用于处理软土，对泥沼地段，有时也可采用。

2. 设计及施工要点

(1)反压护道一般采用单级形式，因为多级式护道增加稳定力矩较小，所起作用不大。

(2)反压护道高度，一般为路堤高度的1/2~1/3。为保证护道本身的稳定，其高度不得超过天然地基所容许的极限高度。

(3)反压护道在有废方利用和有占地条件时比较适用。并合理的选择宽度，一般采用圆弧稳定分析法通过稳定性验算决定。在验算中，软土或泥沼地基强度指标可采用快剪法测定，或用无侧限抗压强度的一半或用十字板现场剪力试验所测得的强度。

(4)反压护道的施工应与路堤本身同时填筑,如分开填筑时,必须在路堤达到临界高度前筑好。它的施工工艺要求与路堤填筑要求基本相同。反压护道典型断面如图8-2。

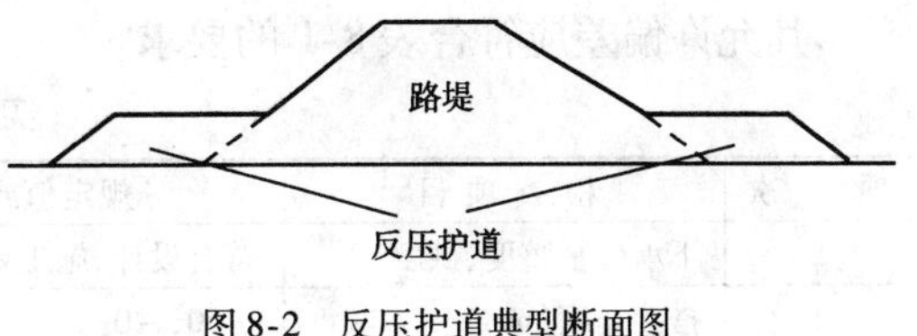

图8-2 反压护道典型断面图

三、土工聚合物处治

(一)土工布

土工布作为一种补强材料用于加固地基已在我国广泛推广使用。软基处理时一般土工布是铺设在路堤底部,在路基自重压力作用下,土工布受拉,并产生抗滑力矩,从而提高了路基的稳定性。

1. 土工布在软土地基加固中的作用

(1)排水。形成一个水平向的排水面,起到排水通道作用。

(2)隔离。利用土工织物直接铺在软土面上,能起到隔离作用。

(3)应力分散。利用土工织物的强度、韧性,从而能与地基组合形成一个整体,限制了地基的侧向变形,分散了荷载。这个整体也可以产生一种板体效应,减少了不均匀沉降。

(4)加筋补强。与土体组成复合地基,增强了地基的抗剪力。近年新发展应用的土工格栅能更好地与土相结合,补强加筋更为显著,并可作加筋挡土墙拉筋之用。

2. 土工布铺设

土工布一般分一层或多层铺设。当铺设两层以上时,层与层之间要夹10~20cm的砂或砂砾垫层,以提高基底透水性。由于工土布在受拉状态时才产生抗滑力矩,因此土工布的铺设除锚固搭接长度需满足要求外,施工时还应注意保持土工布的平整和张拉程度,使其不致松弛。因此土工布施工,应尽量在场地平整又无路拱的地基上铺设。在有路拱的地基上施工,无论土工布铺设时张拉多紧,当路基产生盆形沉降时,土工布就会松弛,只有沉降达到一定数值时,土工布才会起作用。施工中具体注意事项有如下内容。

(1)铺设土工聚合物时,应注意均匀平整。在斜坡上施工时,应保持一定松紧度(可用U形钉控制)以避免石块使其变形超出聚合物的弹性极限。

(2)铺设时,要确保其连续性,不得出现扭曲、折皱、重叠,特别要控制过量拉伸,以避免超过其强度和变形的极限产生破坏或撕裂、局部顶破。

(3)应注意端头的位置和锚固,以保证土工聚合物的整体性,其连接常用的有对面搭接法与折叠缝接法两种,施工现场中当发现有破损时,必须立即修补好。

(4)土工布的存放以及铺设过程中,应尽量避免长时间曝晒。存放过程中避免与污物接触,以防土工布被污染而失去透水性。

3. 质量标准及允许偏差

(1)基本要求

①土工合成材料应符合设计要求,外观无破损,无老化,无污染现象。

②在平整的下承层上按设计要求铺设、固定,并应按设计要求张拉,紧贴下承层,锚固端应符合设计要求。

③接缝搭接黏结强度应符合要求。上下层土工合成材料搭接缝应交替错开。

(2)实测项目

其允许偏差应符合表 8-1 的要求。

实 测 项 目 表 8-1

项 次	检 查 项 目	规定值或允许偏差	检查方法及频率	权 值
1	下承层平整度、拱度	符合设计、施工要求	每 200m 检查 4 处	1
2	搭接宽度(mm)	+50,-0	抽查 2%	3
3	搭接缝错开距离(mm)	符合设计、施工要求	抽查 2%	3

注:本表摘自《公路工程质量检验评定标准》(JTG F80/1—2004)。

4. 有纺土工布施工实例

(1)工程概况

唐津高速公路河北段三合同段全长 5.8km,均属软土地段,一般地下水位 1.5~2.0m,个别地段为 0.6~1.20m。根据设计文件,本路段的软基处理方法,除桥头和桥头通道两端采用塑料排水板加土工布和粉喷桩加土工布处理外,其他路堤均采用砂垫层加土工布的处理方法。

下面就土工布在软土地基处理中的施工工艺作一简要介绍。

(2)道路建设中土工布的选择

用作隔离层的土工布,必须满足两方面的要求:一方面它能阻止较细的颗粒侵入较粗的粒状材料中去,并保持一定的渗透性;另一方面它必须具备足够的强度,以承担由于荷重产生各种应力或应变,亦即织物在任何情况下不得产生破裂现象。选用时必须对材料的孔隙率、透水性、顶破及刺破强度、抗拉强度及其延伸率等进行核实,以选择适宜的材料。

本工程要求土工布的单位面积质量不小于 $400g/m^2$,抗拉强度要求为 49kN/m。

(3)土工布施工工艺

①测量放样。先用木桩标出土工布位置,再用白灰线将木桩连接起来,以保证土工布铺设位置的准确。

②土工布的展铺。土工布铺设在路基表面,必须先清除路基表面上有可能损坏织物的凸出物等,然后将土工布展开铺平,尽可能无折皱地布设在路基上,并四周用砂将土工布压住。

③土工布连接一般采用两种方法:一是搭接法,二是缝接法。搭接法是将一片土工布的末端自由地压在另一片的始端上,地基越松软,搭接宽度应越大,以防止地基变形时,土工布拉移使搭接宽度减少。一般对平坦地面搭接长度不少于 30cm,对不平坦或极软的路基搭接长度不小于 50cm。缝接法是用手提缝纫机将两土工布缝起来,其搭接量一般小于 5cm,缝接的强度主要由缝纫机线、缝口间距等因素而定。目前缝接方法有一般缝法、丁缝法、蝶形法三种。以握持抗拉强度来比较缝接的强度,差别较大,一般缝法只能达原材的 30%,丁缝法和蝶形法能达到原材料的 80%~90%。

④土工布作为隔离层,承受的荷载并不太大。但是在施工过程中,土工布却要承受各种临时性荷载,如重型机械和运料汽车等的作用,可能引起损坏。因此要针对路基状态,路堤填料或施工机械提出具体的要求,以确保土工布的完整性。

(二)土工格栅

1. 土工格栅适用范围

(1)加固路堤边坡。因路基边缘不易压实,而导致后期边坡雨水侵袭、坍塌失稳时有发生。而用放缓边坡办法,则占地面积很大。如采用土工格栅对路堤边缘进行加固,就能收到较好的效果。其构造如图 8-3 所示。

(2)土工格栅加筋土。土工格栅与土体充分接触产生最大的加筋效应。较土工带更容易铺装,施工速度快。采用土工格栅修筑加筋土墙面的侧面变形小,使整个加筋土墙更加稳定。

(3)软基处理不仅限于泥沼及软土地基,凡地基承载力低、沉降不能满足构筑物要求的杂填土软弱地基均可采用土工格栅加固,其优点是:

①可迅速提高地基承载力,加快施工进度;

②控制软基地段沉降量发展,缩短工期,使公路及早投入使用。

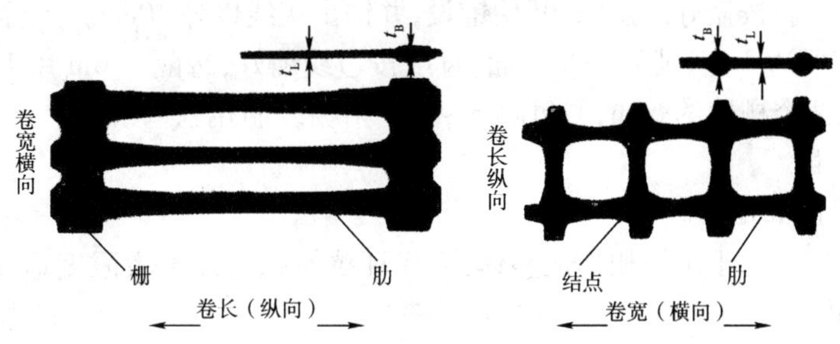

图 8-3 土工格栅构造

t_B-结点厚;t_L-肋厚

2. 土工格栅加固土的机理及其作用

土工格栅加固土的机理存在于格栅与土的相互作用之中。一般可归纳为三种情况,见图 8-4。图 8-4a)为格栅表面与土的摩擦作用,b)为格栅孔眼对土的锁定作用;c)为格栅肋的被动抗阻作用。

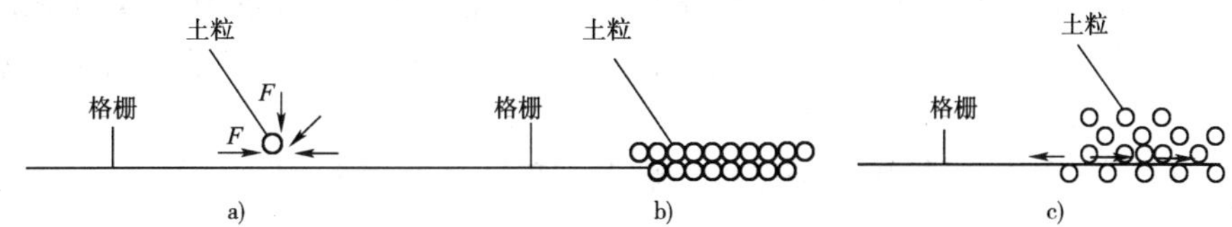

图 8-4 土工格栅与土的相互作用

a)摩擦作用;b)嵌锁作用;c)被动阻抗作用

上述三种作用均能充分约束土的颗粒侧向位移,从而大大地增加了土体的自身稳定性。至于这三种作用在土体中各自发挥作用的程度,由格栅的种类、开孔大小以及土颗粒级配等因素决定。据试验资料表明,土工格栅抗拉强度已接近于软钢,再加上孔眼对土的锁定作用、土工格栅表面与土的摩擦作用、格栅肋的被动抗阻作用,使得土工格栅在土中的抗拔能力或格栅对土的加固效果,已明显高于其他土工织物。

3. 应用实例

淮江高速公路 J.3.4 标采用粉喷桩施工,因地质较差,部分桩位出现空洞现象。经钻芯和静载试验表明桩的质量较差,不能满足高速公路规范要求。为保证路基稳定和减少工后沉降,采用了土工格栅处理。

粉喷桩施工地段,当填土高度大于 3.0m,在路基底面 40cm 处加设一层土工格栅;填土高度小于 3.0m,铺设两层土工格栅,隔 20cm 铺设一层。铺设方法是土工格栅肋呈横向排列;双层时,则下层肋呈横向,上层肋呈纵向,并搭接两肋,用 ϕ0.9mm 的铁丝捆扎牢固。

由于土工格栅属人工平铺,不需特别机械设备,只需弯曲机加工足够数量的 U 形钢筋卡备用,将原材料堆放到指定地点即可施工。

(1)人员组合

铺设土工格栅人员可作如下安排:两人搬放,平铺土工格栅,并着手搭接,用 4 ~5 人绑扎铁丝,铁丝切成15~20cm长。测量人员放出有足够长的路段,可供绑扎之用。

(2)施工步骤

①场地平整:对准备铺设地段的路基进行整平,有局部不平或松散路段,要经处理达到要求,并将大土块颗粒去除,以保持路基整洁。

②测量放样:按设计桩号和宽度放出大样,并用白灰线划出界线。

③平铺土工格栅:按撒好的灰线,开始铺设,并铺出灰线以外10cm。然后用ϕ6mm钢筋加工成的U形卡,将两边固定,铺到路基对面,宽度按边线铺好,每隔5.0m用U形卡固定,顺序铺土工格栅,搭接两个栅肋约6cm,并每隔3~4个格栅纵肋用铁丝绑扎。应用双层铁丝绑扎牢固;然后准备上土。

(3)土工格栅技术要求

①原地面整平,确保土工格栅形成整体性,保证抗拉强度能最大限度地发挥,平整度应控制在±100mm以内。

②搭接宽度不少于6cm。

(4)注意事项

①上土时,应顺着格栅的方向,顺序而上,不得在路基范围内随意乱上。

②U形卡要嵌入土内至少4cm,以保证格栅稳固。

③因格栅形成整体后,发挥作用很大,为防地基不均匀沉降,搭接时要注意搭接宽度和铁丝绑扎的牢固性。

经过以上处理的地段,完工已近一年,据最近观测,路基土方沉降仅为5cm,而在同等条件下未使用土工格栅的路基沉降已达15cm左右。可见土工格栅铺筑的路基提高了路基的稳定性,降低了沉降量,效果是显著的。

此外,从造价方面比较,采用砂垫层和一般土工布复合处理需44.5元/m^2,而土工格栅仅为16.5元/m^2。

第二节 换 填 法

换填法一般适用于地表下0.50~3.0m之间的软土处治,其方法有开挖换填法、抛石挤淤法、爆破排淤法等。

一、开挖换填法

开挖换填法即将软弱地基层全部挖除或部分挖除,用透水性较好的材料,如砂砾、碎石、钢渣等材料进行回填。此种方法简单易行,也便于掌握。如1995年,我们在天津港保税区西一、西二路,东一、东二路,将原路基开挖1.2m左右,回填钢渣,在钢渣上面做结构层。此种方法对于软基较浅(1~2m深)的泥沼地特别有效。但对于深层软基处理,要求沉降控制较平的路基、桥涵构造物、引道等,应考虑采用其他方法。

二、抛石挤淤法

在路基底部抛投一定数量片石,将淤泥挤出基底范围,以提高地基的强度。这种方法施工简单、迅速、方便。

1. 适用范围

(1)适用常年积水的洼地,排水困难,泥炭呈流动状态,厚度较薄,表层无硬壳,片石能沉达底部的泥沼或厚度为 3 ~ 4m 的软土。

(2)在特别软弱的地面上施工，由于机械无法进入，或是表面存在大量积水无法排除时，常用抛石挤淤法。

(3)适用于石料丰富、运距较短的情况。

2. 施工要点

抛投片石的大小，随泥炭或软土的稠度而定，对于容易流动的泥炭或淤泥，片石可稍小些，一般不宜小于 30cm。抛投顺序，应先从路堤中部开始，中部向前突进后再渐次向两侧扩展，以使淤泥向两旁挤出。当软土或泥沼底面有较大的横坡时，抛石应从高的一侧向低的一侧扩展，并在低的一侧多抛填一些。

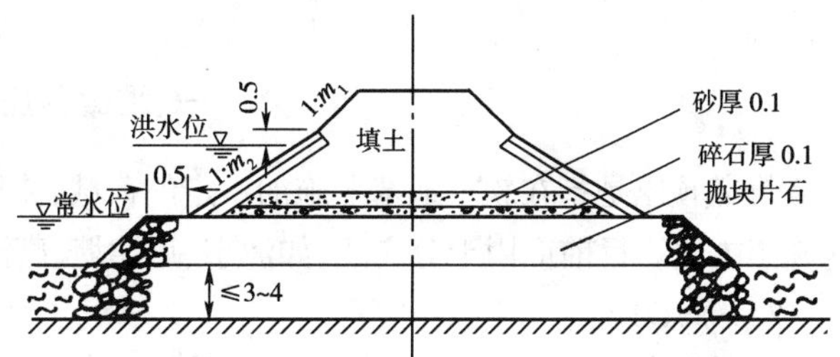

图 8-5 抛石挤淤典型断面图(尺寸单位:m)

片石露出水面后，宜用重型压路机反复碾压，以便压实紧密，然后在其上面铺设反滤层，再行填土。抛石挤淤的典型断面见图 8-5。

三、爆破排淤法

爆破排淤就是将炸药放在软土或泥沼中爆炸，利用爆炸时的张力作用，把淤泥或泥扬弃，然后回填强度较高的渗水性土，如砂砾，碎石等。

爆破排淤是换土的一种施工方法，较一般方法换填深度大、工效高，软土、泥沼均可采用。

1. 适用范围

(1)当淤泥(泥炭)层较厚、稠度大、路堤较高和施工期紧迫时，可采用爆破排淤法换土。

(2)如路段内没有桥涵等构造物，路基承载力均衡一致，因整体沉降对道路不会产生破坏，也可考虑换填。但对桥涵构造物及两侧引道等，应考虑采用其他方法。

2. 施工要点

爆破排淤法可根据爆破与填土的相对关系，分为两种。

一种方法是先在原地面上填筑低于极限高度的路堤，再在基底下爆破。这种方法适用于稠度较大的软土或泥沼，先填的路堤随爆随沉、避免了回淤。但先填后爆要严格控制炸药，使之既能炸开淤泥或软土，又不致扬弃已填的路堤，要做好这一点是较为困难的。根据经验，炮位间距可取最小抵抗线的 1.2 倍，炮孔宜为 45°，这样所获效果较好。

另一种方法是先爆后填，适用于稠度较小、回淤较慢的软土。采用这种方法时，应事先准备好充足的回填材料，于爆破后立即回填，做到随爆随填，填完再爆，爆后即填，以免回淤。

四、施 工 实 例

柳州—南宁高速公路宾阳至南宁第二段第十合同段起讫桩号 K51 + 480 ~ K56 + 300，全长 4.82km，属山岭重丘区，地形复杂，起伏较大。

山区沟壑的形成多经历千百年的冲刷和淤积，使部分积水区形成软弱地基。这种软基路段的特点是虽较短，但连续不断，淤积又厚，处理起来也不轻松。在施工中主要采用清淤换填和抛石挤淤换填两种方法。对于高填路基下的软基，采取了彻底清淤，换填 50cm 厚片石，并用开山坚石填筑至设计路基底高程，再分层填筑路堤。此法保证了高路堤的稳定性，而未发生路基沉降的问题。

对于路经稻田的浅型软基，除了根据设计施工外，对部分不能避免路基内流水的地段，采取增设盲沟排水方法进行处理。但盲沟在设置过程中应做好盲沟出水口与线外排水系统的顺接，以确保路基内不积水。

第三节　重　压　法

一、堆载预压法

堆载预压是指在软土地基上施加一定的荷载，使地基得以加固，从而提高其承载力的一种路基施工方法。目前应用十分广泛，如沪宁、京津塘、唐津等高速公路，都用该法对地基进行加固。

(一)原理

在施加荷载时，由软土中的土颗粒骨架和孔隙水应力共同承担来自上部所附加的由静载产生的垂直应力。随着应力的增加，孔隙水沿着三个方向移动，一个是沿着垂直向上排水通道(塑料排水板或砂井)排出，另两个方向是排向加载区的两侧。孔隙水应力随着时间的推移逐渐减少，而土颗粒骨架承担的应力越来越大，随着应力增大，土颗粒间隙被压紧，间隙缩小即产生沉降，直至间隙完全消失，土粒完全密实，软基得到了加固，承载能力也就大幅度提高。

从堆载预压加固原理来看，孔隙水能否从软基中顺利排出，是关系到加固速度快慢和加固质量的关键。

(二)填前路拱修整

软土地基填前应先修出一定的路拱，因软土路基堆载预压加固的过程就是排水固结的过程，软基中的孔隙水通过竖向排水通道排到原地表清理后的底层上，然后通过其上横向排水系统(50cm 砂砾垫层或土工布)排向两侧边沟。修筑路拱后，不仅有利于排水，且防止了随着路基填高的增加，其底部出现窝水现象而影响路基质量。

(三)排水系统

1. 排水沟(边沟)

地下水或雨水进入边沟后，应顺利地排入河流中或其他排水道内，不能积聚在边沟中，否则可能会使边沟内的水与软基内的地下水形成对流，不利于地下水的排出。因此清表以后，应顺次放出中桩，边桩，然后在边桩外挖出边沟，并控制好沟底高程，使其畅通，不要有局部积水。

2. 竖向排水系统控制

竖向排水采用塑料排水板，它是通过滤膜的渗水和塑板凹槽在路基的自重或荷载(超载)作用下，挤压基底土层，排水板便直接排出地下土层自由水，增加排水通道，缩短距离，加快地基土排水固结，从而提高承载力。塑料排水板的质量要求见表 8-2。

塑料排水板的质量要求　　表 8-2

项　目	单　位	质量要求	试验结果	测　试 C_V	备　注
复合体纵向抗拉	kN/10cm	>0.025	2.72/2.25	2.37%	
纵向通水量	cm^3/s	>46	61.3/84.3		
滤膜等级孔径	mm	0.025	<0.0685		防止泥料进入
渗透系数	cm/s	$>1.5\times10^{-3}$	6.46×10^{-3}		

软基处理深度大于等于 15m 时，截面积选用 150mm×6.0mm；软基处理深度小于 15m 时，

截面积选用 150mm ×4.5mm。

此外，塑板插打要竖直、无扭曲、无污染、无破损等现象发生。打入深度不小于设计值。施工时应注意以下几点：

(1)钢靴加工安装时，应注意与大管粘牢，防止泥土进入产生塑板回带；

(2)上拔套管带出淤泥时，要及时清理，防止堵塞横向排水通道；

(3)为保证排水板的排水性能，塑板不允许搭接；

(4)塑料板在操作、装运、保管存放时，注意不要破坏外包的滤膜，避免污染，以免影响排水效果。

3. 横向排水系统施工

采用了砂砾垫层，主要利用其水稳定性和颗粒之间存在孔隙的特性作为排水通道，把塑料排水板提起的水排出路基外，因而要求砂砾材料含泥量不能超标，颗粒级配符合规范要求。

砂砾垫层碾压不宜振动，否则颗粒之间排列紧密，孔隙率减小，排水通道缩少，影响排水效果。

此外，建议在砂砾垫层上填筑一层隔水性较好的黏性土，这样在沉降后期通过砂砾的毛细现象排水，如图 8-6。如果填筑水稳性好、材料强度较好的岩渣，可能会形成盆底积水现象，自由水排不出路基外，造成路基病害。

(四)施工要点

1. 路基宽度控制

由于路基在堆载静压下，排水固结后，有沉降发生，且数值不小。因此，路基的填筑宽度不应为设计宽度加上 50cm，而应根据其沉降值(估算)来确定填筑宽度。若沉降值为 50cm，其填筑宽度 B 应为：

$$B = x + 0.5a + 0.5 \tag{8-1}$$

式中：x——设计宽度，m；

B——填筑宽度，m；

a——边坡坡率%。

这样可保证在路基沉降后断面尺寸达到设计要求。图 8-7 为某高程下计算的路基宽度和实际施工后的情况。在沉降后，要使 $x'' \geq x$。

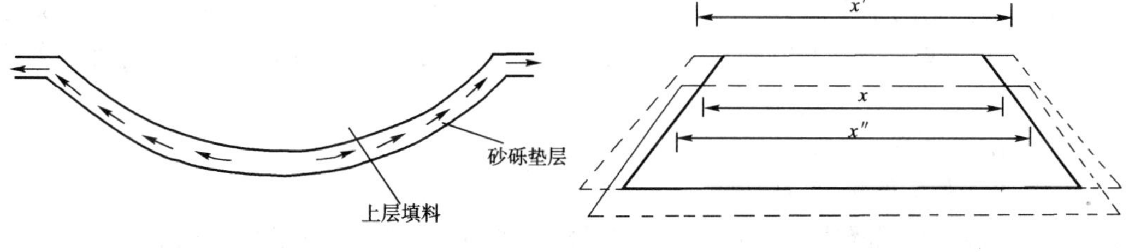

图 8-6 砂砾垫层排水路径图

图 8-7 路基预压宽度示意

x-某高程下路基计算断面宽度；x'-施工宽度；x''-沉降后某高程下的路基宽度

2. 堆载预压

做完纵横向排水系统后，埋设好各种沉降、侧向位移观测标志，然后逐级加载。加载时应掌握分步进行的原则，不能盲目地进行，否则可能导致破坏。如在 1994 年佛开路某标段，由于加载过快，导致路段整体滑动。一般设计文件对加载速率都有具体规定，每天加载压实厚度不超过 30cm，路堤沉降不大于 10mm，侧向位移不大于 6mm。如果沉降或位移有一项超出上述数值，即应停止加载，待路基稳定后才能继续施工。

在施工时观测到，由于天然地基存在一定的天然承载力，在荷载不超过某一临界荷载（指沉降率突然开始增大）时加载可以快些，不会导致软基侧向移动。但当到临界荷载时，应加倍小心，密切注视沉降量和测向位移的变化值。

填料的粒径应严格控制在20cm以内，每层松铺厚度在30～40cm，填料含水率应不超过最佳含水率的2%。摊平每层填料，采用压路机静压两遍，先两侧后中间，控制碾压行车速率。依据试验，对于含水率较大土质，提高其碾压遍数来提高压实度往往是徒劳的；而含水率相对较小一些时，提高压实遍数往往是比较经济的。

3. 沉降观测点的布设

根据软基处理段的长度及地质情况，布设一定数量的沉降观测点。并能代表一段路基整个地质及沉降情况，地质情况变化地段要加设观测点。

1）以下以某工程主线K8＋573.00～K9＋182.00区段为例，在609m软基区段内共布设18个观测点。

（1）K8＋573.00～K8＋713.50塑料板平均深14m，属路基荷载，布设观测点6个。

（2）K8＋713.50～K9＋000.0无软基处理，属超载，布设观测点2个。

（3）K9＋000.00～K9＋040.00塑板深度8.0m，属路基荷载，布设观测点1个。

（4）K9＋040.00～K9＋182.00塑板深度17.0m，属路基荷载，布设观测点9个。

2）为保证沉降观测的精度，要求采用三等水准测量方法观测并做到如下几点。

（1）严格保护好沉降杆，防止撞坏及其他干扰。

（2）观测由专人负责，水准闭合环线或支水准线，其允许闭合差为12mm或4mm。

（3）观测时视距不等差应小于3.0m，前后视距累计差小于6.0m。

（4）外业手薄长期保存，并认真记录，如实反映，最后汇总，为分析总结之用。

4. 施工过程中观测结果

变形速率控制均以连续两天的水平和垂直平均位移作为判断值。严格控制施工过程中地基变形速率，是保证施工期路堤稳定的关键；而路基加荷速率则取决于地基变形的控制标准。当地基条件基本相似，处理方式又相同时，填筑速率越大，则沉降速率越大，也越危险。最大沉降速率发生在路基填筑后期。

我们在施工期间掌握路基填筑的变形速率在10～20mm/d之间，按此标准控制，未发生过地基滑移破坏等事故。由于路基填筑施工不可能天天进行，而是时断时续地作业，所以变形速率是依据总沉降量计算而得。

就目前施工结束的主线路基分析如下。

（1）排水条件的好坏，对加快固结速率是十分明显的。如在夹砂砾横向排水垫层的地段，在路基填筑过程中，沉降速率都很高。基本是路基填筑完成后，沉降已趋于稳定。说明砂砾层对早期沉降起很大作用。

（2）在路堤填筑过程中，W-S-T过程曲线有两种不同的规律。在软土较厚段，如K9＋062.73和K9＋100.00，曲线有一个或多个转点；在软土较薄的路段（K9＋030.00），曲线呈单一走向。前者很明显存在一个临界填土高度问题，即路基填土高度较低时，沉降速率低，当超过某一临界高度时，沉降速率就增大。

（3）砂砾垫层上覆盖土工格栅对路基的均匀沉降效果较好。

（4）为确保路基的良好排水效果，应疏通好路基两边的排水沟，以前在路基上开挖的明沟，必须用砂砾垫层回填形成透水性盲沟。

二、真空预压软基加固法

(一)原理

真空预压法是利用大气压强0.098MPa等效堆载预压法对软弱地基进行加固的一套方法,即依靠真空抽气设备,使密封的软弱地基产生真空负压力,使得土颗粒间的自由水、空气沿着纵向排水通道,上升到软基上部砂垫层内,由砂垫层内过滤管再排到软基密封膜以外,从而使土体固结。

从真空预压法原理看,真空预压法适用于含水率高、孔隙比大、强度低、渗透系数和固结系数均较小的黏性土的加固。由于此法要使用薄膜,就铺设薄膜而言,以在10℃以上的气温施工为好。就预压效果而言,以10℃左右为最佳。如果采取防寒防冻措施,则在0~15℃的气温下此法仍可应用。

如果设计要求的地基承载力较高,也可将真空预压、堆载预压和碎石桩联合使用。

(二)工艺流程及工艺要求

1. 工艺流程(见图8-8,其纵横向排水系统不受此限)。

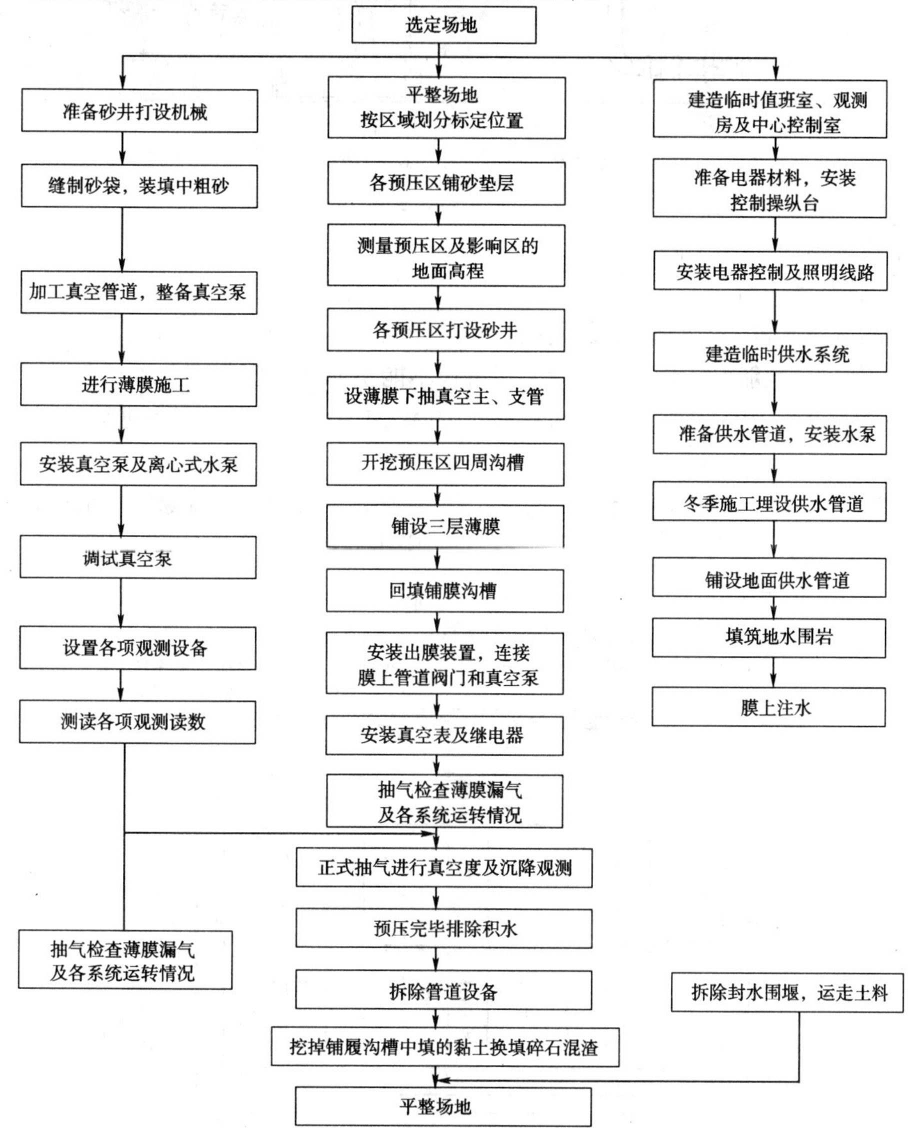

图8-8 真空预压软基加固法工艺流程图

2. 真空预压法的施工要求

1)真空抽气设备装置

抽真空装置是真空预压加固软土地基的关键设备,一般在工厂内加工好后直接运往工地。前些年真空射流箱往往布设在膜上或四周的围堰上,高出原地面1m多,近几年改为布设在围堰外侧的土坑内,射流泵高度与膜下滤管平齐,降低了射流高度,从而提高了真空度。

1992年以前,每2 000m^{2}配一套抽气设备,一般膜下真空度为0.08～0.085MPa。1993年以后,膜下真空度为0.09～0.095MPa,接近一个大气压,且每2 500m^{2}左右才配制一台,可见将射流箱埋进土坑内的工艺改进,效果十分显著。抽真空装置见图8-9。

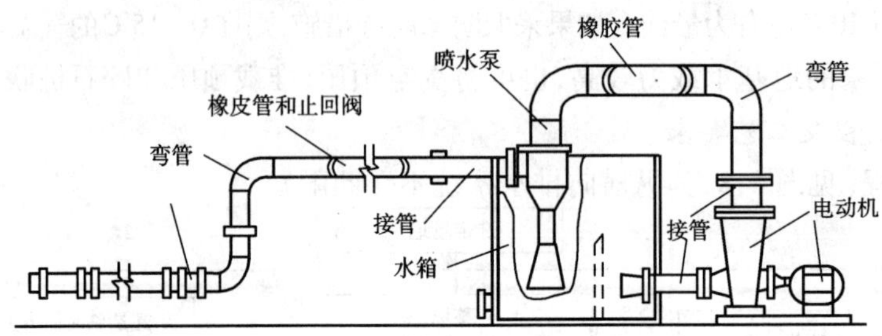

图8-9 抽真空装置示意图

2)排水系统

一般可分纵向和横向排水两个部分。

(1)纵向排水系统

纵向系统基本包括塑料排水板、袋装砂井等,排水板应选用渗透系数大、抗拉、抗顶破强度高、耐久性和耐蚀性能好的材料。打设时塑料板不能扭曲、断桩、漏打及短打。对于采用砂井或袋装砂井的,要对砂料、袋料质量、布置形式、井距、数量直径、灌砂率等进行全面检查,并做好隐蔽工程记录。

对3%～5%的袋装砂井进行拉拔试验,以检查有无假接和缩颈现象。一般在饱和软土地层中,从砂井内均可见到地下水,效果较好者还会溢出地表。

(2)横向排水系统

包括砂垫层、土工织物以及滤水管和吸收管等,见图8-10。

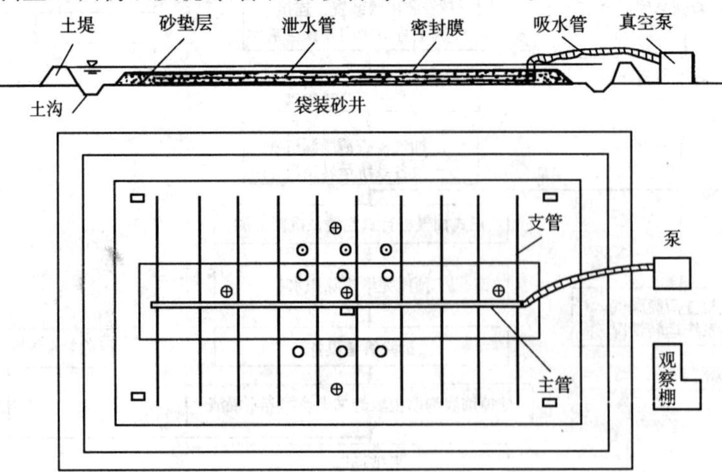

图8-10 横向排水系统示意图

图中符号表示量测内容，⊙表示土中真空度，口表示膜下真空度，⊕表示膜上沉降，○表示空隙水压力。

砂垫层用中、粗砂应无草根杂物，含泥量小于5%，分两次铺设。第一层铺好后，安水管，装好后再铺第二层砂，铺设厚度按设计要求，层面要平整。安装滤水管的排列方式，分为鱼骨状和环状。前者有主管（ϕ89mm）和支管（ϕ50mm），支管间距为4～5m，管上按30～40mm的间距钻滤水孔（ϕ8mm），管外用滤水布和棕皮包好扎牢。后者是取消主管，所用滤水管均按支管的规格和处理方法，间距为3～4m。各连接件的二通、三通、四通接头连接件均应严密，以防泥砂进入。为增加其透水性，也可以用塑料板在砂垫层内水平方向上纵横布置并与滤管连接，从而起到改善横向排水的作用。

3）密封系统

（1）密封系统由编织布、塑料薄膜、土沟和土堤组成，如图8-10所示。

（2）铺膜前将砂垫层顶面整平，并清出一些带棱角的坚硬物，如尖石、瓦砾等，然后铺设编织布一层，塑料薄膜两层，并要宽出砂垫层1.5～2.0m。编织布用针缝接，塑料薄膜用热黏结，连接必须牢固。上下层膜之间的纵横搭接缝要尽量错开。

（3）铺膜时选择无风或小风天气进行，并顺风向铺设。薄膜四周铺到土沟内，回填黏土压实，将膜压住。土沟外侧筑一土堤，堤顶高出膜面0.2m。

（4）试抽气时，膜上不覆水，如果膜下真空度始终上不去，说明有漏气的地方，漏气之处往往会发出吱吱的声音。发现后应立即修补，等设备运转正常，膜上、膜下真空度表读数均上升后，即可在膜上覆水。覆水的目的在于压住薄膜，防止被风刮起撕破，此外也加大了对软基的荷载压力。

4）量测系统

量测系统由真空表、孔隙压力器、沉降板和观测房等组成。其布设过程分以下三步。

（1）建造临时值班室、观测房及中心控制室，准备好所用的电器材料。

（2）在铺设砂垫层前，要埋设真空表测头、孔隙水压力器测头和沉降板，并分布于加固软土地基的不同部位（按设计要求办理），在砂垫层铺设过程中，还要按设计要求在垫层中埋设上述量测仪表，见图8-10。

（3）安装控制操纵台、电器控制和照明线路以及测试管线，测读各项观测读数，并应详细记录，为今后分析之用。

（三）机械和材料

真空预压加固软土地基所需的机械见表8-3，所需材料和性能见表8-4。

真空预压加固软土地基所需机械　　表8-3

名　称	单　位	数　量	说　明
抽真空装置	套	1～2	由电动机、单极单吸离心泵、清水高压射流泵、真空发生器、蓄水箱等组成，现已有生产
真空表	套	4～8	
孔隙水压力器	套	4～8	有钢弦式和双管式两种
沉降板	套	4～8	
水平仪	台	1	
静力触探仪	台	1	
十字板剪力仪	台	1	
发电机	台	1	

真空预压加固软土地基所用材料　　表 8-4

材料名称	规格及性能要求
滤水管	
主　管	ϕ89mm 镀锌钢管
支　管	ϕ50mm 镀锌钢管,上钻 ϕ8mm 滤水孔,孔间距 S 为 30 ~ 40mm
滤水布	塑料编织布
棕　皮	清洁干燥
塑料绳	
密封膜	
编织布	丙纶、涤纶、维纶等合成制造的编织布
薄　膜	聚氯乙烯制,其抗拉强度、耐酸碱、耐腐蚀、耐老化、水稳性均需要符合设计的要求
吸水管	橡胶软管,其耐腐蚀、耐老化性能均需符合设计要求

三、真空预压加堆载预压法

真空预压加堆载预压法是两种软基加固方法的有机结合。它的设计原理基本与真空预压法相同,所不同之处是真空预压加固后,最多使软基达到 0.09MPa 的承载力,而当构造物所需的荷载大于 0.095MPa 时,则由堆载预压来补充,从而使地基满足设计的要求。它比单一的堆载预压节省大量地材,缩短了一半以上的预压时间,而且避免了因单一堆载预压荷载过大、时间过长而可能出现的软基失稳现象。

在施工中应注意的是,应待真空抽气稳定后,才能进行堆载。在膜上 0 ~ 80cm 厚度内,应用黏性土和砂性土配合人工和小推车进行回填,特别是接触第一层堆料中,不允许混杂带有棱角的坚硬物,必要时可挑拣出去,以免将膜刺破。

当回填到 80cm 以上时,可用汽车直接送料,从而加快工程进度。

第四节　垂直排水法

砂井、袋装砂井、塑料排水板等,均属竖向排水的方法。天然地基的固结排水过程在路堤中间是竖向的。根据固结理论,软黏土固结所需的时间和排水距离的平方成正比,为了加速地基的固结,最有效的方法就是增加土层的排水途径,缩短排水的距离。

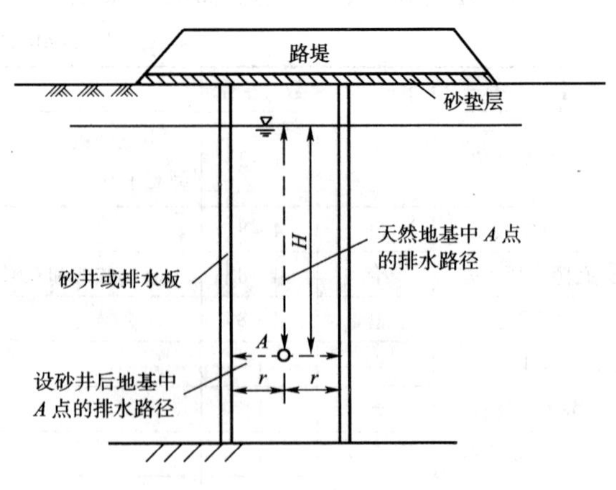

图 8-11　地基 A 点排水路径比较

砂井、塑料排水板等竖向排水体,就是为此目的而设置的。土层中的孔隙水主要是从水平方向通过砂井排出,部分从竖向排出,从而大大缩短了排水距离,在短时间内可以达到较高的固结度,如图 8-11。

按照使用目的,排水固结法可以解决以下两个问题。

(1)真空预压法沉降问题。使地基的沉降在加载预压期间大部分完成或基本完成,使建筑物在使用期间不致产生不利的沉降和沉降差。

(2)稳定问题。加速地基土抗剪强度的增长,从而提高地基的承载力和稳定性。排水固结法由排水系统和加压系统两部分组合而成。

一、砂 井

砂井施工工艺恰当与否,直接影响砂井的排水效果。因此工艺的选择主要考虑三个问题:①保证砂井连续、密实、并不出现缩颈现象;②施工时尽量减少对周围土的扰动;③施工后砂井的长度、直径和间距应满足设计要求。

对于砂井施工通常采用以下几种方法。

1. 套管法

套管法是将带有活瓣管尖或套有混凝土端靴的套管沉到预定深度,然后在管内灌砂后,拔出套管,形成砂井。

根据沉管工艺的不同,又分为静压沉管法、锤击沉管法、锤击静压联合沉管法、振动沉管法等。

(1)静压、锤击联合沉管法。用此法施工往往在提管时,由于砂的拱作用力及与管壁的摩阻力,易将管内砂柱带上来,使砂井断开或缩颈,影响砂井排水效果。

(2)振动沉管法。用振动打桩机将设计直径的套管沉入到预定的深度,在提管的过程中填砂形成砂桩,砂桩要想密实,必须慢速振动提管,同时要灌水,使管内水饱和,管在振动下沉过程中,土体受震动而液化,同时受到侧向挤压,使得土体结构重新分布,达到提高密实度减少孔隙的目的。

采用该法施工不仅避免了管内砂随管带上,保证砂井的连续,同时砂受到振密,砂井质量较好。

应用振动沉桩工艺时,激振力与套管的直径及长度的关系可参照表8-5选用。

激振力参考表 表8-5

套管直径(cm)	长 度(m)	参考激振力(kN)
20	4~10	20~120
30	5~15	100~250
40	10~25	200~400

2. 水冲成孔法

此法是通过专用喷头,在水压力作用下冲孔,成孔后经清孔,再向孔内灌砂形成。采用此法施工时,有两个环节需特别注意。

(1)控制好冲孔时水压力大小和冲水时间,这实际和土层性质有关,当分层土的性质不同,而用相同水压时,会出现成孔直径不同的现象。

(2)如孔内泥浆未清洗干净,砂中含泥量增加,会使砂井渗透系数降低,这对土层的排水固结是不利的,如泥浆排放疏导不好,也会对水平排水层带来不利的影响。

水冲成孔工艺,对土质较好且均匀的黏性土是较适用的,但对土质较软的淤泥,由于成孔和灌砂过程中容易缩孔,很难保证砂井的直径和连续性。对于夹有粉砂,薄层的软土地基,若压力控制不严,水冲成孔时易出现串孔,对地基扰动比较大。

水冲成孔法设备比较简单,对土的扰动较小,但在泥浆排放、塌孔、缩颈、串孔、灌砂等方面,还存在一定的问题,有待解决。

3. 螺旋钻成孔工艺

以动力螺旋钻钻孔，提钻后向孔内灌砂而成砂柱。此法适用于陆上工程，砂井长度在10.0m以内，且土质较好，不会出现缩颈、塌孔现象的软弱地基。此法所用设备简单而机动，成孔比较规则，但灌砂质量较难掌握，对很软弱的地基也不太适用。

二、袋装砂井

1. 概述

袋装砂井加固软土地基的基本原理是根据巴伦固结理论，即黏性土固结所需时间与排水距离的平方成正比，与土的渗透系数成反比。砂井是人为地形成排水通道，缩短排水距离，同时使垂直排水固结变成水平排水固结，加快排水速度，加快软土固结，提高抗剪强度目的。

由于普通砂井在施工过程中，容易产生缩颈，砂不易密实，以及砂井在施工挤压及承载工作阶段地基的变形，可能使砂井切断。且用砂量大，材料及施工费用较高，故近年来袋装砂井及塑料排水板，逐步在国内外得到广泛的发展应用。

2. 设计原则

袋装砂井的直径、间距和长度，应根据工程地质条件、荷载的大小、工期、对固结度的要求、允许的剩余沉降值等，通过固结理论计算来确定。

1)直径和间距

根据固结理论，缩小砂井间距比增大砂井直径能使加固效果更显著，设计时采用“细而密”的方案比“粗而疏”的方案效果好。一般袋装砂井直径选用7cm，井距一般为1.0～2.0m，相当井径比15～30。当砂井长度大于20m时，宜采用直径10cm的砂袋。

2)砂井深度

砂井深度是软土层排水固结效果的决定因素之一，而排水固结效果与固结压力的大小成正比。当地基深处的附加应力很小时，砂井的作用就很小了，故砂井有一个最佳有效长度。对于以地基的稳定性为控制的工程，如路堤等，以滑弧稳定分析来确定砂井深度，砂井深度以超过最危险滑弧深度为好。

3)砂井平面布置及砂垫层

砂井平面布置一般采用等边三角形和正方形两种形式。三角形布置比正方形排列紧凑，采用较多。砂井的布置范围一般比路堤范围宽一些，这是因为路堤以外一定范围内地基仍然产生由于路堤荷载作用而引起的压应力和剪应力，路堤以外的地基土如能加速固结对提高地基的稳定性和减小侧向变形以及由此引起的沉降是有好处的。

为了保证袋装砂井内渗出来的水能顺利排出，在砂井顶部一般铺设30～60cm厚的砂垫层，袋装砂井应伸入砂垫层内20cm。砂要求用中粗砂，含泥量小于3%。

当加固面积较大时，需设置纵横盲沟，在纵横盲沟交叉处设排水井，用水泵排出。砂垫层的边部用干砌片石，以利排水和防止砂垫层砂的流失。加固区应设排水沟，以构成较完整的排水系统，这是软基处理的关键。袋装砂井布置见图8-12。

3. 袋装砂井施工

1)施工前的准备工作

(1)审查和熟悉图纸、设计文件和施工技术规范，并进行技术交底。根据设计宽度、桩距、深度绘制袋装砂井平面布置。

(2)测量放样，恢复定线，直线部分10m设一中桩，曲线部分5m设一中桩，并同时放出边桩,井孔定位放样,应经复核无误。

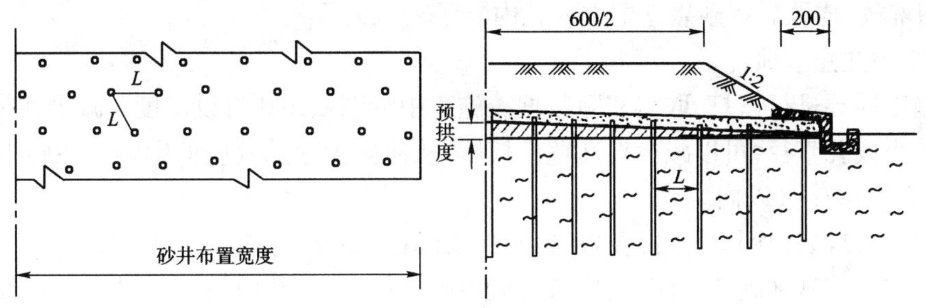

图8-12 砂井布置示意图(单位:cm)

(3)根据设计要求,选择合适的塑料袋及粗、中砂进场,并应通过质量检测。

(4)按照工地土质情况,选择打设机具型号,振动锤型号,并运至施工现场,检查保养。

2)操作步骤(图8-13)

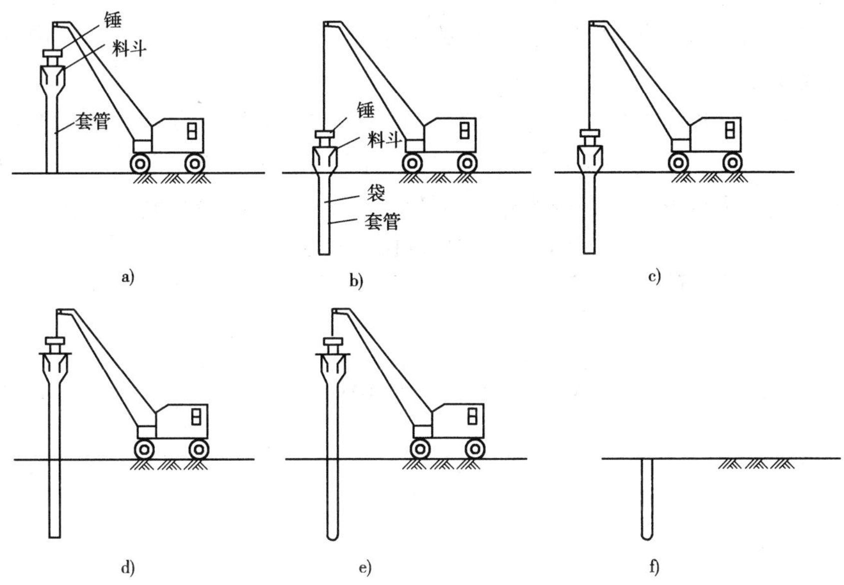

图8-13 袋装砂井施工步骤

a)开始打入;b)打入后将袋插入;c)将砂装入袋内;d)拔套管时;e)打完砂井;f)已成的砂井

(1)机械就位。打设机械沿路线方向自外向内施打,机械就位后,套管应对准桩位,缓慢放下。套管底端应有可开闭底盖或有预制桩尖。

(2)施打或沉入套管。井孔定位后,沉入或施打到土基内,直至设计深度。施打时,开动振动锤后应缓慢进行,并随时检查套管的垂直度。

(3)穿入砂袋。扎好砂袋下口后(袋长比井深约长1.0m),在其下端放入20cm左右的砂,作为压重,将袋子放入套管中,沉入到要求的深度。

(4)就地灌砂。将袋口固定在装砂用的漏斗上,灌入砂。灌砂时应边落砂边向砂袋内注水,并振动以利灌砂顺畅密实,直至砂溢出砂袋。

(5)检查砂袋中砂的饱满程度,当发现不足时,应继续二次灌砂,直至砂满为止。然后一边把压缩空气送进套管,一边缓慢提升套管,直至拔出。

(6)用铁锹将露出的砂袋桩头埋入砂垫层中。

(7)也可用预制砂袋沉放,先在袋内装满砂料,扎好上口,成为预制砂袋,运往现场,弯成圆形,成圈堆放,成孔后将砂袋立即放入孔内。

3)施工中注意事项

(1)施工前要进行试打,取得实际数据。施工中特别要注意打设深度及减少回带现象。

(2)减小成孔直径,可以减少对孔壁的挤压,从而减少涂抹效应的影响。在施工中一般限制成孔外径在107mm以内。

(3)定位要准确,砂井垂直度要好,以确保实际排水距离与理论计算一致。

(4)确定袋装砂井施工长度时,应考虑袋内砂体积减小、孔内的弯曲、超深等因素,以免砂袋全部深入孔内,造成与砂垫层不连接。

(5)砂料含泥量要小,这对于小断面的砂井尤为重要,因为直径小,长细比大的砂井,其井阻效应较为显著,一般含泥量要求小于3%。

(6)砂袋入口处的套管口应装设滑轮,避免砂袋刮破而漏砂。聚丙烯编织袋在施工中应避免太阳长时间直射。

(7)施工中要经常检查桩尖与套管口的密封情况,以免套管内进泥太多,影响质量。

4. 机械及成孔设备

成孔方法,可根据机械设备条件进行比较选择。目前所采用的有如下五种施工方法:锤击沉入法、射水法、压入法、钻孔法以及振动贯入法。且均有专用的施工设备,一般为套管式的振动打设机械,只是在进行方式上有所差异。各种成孔方法所选用的机械及工效,见表8-6。

成孔方法及主要机械工效参考 表8-6

成孔方法	机具总质量(t)	主要机械设备	平均成孔时间	工效	
				平均	最高
锤击沉入法	1.0	1t绞车(卷扬机)1台,55kW电机1台,0.6t锤1个	12min 43s	22min 50s	18min 37s
射水法	0.5	0.5t绞车1台、75TSW-7水泵1台	100min	115min 32s	12min
压入法	4.0	1t绞车2台、3t绞车2台	15min	30min	
钻孔法	1.0	100型钻机1台	60min	75min	
振动贯入法		kM_2—12000A型振动打桩机1套	30s	8min	6min

5. 质量要求

1)原材料控制

(1)砂应采用渗透系数大于1.0×10^{-5}m/s,小于0.08mm的颗粒含量小于5%,有机质含量小于1%,不均匀系数大于5,细度模数必须大于2.4的中粗砂。

(2)砂袋的隔土性应小于0.08mm。

(3)抗拉强度和延伸率应符合设计要求。

(4)袋装砂井的孔径一般为7~12cm,其孔距、孔深及平面排列形式,均要符合设计规定。一般以细、长、密的效果较好。

2)效果检测

加固区的地基,应在加固前后钻取土样,对土的物理力学性能作出比较,并进行现场十字板剪切试验,以检验加固后的效果。

3)袋装砂井实测项目(表 8-7)

袋装砂井实测项目 表 8-7

项　次	检 查 项 目	规定值或允许偏差	检查方法和频率
1	井间距(mm)	±150	抽查 2%
2	井长度	不小于设计	查施工记录
3	竖直度(%)	1.5	查施工记录
4	砂井直径(mm)	+10,-0	挖验 2%
5	灌砂量(%)	-5	查施工记录

注:此表摘自《公路工程质量检验评定标准》(JTG F80—2004)。

三、塑料排水板

塑料排水板作为垂直排水通道,可代替常用的砂井排水法。其滤水性好,能确保排水效果,并且有一定的强度和延伸率,具备适应地基变形的能力,板截面尺寸不大,插放时地基扰动小,施工方便。

1. 塑料排水板的性能及规格

1)塑料排水板由芯板和滤膜组成。芯板是由聚丙烯和聚乙烯塑料加工而成,且两面均有间隔沟槽的板体。土层中固结渗流水通过滤膜渗入到沟槽内,并通过沟槽从横向排水垫层中排出。由于塑料排水板所用材料不同,其结构也各有不同,见图 8-14。

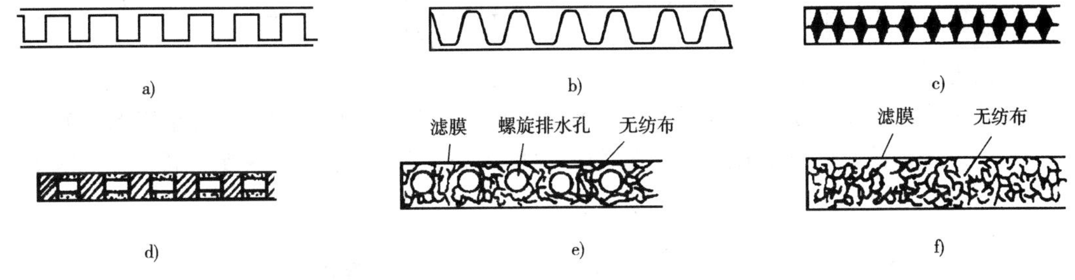

图 8-14　塑料排水板的结构

a)Ⅱ槽型塑料板;b)梯形槽塑料板;c)△槽塑料板;d)硬透水膜塑料板;e)无纺布螺旋孔排水板;f)无纺布柔性排水板

2)各种类型塑料排水板要求的性能,见表 8-8,以便选用时参考。

塑料排水板性能 表 8-8

项目＼指标＼类型		TJ—1	SPB—1B	SVD2	日本
断面结构					
外形尺寸(mm)		100×4	100×4	100×7	100×1.6
材料	板芯	聚乙烯、聚丙烯	聚氯乙烯	聚乙烯	聚乙烯
	滤膜	纯涤纶	涤纶无纺布		
纵向沟槽数		38	38		10
沟槽面积(耐)		152	152		112
板芯	抗拉强度(Pa)	210	170	150	170
	180°弯曲	不脆不断	不脆不断	不脆不断	
	扁平压缩变形				

续上表

项目	指标 / 类型		TJ—1	SPB—1B	SVD2	日本
滤膜	滤膜单位重力(N/m^2)		0.65(含胶40%)	0.50		
	抗拉强度(Pa)		30	44.3	107	
	耐破度(N/cm)		71.7	51.0		
	撕裂度(N)	干		1.34		
		饱和				
	顶破强度(N)		103			
	渗透系数(cm/s)		1×10^{-2}	4.2×10^{-4}		12×10^{-2}

2. 塑料排水板施工

1)施工工艺及机械

(1)施工机械基本可与袋装砂井打设机械共用,只是将圆形套管改为矩形套管。对于目前我国应用的两用打设机械,其振动打设工艺、锤击振力大小,可根据每次打设根数、套管断面大小、入土长度及地基均匀程度具体决定。一般对均匀软黏土地基,振动锤击振力可参照表8-9选用。

振动锤击振力参考值 表8-9

长度(m)	导管直径(cm)	振动锤击振力(kN) 单管	振动锤击振力(kN) 双管
>10	130~146	40	80
10~20	130~146	80	120~160
>20		120	160~220

(2)插板机多为振动打入式,其中包括导架、驱动套管下沉的振动锤、绞车以及安放排水板的卷筒和防风装置等。配备数量,可根据工程量大小、工期要求自行决定。插板机如图8-15所示。

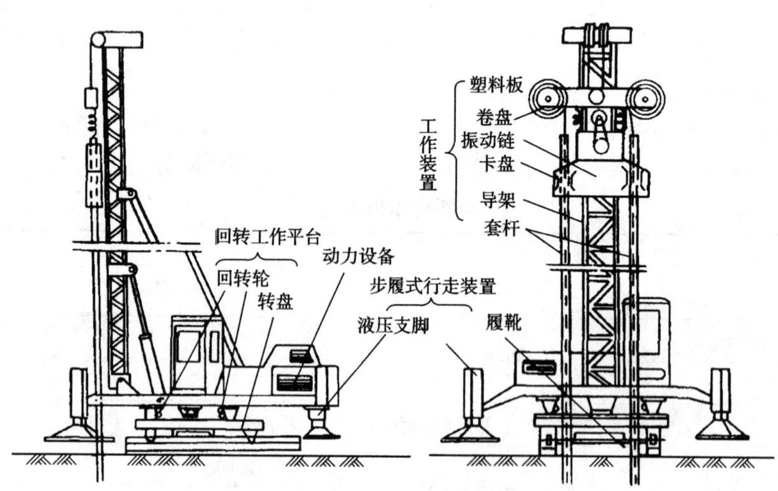

图8-15 LJB-16型步履式插板机

(3)安装套管靴、桩尖和塑料板连接。

套管不仅应有足够的强度和刚度,同时还应有较小的截面,以减少对周围土体的扰动。

塑料排水板通过套管,从套管穿出并与桩尖相连,套管连同塑料排水板顶住桩尖,压入土中。塑料排水板与桩尖连接的方式一般有三种,如图8-16所示。

(4)开机插板。插板机就位后,通过振动锤驱动套管对准孔位下沉,排水板从套管内穿过,与端头管靴相连并顶住排水板插到设计深度。

但在插板机提升过程中,普遍存在不同程度的回带,如果回带过长,则会影响加固效果。因此施工规范规定,不得超过 50cm,且回带的根数不宜超过设计总根数的 5%。在打设过程中,应保证垂直度符合要求,以满足加固地基在深度方向上的均匀性。

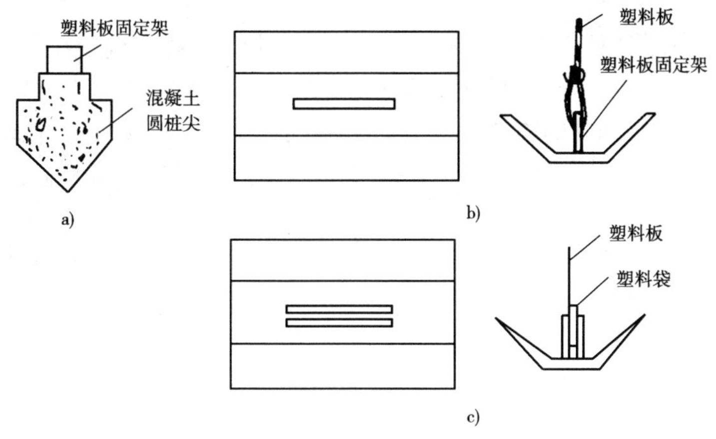

图 8-16 桩尖连接方式

a)混凝土圆桩尖;b)倒梯形桩尖;c)楔形固定桩尖

(5)剪断排水板。排水板外露长度不小于 25cm;并埋入砂垫层中并做出标记,以防止塑料板随地基沉降而降至砂垫层以下,形成排水系统的脱节,同时也便于检查打设的数量和间距。

2)施工中的注意事项

(1)塑料排水板插入过程中应防止淤泥进入板芯,堵塞输水通道而影响排水效果。

(2)塑料板与桩尖连接一定要牢固,避免提管时脱落,将塑料板带出。凡带出 2.0m 以上的,均应作废补打。

(3)严格控制间距与深度,桩尖与套管配合要适当,避免错缝,以防淤泥进入,增大塑料板与套管壁的摩擦力,否则易使塑料板带出。

(4)塑料板必须接长时,应采用滤水膜内平搭接的连接方法,以保证输水畅通并具有足够的搭接强度,搭接长度不小于 20cm,连接方法如图 8-16 所示。

3. 质量标准

1)基本要求

塑料排水板质量和板底高程必须符合设计要求,排水板下沉时不得出现扭结、断裂等现象,其顶端必须按规范要求伸入砂垫层(图 8-16 塑料板接头断面示意图)。

2)实测项目(表 8-10)

塑料排水板实测项目 表 8-10

项　　次	检 查 项 目	规定值或允许偏差	检查方法和频率
1	板间距(mm)	±150	抽查 2%
2	板长度(m)	不小于设计	查施工记录
3	竖直度(%)	1.5%	查施工记录

注:1. 本表摘自《公路工程质量检验评定标准》(JTG F80—2004)。

2. 塑料排水板间距要求均匀。

第五节　粉　喷　桩

一、粉喷桩加固原理

粉喷桩是以水泥等粉体作为固化材料，通过专用的粉体搅拌机械，用压缩空气将粉体喷到软弱地层中，凭借钻头叶片，在原位进行强制搅拌，形成土和掺和料的混合物。通过水泥的水解水化作用，使其产生一系列的物理—化学反应，从而产生一种特殊的、具有较高强度、较好变形特性和水稳定性的混合柱状加固体，它对提高软土地基承载能力、减少地基的沉降量有明显效果。

水泥加固体的强度，取决于被加固土的性质，如含水率、有机质含量、烧失量等，以及水泥品种、强度等级、掺入量和外加剂。其强度随着水泥掺入量的增加而增大，强度标准值，宜取试块 28d 龄期的无侧限抗压强度为准。

二、粉喷桩的适用范围及特点

1. 适用范围

本法适用于淤泥质土、黏性土、粉土、杂填土且天然含水率大于 30% 的软弱地基土。研究表明对含有多水高岭石、蒙脱石等松土矿物的软土，效果较好，对含有氯化物和水铝石等黏土矿物、有机质含量高、pH 值低的黏土加固效果稍差。

在高路堤桥头接线处或深度在 10.0m 以内的处理效果更为明显。

2. 特点

粉喷桩加固软土地基与其他软基处治方法相比，具有以下特点。

(1) 该法在软基中采用钻头搅拌钻孔成桩，对地基及周围建筑物扰动很小。

(2) 以粉体作为固结料，不需向地基注入附加水分，并可以充分地吸取地下水，加固后的地基柱体承载力与相类似的高压喷射注浆法相比要高，其固结效果更好。

(3) 该法加固水泥土桩与周围土体形成复合地基，不需预压即可获得较高的复合地基承载力及复合变形模量，加固体的压缩量仅为 0.6% 左右。下卧层沉降量一般情况也能减少地基沉降总量的 1/3 ~ 2/3。

(4) 施工作业简便，机械及配套设备易于解决，且低压操作、安全可靠、无污染、无振动、无噪声。

(5) 根据不同土质条件及设计要求，分别选择加固材料种类，如水泥、石灰粉、钢渣粉等。以较小的投入即可达到理想的加固效果，成本低、效益高。

三、粉喷桩施工

1. 施工工艺流程

粉喷桩施工工艺流程如图 8-17 所示。

2. 常用施工工艺参数

粉喷桩常用施工工艺参数见表 8-11。

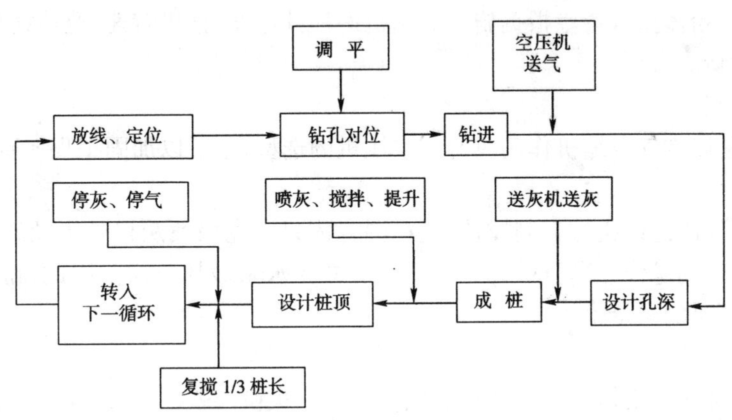

图 8-17 施工工艺流程

粉喷桩常用施工工艺参数 表 8-11

序 号	参数名称	单 位	参数值
1	搅拌转速 n	m/mm	27 ~ 80
2	原位土搅拌次数 t	次	$t \geqslant 25$
3	提升速度 v	m/min	0.5 ~ 1.7
4	空气压力	MPa	0.25 ~ 0.8
5	钻进速度 v_p	m/mm	0.5 ~ 0.8

3. 施工机械

1) 钻机

钻机是粉喷桩施工的主要成桩机械。它必须满足以下条件:①动力大、扭矩大,适合大直径钻头成桩,钻头直径一般为 50cm;②具有正向转进、反转提升的功能;③提升力大,并能实现匀速提升。

过去一般使用的钻机有上海探矿机械厂和铁四设计院联合研制的 GPP-5 型 I、II 两种,加固深度分别为 12.5m 和 18.0m。随着不断地改进,粉喷桩专用机械日趋成熟,发展成为现在的 PH-5A、PH-5B、PH-5S、PH-5D 等多种型号的粉喷桩机。

2) 喷粉机

喷粉机是定时设置发送粉体材料的设备,它是粉喷搅拌法加固软土地基施工机械中的关键设备。粉体发送机的工作原理,可见图 8-18。

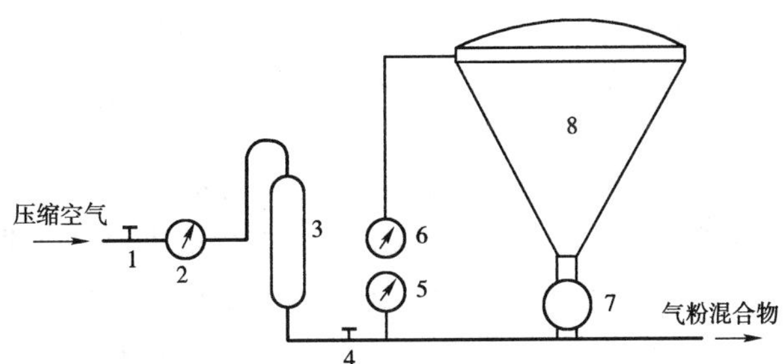

图 8-18 粉体发送机的工作原理

1-节流阀;2-流量计;3-气水分离器;4-安全阀;5-管道压力表;6-灰罐压力表;7-发送器转鼓;8-灰罐

由空气压缩机送来的压缩空气,通过节流阀调节风量的大小,进入"气水分离器",使压缩空气中的气水分离。然后"干风"到达粉体发送器喉管,与"转鼓"定量输压缩空出的粉体材料混合,成为气粉混合体,进入钻机的"旋转龙头",通过空心钻杆喷入地下。

粉体的定量输出,由控制转鼓的转速来实现。施工前须按照加固工程的地质条件,通过室内试验,找出最佳粉体掺入量。根据施工时钻机的提升速度、钻机转速、搅拌钻头的类型,选用合理的粉体发送量。

3)空气压缩机

粉体喷出,是以空气压缩机作为风源。空压机的选型,主要以加固工程地质条件和加固深度为依据。

粉体喷射搅拌法是以机械强制搅拌,气粉混合体只需克服喷灰口处土及地下水的阻力而喷入土中。旋喷法则是依靠高压脉冲泵所喷射的高压水来破坏土层。因此,粉喷桩所用压力不需要很高,空压机的风量也不宜太大。

4)搅拌钻头

粉体喷射搅拌法凭借搅拌钻头叶片的搅拌作用使灰粉与软土混合。因此钻头的形状直接影响灰土搅拌效果。钻头的形式,应保证在反向旋转提升时,对柱中土体有压实作用,而不是使灰、土向地面翻升,而降低柱体质量。

5)计量装置

该装置用于监测粉喷桩施工中粉体输入量的连续性及均匀性的装置,及时掌握钻机在粉喷过程中,喷入软土层的水泥数量,它能逐段逐层分析粉体的输入量。通过安装在粉体发送机上调孔装置,使输入量能满足设计要求,并能自动记录及打印。

4. 施工操作

1)工艺性试验

开工前应先进行工艺性试验,其目的在于提供满足设计要求喷粉量的各种操作参数。如管道压力、灰罐压力、钻机提升速度、喷粉机转速等。并验证加固料的搅拌均匀程度及成桩质量,了解下钻及提升的阻力情况,并采用相应的措施,确保成桩质量。一般工艺性试验的桩数,每个场地不少于 3 ~5 根。

2)就位

钻机井架上必须设置标准而又显著的深度标志尺。钻机就位时必须调平,用水平尺来测定粉喷机械的水平,用经纬仪测定钻机井架垂直以确保成桩的垂直度,如图 8-19a)。

3)开钻

钻机就位后,开始送气,钻进。严禁没有粉体计量装置的粉喷机投入使用,钻进时的钻孔深度一般由钻机上的深度计来控制。送气的目的可使钻进顺利、负载扭矩小和防止钻头喷口堵塞。随着钻进,加固的土体在原位受到搅动,如图 8-19b)。

4)喷粉

当钻至设计深度时,即可停钻,如图 8-19c)。继而就可提升钻杆同时喷粉。加固料从料罐到送灰口有一定的时间延迟,严禁在没有喷粉情况下进行钻机提升作业。针对时间上的间隔,在开始提升时可适当地在此停留 2 ~3s,随后便可提升喷粉,如图 8-19d)。

在提升时要严格注意灰罐的压力。在地面以下 3.0m 的喷粉压力应控制在 0.25 ~ 0.3MPa,并应注意喷粉计量器的数字是否有规律的变动,如发现管道不畅通,同时灰罐压力在增大,就说明钻头的送灰孔已经堵塞,必须进行现场处理。送灰时的粉体不能有间隔,也不能时多时少、时有时无,以保证充分拌和及混合料的均匀性。

5)提升结束

当钻头提升到距离地表 30 ~50cm 时,发送器即可停止向孔内喷粉,成柱结束,如图 8-19e)。

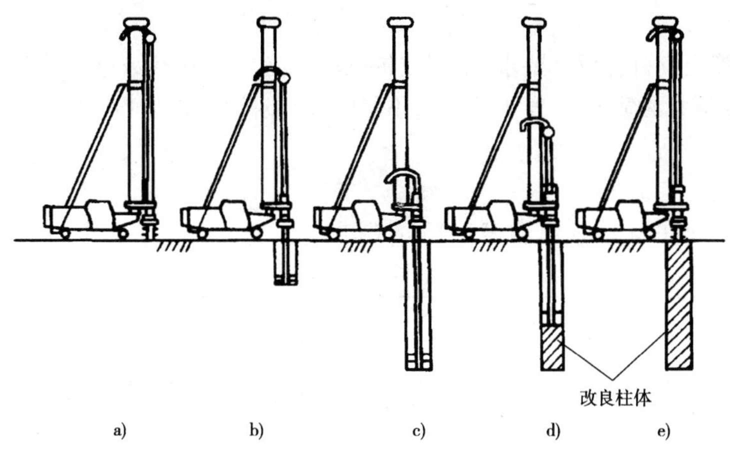

图8-19　粉体喷射搅拌法施工顺序

6)复搅

此时可停止粉喷,复搅深度不应小于设计桩长的1/3,且不小于5.0m,目的在于确保粉喷桩粉体的均匀性和强度稳定性。

5. 现场质量控制

1)粉喷桩施工的检测

(1)施工中检测,主要是检查桩位、桩长、喷灰量、复搅长度以及是否进入硬土层等。对每批进场水泥,应作抽检,并不得有受潮结块或其他杂物。

(2)对成桩的检测一般在成桩28d后,在桩体上部开挖截取三段(0.7m、1.0m、1.5m)进行桩身无侧限抗压强度试验及检查桩径。检查频率为1%~2%。在桩中心可用钻机采取岩芯,检查桩身的连续性和桩长。对每个场地可进行2~3处原位静载荷试验,检查复合地基的承载力。并作好施工原始记录,如表8-12。

粉喷桩施工原始记录表　　表8-12

施工单位　　桩号　　日期

单桩编号										
1	喷粉深度(m)									
2	灰面高程(m)									
3	灰罐压力(kPa)									
4	管道压力(kPa)									
5	钻进速度(m/min)									
6	提升速度(m/min)									
7	搅拌速度(m/min)									
8	气体流量(L/min)									
9	重复挖拌桩长(m)									
10	粉体加入量(kg)									
11	粉体总量(kg)									
12	粉体喷入量(kg)									
13	每延米粉体用量(kg)									
14										
备注		监理意见								

主管　　复核　　记录

2)基本要求

水泥强度等级应符合设计要求,根据成桩试验确定的技术参数进行施工。严格控制喷粉时间、停粉时间和水泥喷入量,发现喷粉量不足时,应整桩复打,喷粉中断时,复打重叠孔段,应大于1.0m。

3)实测项目

粉喷桩施工允许偏差,应符合表8-13的要求。

粉喷桩实测项目 表8-13

项次	项目	单位	允许偏差	检查方法和频率
1	桩距	mm	±100	抽查2%
2	桩径	mm	不小于设计	抽查2%
3	桩长	m	不小于设计	查施工记录
4	竖直度	%	1.5	查施工记录
5	单桩喷粉量		符合设计要求	查施工记录
6	强度	kPa	不小于设计	抽查5%

注:本表摘自《公路工程质量检验评定标准》(JTG F80—2004)。

第九章 路　　面

第一节 概　　述

一、路面及其功能

路面是用各种材料铺筑在路基上供车辆行驶的层状构造物。未铺筑路面的路基虽然也能行驶车辆,但它抵御自然因素和车辆荷载的能力很差。天晴时尘土飞扬,雨天时泥泞不堪,行车时会使其表面崎岖不平,造成车辆颠簸、打滑,行车速度低,甚至无法通行,而且油料和机件耗损严重。铺筑路面后,改善了道路条件,就能使车辆全天候通行,而且汽车能以一定的速度、安全、舒适而经济地在道路上行驶。

路面是公路主要组成部分,它的好坏会直接影响行车速度、安全和运输成本。高等级公路修筑良好的路面,就能够保证车辆高速、安全而且舒适地行驶,还可较多地节约运输费用,充分发挥高等级公路的功能。

二、对路面的基本要求

路面是公路的重要组成部分。路面的好坏直接影响行车速度、运输成本、行车安全和舒适性。相同等级公路的沥青路面同砂石路面相比,行车速度一般可以提高 80% ~200%,燃料消耗降低15% ~20%,轮胎行驶里程增加20%,运输成本下降18% ~20%。同一类型的路面,因施工和养护质量的优劣,也会使运输效率与成本以及服务质量产生很大的差异。路面结构的费用在公路造价中所占比重很大,一般都要达到30%左右。所以,修好路面对发挥整个公路的运输经济效益具有十分重要的意义。路面应满足下述各项基本要求。

1. 具有足够的强度和刚度

行驶在路面上的车辆,通过车轮把垂直力和水平力传给路面,水平力又分纵向和横向两种。此外,路面还受到车辆的震动力和冲击力作用,在汽车身后还有真空吸力的作用。在上述外力的综合作用下,路面结构内就产生不同的压应力、拉应力和剪应力,如果路面结构整体或某一组成部分的强度不足,为能抵抗这些应力的作用,路面就会出现磨损、开裂、坑槽、沉陷和波浪等病害,从而影响公路的使用质量。这些病害如不及时维护,就会使路面大面积的破坏,严重时还可能中断交通。因此,路面结构整体及各组成部分必须具有足够的强度以抵抗行车荷载的作用,避免路面产生过大的变形与破坏。

刚度就是指路面抵抗变形的能力。具体来说就是指路面结构整体或某一组成部分抵抗变形的能力。强度和刚度是两个不同的力学特性,二者有联系,又有区别。强度大的路面,其刚度也大,但同样强度的路面,其刚度也可能不同。路面结构整体或某一组成部分有时虽然强度足够,但其刚度不足时,在行车荷载作用下,也会使路面产生变形,如波浪、车辙及沉陷等破坏现象。因此,在研究路面结构的应力和强度之间关系的同时,还要研究分析荷载和变形(或应力和应变)的关系。路面设计时要求整个路面结构及其各组成部分的变形量控制在容许范围内,要求路面应有足够的刚度。另外,有的路面材料如石灰、水泥稳定类等,其刚度过大时,容易产生裂缝。因而,其材料组成设计时应考虑适当控制,使其刚度不要过大。

2. 具有足够的稳定性

路面不仅承受行车荷载的作用,路面结构袒露在大气之中,还经常受到水分和温度的影响,有的路面材料又较敏感,其性能也随之不断发生变化,强度和刚度不稳定。例如:沥青路面在夏季高温时会变软而产生车辙和推挤,冬季低温时又可能因收缩或变脆而产生开裂;水泥混凝土路面在高温时可能发生拱胀现象,低温时可能出现收缩裂缝,温度急剧变化时也可能出现翘曲而破坏;砂石路面在雨季时因雨水渗入路面结构而强度下降,产生沉陷、车辙等现象。因此,要求路面结构在各种气候条件下应能保持其强度。

为了设计出适合当地气候条件、稳定性良好的路面结构,就要调查和分析当地温度和湿度对路面结构的影响,在此基础上选择具有足够稳定性的路面结构及其材料的组成。

3. 具有足够的平整度

路面的平整度(或不平整度)通常是以试验汽车每行驶1km距离,车身和后桥相对垂直位移的累计数(m)来表示。不平整的路面表面会增大行车阻力,并使车辆产生附加的振动作用。振动作用会造成行车颠簸,影响行车速度、行车安全和舒适性。振动作用还会对路面施加冲击力,从而加剧路面和汽车机件的损坏与轮胎的磨耗,并增大油料的消耗。不平整的路面还会积滞雨水,加速路面的破坏。因而路面应保持一定的平整度。公路等级越高,设计行车速度越大,对路面的平整度要求也就越高。

平整的路面要依靠优良的施工机具、精细的施工工艺、严格的施工质量控制,以及经常和及时的养护来保证。路面的平整度还与整个路面结构和面层材料的强度和抗变形能力有关。强度和抗变形能力差的路面结构和面层混合料,经不起车轮荷载的反复作用,极易出现沉陷、车辙和推挤等破坏,从而形成不平整的路表面。

4. 具有足够的抗滑性能

汽车在光滑的路面上行驶时,车轮与路面之间缺乏足够的附着力(或摩擦阻力)。在雨天高速行车,或紧急制动或突然起动,或爬坡或转弯时,车轮易产生空转或打滑,致使行车速度降低,油料消耗增多,甚至引起严重的交通事故。因此,路面表面应具有足够的抗滑性能。设计车速越大,对路面抗滑性能的要求也越高。

要保证路面的抗滑性能,要求路面面层采用坚硬、耐磨及表面粗糙的集料和有良好黏结力的沥青来修筑。水泥混凝土路面可以采取在表面刷毛或拉槽等措施。雨天应及时清除路面表面的污泥、煤粉等滑溜性污染物,加强养护措施,及时清除积雪、浮冰等。

5. 具有足够的耐久性

路面结构承受行车荷载和冷热、干湿气候因素的多次重复作用,由此而逐渐产生疲劳破坏和塑性形变累积。路面材料还可能由于老化衰变而导致破坏。这些都将缩短路面的使用年限,增加养护工作量。因此,路面结构必须具备足够的抗疲劳强度、抗老化和抗形变累积的能力,以保持或延长路面的使用寿命。

6. 具有环保性

砂石路面在汽车行驶时会产生尘土飞扬,导致路面结构松散,形成坑洞等破坏,也会加速汽车机件损坏,而且对旅客、货物及路旁农作物等带来不利影响。各类路面的行车噪声会对沿线居民造成不良影响。因此,要求路面在行车过程中尽量减少扬尘和噪声。

三、路面结构及层次划分

行车荷载和自然因素对路面的影响,随深度的增加而逐渐减弱。因此,对路面材料的强度、抗变形能力和稳定性的要求也随深度的增加而逐渐降低。为了适应这一特点,路面结构通常是多层次的,按使用要求、受力状况、土基支承条件和自然因素影响程度的不同,划分不同的结构层次,选用不同的材料进行铺筑。

路面结构层一般由面层、基层和垫层组成。沥青混凝土路面还可按需要,将面层再区分磨耗层、面层上层、面层下层、联结层等。如基层厚度大时,也可再区分为基层(上基层)、底基层。路面结构的组成如图9-1所示。

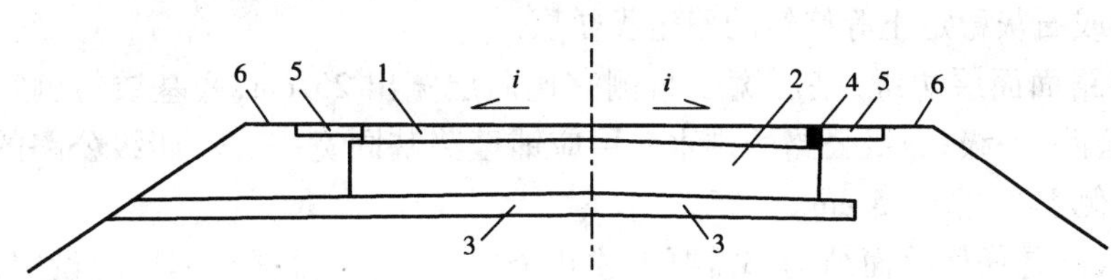

图9-1　路面结构层次划分示意图

i-路拱横坡度;1-面层;2-基层(有时包括底基层);3-垫层;4-路缘石;5-加固路肩;6-土路肩

1. 面层

面层位于整个路面结构的最上层,直接同交通荷载和大气接触,承受较大的行车荷载的垂直力、水平力、冲击力以及轮胎真空抽吸力的作用,并且还受到降水和温度变化的影响,是最直接地反映路面使用品质和路容的层次。因此,同路面结构的其他层次相比,面层应具有较高的结构强度、刚度和稳定性、耐久性,并且应耐磨、不透水,其表面还应具有良好的抗滑性和平整度等。此外,还需适应道路所在地区的环境要求。

修筑面层所用的材料主要有:水泥混凝土、沥青混凝土、沥青碎砾石混合料、砂砾或碎石掺土或不掺土的混合料以及块料等。

面层可由一层或数层组成(高等级公路的面层常由2~3层组成)。沥青混合料路面的面层自上而下分别称之为上(表)面层、中面层和下面层,并根据各分层的要求采用不同的级配等级。水泥混凝土路面的面层通常为单一层次组成,也有分上、下两层铺筑,分别采用不同强度等级的水泥混凝土组成复合面层。水泥混凝土路面上加铺5 cm厚沥青混凝土这样的复合式结构也是常见的,但是砂石路面上所铺筑的2~3 cm厚的磨耗层或厚1cm的保护层,厚度不超过1cm的简易沥青表面处治以及为加强路面各结构层之间的共同作用或为减少基层的反射裂缝而在各结构层之间设置的联结层,不能作为一个独立的层次,应看作是面层或基层的一部分。

2. 基层

基层直接位于路面面层之下、用高质量材料铺筑的主要承重层称为基层。铺筑在基层下的次要承重层称为底基层,但一般常将二者统称为基层。基层主要承受由面层传递来的行车荷载垂直应力作用,抵御环境因素的影响,使传递到垫层或土基的应力限制在其容许的范围内。基层是构成路面整体强度的主要组成部分,因此,路面基层既要具有足够的强度,又要具有良好的水温稳定性和耐久性。基层表面虽不直接供车辆行驶,但仍然要求具有较好的平整度,这是保证面层平整性的基本条件。

基层、底基层视公路等级或交通量的需要可设置一层或两层。当基层或底基层较厚,需分两层施工时，可分别称为上基层、下基层或上底基层、下底基层。

3. 垫层

垫层是设置在基层或底基层和土基之间的结构层，主要用于潮湿土基和北方地区的冻胀土基，用以改善土基的湿度和温度状况，即起隔水（地下水、毛细水）、排水（其上面层次下渗的水分）、隔温（防冻胀、翻浆）以及传递荷载和扩散荷载的作用。此外，对于碎石基层，铺设垫层还可以防止路基土挤入基层而影响碎石基层结构的性能，即起隔土作用。

修筑垫层的材料，强度要求不一定高，但是水稳定性要好。此外，还应根据该垫层在路面结构中的具体作用，有针对性地选择隔温、隔水、排水和隔土性能好的材料。

常用的垫层材料分为两类：一类是由松散粒料，如砂、砾石、炉渣等组成的透水性垫层；另一类是用水泥或石灰稳定土等修筑的稳定类垫层。

为了保护路面面层边缘，基层宽度每侧宜比面层宽出 25 cm，底基层每侧宜比基层宽出 15 cm。高速公路、一级、二级公路的排水垫层应铺至路基同宽，三级、四级公路的垫层可比基层或底基层每侧至少宽出 25 cm。

应当指出，不是任何路面结构都需要上述几个层次，而应根据具体情况设定，而且层次的划分也不是一成不变的。例如，在道路改建中，旧路的面层则可成为新路面的基层。

第二节 路面类型及基本要求

一、路面类型

路面类型可以从不同的角度来划分，一般按面层所用的材料区别，可分为水泥混凝土路面、沥青路面、砂石路面等。

在工程设计中，主要从路面结构的力学特性和设计的相似性出发，将路面划分为柔性路面、刚性路面和半刚性路面三类。

1. 柔性路面

用有机结合料或有一定塑性细粒土稳定各种集料的基层、沥青贯入碎石基层、热拌沥青碎石或乳化沥青碎石混合料、不加任何结合料的各种集料基层和泥灰结碎石等结构均称为柔性基层。在柔性基层上铺筑沥青面层或用有一定塑性的细粒土稳定各种集料的中、低级路面结构，因具有较大的塑性变形能力而称这类结构为柔性路面。柔性路面的整体刚度较小，在荷载作用下弯沉变形较大，抗剪、抗弯拉强度较低，荷载通过各种结构层向下传递到土基，通常土基受到较大的单位压力。土基的强度和稳定性对路面结构整体强度有较大的影响。路面结构按弹性层状体系理论计算。

2. 刚性路面

刚性路面主要是指用水泥混凝土作为面层或基层的路面结构。水泥混凝土的各种强度和刚度均比其他路面材料高出很多，但形变能力较小，属脆性材料。水泥混凝土路面在车轮荷载作用下弯沉变形极小，对荷载的扩散能力强，传到基础上的单位压力比柔性路面小得多。路面结构按弹性地基板理论计算。要求地基有连续均匀的支承，不容许地基下沉，以免导致水泥混凝土路面板脱空而被折断。

3. 半刚性路面

整体型的水泥或石灰稳定粒料、石灰工业废渣混合料、石灰土、水泥土等，在前期具有柔性路面的力学性质，后期的强度和刚度均有较大幅度的增长，但最终的刚度介于柔性、刚性之间，当用做基层时称为半刚性基层。铺筑在半刚性基层上的沥青路面结构称为半刚性路面。

柔性路面、刚性路面和半刚性路面，这种以力学特性为标准的分类方法主要是为了便于从功能原理和设计方法出发进行区分，并没有绝对的定量分界界限。近年来，材料科学的发展正在逐步改变这种属性，如水泥混凝土的增塑研究正在使它的刚性降低而保留它的高强性质，沥青的改性研究使得沥青混凝土随气候而变化的力学性质趋向于稳定，大幅度提高其刚度。

二、路面等级

路面技术等级与公路技术等级相对应，路面技术等级由高到低，与行车道上的设计交通量成正比例。路面等级与公路技术等级和设计交通量三者相互联系在一起，主导因素是设计交通量。

按技术条件划分，路面等级可分为高级路面、次高级路面、中级路面和低级路面。

1. 高级路面

它包括沥青混凝土路面、水泥混凝土路面、整齐块石或条石等面层所组成的路面。一般适用于交通量大、行车速度高的公路。这类路面的特点是：结构强度高、稳定性好、使用寿命长、平整、少尘，能保证高速行车，而且养护费用少，运输成本低，但一次性投入大，工艺要求高，材料质量要求高。

2. 次高级路面

它包括沥青贯入式、沥青碎(砾)石等面层所组成的路面。一般适用于交通量较大、行车速度较高的公路。它与高级路面相比，使用品质稍差，使用年限稍短，造价也较低，但养护费用较高。

3. 中级路面

它包括由水结碎石、泥结碎石、级配碎(砾)石、半整齐块石或条石等作面层所组成的路面结构。它的强度低、使用期限短、平整度差、只能适应于较小交通量，行车速度低，并且养护工作量大，运输成本较高。

4. 低级路面

它由包括各种粒料或当地材料改善土所筑成的路面，如炉渣土、砂砾土等。它的强度低、水稳性和平整度均较差，在雨天不能行车，能适应的交通量很小，养护工作量大，运输成本高，当然造价也很低。

《公路工程技术标准》(JTG B01—2003)要求路面面层类型的选用应符合表9-1所示。

路面面层类型及适用范围 表9-1

面层类型	适用范围
沥青混凝土	高速公路、一级公路、二级公路、三级公路、四级公路
水泥混凝土	高速公路、一级公路、二级公路、三级公路、四级公路
沥青贯入、沥青碎石、沥青表面处治	三级公路、四级公路
砂石路面	四级公路

三、路面结构的厚度

路面结构层总厚度是各结构层厚度之和。各结构层厚度的选择是根据车轮荷载、土基强度和路面材料的强度等因素。在同一路面结构层中,各层次的材料强度和厚度都是相互关联、相互补充和相互依存的。例如:路面面层材料相对强度高、价格也高,在荷载及土基已定的情况下,从经济角度考虑,往往选用面层厚度较小,就得选择较强或较厚的基层或增加层次。如果面层厚度增加,相应的基层厚度可减小或减少层次。在实际中,不论结构层的数量还是结构层的厚度,一是从经济角度考虑,二是从技术角度考虑,都不宜采用过多或过少的结构层数以及过厚或过薄的层厚,如表 9-2a、b、c 所示。

沥青混合料的压实最小厚度与适宜厚度 表 9-2a

沥青混合料类型		最大粒径(mm)	公称最大粒径(mm)	符号	压实最小厚度(mm)	适宜厚度(mm)
密级配沥青混合料(AC)	砂粒式	9.5	4.75	AC-5	15	15~30
	细粒式	13.2	9.5	AC-10	20	25~40
		16	13.2	AC-13	35	40~60
	中粒式	19	16	AC-16	40	50~80
		26.5	19	AC-20	50	60~100
	粗粒式	31.5	26.5	AC-25	70	80~120
密级配沥青碎石(ATB)	粗粒式	31.5	26.5	ATB-25	70	80~120
		37.5	31.5	ATB-30	90	90~150
	特粗式	53	37.5	ATB-40	120	120~150
开级配沥青碎石(ATPB)	粗粒式	31.5	26.5	ATPB-25	80	80~120
		37.5	31.5	ATPB-30	90	90~150
	特粗式	53	37.5	ATPB-40	120	120~150
半开级配沥青碎石(AM)	细粒式	16	13.2	AM-13	35	40~60
	中粒式	19	16	AM-16	40	50~70
		26.5	19	AM-20	50	60~80
	粗粒式	31.5	26.5	AM-25	80	80~120
	特粗式	53	37.5	AM-40	120	120~150
沥青玛蹄脂碎石混合料(SMA)	细粒式	13.2	9.5	SMA-10	25	25~50
		16	13.2	SMA-13	30	35~60
	中粒式	19	16	SMA-16	40	40~70
		26.5	19	SMA-20	50	50~80
开级配沥青磨耗层(OGFC)	细粒式	13.2	9.5	OGFC-10	20	20~30
		16	13.2	OGFC-13	30	30~40

贯入式沥青碎石、沥青表面处治压实最小厚度与适宜厚度 表 9-2b

结构层类型	压实最小厚度(mm)	适宜厚度(mm)
贯入式沥青碎石	40	40~80
上拌下贯沥青碎石	60	60~80
沥青表面处治	10	10~30

基层结构层压实最小厚度与适宜厚度　表 9-2c

结构层类型	压实最小厚度(mm)	适宜厚度(mm)
级配碎石	80	100~200
水泥稳定类	150	180~200
石灰稳定类	150	180~200
石灰粉煤灰稳定类	150	180~200
贫混凝土	150	180~240
级配砾石	80	100~200
泥结碎石	80	100~150
填隙碎石	100	100~120

四、自然因素对路面的影响

路面工作在自然环境中，除直接承受车轮荷载作用外，还直接受水、温度、阳光、空气等自然因素的影响。它们既有促进路面成型、稳定等有利方面，又有促使路面软化、破坏和影响施工的不利方面。因此必须十分重视这些影响因素。

1. 湿度变化对路面影响

湿度状况的变化是影响路面结构强度、刚度和稳定性的重要因素之一。路面中水的影响与道路所在地区的自然条件、季节、降雨量、蒸发条件和道路本身的排水能力等因素有关。路面结构中的水主要有三个来源：一是土基中的毛细水，二是边沟渗水，三是路面渗水。土基中的毛细水源于地下水，边沟和路面渗水来自于降雨和地面径流。

路面结构中，基层、垫层材料在最佳含水率下压实可得到最大密实度，并具有较高的力学强度。含水率过大时，材料过分潮湿，其强度大大降低，变形也增大。但如果含水率过小，材料颗粒之间由于缺乏水膜黏结作用，会发生松散；由于缺乏润滑作用，压实度不高，同样也不会有较高的力学强度。由于沥青路面在水的作用下，沥青与石料的黏附力降低，导致石料与沥青剥离，从而使路面发生松散、坑槽等病害。

根据路面材料对水的敏感性不同，可区分为水稳性材料和非水稳性材料。水稳性材料在水的影响下，力学强度不显著降低；非水稳性材料则在水的影响下，力学强度显著降低。

2. 气温变化对路面的影响

温度同样是影响路面结构强度的重要因素。同一路面，在炎热的夏季和寒冷的冬季可能有不同的使用品质，即使在一天内，路面的工作状态也会有所差异，因此，必须考虑气温对路面的影响。

气温的变化将直接影响路面强度或内部应力变化。沥青类路面材料的强度随温度变化而变化，这种性质被称为温度稳定性。温度稳定性差的材料在温度变化时，强度显著降低。由于沥青本身对温度非常敏感，因此沥青类路面对温度也非常敏感。温度升高后，沥青的稠度降低，在颗粒间起到润滑作用，从而使黏结力降低；温度过低时，沥青的变形能力降低，容易发生脆裂。

水泥混凝土路面受温差的影响，体积将发生变化。在一年四季中，温差引起的体积变化如果受到约束，将会产生很大的温度应力，有时甚至超过荷载应力，使混凝土发生断裂。所以必须把混凝土板划分成一定尺寸的板块来克服。

气温对无机结合料加固的路面结构的初期成型也有很大的影响。石灰土、工业废渣基层，在成型期间，如果在温度高、正常含水率和压实度情况下，可以获得较高的强度。反之，如果成型期间温度过低，即使含水率和压实度正常，也不会有较高的强度，致使成型期较长。

3. 其他因素的影响

阳光、温度、大气中的氧共同作用，可以改变沥青的组成成分，使之老化，相应缩短了沥青路面的寿命。

温度与水共同作用，导致路面的冻胀与翻浆。

在干燥地区或季节，因空气干燥而促使路面结构层中的水分蒸发，对一些用黏土作结合料的中、低级路面有很大影响，使之因失水而丧失稳定性，导致结构层发生松散。

五、路拱横坡度设置

路拱的形式已经在前面讲述过，路拱横坡度的选择将在本部分内容中介绍。确定路拱横坡度要考虑既有利于行车平稳，又有利于路面排水，所以可根据自然条件和路面的类型选择路拱横坡度。高级路面透水性小，平整度和水稳性好，可采用较小值；低级路面采用较高值，干旱和积雪地区也应采用较小值，潮湿多雨地区选用较大值。如表9-3所示。为有利于路面水及时排出，路肩的横坡度一般比路拱横坡度大1%～2%。

路 拱 坡 度 表9-3

路 面 类 型	沥青混凝土、水泥混凝土	其他沥青路面	半整齐石块	碎、砾石路面	低 级 路 面
路拱坡度(%)	1～2	1.5～2.5	2～3	2.5～3.5	3～4

第三节 沥 青 路 面

沥青路面是用沥青作黏结料修筑面层并与其他各类基层所组成的路面。因其呈黑色，故又称黑色路面。

沥青路面使用了黏结力较强的沥青材料，使矿料之间的黏结力大大加强，从而提高了混合料的强度的稳定性，路面的使用质量和耐久性都得到提高。与水泥混凝土路面相比，沥青路面表面平整无接缝，行车舒适平稳，噪声小，开放交通早，养护方便，是我国路面结构的重要形式。由于它可以使用不同的材料组成和施工方法，因而适用于不同等级的公路路面。沥青路面的缺点是温度稳定性差，如果设计或施工时控制不好，在夏季高温时，路面容易变软或泛油。冬季低温时，沥青材料变脆或由于基层原因而引起路面开裂。而且表面易受硬物损坏，并易磨光而降低抗滑性。

沥青路面主要有沥青混凝土、热拌沥青碎石、乳化沥青碎石、沥青贯入式、沥青表面处治等形式。

一、沥青路面材料

沥青路面主要由沥青、集料、矿粉组成，以及其他一些外加材料，如纤维等。

1. 沥青

一般使用石油沥青作为沥青路面材料，反映沥青性质的指标有针入度、延度、软化点等。

针入度表示沥青的黏性，用质量为100g的测针在25℃温度下插入沥青5s时，测针插入的深度表示，以0.01mm计；沥青的针入度越小，说明沥青黏性越大。延度表示沥青的变形能力，沥青试件在15℃的水槽中以每分钟5mm的速度被拉长直至拉断,拉断前沥青试件的长度即是延度,以cm计。延度越大,表示变形能力越强;软化点表示沥青的温度稳定性,将玻璃杯中的水从5℃开始加温,以5℃/min的速度将杯中水温升高。当浸于水中的两颗钢球从装满沥青样品的两个小铜环中下落至杯底时的温度,称为软化点。软化点越高,表示沥青的温度稳定性越好。

2. 集料

集料即沥青路面所用的石料,分为粗集料和细集料两类。粗集料是指粒径在2.36mm以上的碎石。一般选用与沥青黏附性能好的碱性集料,因为粗集料在沥青路面中起骨架作用,故要求其坚硬耐磨和抗冲击性好。矿料的尺寸符合技术要求,细集料采用天然砂、机制砂或石屑,粒径在5 mm以下,要求洁净、干燥、无风化、无杂质,并且尺寸大小的配比符合技术要求。

3. 矿粉

矿粉是采用石灰石等石料磨细的粉料,可作为填充料,能够促进沥青与集料的化学黏结作用,从而提高强度。

二、沥青路面的分类

1. 沥青表面处治

沥青表面处治路面是指在石料表面分层洒布沥青、撒铺矿料并压实而成的沥青路面形式。一般情况下修筑厚度不大于3cm。其作用不是承重而是作为表面层抗磨耗、防止路面表水下渗、提高平整度、改善行车条件、延长路面寿命等。一般施工方法是在清理好的下承层上洒布加热到一定温度的沥青,之后趁热迅速均匀铺撒集料,然后进行碾压即可完成一层,如果需要做两层或三层,则继续按上述步骤进行。

沥青表面处治大多用于以下情况:

(1)为碎石路面或基层提供一个能承受行车和大气作用的磨耗层或面层,并提高等级。

(2)改善或恢复原有路面的使用品质。对原路面磨损较严重者,可采用单层表面处治;对磨耗或老化严重者,可采用双层表面处治。对于路面过于光滑时,则选用带有棱角的硬质石料铺筑,提高其抗滑能力。

(3)作为空隙较多的沥青面层的防水层。

2. 沥青贯入式

沥青贯入式是在初步压实的碎石上,贯入加热的沥青后撒铺较细的石料嵌缝,再进行碾压而成的沥青路面形式。这种路面强度较高,温度稳定性好,但是孔隙比较大,易透水。一般施工方法是在清理后的下承层上先撒铺透层沥青后,均匀地撒铺主层矿料、碾压、洒布第一次沥青;之后立即均匀撒铺较小集料嵌缝、碾压、洒布第二次沥青;再次撒铺更小的集料嵌缝、碾压、洒布第三次沥青,撒铺封面料、最后碾压成型。一般情况下,适用于二级或二级以下公路或作为沥青路面的联结层。

3. 沥青混凝土和沥青碎石

沥青混凝土是由不同尺寸的矿料(碎石、石屑、砂和矿粉)按最佳级配原则选配,以一定比例的沥青作结合料经拌和压实而成沥青路面形式。沥青混凝土密度大、强度高、平整度好、整体性好并富有弹性,是一种适合现代快速汽车交通的高级路面。

沥青碎石是由几种不同尺寸的矿料,掺少量矿粉或不加矿粉,用沥青作结合料,按一定比例配合,经拌和压实而成的沥青路面形式。因为沥青碎石较沥青混凝土而言,温度稳定性好,施工相对容易;但空隙率大,易透水,因此其不能做表面层。

根据矿料的尺寸不同,将沥青混凝土分为粗粒式、中粒式、细粒式。

沥青混凝土和沥青碎石通常作为高等级公路的面层。沥青混凝土适用于高速公路和一、二级公路面层的表面层及中面层,沥青碎石适用于下面层。

三、沥青混凝土面层的厚度

对于设置在半刚性基层上的沥青面层整体(包括表面层、中面层、底面层)来说,在不同的公路等级、交通量及组成、气候条件等影响下,其总厚度是有要求的,见表 9-4 所示。

半刚性基层上的沥青层推荐厚度 表 9-4

公路等级	沥青层推荐厚度(cm)	公路等级	沥青层推荐厚度(cm)
高速公路	12 ~ 18	三级公路	2 ~4
一级公路	10 ~ 15	四级公路	1 ~2.5
二级公路	5 ~ 10		

第四节 水泥混凝土路面

水泥混凝土路面是一种高级路面。它是以水泥混凝土面板和基层、垫层所组成的路面形式,也称刚性路面。这种路面应用广泛,主要用于公路、城市道路、港口码头、机场、停车场等。随着科技的进步,水泥混凝土路面的种类也越来越多。除了常用的普通水泥混凝土路面外,钢筋混凝土路面、钢纤维混凝土路面、碾压混凝土路面、多孔吸音混凝土路面等形式也逐渐得到广泛的应用。

与其他路面相比,水泥混凝土路面具有以下优点。

1. 强度高

水泥混凝土路面具有较高的抗压强度、抗弯拉强度和抗磨耗能力。

2. 稳定性好

水泥混凝土路面温度稳定性、水稳定性均较好,特别是它的强度随时间的延长而逐渐提高;不存在沥青路面的"老化"现象。

3. 耐久性好

由于水泥混凝土路面强度和稳定性好,所以经久耐用,一般使用年限可达 20 ~40 年,而且能通行履带式车辆等各种运输工具。

4. 养护费用小

与沥青混凝土路面相比,水泥混凝土路面养护工作量和费用均较少。虽然它的一次投入大,但使用年限长,分摊于每年的工程费用则较少,从长远角度考虑,其经济效益比较明显。

5. 有利于夜间行车

水泥混凝土路面色泽鲜明,能见度好,对夜间行车有利。

水泥混凝土路面存在的缺点:

水泥用量多,一次性投资大,而且由于水泥水化形成强度需要一段时间,一般在完工半个月以上才能开放交通。为防止热胀冷缩产生不规则裂缝,一般情况下在水泥混凝土路面上设置许多横向和纵向接缝,致使行车产生跳动,影响舒适性。接缝是水泥混凝土路面的薄弱点,如处理不当,将会渗水,导致路面板边和板角的破坏。另外,当水泥混凝土路面破坏后,开挖很困难,修补工作量大,且影响交通。

一、水泥混凝土路面构造

(一)土基

水泥混凝土路面的刚度比较大,但如果土基稳定性不好,产生不均匀沉陷,会使面板在荷载作用下断裂。因此,土基应稳定、密实、均质,对路面结构提供均匀的支承。地面水和地下水必须拦截或排出路基以外,使路基长期处于干燥或中湿状态,以保证足够的强度和稳定性。

(二)垫层

水泥混凝土路面垫层主要起防冻和排水作用。

遇有下述情况时,需在层基下设置垫层:

(1)季节性冰冻地区,路面总厚度小于最小防冻厚度要求时,其差值应以垫层厚度补足;

(2)水文地质条件不良的土质路堑,路床土湿度较大时,宜设置排水垫层;

(3)路基可能产生不均匀沉降或不均匀变形时,可加设半刚性垫层。

防冻垫层和排水垫层宜采用砂、砂砾等颗粒材料;半刚性垫层可采用低剂量无机结合料稳定粒料或土;其最小厚度为150mm。

(三)基层

基层修筑在垫层(土基)与混凝土面板之间,它的作用是给混凝土面板提供均匀稳定的支撑,防止出现唧泥、冻胀以及板底脱空,以保证混凝土路面的整体强度,延长路面的使用寿命。基层应具有足够的抗冲刷能力和一定的刚度,且表面平整。基层材料应根据交通等级、当地条件和经济性等因素选用如表9-5。

适宜各交通等级的基层类型 表9-5

交通等级	基层类型
特重交通	贫混凝土、碾压混凝土或沥青混凝土基层
重交通	水泥稳定粒料或沥青稳定碎石基层
中等或轻交通	水泥稳定粒料、石灰粉煤灰稳定粒料或级配粒料基层

(四)水泥混凝土面板

水泥混凝土面板直接承受自然因素和行车荷载作用,并直接体现使用功能好坏,应具有较高的强度和稳定性。表面平整耐磨,并有一定的粗糙度,达到规定的抗滑标准。

由于一年四季气温的变化,混凝土面板会产生不同程度的膨胀和收缩。在一昼夜中,白天气温升高,混凝土面板顶面温度较底面温度高,这种温度差会造成面板中部突起;夜间气温降低,混凝土面板顶面温度较底面温度低,使面板的周围和角隅翘起。这些变形会受到面板和基层之间的摩阻力和黏结力,以及面板自重和车轮荷载等的约束,致使面板内产生过大应力,造成面板的断裂或拱胀破坏。为防止温度变化引起胀缩力和温差使面板产生的翘曲应力,以及土基不均匀沉陷引起板的开裂,水泥混凝土路面不得不在纵横方向建造许多接缝,把整个路面分割成许多板块。接缝的构造按平面的位置可分为横缝和纵缝,与路线平行的接缝称为纵缝,与路线垂直的接缝称为横缝。

1. 纵缝及其构造

纵缝必须与路中线平行,分为纵向缩缝和纵向施工缝。纵缝的间距应根据摊铺宽度、路面总宽、车道分隔线和硬路肩位置宽度总和确定,一般不能超过4.5m。

(1)纵向缩缝

纵向缩缝的位置宜按车道宽度设置,可采用假缝加拉杆型,其构造如图9-2所示。一般在混凝土达到一定强度后,用切缝机进行切割,或在混凝土浇筑时嵌入木条形成。缝深一般为板厚的1/4~1/5,宽度为3~8mm。拉杆的设置可防止板块横向位移使缝隙扩大,设置在板厚1/2处。

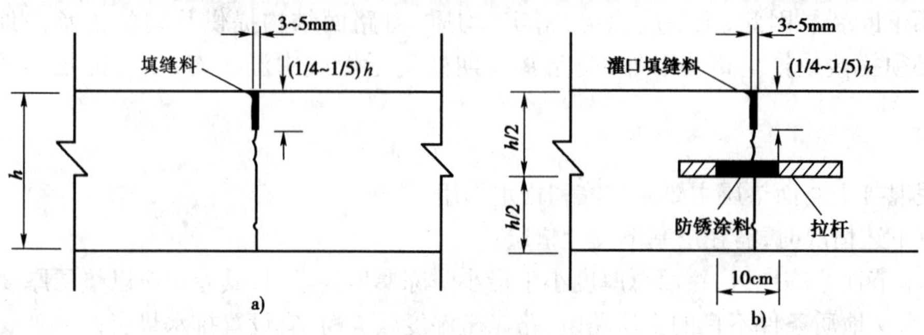

图9-2 纵向缩缝构造图

a)假缝型;b)假缝加拉杆型

(2)纵向施工缝

由于施工条件等原因,当一次铺筑宽度小于路面宽度和硬路肩(如果有)总宽度,需要分两次以上浇筑时,则应设置纵向施工缝,位置宜与车道线一致,如图9-3所示。纵向施工缝一般情况下采用平缝,在板厚中央设置拉杆,拉杆可为直线形或"L"形。

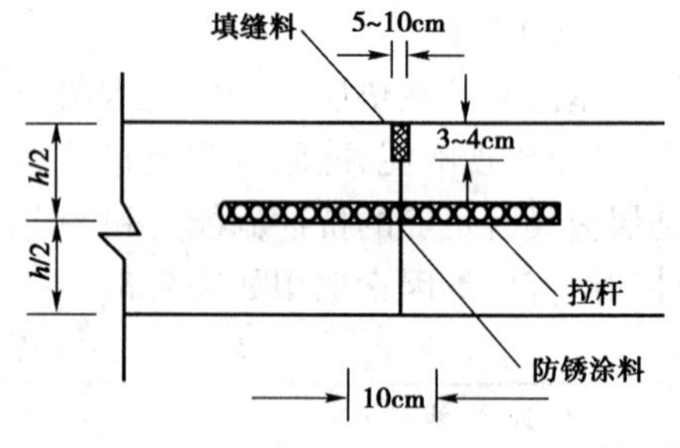

图9-3 纵向施工缝构造图

2. 横缝及其构造

横缝分为横向缩缝、横向胀缝和横向施工缝。

(1)横向缩缝

横向缩缝是为了减少混凝土的收缩应力和温度翘曲应力而设置的,一般采用假缝的形式。在重或特重交通的公路上,由于荷载的重复作用和轴载大,板间容易出现错台,故需设置传力杆,如图9-4所示。

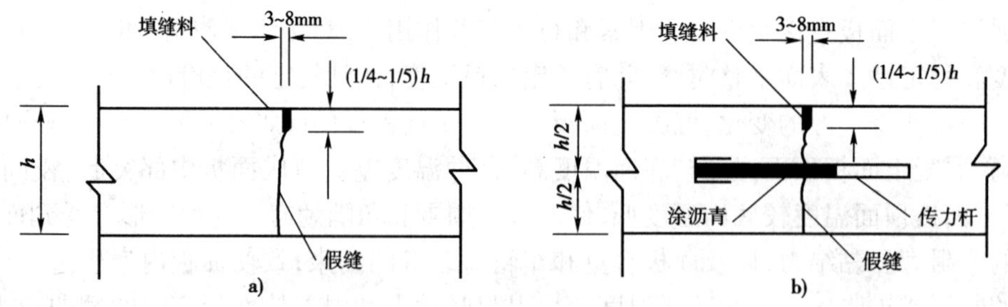

图9-4 横向缩缝构造图

a)假缝型;b)假缝加传力杆型

缩缝的上部设置槽口,在浇筑混凝土后,用切割机进行切割,宽度为3~8mm,缝深一般为板厚的1/4~1/5。槽口内为防止水分渗入和杂质嵌入,须填塞填缝料。当设传力杆时,传力杆长度1/2以上要涂沥青。

(2)横向胀缝

在胀缝处混凝土板完全断开，故也称其为真缝。胀缝设置的目的是为给混凝土板的膨胀提供伸长余地，从而避免产生过大的压力。其设置视集料的膨胀性大小、当地年温差和施工季节总和确定，如图 9-5 所示。

胀缝必须贯穿到底，缝壁垂直，缝宽 20 ~ 25mm，在板厚中央设置传力杆。传力杆一半以上应涂沥青或加塑料套。

(3)横向施工缝

每日施工结束或摊铺中断时间超过 30min 时，则应设置横向施工缝。横向施工缝尽可能少设，最好设置在胀缝或缩缝处。横向施工缝应与路中线垂直，如图 9-6 所示。

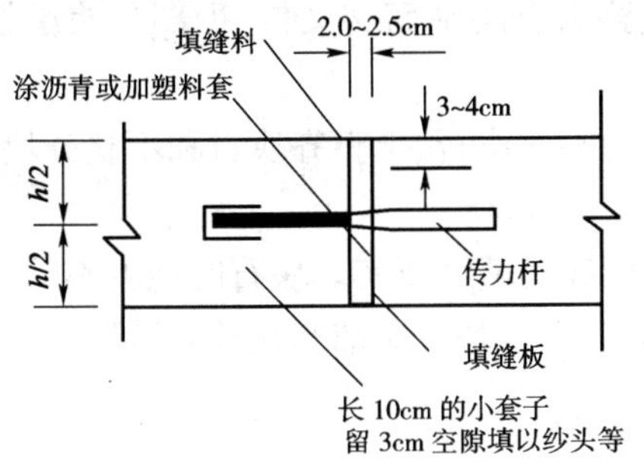

图 9-5　胀缝构造图

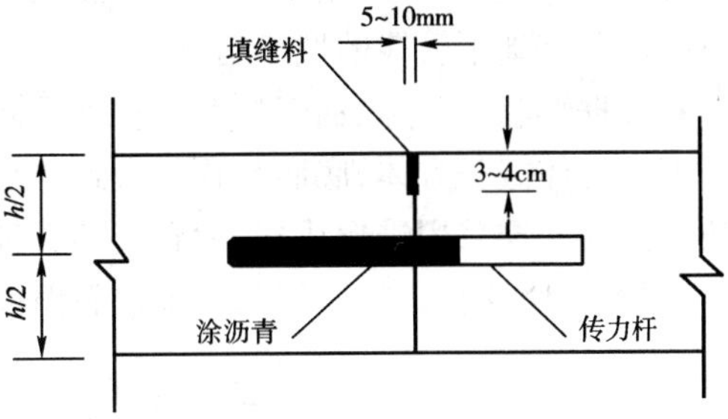

图 9-6　横向施工缝构造图

二、水泥混凝土路面的厚度和平面尺寸

水泥混凝土路面面板采用矩形形式，纵缝间距可按路面宽度和每条车道宽度而定，普通混凝土面层间距一般为 4 ~ 6m，平面尺寸不宜大于 25m^2。厚度与交通等级和变异水平等级有关。表 9-6 为水泥混凝土路面设计时交通等级的划分；表 9-7 为水泥混凝土面层厚度变化范围。

水泥混凝土路面交通分级与设计寿命　　表 9-6

交通等级	设计车道标准轴载累计作用次数 N_e(10^4)
特重	>2 000
重	100 ~ 2 000
中等	3 ~ 100
轻	<3

注：标准轴载是指根据等效损坏原则，将路面上行驶车辆的前、后轴载作用次数换算为重为 100kN 的轴作用的次数。

水泥混凝土面层厚度　　表 9-7

交通等级	特重				重			
公路等级	高速	一级		二级	高速	一级		二级
变异水平等级	低	中	低	中	低	中	低	中
面层厚度(mm)	≥260	≥250	≥240		270 ~ 240	260 ~ 230	250 ~ 220	
交通等级	中等				轻			
公路等级	二级		三、四级		三、四级	三、四级		
变异水平等级	高	中	高		中	高	中	
面层厚度(mm)	240 ~ 210	230 ~ 200			220 ~ 200	≤230	≤220	

第五节　中、低级路面与基层

一、块石路面及基层

用不同形状和尺寸的石块砌筑的路面结构层称为块石路面或基层。

块石路面坚固且耐用，清洁少尘，养护维修方便。由于块石路面施工主要靠手工操作，有些石块还要进行加工和琢制，难以实现机械化，故耗费劳力多，效率低。根据这些特点，块石路面不能够大面积使用，一般用于山区急弯陡坡路段、铁路与公路平面交叉口、少部分旅游景区内的道路以及有地下管线的城市道路。

块石根据形状、尺寸和加工的粗琢程度不同，可分为整齐块石、半整齐块石和不整齐块石。形状近似立方体或长方体，底面与顶面大致平行。

块石路面基层采用锥形块石、片石或圆石铺砌，并用碎石填缝压实。块石的强度不低于三级，表面平整。坚实稳定的基层是保证块石路面质量的关键。基层应铺筑在砂或砂砾垫层上。

二、级配碎（砾）石路面及基层

级配碎（砾）石结构层采用未筛分的轧制碎石和石屑按照一定的比例配合，逐级填充空隙，并借黏土来黏结，经过压实后，形成密实结构。这种结构的路面平整度好，施工时容易压实，维修方便，可就地取材，造价低廉。但耐磨性差，易扬尘，水稳定性差。

级配碎（砾）石结构所用石料应有足够的强度，用于面层的碎（砾）石强度不低于 III 级，用于基层的不低于Ⅳ级，其中针片状含量不得超过 20%。砂尽量选用粗砂或中砂。土的塑性指数对于面层应选用 15 ~ 25，用于基层时，可适当降低，但土中不得含有腐殖质、草根、杂质等。

三、半刚性基层

半刚性基层是用无机结合料（如水泥、石灰）与土、矿料（如碎石、砂、石屑等）或工业废渣（如粉煤灰、矿渣等）按一定比例混合，经压实而形成的稳定的结构层。这类结构强度高，板体性好，但会干缩开裂，耐磨性差，故不宜做面层，只能作为基层使用。半刚性基层有石灰稳定土、水泥稳定土、水泥稳定碎石、石灰粉煤灰碎石（简称二灰碎石）等组合形式。

第六节　路面防滑

一、路面粗糙度与摩阻系数

从宏观上讲，要求路面整体平整，不能有高低不平或坑洼以及波浪一样的起伏，但从微观上讲，并不是要求路面表面像镜面一样光滑，必须是凹凸不平的，因为光滑的路面面层对行车安全十分不利。微观上的路面面层凹凸不平即指路面粗糙度。

在强大的压力下，汽车轮胎表面变形与路面表面的凹凸完全密合，当车轮与路面之间有相对运动的倾向时，根据作用力与反作用力原理，两者就会表现出相互阻止的作用，这就是轮胎与路面的摩阻力。路面粗糙度越好，在轮重压力下，轮胎与路面的摩阻力就越大。

车轮与路面间的摩阻力由两部分组成，其一是车轮与路面间的摩擦力，其二是橡胶轮胎变形与路面凹凸密合时所产生的阻力。它有纵横两个方向，横向摩阻力可以阻止车轮在路面上侧向滑移，保证汽车在平曲线超高斜坡面上行驶时，车轮不致发生横向滑动。纵向摩阻力可以阻止汽车驱动轮空转或滑移，由于纵向摩阻力的作用，当汽车驱动轮在路面上转动时，借纵向摩阻力在路面上的切向反作用力推动汽车前进。

车轮与路面的摩阻力与路面材料的性质和路面结构类型有关，在同样的车轮荷载下，路面面层结构类型不同，车轮与路面间的摩阻力也不相同。另一方面，摩阻力与车轮载重有关，同一类型路面上，车轮载重越大，车轮与路面之间摩阻力越大，车轮载重力方向垂直于路面，摩阻力方向平行于路面，可以用下面关系表达两者的物理关系：

$$\varphi = \frac{N}{Z} \tag{9-1}$$

式中：φ——车轮与路面间的摩阻系数；

Z——车轮载重，kN；

N——车轮与路面间的摩阻力，kN。

车轮与路面间的摩阻系数充分表示各种类型路面的摩阻特性，表 9-8 是各种类型路面在不同状态下的摩阻系数。

车轮与路面摩阻系数表 表 9-8

路面类型	路面状态			
	干燥	潮湿	泥泞	冰滑
水泥混凝土	0.5～0.7	0.4～0.5		
沥青混凝土	0.5～0.7	0.35～0.45		
中、低级路面	0.4～0.6	0.2～0.4	0.15～0.25	0.05～0.15
沥青表面处治	0.3～0.5	0.1～0.3		

二、影响摩阻系数的因素

（一）路面因素

路面结合料和集料的性质、用量和外表特征，对路面粗糙度及其摩阻系数都有重要影响。在设计和施工中，应严格控制结合料的用量。尤其是沥青路面，结合料用量过大，面层表面凹凸程度减小，粗糙度减小。在集料方面，表面粗糙且多棱角的碎石比表面光滑的砾石好，耐磨的集料（如玄武岩和花岗岩）比石灰岩等不耐磨碎石好，坚硬不易风化的砂岩也有比较好的粗糙度和耐磨性。对于水泥混凝土路面，施工时切不可将面层用水泥砂浆抹光，要进行拉毛，做成粗糙的表面。

（二）行车因素

车轮与路面间的摩阻系数与行车速度也有明显的关系。我们已经知道，橡胶轮胎变形与路面凹凸密合时所产生的阻力是摩阻力的重要组成部分，当汽车在路面上静止时，两者之间的结合最完全和彻底，表现出的摩阻力最大。当车轮滚动时，这种结合就不那么充分了，两者之间的摩阻力也就随之降低。所以，同一类型路面在车速低时，摩阻系数大，车速越高，则摩阻系数下降得越多。因此，高等级公路的路面应该有较大的摩阻系数。

（三）路面潮湿或积水的影响

路面潮湿时，在表面上有一层很薄的水膜，相当于使车轮与路面间隔着一层润滑剂，水膜将路面上的凹凸填平,使两者结合的密合程度受到严重影响,这种现象称为“水垫”。当路面仅潮湿或无明显的水滞留时,车轮可以将一部分水膜挤开,但当路面有水滞留时,车轮无法将水膜挤出,则轮胎与路面被水膜完全隔离。“水垫”使车轮与路面间的摩阻力锐减,可能致使汽车驱动、制动、转向失灵。

(四)气候因素

沥青路面在夏季酷热期间,沥青材料经阳光照射使路面结构层软化,如果沥青的热稳定性不好,而且沥青用量又偏多,车轮与路面的摩阻系数就要降低。

另外,摩阻系数还与轮胎的花纹和轮胎的材料有关。例如,细而浅的轮胎花纹在坚硬路面上有比较好的摩阻性能,宽而深的轮胎花纹在土路面上有比较好的摩阻性能。从轮胎材料上比较,合成橡胶比天然橡胶摩阻系数高。

三、路面防滑措施

(一)加铺磨耗层

已建成的路面,如果因结合料的物理性质发生变化,或者因行车磨损而致使集料表面圆滑,都可导致路面的摩阻系数达不到安全行车的要求,这时可以采取加铺磨耗层的措施来提高路面的摩阻系数。例如,在沥青混凝土旧路面上加铺沥青粗砂,或者在中级路面上加铺耐磨碎石的沥青表面处治等措施,都可以得到满意的摩阻系数。

(二)改善原有路面的粗糙度

1. 撒铺碎石嵌缝料

对于沥青用量偏多或热稳定性较差的沥青混合料面层,在夏季高温期间,铺撒0.5~1.5cm尺寸的碎石一层或两层,必要时再撒一层石屑。

2. 压入热拌沥青碎石

对于已建成的细粒式沥青混凝土面层,可用经过预制的沥青碎石在旧面层上摊铺成薄层,趁热碾压入面层,形成粗糙的表面,提高路面的粗糙度。

3. 水泥混凝土路面表面凿毛

对于已建成的水泥混凝土路面,如因施工不当或使用年限过长而使原有纹理光滑,可采用人工或机械凿毛的方法,增加表面的粗糙度,提高摩阻系数。

第七节　路面施工

由前述中我们得知,路面的种类有多种多样,其各自施工方法不尽相同,下面仅就沥青混凝土、沥青碎石、水泥混凝土路面及半刚性基层的施工方法作简单介绍。

一、沥青混凝土、沥青碎石路面

(一)施工准备

1. 对进场原材料进行质量检验,包括沥青、集料、矿粉及其他外加剂、纤维等,已在前面进行了讲述。经选定的材料在施工过程中应保持稳定,不能随意变更。

2. 拌和厂的选址与布置。场地内各项设施和布置应协调,区域划分明确,料场位置既要便于运输,还要便于向搅拌设备供料。

3. 施工机械的检查,包括拌和运输设备、摊铺设备、碾压设备、洒油设备等,对各种施工机具作全面检查,经调试证明处于良好状态,机械数量足够,施工能力配套,重要的机械配有备用。

4. 修筑试验段。沥青路面大面积施工前,采用计划适用的机械设备和混合料的配合比铺筑试验段。通过试验的铺筑,确定合适的拌和时间与温度、摊铺温度与速度、压实机械的合理组合、压实温度和压实方法、松铺系数、合适的作业段长度、验证混合料配合比等,明确人员的岗位职责,最后提出标准的施工方法。

(二)施工阶段

1. 沥青混合料的拌制

沥青混合料必须在沥青拌厂(场、站)采用拌和机械拌制。拌和厂设置在空旷、干燥、运输条件良好的地方。沥青混合料可采用间歇式拌和机或连续式拌和机拌制。各类拌和机都设有防止矿粉飞扬散失的密封性能及除尘设备,并有检测拌和温度的装置,如图9-7所示。

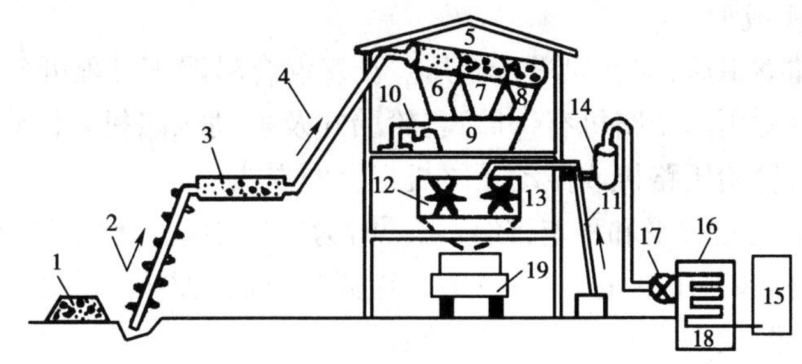

图9-7 间歇式拌和设备

1-砂石;2-材料升运;3-加热滚筒;4-热料升运;5-筛筒;6-小料仓;7-中料仓;8-大料仓;9-总仓;10-磅秤;11-石粉升运;12-拌和缸;13-叶子板;14-沥青容器;15-蒸汽锅炉;16-沥青熔池;17-泵;18-蒸汽管;19-自卸汽车

根据配料单进料,严格控制各种材料的用量及加热温度。沥青混合料的拌和时间以混合料拌和均匀、所有矿料颗粒全部裹覆沥青结合料为度。拌和好的混合料应均匀一致、无花白料、无结团成块或严重的粗细料分离现象。出厂的沥青混合料逐车用地磅称重并检测温度合格后方可出厂。施工各阶段的温度控制如表9-9所示。

沥青混合料施工温度表(℃) 表9-9

沥青加热温度		160~170
矿料温度		170~180
混合料出场温度		正常范围150~165,超过200废弃
混合料运输到现场温度		不低于140~150
摊铺温度	正常施工	不低于130~140,不超过165
	低温施工	不低于140~150,不超过175
碾压温度	正常施工	130~140,不低于120
	低温施工	140~150,不低于130
碾压终了温度		不低于70

2. 沥青混合料的运输

沥青混合料应采用大吨位的自卸汽车运输,车厢内清扫干净,运输时用篷布覆盖,用以保温、防雨、防污染。连续摊铺过程中,运料车应在摊铺机前10~30cm处停下,挂空挡,靠摊铺机推动前进。

3. 沥青混合料的摊铺

混合料运至工地以前,清理好下承层(即前一层),进行施工放样,洒铺透层沥青。将拌和好的混合料装入自卸车运到工地。将运至工地的沥青混合料卸在摊铺机的料斗上,立即进行摊铺,如图9-8所示。摊铺时,根据试验段确定的松铺系数及相关摊铺机的各项参数进行摊铺。最后是一台摊铺机全幅摊铺,这样可以消灭施工接茬,避免质量缺陷。当不能一次全宽摊铺时,两台摊铺机同时作业时,呈梯队作业方式,梯队间距不宜过大,一般为10~30m之间,两台摊铺带相接处,必须有一部分搭茬(重叠),宽度在5~10cm。

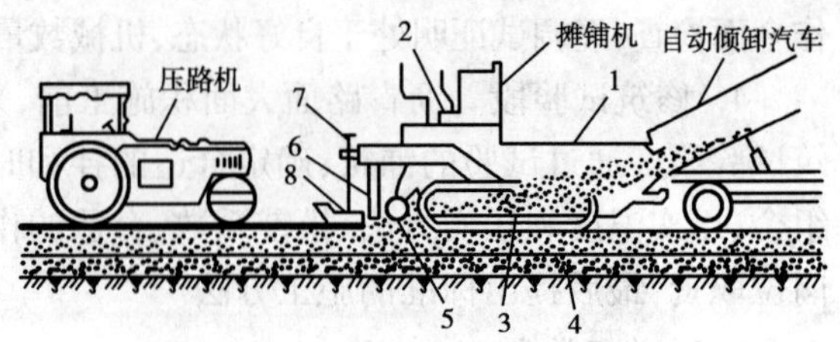

图9-8 沥青混合料摊铺机作业示意图

1-料斗;2-驾驶台;3-送料器;4-履带;5-螺旋摊铺器;6-振捣器;7-厚度调节杆;8-摊平板

4. 混合料的压实成型

沥青混合料摊铺整平后,应及时进行碾压。沥青混合料碾压过程可分为初压、复压和终压三个阶段进行碾压。常用的压路机有钢筒式、轮胎式及振动压路机。沥青混合料压实宜采用钢筒式静态压路机与轮胎压路机或振动压路机组合的方式。

(1)初压:初压目的是整平和稳定混合料,同时为复压创造有利条件,压实时注意平整性。从外侧向中心碾压,相邻碾压带重叠1/3~1/2轮宽。用轻型钢筒式压路机或振动压路机(关闭振动装置)碾压两遍,使混合料得到初步稳定。

(2)复压:紧接初压之后进行复压,复压的目的是使混合料密实、稳定、成型,是碾压过程中最重要的阶段,混合料能否达到规定的压实度,关键在这一阶段。复压宜采用重型的轮胎压路机,也可以采用振动压路机或三轮钢筒式压路机。采用轮胎式压路机时,总质量不宜小于15t,轮胎充气压力不小于0.5MPa,相邻碾压带重叠1/3~1/2轮宽;采用钢筒式压路机时,总质量不宜小于12t,相邻碾压带重叠1/2后轮宽;采用振动压路机时,振动频率宜为35~50Hz,振幅宜为0.3~0.8mm,相邻碾压带重叠10~20cm。碾压遍数由试验段确定,不宜少于4~6遍,碾压至无显著轮迹。

(3)终压:终压紧接在复压之后,可选用双轮钢筒式压路机或关闭振动的振动压路机碾压2~4遍,以消除碾压过程中产生的轮迹,并确保路面的平整度。

在当天碾压尚未冷却的沥青混合料层面上,不得停放任何机械设备或车辆。

二、水泥混凝土路面

(一)水泥混凝土路面材料

水泥混凝土面板是由碎石、砂、水泥和水混合经拌和铺筑而成,为保证路面优良的使用品质,各种材料必须满足技术要求。

1. 水泥

水泥是形成路面强度的主要材料,特种、重交通路面宜采用旋窑或普通硅酸盐水泥。中、轻交通的路面可采用矿渣硅酸盐水泥。

2. 集料

集料包括碎(砾)石和砂,必须质地坚硬、耐磨、洁净、尺寸大小配比符合要求。对于碎(砾)石,其最大粒径不应超过40mm;对于砂,若用天然砂时最好为中砂,也可使用细度模数在2.0~3.5之间的砂。

3. 水

拌制和养护混凝土使用的水以饮用水为宜;对于非饮用水,应检验其硫酸盐含量和 pH 值,符合要求时也可使用。

4. 其他材料

其他材料,如外加剂、钢筋、接缝材料等均应符合相关规定。

(二)施工准备

(1)根据公路等级的不同,水泥混凝土路面施工可采用不同的机械装备进行。如滑模摊铺机、轨道摊铺机、三辊轴机组、小型机具、碾压混凝土机械、强制拌和楼(站)。如表 9-10 所示。

与公路等级相适应的机械装备 表 9-10

摊铺机械装备	高速公路	一级公路	二级公路	三级公路	四级公路
滑模摊铺机	√	√	√	◆	○
轨道摊铺机	◆	√	√	√	○
三辊轴机组	○	◆	√	√	√
小型机具	×	○	◆	√	√
碾压混凝土机械	×	○	√	√	◆
计算机自动控制强制拌和楼	√	√	√	◆	○
强制拌和楼(站)	×	○	◆	√	√

注:1. 符号含义:√-应使用;◆-有条件使用;○-不宜使用;×-不得使用。

2. 各等级公路均不得使用体积计量、小型自落滚筒式搅拌机,严禁使用人工控制加水量。

(2)开工前,建设单位组织设计、施工、监理单位进行技术交底,施工单位根据实际情况进行施工组织设计,对各岗位技术人员和各种技术工人进行培训等工作。

(3)搅拌场应设置在摊铺路段的中间,场地内部布置协调,各种材料要储备充足并不受污染。

(4)摊铺前对相关设备和材料进行检查,按《公路水泥混凝土路面施工技术规范》(JTG F30—2003)相应规定进行。

(5)对基层进行全面检查,当基层产生纵、横向断裂,隆起或碾坏时,应采取有效措施彻底修复。

(三)水泥混凝土的拌制与运输

符合要求的材料按照设计配合比,经过准确的称量后送入搅拌机。搅拌机的生产能力要满足施工需要,根据不同的搅拌机械确定不同的拌和时间,拌和物出料温度控制在 10 ~ 35℃。拌和料应均匀一致,一台拌和楼每盘之间或各拌和楼之间,拌和物的坍落度最大允许偏差不能过大。

水泥混凝土的运输要选配车况良好,载重量 5 ~ 20t 的自卸车,总运输能力比拌和能力略有富余。运输过程中,防止漏浆、漏料和污染路面,减小颠簸,防止混合物离析,一般情况运输距离不大于 20km。

(四)水泥混凝土路面的铺筑

根据施工机械的不同,水泥混凝土路面的铺筑有不同的方法。除滑模机械铺筑外,其余铺筑方式均需在铺筑前在下承层上按要求安装模板。

1. 滑模机械铺筑

滑模机械铺筑一般适用于二级及以上等级公路。摊铺时,不需要在基层上安装模板,而是把模板固定在摊铺机上,随着摊铺机前进,模板逐渐向前滑动,同时完成摊铺、振捣、成型等工序。摊铺时应注意:摊铺机应缓慢、匀速、连续不间断作业,摊铺速度控制在 0.5 ~ 3.0m/min

之间。摊铺过程中随时调整松方高度板控制进料位置,振捣频率在 6 000 ~ 11 000r/min 之间调整。摊铺过程中采用自动抹平板装置进行抹面。摊铺结束后,施工缝部位设置传力杆。

2. 三辊轴机组铺筑

三辊轴机组铺筑适用于二级及以下等级公路。铺筑作业时,布料与摊铺的速度相适应,坍落度为 10 ~ 40mm,松铺系数为 1.12 ~ 1.25。当混合物布料长度大于 10m 时,开始振捣作业,振捣至表面不露粗集料,液化表面不再冒气泡并泛出水泥浆为止。面板振实后,随即安装纵缝拉杆。三辊轴整平机在一个作业单元长度(20 ~ 30m)内,采用前进振动、后退静滚方式,滚压 2 ~ 3 遍。

3. 轨道摊铺机摊铺

轨道摊铺机摊铺方式适用的范围较广。摊铺时,首先在基层上安装轨道和钢模板,然后将运送卸下的混凝土用轨道摊铺机配备的螺旋布料器进行布料,并在机械自重的作用下对路面进行初压,同时用插入振捣棒组进行振捣,抹平板随轨道摊铺机作业行进可在振捣后滑动并完成表面修整。摊铺时坍落度控制在 20 ~ 40mm 之间。施工钢筋混凝土时,采用两台摊铺机两次布料,第一次布料完成后,将钢筋网安装好后进行第二次布料。轨道摊铺机配备振捣棒组,布料之后,采用适用的振捣方式进行振捣。

4. 小型机具铺筑

小型机具铺筑只能用于三级及以下混凝土拌和物摊铺前,对模板的位置及支撑稳固情况、传力杆、拉杆的安设进行检查。人工布料时,混凝土坍落度控制在 5 ~ 20mm 之间,松铺系数在 1.10 ~ 1.25 之间。振捣时,振捣棒在每一处的持续时间,以拌和物全面振动液化,表面不再冒气泡和泛水泥浆为限,并不少于 30s。在振捣棒已完成振实的部位,振动板开始纵横交错两遍全面振实,面板振实后,每车道配备 1 根滚杠,拖动滚杠往返进行整平。

(五)面层抗滑构造施工与养生

1. 抗滑构造施工

摊铺完毕或精整平表面后,适用钢支架拖挂 1 ~ 3 层叠合麻布、帆布或棉布,洒水湿润后作拉毛处理。抗滑沟槽制作宜选用拉毛机械或人工施工,在混凝土表面泌水完毕 20 ~ 30min 内及时进行。特重和重交通混凝土路面采用硬刻槽,当抗压强度达到 40% 时开始,硬刻槽后随即将路面冲洗干净,并恢复路面养生;拉毛和压槽深度应为 1 ~ 2mm。

2. 养生

混凝土路面铺筑完成或面层抗滑构造完毕后立即开始养生。

(1)养生剂养生:机械摊铺的水泥混凝土路面采用喷洒养生剂同时保湿覆盖的方式养生,喷洒养生剂时,应喷洒均匀、成膜厚度应足以形成完全密闭水分的薄膜。

(2)覆盖养生:用保湿膜、土工毡、土工布、麻袋、草袋、草帘等覆盖物保湿养生,并及时洒水,保持混凝土表面始终处于潮湿状态,当昼夜温差大于 10℃ 的地区或日平均温度不大于 5℃ 施工的混凝土路面采取保温保湿措施养生。

混凝土养生初期,严禁人、畜、车辆通行,在达到设计强度 40% 后,行人方可通行。在路面养生期间,平交道口搭建临时便桥。面板达到设计弯拉强度后,方可开放交通。

三、半刚性基层

(一)石灰(水泥)稳定土(含碎石)基层

水泥(石灰)稳定土按施工方法不同分为路拌法施工和中心站集中厂拌法施工。

1. 路拌法施工

路拌法施工工艺流程如图9-9所示。

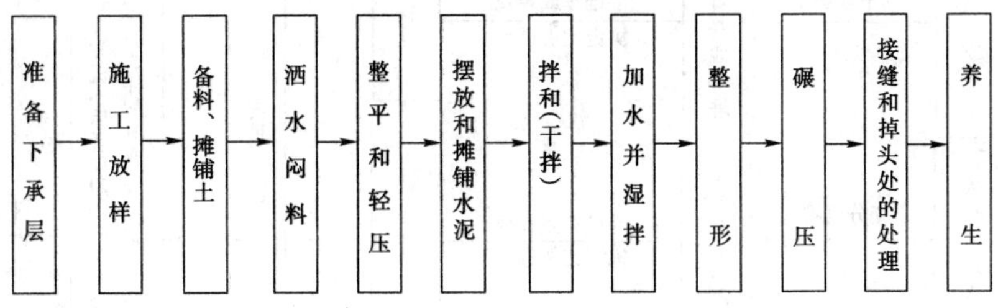

图9-9 路拌法施工水泥稳定土的工艺流程

2. 中心站集中厂拌法施工

高速公路和一级公路,应采用专用稳定土集中厂拌机械拌制混合料。在正式拌制混合料之前,必须先调试所用设备。拌试时,按事先做好的各种材料的比例供料。将拌成的混合料尽快运送到摊铺现场,用沥青混凝土摊铺机或稳定土摊铺机摊铺混合料。拌和机与摊铺机的生产能力应相互匹配。摊铺之后先用轻型两轮压路机在摊铺机后及时碾压,后用重型振动压路机、三轮压路机或轮胎压路机继续碾压密实。碾压完成并经压实度检查合格后,应立即开始养生。

水泥稳定土可采用湿砂进行养生,砂层厚7~10cm,砂铺匀后立即洒水,并在整个养生期保持砂的潮湿状态。也可采用洒水车经常洒水进行养生,养生期一般不少于7d。石灰稳定土每次洒水后用两轮压路机将表层压实,养生期一般也不少于7d,,养生期间除洒水车外,应封闭交通。如采用了覆盖措施,应限制车速不得超过30km/h,并禁止重型车通过。

(二)石灰粉煤灰碎石基层

1. 路拌法施工

路拌法施工工艺流程如图9-10所示。

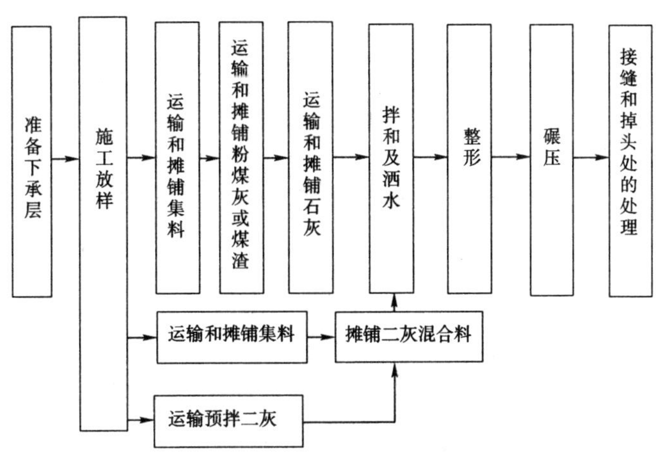

图9-10 石灰粉煤灰碎石基层路拌法施工工艺流程

2. 中心站集中厂拌法施工

中心站集中厂拌法施工工艺流程如图9-11所示。

石灰粉煤灰碎石基层碾压完成后第二天或第三天开始养生,应始终保持表面潮湿,养生期一般为7d,也可采用泡水养生法,养成期为14d。在养生期间,除洒水车外,应封闭交通。

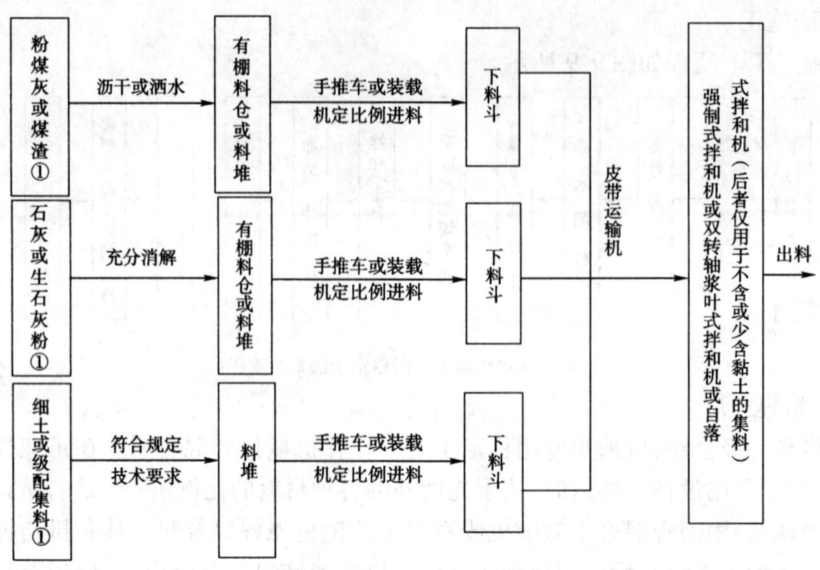

图9-11　石灰粉煤灰碎石基层中心站集中厂拌法施工工艺流程

第十章 小 桥 涵

第一节 桥 涵 概 述

一、概 述

（一）小桥涵的作用

在公路跨越沟谷、河流、人工渠道以及排除路基内侧边沟水流时，常常需要修建各种横向排水构造物，以使沟谷、河流、人工渠道穿过路基，确保路基的连续和不受水流冲刷或侵袭，从而达到路基稳定。小桥涵是公路上最常见的小型排水构造物。有时公路为了跨越相交道路、管线或其他障碍物时，也常采用小桥涵。

就个体而言，小桥涵工程量较小，费用低。但对一条公路来说，因小桥涵遍布全线，数量多，其工程量占很大的比重。一般平原区每公里有小桥涵 1 ~ 3 道，山区有 3 ~ 5 道。据已建成公路统计，小桥涵的工程投资约占公路投资的 15% ~ 20%，其投资总额为大、中桥的 1 ~ 3 倍左右，由此可见，小桥涵的设计是否合理，对于整条公路的造价和使用质量有很大的影响。同时，小桥涵的设计还与农田水利、灌溉有着密切的关系。

（二）小桥涵的分类

1. 按孔径分

根据《公路工程技术标准》（JTG B01—2003）的规定，小桥和涵洞按其多孔跨径总长 L 和单孔跨径 L 两项指标来划分，见表 10-1。

小桥和涵洞按孔径分类表 表 10-1

划分指标 名称	多孔跨径总长 L(m)	单孔跨径 L_0(m)
小桥	$8 \leqslant L \leqslant 30$	$5 \leqslant L_0 < 20$
涵洞		$L_0 < 5$

注：1. 单孔跨径系指标准跨径。

2. 梁式桥、板式桥的多孔跨径总长为多孔标准跨径的总长；拱式桥为两岸桥台内起拱线间的距离；其他形式桥梁为桥面系车道长度。

3. 管涵及箱涵不论管径或跨径大小、孔数多少，均称为涵洞。

4. 标准跨径：梁式桥、板式桥以两桥墩中线间距离或桥墩中线与台背前缘间距为准；拱式桥和涵洞以净跨径为准。

2. 按建筑材料分

（1）木桥涵

木桥涵是以木材为主要承重结构建造的桥涵，一般为临时性结构物，较少采用。

（2）石桥涵

石桥涵是以石料为主要承重结构建造的桥涵，是公路上常见的桥涵类型。

石桥涵按力学性能不同分为石盖板涵、石拱涵、石拱桥等类型；按构成桥涵的砌体有无砂浆，又有浆砌和干砌之分。

(3)混凝土桥涵

混凝土桥涵是以混凝土为主要承重结构建造的桥涵。按力学性能不同，混凝土桥涵又有四铰管涵、混凝土圆管涵、混凝土盖板涵、混凝土拱桥、双曲拱桥之分。

砖、石料和混凝土材料在工程结构物中以承受压力为主，统称为圬工材料，由这些材料组成的桥涵称为圬工桥涵。

(4)钢筋混凝土桥涵

钢筋混凝土桥涵是以钢筋混凝土为主要承重结构建造的桥涵。由于钢筋混凝土结构坚固耐用、力学性能好，是高等级公路上常采用的结构类型。

钢筋混凝土桥涵按力学性能不同又有钢筋混凝土管涵、钢筋混凝土板涵、钢筋混凝土板梁桥、钢筋混凝土箱涵、钢筋混凝土拱涵、钢筋混凝土拱桥、钢筋混凝土双曲拱桥等类型。

(5)其他材料组成的涵洞

除以上4种桥涵外，涵洞由于孔径小，有时也可以采用其他材料，如砖、陶瓷、铸铁、钢波纹管、石灰三合土等建造。这类涵洞有砖涵、陶瓷管涵、波纹钢管涵、石灰三合土涵，除特殊情况外，一般很少采用。

3. 按洞身构造形式分

小桥涵按洞身构造形式不同，可分为管涵（通常用圆管涵）、盖板涵、板桥（又有空心板和实心板之分）、梁桥、拱涵、拱桥、箱涵等类型。各类型又可由不同材料构成多种类型的涵洞或小桥。由于各类涵洞的构造及力学性能不同，在跨径尺寸上有很大的差异，常见的涵洞及小桥适用的跨径见表10-2所列。

各类小桥涵适宜的跨径 表10-2

构造形式	适用的跨径（或直径）(cm)
圆管涵	50、75、100、125、150、200
钢筋混凝土、盖板涵	50、75、100、125、150、200、250、300、400
板桥、拱桥	500、600、800、1 000、1 300、1 600
拱涵	100、150、200、250、300、400
箱涵	200、250、300、400、500
石盖板涵	50、75、100、125

注：跨径50cm的涵洞仅用于农田灌溉区。

(三)小桥常见类型

小桥为单孔跨径小于20m，多孔跨径总长小于等于30m的桥梁，由于跨径较小，常见形式有板式、拱式及刚架结构3种。

1. 板桥

(1)按力学特点可有简支板、连续板及悬臂板之分，如图10-1所示。

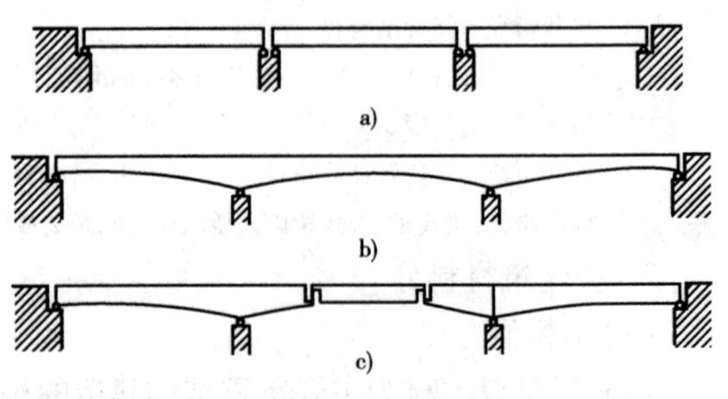

图10-1 小桥按受力特点分类
a)简支板；b)连续板；c)悬臂板

(2)按截面形式不同可有现浇实用矩形板（图10-2a）、肋板（图10-2b）、预制实心板（图10-2c）、空心板（图10-2d）、半预制半现浇板(图 10-2e)以及各种异形板(图 10-2f)形式。

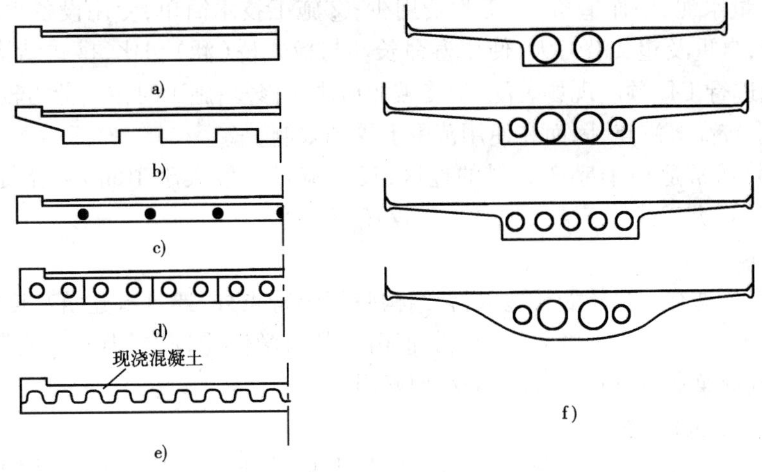

图 10-2　小桥按截面形式分类

a)现浇矩形板;b)现浇肋板;c)预制实心板;d)预制空心板;e)半预制半现浇板;f)异形板

2. 拱桥

(1)拱桥按建筑材料分可分为石拱桥、砖拱桥、混凝土拱桥。

(2)按拱圈静力图式可分为三铰拱、两铰拱及无铰拱之分,如图 10-3 所示。

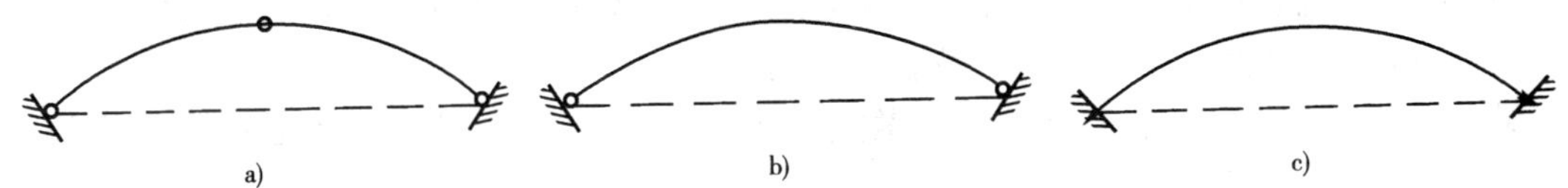

图 10-3　按拱圈静力图式分类

a)三铰拱;b)两铰拱;c)无铰拱

3. 刚架桥

刚架桥是指桥跨结构(主梁)和墩台(支柱)整体相连的桥梁。由于两者之间是刚性连接,在荷载作用下,将在主梁端部产生负弯矩,从而减小跨中弯矩,减小断面尺寸,使建筑高度减小。刚架桥具有受力条件好、外形尺寸小、桥下净空大、混凝土数量少等特点,但钢筋用量较大,基础造价高。按其结构形式不同可分直柱式和斜腿式两类,如图 10-4 所示。

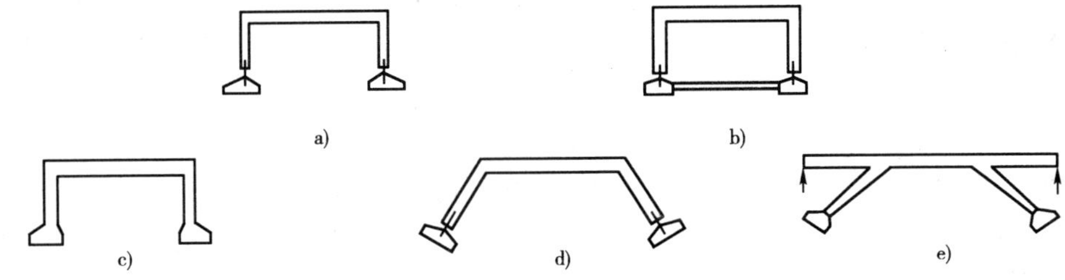

图 10-4　刚架桥类型

a)双铰直柱式;b)带模撑梁直柱式;c)无铰直柱式;d)斜腿式;e)悬臂斜腿式

(四)各类小桥涵特点及使用条件

1. 石拱桥(涵)

石拱桥(涵)是山区公路常采用的一种类型。其主要特点是:①能充分利用天然石料,不需钢材,只需少量水泥,因而造价低,工程费用少;②施工技术简单,专用设备少,适于地方修建;③结构坚固,自重及超载潜力大,使用寿命长。与板式桥(涵)相比,拱式结构需要较大的建筑高度;不能进行工厂预制现场装配;遭受破坏后难于修复;施工时占用劳力较多,工期较长以及对地基要求较高等缺点,因而在使用范围上受到限制。

石拱桥(涵)通常适用于盛产石料的地区,设计流量一般大于 $10m^3/s$,路堤填土高度在 2~2.5m以上,跨径大于或等于 2m,地基条件较好。

2. 石盖板涵

石盖板涵除了具有石拱涵能就地取材、结构坚固等特点外,还具有建筑高度较小,对地基条件要求不高、施工简便、易于修复等特点。但由于其力学性能较差,因而一般仅适用于跨径小于 2m、设计流量通常在 $10m^3/s$ 以下的小型涵洞。

3. 钢筋混凝土板桥(涵)

这是无石料地区常采用的一种类型,其主要特点是:①建筑高度较小,受填土高度限制较小;②能采用工厂预制,现场装配形式,施工简便迅速;③为简支结构,对地基条件要求不高;④遭受破坏后易于修复。但由于需用水泥、钢筋等材料,一般造价较高。通常适用于石料短缺、填土高度受限制以及公路等级较高的情况。由于这类桥涵用钢材较多,在缺乏钢材的情况下,应尽量采用其他类型。

钢筋混凝土桥(涵)按施工方法的不同还可有预制装配和就地浇筑之分。装配式桥(涵)能在工厂预制,再运至现场安装,具有施工不受气候条件影响、工期短、节省模板等优点,适用于桥涵分布集中并有运输及吊装条件的公路。就地浇筑的桥涵,整体性好,施工不需运输及吊装设备,施工简便,适用于分散或改建的单个桥涵,以及不具备运输及吊装条件的公路。

4. 钢筋混凝土圆管涵

这也是一种在缺石料地区常采用的涵洞,其主要特点是:力学性能好,对地基的适应性较强,构造简单,不需墩台,圬工数量少,施工方便,适于工厂预制,便于装配运输,工期较短。受预制吊装条件的限制,一般孔径较小,为 0.5~2.0m,宣泄设计流量在 $10m^3/s$ 以下。圆管涵一般采用单孔比较经济,多孔时一般不宜超过 3 孔。

5. 钢筋混凝土箱涵

箱涵是一种闭合式的钢筋混凝土薄壁结构,多用于无石料地区。其主要特点是整体性能好、对地基适应性较强,但用钢量多、造价高,一般多用现场浇筑施工,施工难度较大,通常适于软地基情况。由于箱涵整体性好、结构坚固、跨度尺寸适中,常用于高速公路人行通道。

6. 双曲拱桥

双曲拱桥可“化整为零”进行施工,因而结构轻,圬工省;只用少量的钢材和木料,造价较低;同时它还具有施工快、工期短、利于装配施工等特点。在无石料地区的地方性小桥可考虑采用这种类型。

7. 拼装式钢筋混凝土卵形涵洞

卵形涵洞是一种拱轴线接近于填土荷载压力线的拱形结构,拱圈为五心圆的钢筋混凝土结构,因此,其结构受力合理,截面较薄,圬工量少,且使用了适量的钢筋,不易开裂。由于拱圈采用拼装化施工,对成批的具有一定路堤填方高度的较小孔径涵洞,尤其对缺乏砂、石料、水或人烟稀少的地区较为适用,但是涵身截面的拟定,未考虑立交的净空要求。

卵形涵洞主要用于平坦地区,其通过流量相对较小,积水不宜过高,一般供农田灌溉或兼做排洪使用。

8. 泄水隧道

泄水隧道是利用天然地形对弯曲沟谷裁弯取直而设置的一种特殊类型排水建筑物。遇山区深谷或黄土深沟,沟谷弯曲,遇洪水时无堵塞且水流不会冲入原沟槽内,或遇深沟沟底地质不良,基底软弱,而修建高桥或长涵均很昂贵,当地形、地质及水文条件适宜时,常可选用。对地质不良地段,例如松散的流砂地层,特别是松散易于坍塌的砂质地层或黄土地层有漏水情况时,须慎重考虑,最好不选用泄水隧道,以免造成施工困难。

修建泄水隧道,在施工组织和技术条件方面具有一定的优越性:如修筑洞身与路基填土互不干扰,便于两侧路堑或隧道弃方弃渣;洞身在原土层内受力较小,洞身圬工较节省,基底应力较小,很少发生洞身下沉或裂缝病害,便于养护维修等。

9. 倒虹吸管涵

倒虹吸管涵是为灌溉渠而设置的一种过水建筑物。当遇不深的路堑,挖方高度又不能满足设置渡槽的净空要求时,通常采用倒虹吸管涵。一般只用于灌溉渠道,不应用于排洪河沟。

二、小桥涵构造

1. 小桥

小桥构造基本上与大中桥相同。主要由上部结构、下部结构及附属结构组成,见图10-5所列。

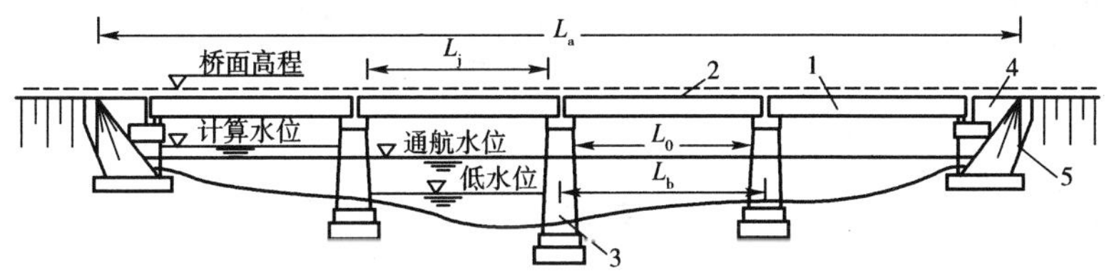

图10-5 桥梁基本组成部分

1-主梁;2-桥面;3-桥墩;4-桥台;5-锥形护坡;

L_a-桥全长;L_j-计算跨径;L_0-净跨径;L_b-标准跨径

(1)上部结构,包括承重结构和桥面系。它的作用是承受车辆荷载,并通过支座传给墩台。

(2)下部结构,包括桥墩、台和基础,是支承上部结构的建筑物。墩台的作用是支承上部结构,并将结构重力和车辆荷载传给基础;桥台还与路堤衔接并抵御路堤的土压力。

(3)附属结构,包括桥头路堤锥形护坡、护岸等。它的作用是防止路填土不致向河中坍塌,并抵御水流的冲刷。

2. 涵洞

常见的涵洞类型有圆管涵、盖板涵、石拱涵、钢筋混凝土箱涵四种,如图10-6~图10-9所示。

(1)涵洞组成

涵洞是路基下一个横向过水构造物,由洞身和洞口组成,如图10-10所示。

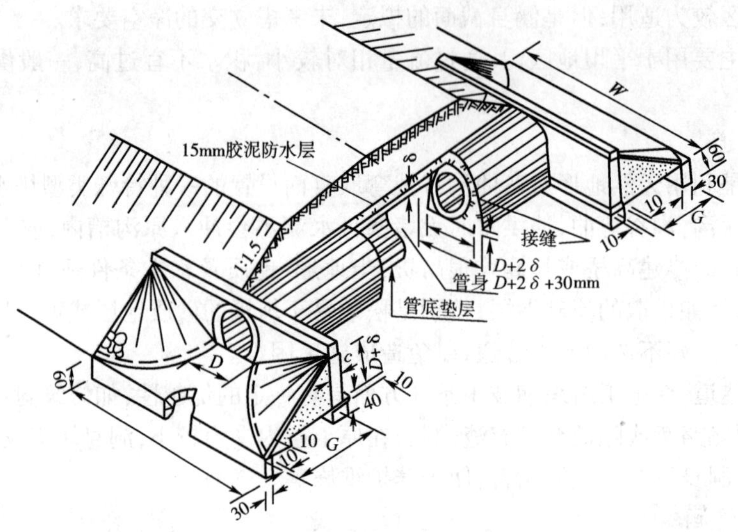

图 10-6　圆管涵各组成部分(尺寸单位:cm)

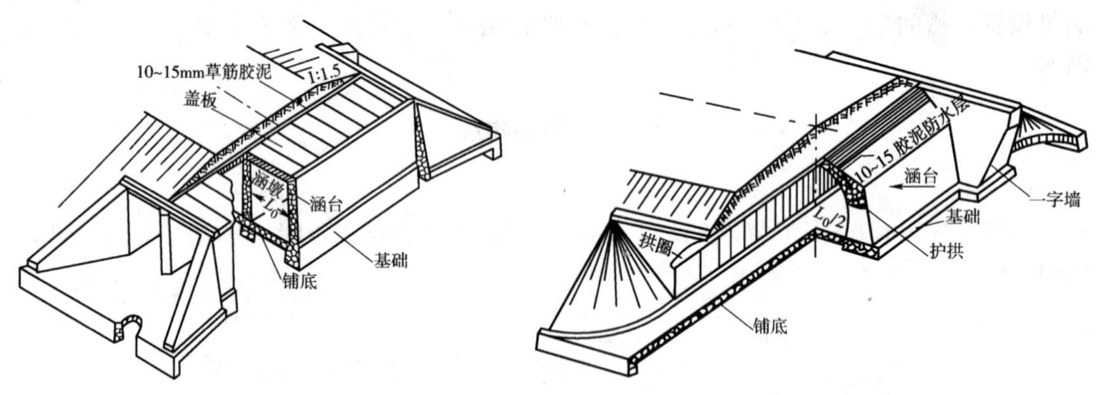

图 10-7　盖板涵各组成部分

图 10-8　石拱涵各组成部分

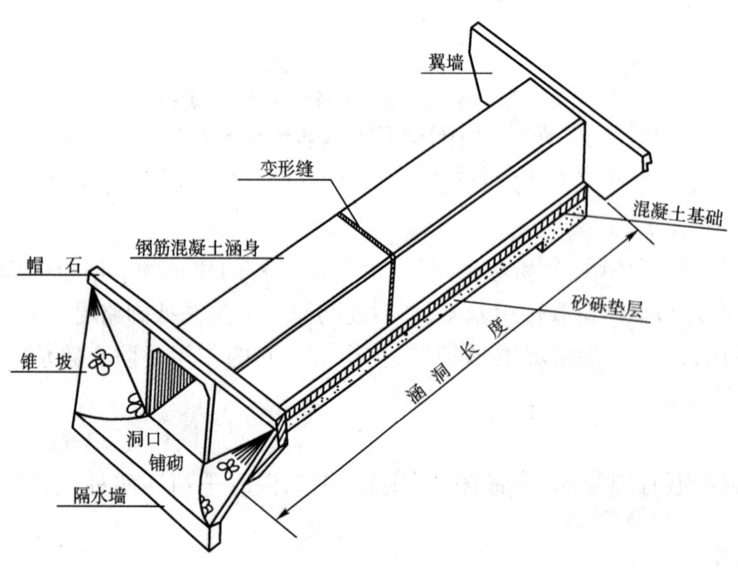

图 10-9　钢筋混凝土箱涵各组成部分

洞身一般由承重结构物(拱圈、盖板等)、涵台、基础、伸缩缝、防水层等构成。洞身的作用一是保证水流通过,二是直接承受荷载和填土压力并传给地基。涵洞洞底应有适当的纵坡以利排水,最小坡度为0.4%。

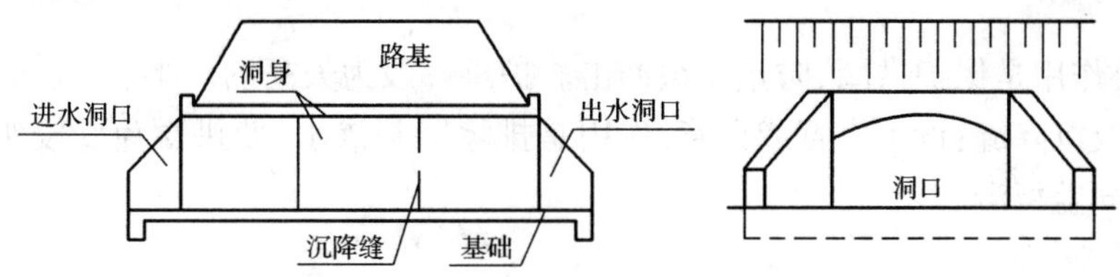

图10-10　涵洞的组成

洞口是洞身、路基、河道三者的连接构造物。洞口的作用一是使涵洞与河道顺接,水流进出顺畅,二是保证路基边坡稳定,不受水流冲刷。上游洞口称为进水口,另一侧则称为出水口。

(2)洞身构造

①圆管涵由管身、基础及接缝组成。

管身直径有0.5m、0.75m、1.0m、1.25m、1.50m、2.00m,管节长度有0.5m、1.00m、2.00m。加钢筋的称为钢筋混凝土圆管涵,不加钢筋的称为素混凝土圆管涵。

壁厚6~12cm。

基础:混凝土或浆砌片石,一般用于土质较软弱地基。

垫层基础一般用于黏土或砂土地基上,根据地基条件不同,垫层厚为0.15cm或30cm。垫层材料用砂砾石。混凝土平整层用于岩石地基上,厚5cm,

接缝:使用平口和企口接头填缝,如图10-11所示。

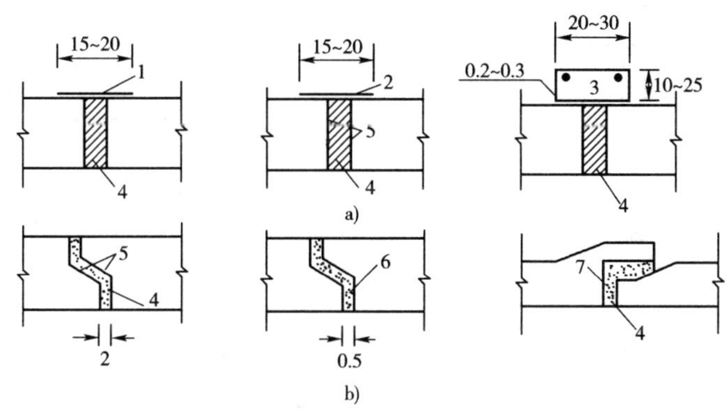

图10-11　接头缝示意图

a)平口接头缝;b)企口接头缝

1-铁片缠扎;2-双层油毛毡或八层防水纸;3-钢筋混凝土箍;4-沥青浸渗过;5-涂热沥青;6-水泥砂浆;7-水泥浆

②盖板涵由盖板、涵台、基础、洞身铺砌及沉降缝组成。

盖板:石料或强度等级C40以上的钢筋混凝土。盖板是涵洞的承重结构部分。跨径在2m以下,可采用石盖板。其厚度随填土高度及跨径而定,为15~40cm。当大于2m或者无石料地区时,宜采用钢筋混凝土盖板,其厚度为8~30cm,跨径为1.5~6.0m。

沉降缝:分段设置沉降缝,间距3~6m,以防止不均匀沉降,沉降缝用填充料填筑,沉降缝应贯穿整个断面,缝宽 2 ~3cm。置于均匀岩石地基上的涵洞,可不设沉降缝。

③拱涵由拱圈、护拱、拱上侧墙、涵台、基础、铺底、沉降缝及排水设施组成。

拱圈:为承重结构部分,一般采用石料、混凝土、砖等材料。矢跨比一般为 1/2、1/3、1/4。

护拱:主要作用是保护拱圈,防止荷载冲击。护拱一般为矢高的一半。

排水设施及沉降缝:设于拱背或台背,作用是排除路基渗水,使拱圈免受浸水的侵蚀。沉降缝设置方法同盖板涵。

(3)洞口构造

①八字墙洞口

正八字墙洞口:常用于河沟平坦顺直,无明显河槽,且沟底与涵底高差变化不大的地段,为缩短翼墙长度,可将翼墙末端做成矮墙的潜入式八字墙,构造如图 10-12 所示。

斜八字墙洞口:当涵洞与路线斜交时,宜采用斜交八字墙洞口形式。可有两种做法,一种是斜做洞口,帽石方向与路线方向平行;另一种是正做洞口,帽石方向与涵洞轴线方向垂直。

②一字墙式(端墙式)洞口

在涵台两端,修一垂直于台身,并与台身同高的矮墙称为端墙(一字墙)。端墙外侧用砌石锥坡、砌石护坡、挡土墙等与沟槽和路基相连接。

③跌水井洞口

跌水井洞口有边沟跌水井与一字墙跌水井洞口两种,边沟跌水井洞口如图 10-13 所示。

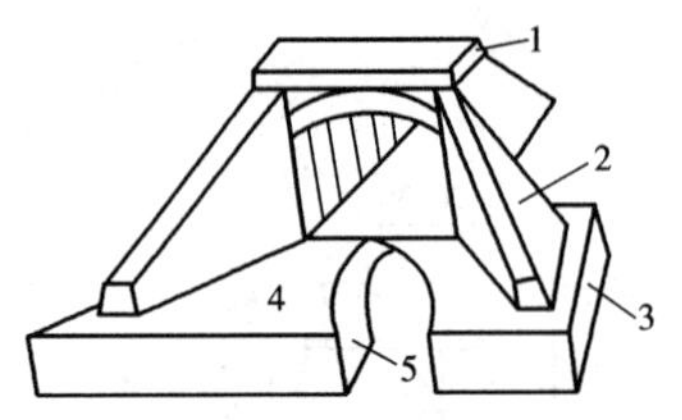

图 10-12　八字墙洞口

1-帽石;2-八字墙;3-基础;4-铺底;5-截水墙

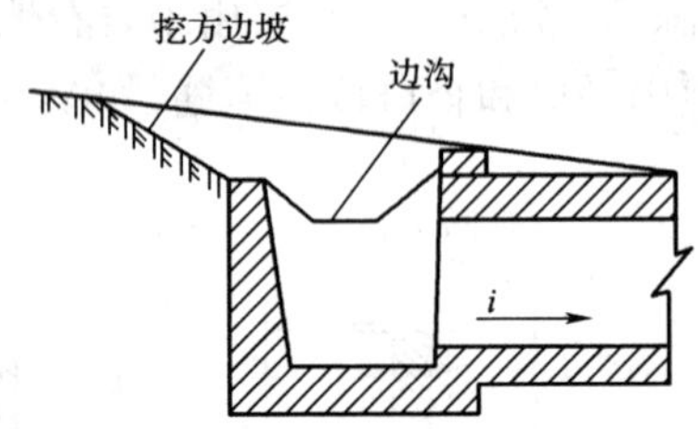

图 10-13　边沟跌水井洞口

④平头式洞口

平头式洞口常用于钢筋混凝土圆管涵和钢波纹管涵,如图 10-14 所示。

⑤走廊式洞口

走廊式洞口由两道平行翼墙在前端展开成八字形或圆曲线构成,如图 10-15 所示。

图 10-14　平头式洞口

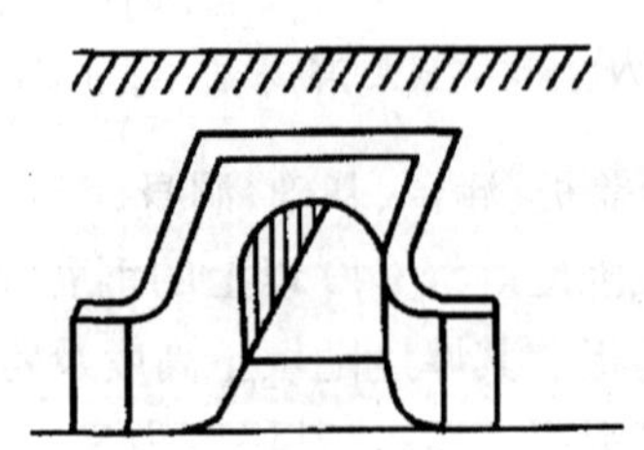

图 10-15　走廊式洞口

第二节　涵洞的施工要点及注意事项

一、钢筋混凝土管的预制

钢筋混凝土管应在工厂预制。新线施工时,可在适当地点设置混凝土圆管预制厂。预制钢筋混凝土圆管宜采用震动制管器法、离心法、悬辊法、立式挤压法。

钢筋混凝土管涵施工注意事项:

(1)管座混凝土应与管身紧密相贴,使圆管受力均匀。无基圆管的基底应夯填密实,并做好弧形管座。

(2)管节接头采用对头拼接,接缝应不大于1cm,并用沥青麻絮或其他具有弹性的不透水材料填塞。

(3)管节沉降缝必须与基础沉降缝一致。沉降缝宽约2~3cm,应用沥青麻絮或其他具有弹性的不透水材料填塞。

(4)所有管节接缝和沉降缝均应密不透水。

(5)各管节应顺流水坡度成平顺直线,如管壁厚度不一致时,应在内壁取平。

二、拱涵及盖板涵

(一)就地灌筑拱涵及盖板涵

1. 拱架和支架

(1)钢拱架:可用角钢、钢板和钢轨等材料在工厂(场)制成装配式构件,在工地拼装使用。木拱架施工用量可参考有关手册。

(2)土牛拱胎(土模):用土牛拱胎代替拱架,在小桥涵中使用较多,这种方法能节省木料,既经济又安全。

根据河沟水流情况,土牛拱胎可做成全填土拱胎、设有透水盲沟的土拱胎、三角形木架土拱胎、木排架土拱胎等。

全填土拱胎施工步骤如下:拱胎填土应在边墙圬工达到设计强度的70%后,分层浇水夯填。每层厚度0.2~0.5m,跨度小的可以厚一些,但亦视土质情况决定。

填土在端墙外伸出0.5~1.0m,并保持1:1.5边坡,填土将达拱顶时,分段用样板校正,每隔30cm挂线检查。

土胎面上应设保护层。保护层可以铺设油毡或抹一层1.5mm厚的水泥砂浆(1:4~1:6);较好的保护层用砖或片石砌厚约20cm,然后抹黏土2cm再铺油毡,最好用白灰泥抹20cm(石灰:黏土:麻筋=1:0.35:0.03,质量比),抹后三天,即可灌筑混凝土。

对砌石拱圈,土牛拱胎上若不设保护层时,可用下述方法砌筑拱圈:在桥台筑好后,利用暂不使用的石料,把桥孔两端堵住,干砌一道宽约40~50cm、厚约20~40cm的拱形墙(上面可抹青草泥)作为拱模,以便砌拱时挂线之用,然后在桥孔中间用土分层夯实填筑。

如洞身很长,超过20m或拱形复杂时,可用木料做成3个合乎标准的拱模,两端及中间各置一个,两端的拱模可以支靠在石模上,中间的可按标准高度支于两旁桥台上并埋于土中,填筑土牛时不必将土牛的规定高度一次填足,可预留2cm空隙,待砌拱石时边砌边填筑。

起拱线以上3~4层拱石不受拱胎支撑,可直接砌起。再往上砌时,因拱石的部分重力由拱胎支撑着,可用木板顺拱石灰缝按规定拱度放在拱石灰缝处的土牛上,木板下面以土石垫好,随即开始安砌这一层的拱石。砌好后把垫板取出,并将空隙用土填满捣实,再把垫板按规定拱度垫在上一层拱石砌缝处的土牛上,继续砌上一层拱石。如有较充分的木板时,木板可不抽出周转,拱石砌至拱顶附近时,应先将这部分的土模夯打坚实。填到与标准拱模相差3~5cm为止,因土牛拱胎虽经夯实仍不够坚硬,当拱石放上去时极易压下,拱石的高度及位置都不易正确,因此需要在拱石下面的四角垫上片石,使拱石与土牛保持一定的空隙,以便校正拱石位置。拱石位置校正后,将其下面的空隙填砂捣实,然后在砌缝中灌以砂浆,这样可以保持不漏浆,同时挖去土牛后灰缝中预填的砂自然脱落,省去勾缝时剔灰缝的麻烦。

在施工中有洪水到来的河沟中不能采用土牛拱胎法砌筑拱圈。若用土牛拱胎灌筑盖板涵,其土牛填至桥台顶面高程即可,施工方法与拱涵相同。

2. 就地灌筑混凝土拱圈外模的最小弧长,见表10-3。

拱圈外模最小弧长表　　表10-3

孔径(m)	1.0	1.25	1.5	2.0	2.5	3.0	4.0
最小外模弧长(每边)	65	75	85	105	125	140	180

注:1. 本表单位以cm计。

2. 外模弧长在85cm以上者,可适当分为2~4段,随混凝土灌注进度而加高,以便操作。

3. 拱架和支架的安装和拆除:拱架和支架应支立牢固,拆卸方便(可用木楔作支垫),纵向连接应稳定,拱架外弧应平顺。拱架不得超越拱模位置,拱模不得侵入圬工断面。拱架和支架安装完毕后,应对其平面位置、顶部高程、节点联系及纵横向稳定性进行检查,不符合要求者,立即进行纠正。

拱架和支架的拆除和拱顶填土,在具备下列条件之一时方可进行:

(1)拱圈圬工强度达到设计强度的70%时,即可拆除拱架,但必须达到设计强度方可填土。

(2)当拱架未拆除,拱圈强度达到设计强度的70%时,可进行拱顶填土,但应在拱圈达到设计强度后,方可拆除。

拱涵拆除拱架可用木楔。木楔用比较坚硬的木料对剖开而制成,并将剖面刨光。两块木楔的接触面的斜度为1∶6~1∶10。在垫楔时应使上面一块的楔尖伸出下面一块楔尾外面一点,这样在拆架时敲落木楔比较方便。木楔垫好后两端应钉牢。

拆卸拱架时应沿桥涵整个宽度上,将拱架同时均匀降落,并从跨径中点开始,逐步向两边拆除。

4. 现浇混凝土涵洞台帽、台身、一字墙为整体式时,台身和基础可以连续浇筑,也可以不连续浇筑,八字式洞口或锥坡式洞口和涵台之间应是分离式。混凝土涵台及基础分别浇筑时,基础顶面与涵台相接部分应拉成平面,基础、涵台及洞口建筑采用石砌时,应符合砌石工程要求。

5. 钢筋混凝土盖板,可预制安装或就地浇筑。采用就地浇筑时,应一次连续浇筑完毕,以避免施工接缝;当涵身较长时,可沿其长度方向分段进行,其施工接缝应设在涵身沉降缝处;采用预制安装时,应按图纸规定设置锚栓孔和吊环。预制盖板在移动中不得受震动,在施工中也不许用锚栓孔吊装。斜板的涵台、台帽、基础,应按图纸指示的斜角进行修筑。按照斜角度预制钢筋混凝土盖板时,应检查斜交角的方向,避免发生反向错误。

6. 明涵预制盖板的邻板之间,应采用钢筋点焊的办法加以整体连接,板间接缝应用砂浆或小石子混凝土填充密实,图纸有要求将钢筋混凝土盖板用锚栓与涵台锚固在一起时,应按设计规定用的砂浆固定锚栓。明涵的台(墩)身和基础不得设置纵向接缝。台背填土必须在支撑梁(或涵底铺砌)及盖板安装完毕且砂浆强度达到70%以后方可进行;填土时,应两个涵台同时对称填筑进行回填。盖板上面填土时,第一层的最小摊铺及碾压厚度分别不得小于30cm和20cm,并防止剧烈的冲击。

7. 当设计有支撑梁时,应在安装或浇筑盖板之前完成。

8. 箱形涵洞现场浇筑时应满足以下要求:①在浇筑底板以前,应清除基座上的杂物。②底板达到设计强度后,方可在底板上立模浇筑侧板及顶板。③浇筑顶板时,须按图纸设置采光井。④箱涵或明涵保证搭板与箱体连接,在浇筑侧板上的牛腿时,应按图纸指示预埋锚固筋。⑤严格按图纸所示的高程、纵坡和预拱度设置的垫层和基座以及立模和浇筑混凝土。

(二)拱圈、盖板的预制和安装

1. 对预制构件结构的要求

(1)拱圈和盖板预制宽度应根据起重设备、运输能力决定,但应保证结构的稳定性和刚性,一般不小于1m。

(2)拱圈构件上应设吊装孔,以便起吊,吊孔应考虑设置平吊及立吊两种,安装后可用砂浆将吊孔填塞。盖板构件可设吊环,若采用钢丝绳绑捆起吊可不设吊环。

(3)拱圈和盖板砌缝宽为1cm。

(4)拼装宽度应与设计沉降缝吻合。

2. 预制构件常用模板

(1)木模:预制构件木模所用木材,应该符合《公路桥涵施工技术规范》(JTJ 041—2000)有关规定。在拼装前,应仔细选择木模厚度,并将模板表面刨光。木模接缝可做成平缝、搭接缝或企口缝。当采用平缝时,应在拼缝内镶嵌塑料管或在拼缝外钉以板条内压水泥袋纸,以防漏浆。

(2)土模:为了节约木材、钢材,在构件预制时,可采用土、砖模。土模分为三类:地下式、半地下式和地上式。

土模宜用亚黏土($17 \geqslant IP > 7$,IP为塑性指数),土中不应含杂质,粒径应小于1.5cm,土的湿度应适当,夯筑土模时含水率一般控制在20%左右,夏季含水率可高一些,冬季可低一些。

预制土模的场地必须坚实、平整。按照构件的放线位置进行拍底找平。为了减少土方挖填量,一般根据自然地坪拉线顺平即可,如场地不好,含砂多,湿度大,可以夯打厚10cm灰土(2:8)后再找平、夯实。

当预制工字形、T形构件时,土模制作需用木胎。木胎宜用刚度大的模板料将表面刨光做成,以利配拆。木胎的外形大小,应按构件的设计尺寸,考虑土模表面抹面厚度,用于夯筑侧模时木胎宽度和长度比构件设计尺寸放大0.5~1cm,用于夯筑芯模时,下部芯模比构件尺寸缩小0.5~1cm。上部芯模构件尺寸:木胎的高度,如按底模刮浆、上口抹灰考虑,宜比构件的高度低0.5~1cm。

土模预埋铁件时,应注意以下几点:

①预埋螺栓时,露出构件外面的螺栓头,可插入土模,伸入钢筋骨架的螺栓尾应和骨架钢筋焊牢。

②预埋铁板时,露出构件表面的铁板应紧贴土模,铁板四周打入铁钉,用铁钉帽挂住铁板。铁板上伸入钢筋的锚脚应和骨架钢筋焊牢。

③预埋插铁时,若插铁伸出构件较短,可将露出部分插进土模,里面的一段和骨架钢筋扎牢或焊牢。若插铁伸出构件较长,不易插入土模时,可将插铁弯成90°,紧贴在土模表面上,拆

模后再按要求直过来。

土模可与砖模、木模、钢丝网水泥模、钢模等定型模板组成混合模。

3. 构件运输

构件达到设计强度后才能搬运,常用的运输方法有:

(1)近距离搬运:可在成品下面垫放托木及滚轴沿着地面滚移,用A形架运输或用摇头扒杆起吊。

(2)远距离运输:可用扒杆或吊机装上汽车、拖车和平车等运输。

4. 构件安装

(1)检查构件及边墙尺寸,调整沉降缝。

(2)拱座接触面及拱圈两边均应凿毛(沉降缝除外)并浇水湿润,用灰浆砌筑。灰浆坍落度宜小一些,以免流失。

(3)拱圈和盖板装吊可用扒杆、链滑车或吊车进行。

(4)安装预制混凝土盖板,应注意下列事项:

①涵台强度达到设计强度的70%以上,方可安装盖板。

②安装好后,盖板上的吊装孔,应用砂浆或其他材料填塞。

③盖板安装前,应检查成品及边墙尺寸。

三、倒虹吸管涵

倒虹吸管施工注意事项:

(1)倒虹吸管涵施工方法与普通涵洞相同,但须特别注意管节接头密封,以免漏水。填土覆盖前应做灌水试验,符合要求后再填土。

(2)为防止冻裂,在冰冻期施工,应将管内积水抽出。

(3)倒虹吸管涵的进出水口在施工完毕后应加盖,以防人、畜掉入,发生事故。

第十一章　路基施工组织与管理

第一节　施工组织与管理的基本知识

施工组织与管理是研究如何以最合理的方法和手段来组织均衡生产，提高劳动生产率，确保质量和效益的一门学科。

1. 基本建设程序

基本建设程序简称基建程序，它是指基本建设项目从决策（立项）、设计、施工到竣工验收的全过程中所必须遵守的程序。

一般大中型工程项目的基建程序如下：

（1）提出项目建议书，进行可行性研究

项目建议书是建设程序中最初阶段的工作。它是有关地区、部门或企业根据国民经济和社会发展的需要，结合地区规划，经过调查研究分析，提出具体项目，向国家推荐的建议书。项目建议书不是项目的最终决策。项目建议书一经批准，即可着手进行可行性研究。

可行性研究是就拟建项目从技术上、经济上、环境上等方面进行科学的分析与论证，并作出可行与否的判断，为决策提供充分、全面的科学依据。

（2）编制计划（设计）任务书

当可行性研究成立后，即可按项目隶属关系，由主管部门组织有关单位编制计划（设计）任务书，并据以进行初步设计，包括建设项目地址的确定并经审核批准。

（3）编制设计文件

计划（设计）任务书经批准后，由主管部门委托设计单位编制设计文件。设计过程一般划分为两个阶段，即初步设计和施工图设计。重大项目和技术复杂项目，也可根据需要增加技术设计（扩大初步设计）阶段。

（4）编制年度建设计划

当初步设计和总概算经过综合平衡审查批准后，方可列入国家基本建设年度计划，它是进行基本建设拨款或贷款的主要依据。

（5）施工准备

施工准备包括工程招标、投标、评标确定施工单位、现场征地、拆迁和三通一平等工作。

（6）组织施工

完成上述准备工作后，由建设单位、施工单位提出申请开工报告，经业主或招标单位审查批准后即可开工。

（7）生产营运准备

（8）竣工验收、交付使用

工程完工后，一般先由施工单位组织自验，再由建设单位或业主组织设计、接受和施工等单位进行初验，向主管部门提出初验报告，最后进行正式验收，办理移交手续。

上述步骤，就是基本建设程序，即基本建设各项工作的先后顺序，这个顺序不能违背，不能颠倒。

2. 建设项目的划分

建设项目一般是指在一个总体设计范围内，由一个和几个单项工程所组成的独立工程。如某一条高速公路，某一开发区建设，某一污水处理工程等，它可划分为如下工程项目。

(1)单项工程：是指建设项目中，建成后能独立发挥生产能力和效益的项目，如开发区的道路工程、排水工程、工业与民用建筑工程等。

(2)单位工程：是指单项工程中不能独立发挥生产能力和效益而具有独立施工条件的工程，如道路工程中的路基土方工程、路面工程、排水及附属工程等。

(3)分部工程：是指单位工程中按照单位工程的多个部位划分，如路面工程中的底基层、基层和路面。

(4)分项工程：是指分部工程中多个作业项目的组成部分，如路面工程中模板、钢筋、混凝土摊铺、伸缩缝等项目。

综上所述，一个建设项目是由一个或几个单项工程组成，一个单项工程是由几个单位工程组成，一个单位工程又以若干个分部工程组成，一个分部工程还可以划分为若干个分项工程。建设项目的组成和它们之间的关系，如图 11-1 所示。

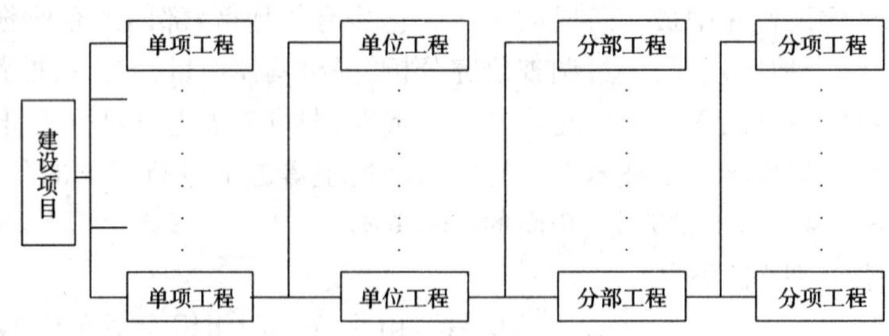

图 11-1 建设项目间关系示意图

3. 施工组织与管理的基本原则

(1)以施工生产为中心，全面完成国家计划和企业的经营目标，市政施工企业作为物质生产活动的独立经济组织，必须讲究信誉，按质保期完成国家计划和承包合同，同时要讲究经济效益，实现企业的自我改造、自我更新和自我发展。

(2)尊重科学，严格按基建程序办事，环环紧扣，切忌三边工程。

(3)积极采用先进施工技术，提高施工机械化水平，尽量做到机械化施工方面的成龙配套。由粗放型生产向集约化生产转变，走科技兴业的道路。

(4)严格施工计划管理，努力做到均衡生产与集中力量保证重点的有机结合。

(5)提高工程质量，确保施工安全，搞好文明施工。

(6)讲求经济效果，实行科学管理。

综上所述，施工组织与管理的基本原则，就是要按照国家计划与企业目标，加强管理，保质、保量、保工期、降低消耗、文明施工，全面完成各项施工任务。

4. 施工现场组织与管理的主要内容

施工现场的组织与管理工作贯穿于施工的全过程，分为施工准备工作，现场施工管理与调度工作及竣工验收与结算。

(1)施工准备工作

①现场调查:地物地貌,水文地质,资源供应及施工运输条件;

②图纸会审与技术交底;

③编制施工组织设计;

④编制施工预算,下达施工任务,签订分包协议;

⑤组织劳力、机械、材料进场;

⑥测量放线,三通一平,按平面布置图搭设临时生产、生活设施;

⑦外部协作,办理施工执照,申办封闭交通。

(2)现场施工管理与调度

①编制和下达施工作业计划,制定劳动组合与施工作业程序,工程任务划分;

②建立施工组织管理体系,形成生产指挥系统;

③开展现场技术管理、质量管理、材料管理、机械设备管理、安全文明施工管理及施工现场的平面管理与环境管理;

④建立现场调度会议制度,定期分级召开生产调度会议;

⑤推行施工任务书与包工合同,加强基层作业队(班、组)管理。

(3)竣工验收与工程结算

①工程收尾、清场、返修补修。工程分级检查验收,工程量核实,签证与工程结算,交工会议与签订保修协定。

②当承担大中型市政工程施工项目时,应实行"项目法"管理。

第二节　编制施工作业计划和班组管理

一、编制施工作业计划

施工作业计划是计划管理中的最基本的环节,是实现年、季计划的具体运行计划,是指导现场施工活动的重要依据。

1. 施工企业计划分类

(1)以企业管理为中心的计划体系

①企业的年度施工计划;

②企业年度技术财务计划;

③企业月度施工计划,是年度施工计划的分解和分阶段实施计划,它以施工作业层(处、队)为对象,对工程项目月进度作具体安排,并对劳力、机具、材料作综合平衡。

(2)以项目法施工为中心的计划体系

①工程项目总体计划,是在施工组织总体设计中对各单项工程(分部工程)的总体计划安排;

②单位工程施工进度计划,具体确定单位工程中各分部分项工程的施工顺序,作业时间,按工序流水作业的原则编制,用横道线计划或网络图计划的形式表述;

③施工作业计划,它是由项目经理部或工程承包部根据项目总体安排,当前进度要求和现场条件,把月旬作业任务、具体分配下达各作业基层(队、班、组);

④施工任务书,是按照施工作业计划的要求以任务书的形式,直接向施工作业班组下达的短期作业计划。

2. 施工作业计划编制的依据

(1)施工图纸、施工组织设计(施工方案)单位工程施工进度计划、工程预算;

(2)原材料、构(配)件组织落实情况;

(3)现有施工机械、劳动力(包括主要工种)的数量和供应状况;

(4)生产和调度会上关于进度的平衡调度的决定;

(5)施工作业面提供的情报;

(6)企业承揽与中标的工程任务及合同要求;

(7)施工工程资金的供应情况。

3. 施工作业计划的主要内容

施工作业计划主要内容有编制说明和施工作业计划表。

(1)编制说明的主要内容:编制依据,工程项目部的施工条件,工程对象条件,材料及物质供应情况,有何具体困难或需要解决的问题等。

(2)月度施工作业计划表:

①分部分项(工序)工程实物工程量、工作量(万元)立项时应与施工预算口径对应;

②分部分项(工序)工程形象进度表;

③主要劳动力平衡计划及余缺调剂措施;

④材料、成品、半成品构(配)件供应计划;

⑤大型施工机械及运输设备的供应计划;

⑥各项经济技术指标,劳动生产率,质量合格率,成本降低率,安全事故频率等;

⑦技术组织措施(用文字说明)。

月度施工作业计划表格形式见表11-1。

月度施工作业计划表 表11-1

顺序	施工单位	项目名称	工程量		工作量		劳动力		主要机械每班数量			形象进度					
			单位	数量	单位	金额	定额	数量	名称	定额	合班数	5	10	15	20	25	30

由于各施工企业所处地区不同,管理方式各异,表11-1也不尽一致,内容也有所不同,各企业可根据具体情况取舍。

4. 施工作业计划的编制程序与方法

首先由项目经理部的计划管理部门依据施工现状、材料、设备供应条件、项目经理部和建设单位对月度施工的总体要求,编制一个初步计划,各基层队、组、依据初步安排,结合自身劳动力、机具条件,提出对月度计划修订建议和要求,再由计划部门汇总。同时,确定月度经济指标和项目形象进度,提出完成任务的技术组织措施,经项目经理部及主管部门审核批准,在生产调度会上正式书面下达。

5. 施工作业的贯彻执行

(1)施工作业计划以施工任务书形式分别直接下达施工作业队(组)执行;

(2)项目经理部(承包部)及职能部门行使检查、监控和调剂服务职能,施工员、工长具体组织作业计划的实施;

(3)通过生产调度会,进行工、料、机和物资的综合平衡调度,调度会分层次召开,班队长生产调度会,由工长、施工员或承包部(处)主任主持召开,每周1~2次。

6. 施工任务书的管理和实施

(1)施工任务书的作用

施工任务书是施工管理的一项重要基础性工作,是执行施工作业计划的一种有效形式,通过施工任务书,将作业计划的一种形式,通过施工任务书,将作业计划的各项指令性要求具体分解下达给施工队组,施工任务书是班组开展生产活动的直接依据,由于任务书包括了指定工程量,定额用工、用料,所以它又是队组进行经济核算的主要依据。

(2)施工任务书的实施程序

①由施工员根据作业计划分解和填写施工任务单,由工程承包部(处)生产主管审核签发,并向队组作任务交底,队组经过讨论提出完成任务的方法和措施。

②施工过程作业队的组长、考勤员在任务单上记录每天出勤人数和材料机具的耗用情况。

③作业队组完成施工任务后,经质检员验收和等级评定,施工员进行工程量验收,然后安全员、定额员、材料员根据各自考核内容分别核实签字,最后劳资员进行工资结算,交财务部门核发工资。

施工任务书最好按分项工程(工序)每半月或一月下达一次,时间过长,施工实际与计划容易脱节,过短又会增加工作量。施工任务书的下达和回收都要及时,以便抓紧核算和结算。

二、班组管理

班组是企业生产经营活动的基本单位。企业的施工技术,经济效果等各方面的工作,最终要通过班组来实现。班组工人群众是施工生产的直接参加者,只有把班组管理搞好了,工人文化素质提高了,企业才有稳固的基础,才能顺利完成和实现企业的经营目标。

班组管理的主要任务就是科学的组织劳动,调动每个职工的积极性,分工协作,努力完成施工作业计划,保证质量和安全,降低各种消耗。班组可通过开展质量管理小组(又称 QC 小组)活动来实现管理过程。QC 小组是职工参与全面质量管理特别是质量改进活动中的一种非常重要的组织形式。开展 QC 小组活动能够体现现代管理以人为本的精神,调动全体员工参与质量管理、质量改进的积极性和创造性,可为企业提高质量降低成本创造效益。小组成员的共同学习、互相切磋,有助于提高员工素质,塑造充满生机活力的企业文化。

1. 全面完成施工任务书的要求

贯彻执行施工任务书的各项要求,努力完成施工作业计划。任务书也是班组与企业的短期承包协议,班组的一切工作都是围绕任务书的贯彻落实而展开的,执行任务书是班组管理工作的主要任务。

2. 现场劳动力的管理

施工队班组对现场劳动力的管理主要是根据施工任务的计划安排,对在一定施工时期内各工种劳动力余缺进行平衡调剂。目前,施工企业均推行项目法施工或项目承包组的方法组织施工,劳动力大部分在社会上招用合同工和临时工,加之施工工程每个阶段的施工内容不同,在许多情况下,某种技术工种人员缺乏和剩余较为普遍。因此,必须进行余缺调剂和平衡安排。施工队班组除了在企业内部进行调剂以外,还应通过建筑劳动市场调剂劳动力的余缺。尤其是某些技术工种在市场需要量增加的情况下,适时招用市场劳动力,并采用劳动价格浮动的方式进行调剂平衡,是保证施工现场劳动力需求的必要方法。

劳动管理的另一个重要环节是对工人的技术培训和文化培训,这是提高劳动力素质的必要措施之一。在推行项目法施工和工程承包经营过程中,现场施工队伍有相当部分为农村建设队伍和外来施工人员,流动性很大,会给技术培训带来很大的困难,这就要求施工企业在招用劳动力时,要认真选择文化素质和技术水平高的现场施工人员。在相对稳定队伍的情况下,认真搞好技术培训和文化培训工作。

在劳动力管理工作中,劳动报酬是一个中心环节。在社会主义市场经济体制下,除了按国家工资制度和劳动定额规定来确定劳动报酬外,劳动市场的供求情况也影响着劳动报酬的波动。因此,施工队伍要根据政策规定和市场供求情况,认真确定劳动力报酬,以调动现场施工人员的积极性。

3. 科学组织劳动,提高生产效率

(1)建立合理的劳动组织形式

劳动组织形式一般分专业施工队和混合施工队。专业施工队按施工工序由同一工种的工人组成,并配备一定数量的辅助工,它的优点是生产任务专一,有利于机械化和规模化生产,提高劳动生产率,适合于大型工程开展工序间的流水作业。混合施工队是把共同完成施工所需要的互相联系的工种工人组织在一个施工队里,它的优点是便于指挥、协调、调度,有利于多工种交叉作业,对小型分散工程比较有利。

施工队下属的作业班组也有专业班组和混合班组两种。专业班组由专业的单一工种所组成,如木工班、钢筋班、电工班等。混合班组是由多工种组成的班组,也有混合施工队下属若干个专业班组,以扬长避短。

选择何种劳动组织形式,要根据工程对象特点,技术复杂程度,施工机具,施工作业面等条件而定。

(2)不断改进劳动组合

任何一个工种或作业过程都是由若干个操作环节所组成。如水泥混凝土搅拌作业,由供料、计量、加水和拌制等环节组成。混凝土路面摊铺作业,由摊铺、振动、抹光和做面等环节组成。每一个环节要根据劳动强度,技术复杂程度,配置必要的技工、普通工、辅助工、青壮劳力搭配,协作配合,共同完成一个作业过程。只有在施工中不断探索和改进劳动组合,以充分发挥各自的劳动潜力和技术特长,并相对稳定,施工才能正常有序地进行,方可提高劳动效率。

(3)实行施工流水作业

把施工项目分成若干个劳动量大致相等的施工段。各个专业队(组)依次连续在每一个施工段上进行作业,当前一个专业队(组)完成一个施工段的作业以后,就为下一个施工过程提供了作业面,负责后一施工过程的专业队(组)便可以投入施工作业。这样不同专业队(组)之间保持着一定的时间距离,连续不断的进行搭接施工,称之为流水作业。

流水作业的优点是,合理利用施工作业面消除多工种挤在一起平行作业,施展不开的缺点,保证了施工的连续性、节奏性和均衡性。并有利于工、料、机供应上的相对稳定,它有利于提高施工操作技能,加强现场管理,加快施工进度。

流水作业不仅工种工序之间可以采用,分部分项工程之间也可以采用,操作过程之间也可以采用。施工作业队(组)在制定劳动组织形式时,首先应选择流水作业。

4. 施工队班组生产管理的基础工作

管理基础工作,是为实现企业经营目标和管理职能提供依据、准则、手段和条件的前提工作。其主要内容包括标准化工作、定额工作、计量工作、信息工作、班组建设和基础教育等。

施工队班组的基础工作是施工企业管理基础工作的主要组成部分,搞好施工队班组的基础工作,对强化企业管理、缩短工期,加快进度,提高工程质量和经济效益有着十分重要的意义，因此，必须抓好施工队伍的管理基础工作。

5. 施工班组管理

施工班组是施工企业生产经营活动最基层的组织，是完成好施工任务的直接承担者，施工班组工作效率的高低，与企业的生产经营有直接的影响。因此，要重视班组建设，加强班组管理，这是整个施工企业加强各项管理工作的基础。

班组管理的基本任务，就是在工程项目部或施工队的领导下，运用科学的管理方法，采用先进的施工工艺和操作技术，优质、高效、均衡、低耗和安全的完成各项生产任务。

班组管理工作的主要内容有：

(1)选好班组长。施工班组的组长是整个班组的带头人，选择班组长应挑选思想好、技术精、业务熟、会管理和懂核算的人员担任，才能担负搞好施工班组的工作。

(2)建立施工班组管理制度。要建立以班组岗位责任制为中心的各项制度，主要的考勤制度、质量三检(自检、互检和交接检查制度)、安全生产制度、材料定额管理制度等。

(3)搞好班组核算和原始记录。核算工作是通过下达计划任务书确定奋斗目标和经济核算指标，按期进行核算并公布成果，实行民主管理，落实按劳分配原则，调动工人的积极性。经济核算的基础是班组的原始记录。要及时、准确、全面的记录实际完成工作量、用工数量、质量、安全情况、考勤情况、材料、机具耗用量等。原始记录要真实可靠，切忌弄虚作假。

(4)要保持班组的相对稳定，尤其是采用弹性施工队伍，大量招用临时工而建立的班组，相对稳定才能提高技术、质量和操作能力，使班组更好地完成任务。

第三节 定额与预算

一、定额与预算

从广义而言，“定额”是指完成市政工程中某一项单位产品，所规定消耗的人工(工日)、材料、机械和其他费用的数量标准，它是确定价格或编制预(概)算最基本的要素。

对于施工企业而言，“定额”又是企业开展劳力、物资、计划、技术和财务等管理活动以及考核工程成本和效益等的依据。

1. 定额分类及其各自的作用

定额通常分为工程定额和费用定额(也称取费标准)两大类。

(1)工程定额

工程定额通常与相应的质量检验标准相配套而制定。它通常是指在正常施工条件下，完成某项产品并达到质量标准，所必须消耗的人工、材料、机械和费用的量化标准，并规定完成该项产品的工作内容。在市政行业中，目前执行的工程定额是指“全国统一的预算定额”和“劳动定额”。这些定额具有严肃的法令性，全国各地必须贯彻执行。

工程定额包括下列几种定额：

①劳动定额：它是专门计算用工数量和考核用工情况的定额。它分为时间定额和产量定额。

时间定额：指班组或个人在合理使用材料、正规操作和保证产品质量的条件下，完成单位产品所需要的时间。这个时间包括了工作开始的准备和结束的清理时间、辅助和适度的休息时间。

产量定额：是时间定额的倒数，即指班组或个人在单位时间内（每工日 8h），完成合格产品的数量。

例如，人工挖 4m 深的土方，从“统一劳动定额”中查得完成挖掘 $1m^3$ 土方需时 0.667 工日就是时间定额；又查得每个工日可完成挖土 $1.5m^3$ 就是产量定额。两者的关系是 0.667 = 1/1.5或 1.5 = 1/0.667。

②材料消耗定额。它是专门用于计算材料数量和控制材料使用的定额。本着合理使用材料的原则，使施工单位在生产合格产品时，所必须消耗的各种主要材料的规格、品种和数量。例如，钢、木、燃料、砂石、水泥及其制品、半成品和构件等，在数量中已包括了必有的运输和操作损耗。

③机械台班定额。它是专门用于计算机械数量和考核使用情况的定额。它与劳动定额一样也分为时间和产量定额两种。时间和产量定额之间也存在着互为倒数的关系。

例如，铲运机挖运土方，运距300m。从统一“劳动定额”中查得挖运 $100m^3$ 的土，需要铲运机工作 0.625 台班并需配备 1.25 工日的人工作（时间定额）。如果铲运机工作一个台班，就可完成挖运土方 $100/0.625 = 160m^3$；并需配备人工 $1.25 \times 160/100 = 2$ 工日（即两人工作一天）。

④预（概）算定额。它是编制单项工程预（概）算时，所必须遵循或采用有关劳力、材料、机械及其他零星机材消耗量的标准。通常由政府指定的部门编制（如我国交通部编制的“公路工程预算定额”）。它通常包括的内容是：工程项目及其分部分项的名称与定额编号；计量单位；工作内容；工、料、机消耗量标准；施工定额。施工定额既可是某地区多数企业能够达到或超过的关于劳力、材料和机械平均消耗水平；也可是某企业独自可达到或超过的消耗水平，作为企业内部定额使用；以真实地反映企业的管理水平和参与市场竞争的实力。施工定额多属于企业行为，但应以不降低质量标准和不损害职工利益为原则而编制施工定额。通常施工定额与预算定额相比有 10% 左右的差距。

（2）费用定额（取费标准）

费用定额是计算非直接用于工程费用的额度标准。例如管理费、法定利润、税金等，故称为工程间接费。常以工程直接费为基数，以占直接费的百分率计算各项间接费。

费用定额因地区而异，因企业资质不同而不同。各地区的计算程序也不一样。表 11-2 是武汉市 2000 年市政工程各项费用的费率标准和计算程序。

某工程各项费用的费率标准和计算程序表　　表 11-2

序号	费 用 名 称	计算程序及说明
(1)	定额基价（建筑工）	按预算定额套用的费用
(2)	其中：人工费	
(3)	材料费	
(4)	机械费	
(5)	综合费	(5) = [(2) + (3) + (4)] × 费率
(6)	直接费	(6) = (1)
(7)	企业管理费、财务费用及其他费用	(7) = (6) × 费率
(8)	劳动保险基金	(8) = (6) × 费率
(9)	间接费	(9) = (7) + (8)
(10)	商品混凝土换算后及混凝土、砂浆等配合比的定额价价差	按实际情况计取
(11)	直接费与间接费合计	(11) = (6) + (9) + (10)

续上表

序号	费用名称	计算程序及说明
(12)	价差合计	按实际情况计取
(13)	计划利润	(13)=[(11)+(12)]×费率
(14)	意外伤害保险	(14)=[(11)+(13)]×费率
(15)	施工安全技术服务费	(15)=[(11)+(13)]×费率
(16)	不含税工程造价	(16)=(11)+(12)+(13)+(14)+(15)
(17)	营业税	(17)=(16)×费率
(18)	含税工程造价	(18)=(16)+(17)
(19)	工程总造价	(19)=(18)

2. 预算编制的程序和方法

广义的预算,一般都应包括表11-3中的种类。

广义预算包括的种类　　表11-3

序号	名　称	编制单位	依据和内容	用　途
1	投资估算	建设单位	1. 预(概)算定额; 2. 扩大设计图的工程量; 3. 编制时,公布的工料机单价或扩大单价(也可预计涨价因素); 4. 应包括工程所有项目的额度。如土地费、青苗费、拆迁费、配套项目费等	1. 申请工程立项; 2. 申请投资; 3. 预计项目需要的资金; 4. 提供决策依据
2	设计概算	设计单位	1. 预算定额和费用定额; 2. 初步设计图的工程量; 3. 编制时,当地的工、料、机单价	1. 立项批准后,作为列入当年基本建设计划用; 2. 作为控制施工图预算
3	施工图预算	设计单位	1. 施工图的工程量; 2. 施工方案选用的施工方法; 3. 预算定额和费用定额; 4. 编制时,当地的工、料、机单价	1. 确定工程造价; 2. 招投标工程的标底; 3. 拨付工程进度款的依据
4	施工预算	施工单位	1. 施工图的工程量; 2. 施工定额及费用定额; 3. 施工实施方案; 4. 当地工、料、机的实际单价	1. 编制施工计划; 2. 考核工程成本; 3. 工程分包的依据
5	竣工结算	施工单位	1. 施工图预算; 2. 工程签证所增减的工程量; 3. 允许调整的费用项目或费率	1. 施工单位办理;工程结算的资料; 2. 结清工程款
6	竣工决算	建设单位	1. 工程结算; 2. 由建设单位为工程而支付的所有金额	1. 确定工程实际造价; 2. 确定固定资产的价值

现今电子计算机的普及以及随着各种各样软件程序的大量推出,施工图预算大都采用计算机软件直接编制,工作量大大减化,编制施工图预算现以武汉市2000年市政工程费用定额的标准为例,其基本的编制程序和方法如下。

(1)熟读设计施工图,参照采用的预算定额的项目名称、计量单位和工作内容,确定工程量计算的项目名称,依图计算工程量。切记,不可漏项或重项,纵使定额中没有的项目或工作内容中不包括的作业,只要设计施工图有,也应计算工程量。

(2)根据工程所处位置的地形、地貌和环境,制定施工方案并确定施工方法及其技术措施。

(3)读懂和看清所采用的“预算”定额中的使用说明、工程内容和适用范围。

例如：

①在使用说明中写有“本定额如有缺项，可参照其他定额相应项目套用”；

②在工作内容中写有“本项目是按运距20m计算，超过时，可另立项计算”；

③在适用范围中写有“本定额用于××以下”，那么，这就表示两层意思：其一：××以下含××在内；其二：超过××时，可另立项计算”。

(4)熟悉费用定额中所有项目的含义和规定以及计算方法。

例如：

①冬雨期施工费，在南方地区，就不应计取冬期施工费；

②弄清税率，因为税率是因地区不同而各异；

③从费率表中可看到，费率计算有些是直接计取，有些是滚动计取。

(5)编制预算表

掌握或弄清上述情况和资料，就可进行预算表的编制工作。

其步骤和方法是：

第一步，计算直接费。

从预算定额中查得与工程项目相应项目的各种消耗量、单价和额度，将各种消耗量的金额相加，就是这个项目的直接单位造价(直接费)。

第二步，根据有关调价文件，计算允许调价的材料价差。即市场价与定额价的差乘以材料数量。

第三步，根据表12-2的计算程序逐项计算直至得出最后的工程总造价。

第四步，工、料、机的分析。

施工图预算编制完毕后，应将预算中的人、材、机所需数量制表作为施工管理的依据和控制量。

(6)编制预算应注意的事宜

①套用的定额必须与工程项目的施工工艺计量单位保持一致。

②当定额缺项时，应寻找与工程性质相接近的定额进行套用或换算后套用。例如城市道路定额缺项，则可套用相应的“公路工程定额”。

③要按工程的属性和类别，选用相应属性和类别的预算定额及其配套的编制办法的费用定额。例如，属于“公路”性质的土方、路面、桥涵、排水等类别的工程，就应选用“公路工程”预算定额及与之相配套的编制办法、费率和机械台班定额组成的单价表。

④我国在市政工程中，虽然是执行“全国统一的预算定额”。但工、料、机的单价和费用定额及其计算程序与方法，都是由各地区相关的权威部门编制或确定。可以说关于工、料、机的单价是因地区不同而各异，关于费用定额所含内容及其计算程序和方法也各不相同。因此，编制预算时，必须弄清楚当地的工料机单价、费用定额所含项目、计算方法和程序，才不会造成贻误。

二、工程招投标

工程招投标既是建设单位(业主)选择承包单位(承包人)，也是承包人根据自身的条件选择工程的一种经营方式。这种买卖市场行为，是在公开、公平和公正的基础上，进行的合法竞争的贸易行为，它是由计划经济向市场经济转变的必然趋势和结果。

1. 施工招投标的重要意义

施工招标是指招标单位将确定的施工任务发包,鼓励施工企业投标竞争,从中选出技术能力强、管理水平高、信誉可靠且报价合理的承建单位,并以签订合同的方式约束双方在施工过程中行为的经济活动。施工招标的最明显特点是发包工作内容明确具体,各投标人编制的投标书在评标中易于横向对比。虽然投标人是按招标文件的工程量表中既定的工作内容和工程量编标报价,但报价高低一般并不是确定中标单位的唯一条件,投标实际是各施工单位完成该项目任务的技术、经济、管理等综合能力的竞争。

推行施工招投标对于建设单位(业主)择优选择施工单位,确保工程质量和工期,降低工程造价具有重要意义。同时,对鞭策施工单位努力提高技术与管理水平,注重降低消耗水平,控制工程成本,也具有明显的作用。所以,在施工阶段大力推行招投标,尤其是推行公开招标,是具有十分重要意义的。

2. 招标建设工程项目应具备的基本条件

(1)招标人已经依法成立;

(2)初步设计及概算应当履行审批手续的,已经批准;

(3)招标范围、招标方式和招标组织形式等应当履行核准手续的,已经核准;

(4)有相应资金或资金来源已经落实;

(5)有招标所需的设计图纸及技术资料。

3. 招标的范围和方式

(1)招标范围

根据《中华人民共和国招标投标法》规定:在中华人民共和国境内进行下列工程建设项目包括项目的勘察、设计、施工、监理以及与工程建设有关的重要设备、材料等的采购,必须进行招标:

①大型基础设施、公用事业等关系社会公共利益、公众安全的项目;

②全部或者部分使用国有资金投资或者国家融资的项目;

③使用国际组织或者外国政府贷款、援助资金的项目。

(2)招标方式

常用的招标方式有公开招标和邀请招标两种。

①公开招标

特点:招标单位通过报刊、广播、电视或其他有效途径公布招标公告进行招标;投标单位数量不限;招标单位收到投标文件后,密封保存,开标时当众开封。

适用条件:多用于大、中型建设项目和世界银行贷款项目,一般小型项目较少采用。

②邀请招标

特点:由招标单位向资质符合工程要求的施工单位发出招标邀请书,邀请的单位不得少于3家;不公开刊登广告,只通过个别邀请方式进行。

适用条件:规模大,专业性强或技术复杂,只有少量公司有能力承担的工程;规模小,没必要公开招标的工程;公开招标后,无人投标的工程。

4. 招标文件的组成

招标文件应当载明以下主要内容:

(1)投标邀请书;

(2)投标人须知;

(3)公路工程施工合同条款;

(4)招标项目适用的技术规范；

(5)施工图设计文件；

(6)投标文件格式，包括投标书格式及投标书附录格式、投标书附表格式、工程量清单格式、投标担保文件格式、合同格式等。

投标人须知应当载明以下主要内容：

(1)评标标准和方法；

(2)工期要求；

(3)提交投标文件的起止时间、地点和方式；

(4)开标的时间和地点。

招标公告、投标邀请书应当载明下列内容：

(1)招标人的名称和地址；

(2)招标项目的名称、技术标准、规模、投资情况、工期、实施地点和时间；

(3)获取资格预审文件或者招标文件的办法、时间和地点；

(4)对潜在投标人的资质要求；

(5)招标人认为应当公告或者告知的其他事项。

5. 建设工程施工招标程序

这里有一个流程图可以大致说明建设工程施工公开招标的程序，共有16个环节(图11-2)。

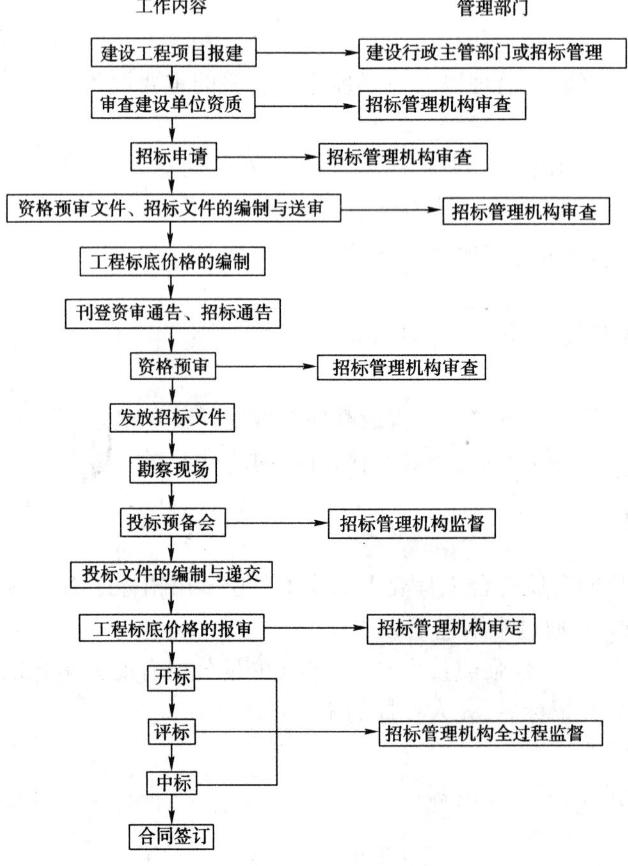

图11-2 招标流程图

第四节　施工组织设计及网络图

一、施工组织设计

施工组织设计是以一个工程项目为编制对象，用来具体指导施工准备和组织施工全过程的技术和经济性管理文件。它可分为投标性和实施性施工组织设计。

1．施工组织设计的编制原则和依据

（1）编制原则

①严格执行基本建设程序和施工程序；

②科学安排施工顺序；按照市政工程施工的客观规律安排施工程序，在各个施工阶段之间合理搭接、衔接紧凑，在保证质量的基础上，尽可能缩短工期，加快建设速度；

③采用先进的施工技术和设备，不断提高施工机械化、预制装配化程度，减轻劳动强度，提高劳动生产率；

④应用科学的计划方法制定最合理的施工组织方案；根据工程特点和工期要求，因地制宜地采用快速施工，尽可能采用流水施工方法，组织连续、均衡且有节奏的施工，保证人力、物力充分发挥作用。对于复杂的工程，应用网络计划技术找出最佳的施工组织方案；

⑤落实季节性施工的措施，确保全年连续施工；

⑥确保工程质量、施工安全和环境保护；

⑦节约施工费用，降低工程成本。

（2）编制依据

编制施工组织设计的主要依据如下：

①国家、地区以及工程合同对该工程项目的要求。主要是开、竣工日期，建设单位对工期和工程使用要求。

②设计文件。主要是该工程的全部施工图纸及各种有关的标准图。

③施工现场条件。主要是现场的地形、障碍物的拆除、水电供应和道路交通运输情况。

④建设单位提供条件。主要是施工时所需占用的场地，资金、水、电的来源及供应，临时房屋等情况。

⑤施工单位具备条件。主要是劳动力和施工机械生产能力与配备，主要材料、配件、半成品和加工件的来源与供应。

⑥国家和地区的有关规程规范。主要是施工验收规范，工程质量与安全要求，各种有关的技术定额。类似工程的经验资料等。

2．施工组织设计的编制内容

（1）投标性施工组织设计以达到工程中标为目的，编制时应结合企业的综合实力和企业管理层的投标决策，按照招标文件的要求认真编制，编制投标性施工组织设计的主要内容一般包括：

①工程概况。主要包括：水文地质情况、交通运输条件、主要工程量、工期要求、质量目标。

②编制依据与原则。

③工程管理目标（工期、质量、安全文明、成本等）。

④施工部署。主要包括:施工总平面布置(临时设施、施工便道、水电供应情况等)、项目组织结构、施工队伍状况、专业分包情况、施工顺序及部署安排。

⑤施工准备工作。包括:前期准备(现场调查、地材资源、生活物资供应等情况)、技术准备、三通一平工作及施工总平面图。

⑥主要项目的施工方法和技术要求;

⑦工期目标及保证措施;

⑧质量保证体系及质量保证措施;

⑨季节性及夜间施工措施;

⑩施工设备、周转材料及检测设备的配置;

⑪安全及文明生产施工措施;

⑫成本降低目标及措施。

(2)实施性《施工组织设计》由承担该工程项目施工任务的项目经理组织相关人员进行编写。

实施性《施工组织设计》的编制应策划工程项目实现所需的全过程,要求具有较强的指导性与可操作性。要深入实际充分了解施工现场的条件,分析工程的特性,以根据企业建立的质量管理体系和综合实力,在投标性施工组织设计的基础上进行补充和完善,使实施的工程项目质量满足顾客的要求。实施性《施工组织设计》编制的主要内容一般包括如下内容。

①工程概况:主要包括工程特点、建设地点及环境特征、施工条件、项目管理特点及总体要求。

②施工部署:项目的质量、进度、成本及安全目标;拟投入的最高人数和平均人数;分包计划,劳动力使用计划,材料供应计划,机械设备供应计划;施工程序;项目管理总体要求。

③施工方案:施工流向和施工顺序,例如,采用流水作业、分段流水作业、平行作业或交叉作业;施工阶段划分;施工方法和施工机械选择;安全施工设计;环境保护内容及方法。

④施工进度计划:可以采用横道线表示,也可以采用网络图表示,包括施工总进度计划和单位工程施工进度计划。

⑤资源供应计划:劳动力需求计划;主要材料和周转材料需求计划;机械设备需求计划;预制品订货和需求计划;大、中型检测设备需求计划。

⑥施工准备工作: 施工准备工作组织及时间安排;技术准备及编制质量计划;施工现场准备;作业队伍和管理人员的准备;物质准备;资金准备。

⑦施工平面图,包括:施工平面图说明;施工平面图;施工平面图管理规划。

⑧技术组织措施计划:保证工程进度目标的措施;保证工程质量目标的措施;保证工程安全目标的措施;保证工程成本目标的措施;保证施工环境目标的措施;保证季节性及夜间施工的措施;文明生产施工措施。

经审定的《施工组织设计》应由项目部负责组织,并贯彻落实,以保证所承建的工程项目按实现过程的策划达到预期的效果。

二、施工网络图

施工网络图和施工横道线计划图都是用以表示施工进度计划的形式。下面的图 11-3 是采用横道线的方式绘制的施工进度图。

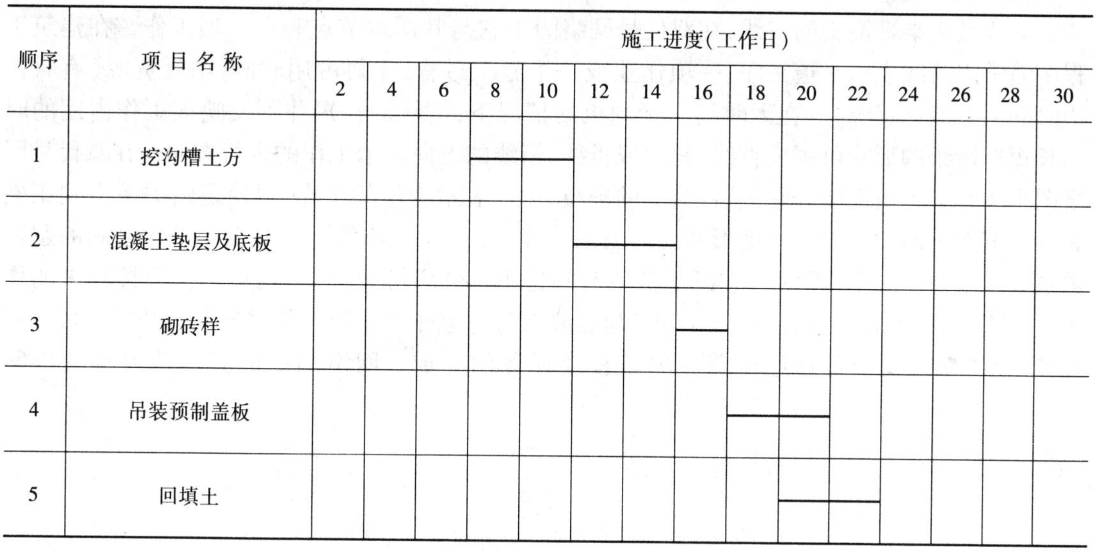

顺序	项 目 名 称	施工进度(工作日)														
		2	4	6	8	10	12	14	16	18	20	22	24	26	28	30
1	挖沟槽土方															
2	混凝土垫层及底板															
3	砌砖样															
4	吊装预制盖板															
5	回填土															

图 11-3 横道线施工进度图示

从图 11-3 可以看出,横道线施工进度图,每一道工序或项目的施工起止日期和施工所需时间是用一条横线表示,横线上书写施工所需时间,并以天计(工作天)。各工序或项目之间开工日期和结束日期之差,就是横道线起止端之间的距离。各横道线的重叠长度,就表示工序或项目的平行作业时间;重叠线愈多,就表明平行作业的工序或项目愈多。因此,横道线施工进度图比较简单易懂。但它的主要缺点是不能反映各工序或项目之间的依存关系和不易找出影响工期的关键工序或项目,若需进行修改也比较困难。所以,采用横道线方式编制施工进度图,逐渐被网络图代替。网络图具有横道线图示的全部优点而又避免了其缺点,同时网络图可运用微机进行编制和优选出最佳方案。下面具体介绍双代号网络图的绘制方法。

1)双代号网络图的基本概念

完成一项工程计划需要进行许多工作(序)。用一条箭线来表示一项工作,将工作的名称写在箭线上方,完成该项工作所需要的时间注在箭线下方,箭尾表示工作的开始,箭头表示工作的结束,在箭尾和箭头处分别画上圆圈并编以号码,前后两个圆圈的号码就代表这项工作,这个图形的表示方式,通常称之为双代号表示法。如图 11-4 所示。如果把工程计划的许多工作按先后顺序用上述方法,从左到右绘制成一个图形,就叫双代号网络图,如图 11-5 所示。所以,双代号网络图是"以箭线及其两端节点的编号表示工作的网络图"。

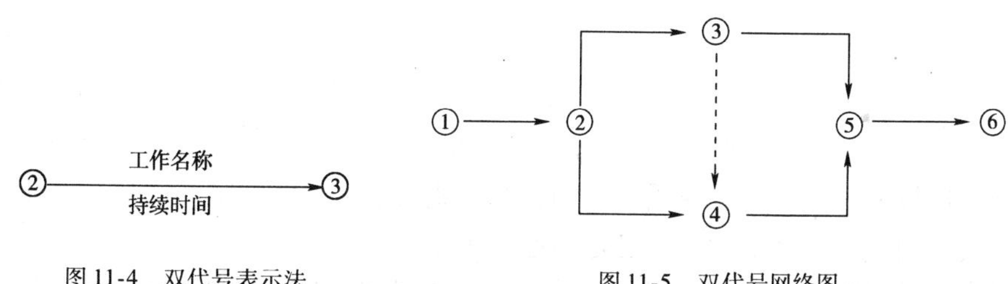

图 11-4 双代号表示法

图 11-5 双代号网络图

从图 11-4、图 11-5 中可以看出,双代号网络图是由一些基本符号所组成的,包括箭线、节点和代号,这些符号都有一定的含意。

箭线是一端带箭头的实线,在双代号网络图中它与其两端节点表示一项工作。在建筑工程中通常用箭线表示一道工序、一项作业或一个施工过程,需要占用时间,消耗资源(有时占用时间但不消耗资源)。在无时间坐标约束的情况下,箭线的长短并不反映该工作占用的时间长短。箭线的形状可画成直线、斜线或折线,箭线的方向表示工作的进行方向。在双代号网络图中还有一种虚箭线,即一端带箭头的虚线,用以表示虚拟的工作,以使逻辑关系得到正确表达。节点一般用圆圈或其他形状的封闭图形表示,在双代号网络图中表示工作之间的逻辑关系。节点只是一个"瞬间",它既不消耗时间也不消耗资源,具有将前后工作衔接起来的作用(图 11-6)。网络图中第一个节点叫"起点节点",它意味着一项工程或任务的开始。最后一个节点叫"终点节点",它意味着一项工程或任务的完成。网络图中的其他节点称为中间节点。

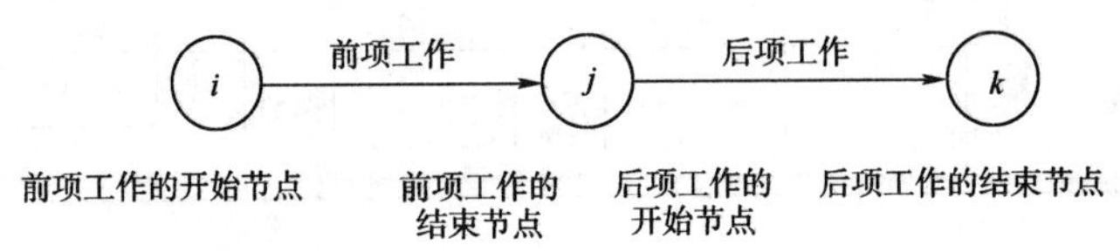

图 11-6　节点关系图

网络图中每一个节点必须进行编号,一条箭线前后两个节点的号码就是该箭线所表示的工作代号,如图 11-5 中①—②,②—③,②—④即分别表示三项工作。对网络图进行编号时,箭尾节点的号码一般应小于箭头节点的号码,如图 11-6 中 i 应小于 j。

2)双代号网络图的逻辑关系和绘图规则

双代号网络图绘制时应遵循工程任务各项工作间的逻辑关系。逻辑关系是指各项工作之间相互制约或依赖的关系。图 11-7 中工作 A,B,C,D,E 相互关系是严格的,以 B 而言,它必须在 A 结束后才能开始;而 E 工作则必须等 B 工作结束之后才能进行;C 和 D 是 B 的平行工作,都要在 A 结束之后才能开始。这种严格的逻辑关系,应当根据施工工艺和施工组织的要求来加以确定。

在双代号网络图中,为了正确地表达逻辑关系,往往要应用虚箭线。若 A,B,C,D 四项工作其相互关系是:A 完成后进行 C;A,B 均完成后进行 D,图形如图 11-8 所示。图中必须用虚箭线把 A 和 D 两项工作连接起来。虚箭线的应用是双代号网络图中绘制图形时不可缺少的,特别是在组织分段流水施工时,虚箭线的作用显得更为突出。

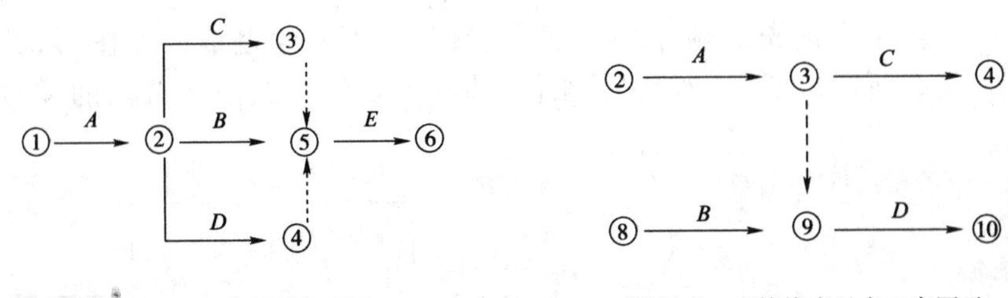

图 11-7　工序逻辑关系图　　图 11-8　虚箭线表示虚工序图示

绘制双代号网络图还必须遵循一定的绘图规则,这些基本规则是:

①双代号网络图必须正确表达已定的逻辑关系。

②双代号网络图中,严禁出现循环回路。循环回路是"从一个节点出发,沿箭线方向前进,又返回到原出发点的线路"。

③双代号网络图中，在节点之间严禁出现带双向箭头或无箭头的连线。

④双代号网络图中，严禁出现没有箭头节点或没有箭尾节点的箭线。

⑤当双代号网络图的某些节点有多条外向箭线或多条内向箭线时，可使用母线法绘图。当箭线形不同时，可在从母线上引出的支线上标出。所谓"母线法"，是网络图中经一条共用的垂直线段，将多条箭线引入或引出同一个节点，使图形简洁的绘图方法，如图 11-9 所示。

⑥绘制网络图时，箭线不宜交叉；当交叉不可避免时，可用过桥法或指向法，如图 11-10 所示。

⑦双代号网络图中应只有一个起点节点，在不分期完成任务的网络图中，应只有一个终点节点；而其他节点均应是中间节点。

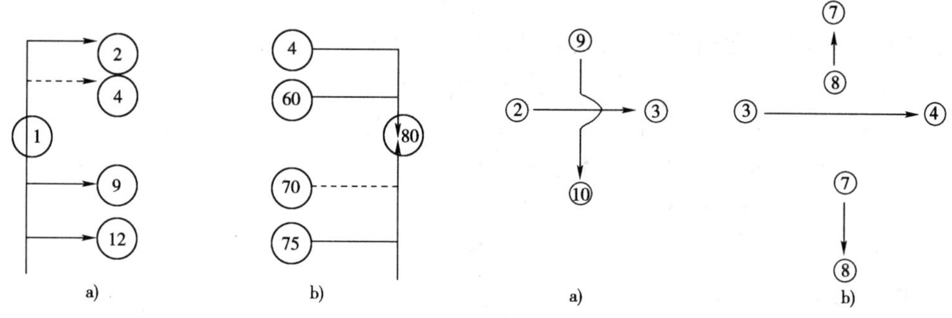

图 11-9　用母线法绘图

图 11-10　处理箭线交叉的方法
a）过桥法；b）指向法

3）双代号网络计划时间参数计算

网络图上各项工作标以持续时间后便成为网络计划，则可进行时间参数的计算，通过计算来确定关键线路和该项工程任务的工期。一项工作应计算的时间参数有最早开始时间（$ES_{i\text{-}j}$）最早完成时间（$EF_{i\text{-}j}$）最迟开始时间（$LS_{i\text{-}j}$）、最迟完成时间（$LF_{i\text{-}j}$）工作总时差（$TF_{i\text{-}j}$）工作自由时差（$FF_{i\text{-}j}$）。

时间参数的计算有按工作计算法计算和按节点计算法计算之分；在计算的方式上又有图上计算法、表上计算法和用计算机计算等方法。不管用哪种方法计算，其基本原理是一致的。现仅就按工作计算法在图上来进行（图上计算法）演算阐述，并用公式作说明。以图 11-11 为例。

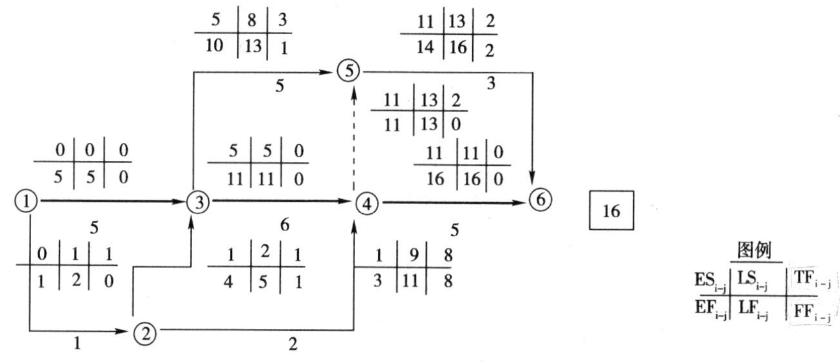

图 11-11　双代号网络计划算例

(1)工作最早开始时间和最早完成时间的计算

工作最早开始时间指各紧前工作全部完成后,本工作有可能开始的最早时刻。工作最早完成时间是指各紧前工作全部完成后,本工作有可能完成的最早时刻。

工作最早开始时间的计算应注意下列情况:

①工作 i-j 的最早开始时间 ES 应从网络计划的起点节点开始,顺着箭线方向依次逐项进行计算。

②以起点节点 i 为箭尾节点的工作 i-j,当未规定其最早开始时间 $ES_{i\text{-}j}$ 时,其值应等于零。即:

$$ES_{i\text{-}j}=0(i=1) \tag{11-1}$$

③当工作 i-j 只有一项紧前工作 h-i 时,其最早开始时间 $ES_{i\text{-}j}$ 应为:

$$ES_{i\text{-}j}=ES_{h\text{-}i}+D_{h\text{-}i} \tag{11-2}$$

④当工作 i-j 有多个紧前工作时,其最早开始时间 $ES_{i\text{-}j}$ 应为:

$$ES_{i\text{-}j}=\max\{ES_{h\text{-}i}+D_{h\text{-}i}\} \tag{11-3}$$

式中:$ES_{h\text{-}i}$——工作 i-j 的各项紧前工作 h-i 的最早开始时间;

$D_{h\text{-}i}$——工作 i-j 的各项紧前工作 h-i 的持续时间。

根据式(11-1),图 11-11 中:

$$ES_{1\text{-}2}=ES_{2\text{-}4}=0$$

根据式(11-2),图 11-11 中:

$$ES_{2\text{-}3}=ES_{2\text{-}4}=ES_{1\text{-}2}+D_{1\text{-}2}=0+1=1$$

根据式(11-3),图 11-11 中:

$$ES_{3\text{-}4}=ES_{3\text{-}5}=\max\{ES_{1\text{-}3}+D_{1\text{-}3},ES_{2\text{-}3}+D_{2\text{-}3}\}=\max\{0+5,1+3\}=5$$

$$ES_{4\text{-}5}=ES_{4\text{-}6}=\max\{ES_{2\text{-}4}+D_{2\text{-}4},ES_{3\text{-}4}+D_{3\text{-}4}\}=\max\{1+2,5+6\}=11$$

$$ES_{5\text{-}6}=\max\{ES_{4\text{-}5}+D_{4\text{-}5},ES_{3\text{-}5}+D_{3\text{-}5}\}=\max\{11+0,5+5\}=11$$

⑤工作 i-j 的最早完成时 $EF_{i\text{-}j}$ 应按式(11-4)计算:

$$EF_{i\text{-}j}=ES_{i\text{-}j}+D_{i\text{-}j} \tag{11-4}$$

根据式(11-4),各项工作的最早完成时间计算如下:

$$EF_{1\text{-}2}=ES_{1\text{-}2}+D_{1\text{-}2}=0+1=1$$

$$EF_{1\text{-}3}=ES_{1\text{-}3}+D_{1\text{-}3}=0+5=5$$

$$EF_{2\text{-}3}=ES_{2\text{-}3}+D_{2\text{-}3}=1+3=4$$

$$EF_{3\text{-}4}=ES_{3\text{-}4}+D_{3\text{-}4}=5+6=11$$

$$EF_{3\text{-}5}=ES_{3\text{-}5}+D_{3\text{-}5}=5+5=10$$

$$EF_{4\text{-}5}=ES_{4\text{-}5}+D_{4\text{-}5}=11+0=11$$

$$EF_{4\text{-}6}=ES_{4\text{-}6}+D_{4\text{-}6}=11+5=16$$

$$EF_{5\text{-}6}=ES_{5\text{-}6}+D_{5\text{-}6}=11+3=14$$

将以上计算结果标注在图 11-11 中的相应位置。

(2)网络计划工期的计算

①网络计划的计算工期 T_c 应按式(11-5)计算:

$$T_c=\max\{EF_{i\text{-}n}\} \tag{11-5}$$

式中:$EF_{i\text{-}n}$——以终点节点($j=n$)为箭头节点的工作 i-n 的最早完成时间。故图 11-11 的计算工期为：

$$T_c = \max\{EF_{4-6}, EF_{5-6}\} = \max\{16, 14\} = 16$$

②网络计划的计划工期 T 的计算可按下列情况分别规定：

a. 当已规定了要求工期 T_r 时：

$$T_p \leqslant T_r \tag{11-6}$$

b. 当未规定要求工期时：

$$T_p = T_c \tag{11-7}$$

由于图 11-11 示例未规定要求工期，故其计划工期为：

$$T_p = T_c = 16$$

将计划工期标注在图后的方框内。

(3) 工作最迟完成时间和最迟开始时间的计算

工作最迟完成时间是指在不影响整个任务按期完成的前提下，工作必须完成的最迟时刻。工作最迟开始时间是指在不影响整个任务按期完成的前提下，工作必须开始的最迟时刻。在计算时应注意下列情况：

①工作 $i-j$ 的最迟完成时间 LF_{i-j} 从网络计划的终点节点开始，逆着箭线方向依次逐项计算。

②以终点节点 $(j=n)$ 为箭头节点的工作的最迟完成时间 LF_{i-n} 应按网络计划的计划工期 T_p 确定，即：

$$LF_{i-n} = T_p \tag{11-8}$$

③其他工作 i-j 的最迟完成时间 LF_{i-j} 应为：

$$LF_{i-j} = \min\{Lk_{j-k} - D_{j-k}\} \tag{11-9}$$

式中：Lk_{j-k}——工作 i-j 的各项紧后工作 j-k 的最迟完成时间；

D_{j-k}——工作 i-j 的各项紧后工作 j-k 的持续时间。

根据式(11-8)：

$$LF_{5-6} = LF_{4-6} = T_p = 16$$

根据式(11-9)：

$$LF_{3-5} = LF_{4-5} = \min\{LF_{5-6} - D_{5-6}\} = \min\{16-3\} = 13$$

$$LF_{3-4} = LF_{2-4} = \min\{LF_{4-5} - D_{4-6}\} = \min\{13-0, 16-5\} = 11$$

$$LF_{1-3} = LF_{2-3} = \min\{LF_{3-4} - D_{3-4}\}, = \min\{11-6, 13-5\} = 5$$

$$LF_{1-2} = \min\{LF_{2-4} - D_{2-4}, LF_{2-3} - D_{2-3}\} = \min\{11-2, 5-3\} = 2$$

④工作 $i-j$ 的最迟开始时间 LS_{i-j} 应按式(11-10)计算：

$$LS_{i-j} = LF_{i-j} - D_{i-j} \tag{11-10}$$

根据式(11-10)，图 11-11 的各项工作最迟开始时间计算如下：

$$LS_{5-6} = LF_{5-6} - D_{5-6} = 16 - 3 = 13$$

$$LS_{4-6} = LF_{4-6} - D_{4-6} = 16 - 5 = 11$$

$$LS_{3-5} = LF_{3-5} - D_{3-5} = 13 - 5 = 8$$

$$LS_{4-5} = LF_{4-5} - D_{4-5} = 13 - 0 = 13$$

$$LS_{2-4} = LF_{2-4} - D_{2-4} = 11 - 2 = 9$$

$$LS_{1-3} = LF_{1-3} - D_{1-3} = 5 - 5 = 0$$

$$LS_{1-2} = LF_{1-2} - D_{1-2} = 2 - 1 = 1$$

将以上计算结果标注在图 11-11 中的相应位置。

(4)工作时差的计算

①工作总时差是指在不影响总工期的前提下,本工作可以利用的机动时间。工作自由时差是指在不影响其紧后工作最早开始的前提下,本工作可以利用的机动时间。

②工作 $i-j$ 的总时差应按式(11-11)、式(11-12)计算:

$$TF_{i\text{-}j}=LS_{i\text{-}j}-ES_{i\text{-}j} \tag{11-11}$$

或

$$TF_{i\text{-}j}=LF_{i\text{-}j}-EF_{i\text{-}j} \tag{11-12}$$

根据式(11-11)或式(11-12),计算出的工作总时差,见图 11-1l 的相应标注。

③工作 $i\text{-}j$ 的自由时 $FF_{i\text{-}j}$的计算应符合下列规定:

a. 当工作 $i-j$ 有紧后工作 $j-k$ 时,其自由时差应为:

$$FF_{i\text{-}j}=ES_{j\text{-}k}-ES_{i\text{-}j}-D_{i\text{-}j} \tag{11-13}$$

或

$$FF_{i\text{-}j}=ES_{j\text{-}k}-EF_{i\text{-}j} \tag{11-14}$$

式中:$ES_{j\text{-}k}$——工作 $i-j$ 的紧后工作 $j-k$ 的最早开始时间。

b. 以终点节点($i=n$)为箭头节点的工作,其自由时差 $FF_{i\text{-}n}$应按式(11-15)、式(11-16)确定

$$FF_{i\text{-}n}=TP_{i\text{-}n}-ES_{i\text{-}n}-D_{i\text{-}n} \tag{11-15}$$

或

$$FF_{i\text{-}n}=TP_{i\text{-}n}-EF_{i\text{-}n} \tag{11-16}$$

根据式(11-15)或式(11-16)计算的自由时差,见图 11-11 的相应标注。

4)关键工作和关键线路的确定

总时差最小的工作是关键工作。线路上的总工作持续时间最长的线路是关键线路。

图 11-11 中,最小的总时差是 0,所以工作①—③,③—④,④—⑥是关键工作。由工作①—③,③—④,④—⑥相连的线路时间最长,与计划工期相等,故它是关键线路(①—③—④—⑥),在图上用粗线标注。关键线路亦可用双线或彩色线标注。

5)编制可行网络计划

(1)检查与调整

对上述网络计划时间参数计算完后,应检查:工期是否符合要求;资源配置是否符合资源供应条件;成本控制是否符合要求。如果工期不满足要求,则应采取适当措施压缩关键的持续时间,如仍不能满足要求时,则需改变工作方案的组织关系进行调整;当资源强度超过供应可能时,则应调整非关键工作使资源降低。

(2)编制可行网络计划

对网络计划进行检查和调整之后,必须计算时间参数。根据调整后的网络图和时间参数,重新绘制可行网络计划。

6)网络计划优化

可行网络计划一般需进行优化,方可编制正式网络计划。

(1)网络计划的优化目标的确定

常见的优化目标有以下几种,可根据工程实际需要进行选择:

①工期优化;

②“时间固定,资源均衡”的优化;

③“资源强度有限,时间最短”的优化;

④时间—成本优化。

(2)编制正式网络计划

根据优化结果,即可绘制拟实施的正式网络计划,并编制网络计划说明书,其内容包括:

①编制说明;

②主要计划指标一览表;

③执行计划的关键的说明;

④需要解决的问题及主要措施;

⑤其他需要说明的问题。

第五节　安全生产管理

1. 施工安全管理系统

安全生产应严格贯彻“安全第一,预防为主”的八字方针。公路工程施工安全管理包括安全施工和劳动保护两方面的管理工作。由于市政工程施工为露天作业,现场环境复杂,手工操作、地下作业、高空作业和交叉施工多,劳动条件差,不安全和不卫生的因素多,极易出现安全事故,因此,在施工中要认真从组织上、技术上采取一系列措施,形成安全管理系统(图 11-12),切实做好安全施工和劳动保护工作。

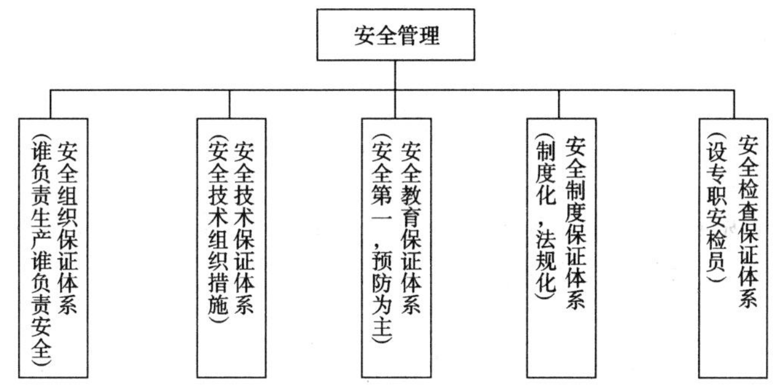

图 11-12　安全管理系统

2. 施工安全组织保证体系

建立安全施工的组织保证体系,是安全管理的重要环节。一般应建立以施工项目负责人(项目经理、工段长)为首的安全生产领导班子,本着“管生产必须管安全”的原则,建立安全生产责任制和安全生产奖惩制度,并设立专职安全管理人员,从组织体系上保证安全生产。施工项目安全生产责任保证体系一般是项目经理下设:

(1)安全技术负责人,负责:①项目全员安全活动、安全教育;②安全检查;③监督、处理安全事故;④劳保用品配备使用。

(2)技术负责人,负责:①审定项目安全技术措施;②落实安全技术措施;③解决施工中不安全技术问题。

(3)生产调度负责人,负责:①安排生产计划符合安全要求;②组织安全技术措施实施。

(4)机械管理负责人,负责:①施工机械安全运行;②监督安全制度落实。

(5)消防管理负责人,负责:①组织消防教育;②消防检查;③消防设施工具配备;④组织消防队,消防工作。

(6)劳务管理负责人,负责:①保证进场人员安全技术素质;②进场安全技术教育;③劳务作业按规程要求。

(7)其他有关部门,负责:①劳保费专项使用;②卫生行政部门保证基地、现场工人劳保卫生条件。

3. 安全管理制度

为了加强安全管理,还必须将其制度化,使施工人员有章可循,将安全工作落到实处。安全管理规章制度主要有:

(1)安全生产责任制;

(2)安全生产奖惩制度;

(3)安全技术措施管理制度;

(4)安全教育制度;

(5)安全检查制度;

(6)工伤事故管理制度;

(7)交通安全管理制度;

(8)防暑降温、防冻保暖的管理制度;

(9)特种设备、特种作业的安全管理制度;

(10)安全值班制度;

(11)工地防火制度;

(12)冬雨期及夜间施工的安全制度。

4. 施工安全教育

1)安全教育内容

(1)安全思想教育

对施工人员进行党和国家的安全生产和劳动保护方针、法令、法规制度的教育,使他们树立安全生产意识,增强安全生产的自觉性。

(2)安全技术知识教育

安全技术知识是劳动生产技术知识的重要组成部分,其教育内容一般包括:项目施工过程中的不安全因素;危险设备和区域的注意事项;有关职业危害的防护措施;电气设备安全技术知识;起重设备、压力容器的基本安全知识;现场内运输;危险物品管理、防火等基础安全知识;如何正确使用和保管个人劳保用品,如何报告和处理伤亡事故;各工种安全技术操作规程和安全技术交底。

(3)典型经验和事故教训教育

通过学习国内外安全生产先进经验,提高安全组织管理和技术水平;通过典型事故的介绍,使全体施工人员吸取教训,检查各自岗位上的隐患,及时采取措施,避免同类事故发生。

2)安全教育制度

建立公司、分公司(工程处)、项目部(班组)三级安全教育制度,使安全教育工作制度化。

(1)新工人入场教育和岗位安全教育;

(2)具体操作前的安全教育和技术交底;包括工种安全施工教育和新工艺、新方法、新材料、新结构、新设备的安全操作教育;

(3)经常性安全教育,特别是班前安全教育;

(4)暑季、冬期、雨期、夜间等施工的安全教育。

5. 安全检查

安全检查是预防安全事故的重要措施,包括一般安全检查、专业性安全检查、季节性安全检查和节日前后安全检查。

1)安全检查制度

建立项目部每月或每两周,班组每周的定期安全检查制度和突击性安全检查相结合的安全检查制度。

2)安全检查内容

(1)安全管理制度落实情况;

(2)安全技术措施制定和实施情况;

(3)专业安全检查,并填写相应安全验收记录;

(4)季节性安全检查,如防寒、防暑、防湿、防毒、防洪、防台风等检查;

(5)防火及安全生产检查,主要检查防火措施和要求的落实情况,如现场使用明火规定的执行情况,现场材料堆放是否满足防火要求等,及时发现火灾隐患,做好工地防火,保证安全生产。

6. 施工现场安全生产的一般要求

(1)现场应按施工总平面布置图的规定位置搭设各项临时设施,堆放材料、成品、半成品、工模具,停放车辆、机具。人工作业与机械作业,各就各位,施工现场与社会交通(行人)互不干扰。

(2)进入施工现场作业人员,要戴安全帽,高空作业要系安全带,施工现场管理人员要佩戴工作证、卡,特种工种操作人员要持操作许可证上岗。

(3)施工现场各种临时电路电机设备的安装要符合用电安全规定,严禁任意拉线接电。施工现场要有保证施工作业和行人安全的夜间照明。

(4)在车辆行人通过的地段,遇有沟、井、坎、穴处,应设覆盖物、护栏和安醒目标志。

(5)施工现场,要建立防火管理制度,消防设施和消防通道要保持完好备用状态。

(6)施工现场,应采取措施、严格控制粉尘,废气、废水、固体废弃物以及噪声、振动对环境的污染和危害。不得在施工现场熔化沥青,焚烧油毡、油漆、塑料。禁止将有毒有害废弃物随地乱扔乱放或用作土方回填。

(7)施工现场应设置必要的工间休息棚,临时厕所、膳食、饮水供应处等,并符合通风照明和卫生要求。

(8)认真执行工人监督安全作业的五项权力。即干部不向工人作技术交底工人有权不施工;发生事故隐患不排除,工人有权不施工;干部违章指挥工人有权不施工;安全措施不完全而威胁到人身安全时工人有权不施工;特殊作业必要的防护用品不齐全时工人可以停止操作。

第十二章 路基施工质量检测

第一节 试验检测概述

一、试验检测的目的和意义

随着我国交通事业的发展，公路建设已进入以提高公路质量为主的新阶段，人们对其提出了更高的要求，如果不实行完善而严格的质量管理、保证和监督体系，难免会在道路或桥梁施工过程中出现质量事故或质量隐患。因此，在现场施工的质量控制中，配备与质量控制和管理相匹配的常规标准试验仪器和采用适宜的检测方法，进行必要的试验检测，对确保工程质量是十分重要的。

工程试验检测工作桥梁施工技术管理中的一个重要组成部分，也是施工质量控制和竣工验收评定工作中不可缺少的一个重要环节。通过试验检测能充分地利用当地原材料；能迅速推广应用新材料、新技术和新工艺；能用定量的方法科学地评定各种材料和构件的质量；对降低工程造价、推动道路和桥梁施工技术进步，将起到极为重要的作用。公路工程检测技术是一门正在发展的新兴科学，它融试验检测基本理论和测试操作技能及相关基础知识于一体，是工程设计参数、施工质量控制、施工验收评定、养护管理决策的主要依据。

随着公路技术等级的提高，质量检测的加强与施工质量控制和验收工作引起了各级公路管理部门和施工单位的高度重视。作为工程试验检测人员或质量控制管理人员，在整个施工工期间理解并领会设计文件，熟悉现行施工技术规范和试验检测规程，严格做好道路和桥梁用材料质量、施工控制参数、现场施工过程质量和分项工程验收四个关键环节的把关工作。

二、试验检测人员的要求

为确保检测质量，试验检测人员应认真履行岗位职责，做好本职工作，应根据如下要求，发现自己的不足之处，努力提高自己的能力。

(1)检测人员应熟悉检测任务、内容、能合理选择检测仪器，熟悉仪器的性能；使用精密、贵重、大型检测仪器设备者，应经过培训，考核合格后，取得操作证书方可上岗操作；会进行日常养护，进行一般或常规仪器的检测与校正。

(2)检测人员应学习与所检测项目相关的技术标准，了解本领域国内外测试检测仪器的现状及发展方向，并具有学习与应用国内外最新技术进行检测的能力。

(3)检测人员应能正确如实地填写原始记录，保管期不得少于两年。检测结果必须由在本领域五年以上工作经验者校核，校核者必须在检测记录和报告中签字，以示负责。

(4)检测人员应了解计量法常识及单位制基本内容，能运用数理统计方面的知识对检测结果进行数据处理。

(5)检测人员要坚持原则、忠于职守、作风正派、秉公办事，要以数据说话。

第二节 路基压实度检测

大量的室内试验和工程实践表明，压实可以使路基和路面材料的强度大大增加，减少路基路面在行车荷载作用下产生的形变，增加路基和路面材料的不透水性和强度稳定性，保证路基使用质量；若压实度不足，则路面容易产生车辙、沉陷及整个路面被剪切破坏。

现场压实质量用压实度来表示。土基和路面基层的压实度是指压实层材料压产后的干密度与该材料的标准最大干密度之比，用百分数表示。对沥青路面，压实度是指现场实际达到的密度与室内标准密度的比值。

压实质量的检测方法有环刀法、灌砂法、钻芯法、核子密度仪法等（表 12-1）。以下主要介绍常用的环刀法、灌砂法。

现场压实度检测方法及适用范围比较 表 12-1

试验方法	适用范围
灌砂法	适用于在现场测定基层（或底基层）、砂石路面及路基土的各种材料压实层的密度和压实度，也适用于沥青表面处治、沥青贯入式面层的密度和压实度检测，但不适用于填石路堤等有大孔洞或大孔隙材料的压实度检测
环刀法	适用于细粒土及无机结合料稳定细粒土的密度测试。但对无机结合料稳定细粒土，其龄期不宜超过 2d，且宜用于施工过程中的压实度检验
核子法	适用于现场用核子密度仪以散射法或直接透射法测定路基或路面材料的密度和含水率，并计算施工压实度。适用于施工质量的现场快速评定，不宜用作仲裁试验或评定验收试验
钻芯法	适用于检验从压实的沥青路面上钻取的沥青混合料芯样试件的密度，以评定沥青面层的施工压实度，同时适用于龄期较长的无机结合料稳定类基层和底基层的密度检测

一、环　刀　法

环刀法是测量现场密度的传统方法。用环刀法测得的密度是环刀内土样所在深度范围内的平均密度，它不能代表整个碾压层的平均密度。由于碾压土层的密度一般是从上到下减小的，若环刀取在碾压层的上部，则得到的数值往往偏大；若环刀取的是碾压层的底部，则所得的数值明显偏小。就检查路基土和路面结构层的压实度而言，我们需要的是整个碾压层的平均压实度，而不是碾压层中某一部分的压实度，因此，在用环刀法测定土的密度时，应使所得密度能代表整个碾压层的平均密度。然而，这在实际检测中是比较困难的，只有使环刀所取的土恰好是碾压层中间的土，环刀法所得的结果才能与灌砂法的结果大致相同。另外，环刀法适用面较窄，对于含有粒料的稳定土及松散性材料无法使用。

1. 仪器设备

（1）环刀：内径 6～8cm，高 2～3cm，壁厚 1.5～2mm。

（2）天平：感量 0.1g。

（3）其他：环刀金属盖、铁锤、凿子、铝盒、修土刀、钢丝锯、凡士林等。

2. 试验步骤

（1）擦净环刀，称取环刀质量 m_2，准确至 0.1g。

（2）在试验地点，选一块约 10cm×10cm 的平坦表面，并将其清扫干净。

(3)将环刀内壁涂一层凡士林,环刀刀口向下放在此平坦的表面上,盖上环刀金属盖,用锤子将环刀垂直打入试样中,至土样伸出环刀上部为止。

(4)将试样连同环刀一起挖出,注意使土样伸出环刀下部,削去两端余土,使与环刀口面齐平,并将剩余土样适量装入铝盒中,测定其含水率 w(烘干法或酒精燃烧法)。

(5)擦净环刀外壁,称环刀与土合计质量 m_1,准确到0.1g。

3. 结果整理

计算湿密度:

$$\rho = \frac{m_1 - m_2}{V} \tag{12-1}$$

计算干密度:

$$\rho_d = \frac{\rho}{1 + 0.01w} \tag{12-2}$$

式中:m_1——环刀与土合计质量,g;

m_2——环刀质量,g;

V——环刀体积,cm^3;

w——含水率,%。

试验记录格式如表 12-2。

密度试验记录(环刀法)　　表 12-2

工程名称＿＿＿＿　　土样说明＿＿＿＿　　试验日期＿＿＿＿

试 验 者＿＿＿＿　　计 算 者＿＿＿＿　　校 核 者＿＿＿＿

土样编号				1		2		3	
环刀号				1	2	3	4	5	6
环刀容积	cm^3	①							
环刀质量	g	②							
土+环刀质量	g	③							
土样质量	g	④	③-②						
湿密度	g/cm^3	⑤	④/①						
含水率	%	⑥							
干密度	g/cm^3	⑦	⑤/(1+0.01⑥)						
平均干密度	g/cm^3	⑧							

计算压实度:

$$K = \frac{\rho_d}{\rho_c} \times 100 \tag{12-3}$$

式中:K——测试地点的施工压实度,%;

ρ_d——试样的干密度,g/cm^3;

ρ_c——由击实试验得到的试样的最大干密度,g/cm^3。

二、灌 砂 法

灌砂法是利用均匀颗粒的砂去置换试洞的体积,它是当前最通用的方法,很多工程都把灌砂法列为现场测定密度的主要方法。该方法可用于测试各种土或路面材料的密度,它的缺点是:需要携带较多的砂,而且,称量次数较多,因此它的测试速度较慢。

采用此方法时,应符合下列规定:

(1)当集料的最大粒径小于13.2mm、测定层的厚度不超过150mm时，宜采用ϕ100mm的小型灌砂筒测试。

(2)当集料的粒径等于或大于13.2mm，但不大于31.5mm，测定层的厚度不超过200mm时，应采用ϕ150mm的大型灌砂筒测试。

1. 仪器设备

(1)灌砂筒：金属圆筒(可用白铁皮制作)的内径为100mm(或150mm)，总高360mm。灌砂筒主要分两部分：上部为储砂筒，筒深270mm(容积约2120cm^{3}或4600cm^3)，筒底中心有一个直径10mm(或15mm)的圆孔；下部装一倒置的圆锥形漏斗，漏斗上端开口的直径为10mm(或15mm)，并焊接在一块直径100mm(或150mm)的铁板上，铁板中心有一直径10mm(或15mm)的圆孔与漏斗上的开口相接。在储砂筒的筒底与漏斗顶端铁皮之间设有开关。开关为一薄铁板，一端与筒底及漏斗铁板铰接在一起，另一端伸出筒身外，开关铁板上也有一个直径10mm(或15mm)的圆孔。将开关向左移动时，开关铁板上的圆孔恰好与筒底圆孔及漏斗上开口相对，三个圆孔在平面上重叠在一起，砂就可以通过圆孔自由落下。将开关向右移动时，开关将筒底圆孔堵塞，砂即停止下落。灌砂筒的形式和主要尺寸如图12-1所示。

(2)金属标定罐：内径100mm(或150mm)，高150mm的金属罐(可用薄铁皮制作)，上端周围有一罐缘。

(3)基板：一个边长350mm，深40mm的金属方盘，盘中心有一个直径100mm(或150mm)的圆孔。

(4)打洞及洞中取料的合适工具：凿子、铁锤、长把勺、长把小簸箕、毛刷等。

(5)玻璃板：边长约500mm的方形板。

(6)铝饭盒或金属方盘：存放挖出的试样。

(7)台秤：称量10～15kg，感量5g。

(8)其他：铝盒、天平、烘箱等。

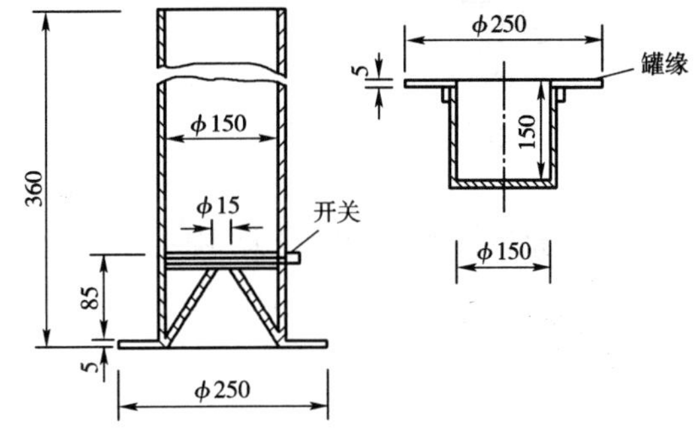

图12-1　灌砂筒和标定罐(尺寸单位：mm)

2. 量砂

粒径0.30～0.60mm，清洁干燥的均匀砂，约20～40kg。应先洗涤烘干，并放置足够的时间(通常7d)，使其与空气的湿度达到平衡。

3. 仪器标定

确定灌砂筒下部圆锥体内砂的质量，其步骤如下。

(1)砂筒内装满砂：筒内砂的高度与筒顶的距离不超过15mm，称取筒内砂的质量m_1，准确至1g。以后每次标定及试验都维持这个质量不变。

(2)开关打开，让砂自然流出，并使流出的砂的体积与工地所挖试洞的体积相当(或等于标定罐的容积)，然后关上开关，并称量筒内砂的质量m_5，准确至1g。

(3)不晃动储砂筒内的砂，轻轻地将灌砂筒放在玻璃板上，打开开关，让砂流出，直到筒内砂不再下流时，关上开关，并细心地取走灌砂筒。

(4)收集并称量留在玻璃板上的砂或称量筒内的砂，准确至1g。玻璃板上的砂就是填满灌砂筒下部圆锥体的砂m_2。

(5)重复上述量测，至少三次。最后取其平均值，准确至1g。

4. 确定量砂的密度ρ_s(g/m^3)

(1)用水确定标定罐的容积 $V(\text{cm}^3)$：将空罐放在台秤上，使罐的上口处于水平位置，读记罐质量 m_7，准确至1g。向标定罐中灌水，注意不要将水弄到台秤上或罐的外壁。将一直尺放在罐顶，当罐中水面快要接近直尺时，用滴管往罐中加水，直到水面接触直尺。移去直尺，读记罐和水的总质 m_8。重复测量时，仅需用吸管从罐中取出少量水，并用滴管重新将水加满到接触直尺。标定罐的体积按下式计算：

$$V = m_8 - m_7 \tag{12-4}$$

(2)在储砂筒中装入质量为 m_1 的砂，并将灌砂筒放在标定罐上，打开开关，让砂流出，在整个流砂的过程中，不要碰动灌砂筒。直到储砂筒内的砂不再下流时，关闭开关。取下灌砂筒，称筒内剩余的砂的质量 m_3，准确至1g。

(3)重复上述测量，至少三次，最后取其平均值 m_3，准确至1g。

(4)按下式计算填满标定罐所需砂的质量 m_a：

$$m_a = m_1 - m_2 - m_3 \tag{12-5}$$

式中：m_1——灌砂入标定罐前，筒内砂的质量，g；

m_2——灌砂筒下部圆锥体内砂的平均质量，g；

m_3——灌砂入标定罐后，筒内剩余砂的质量，g。

(5)按下式计算砂的密度 ρ_s：

$$\rho_s = \frac{m_a}{V} \tag{12-6}$$

5. 试验步骤

(1)试验地点，选一块约40cm×40cm的平坦表面，并将其清扫干净，将基板放在此平坦表面上。如此表面的粗糙度较大，则将盛有量砂 m_5(g)的灌砂筒放在基板中间的圆孔上。打开灌砂筒开关，让砂流入基板的中孔内，直到储砂筒内的砂不再下流时关闭开关。取下灌砂筒，并称筒内砂的质量 m_6，准确至1g。

(2)取走基板，将留在试验地点的量砂收回，重新将表面清扫干净，将基板放在干净的表面上，沿基板中孔凿洞，洞的直径100mm(或150mm)。在凿洞过程中，应注意不使凿出的试样丢失，并随时将凿松的材料取出，放在已知质量的塑料袋内密封。试洞的深度应等于碾压层的厚度。凿洞毕，称此塑料袋中全部试样的质量，准确至1g，减去已知塑料袋的质量后，即为试样的总质量 m_t。

(3)从挖出的全部试样中取出有代表性的样品，放入铝盒中，测定其含水量 w。样品数量：对于细粒土，不少于100g；对于粗粒土，不少于500g。

(4)将基板安放在试洞上，将灌砂筒安放在基板中间(储砂筒内放满砂到恒量 m_1)，使灌砂筒的下口对准基板的中孔及试洞。打开灌砂筒的开关，让砂流入试洞内，在此期间，应注意勿碰动灌砂筒，直到储砂筒内的砂不再下流时关闭开关。仔细取走灌砂筒，称量筒内剩余砂的质量 m_4，准确至1g。

(5)如清扫干净的平坦表面上粗糙度不大，则不需要放基板，将灌砂筒直接放在已挖好的试洞上，打开筒的开关，让砂流入试洞内。在此期间，应注意勿碰动灌砂筒，直到储砂筒内的砂不再下流时关闭开关。仔细取走灌砂筒，称量筒内剩余砂的质量 m_4'，准确至1g。

(6)取出试洞内的量砂，以备下次试验时再用。若量砂的湿度已发生变化或量砂中混有杂质，则应重新烘干，过筛，并放置一段时间，使其与空气的湿度达到平衡后再用。

(7)如试洞内有较大的孔隙，量砂可能进入孔隙时，则应按试洞外形，松弛地放入一层柔软的纱布，然后再进行灌砂工作。

6. 结果整理

填满试洞所需砂的质量 m_b 按下式计算：

灌砂时试洞上放有基板的情况

$$m_b = m_1 - m_4 - (m_5 - m_6) \tag{12-7}$$

灌砂时试洞上不放基板的情况

$$m_b = m_1 - m'_4 - m_2 \tag{12-8}$$

式中： m_1——灌砂入洞前筒内砂的质量，g；

m_2——灌砂筒下部圆锥体内砂的平均质量，g；

m_4、m'_4——灌砂入试洞后，筒内剩余砂的质量，g；

$m_5 - m_6$——灌砂筒下部圆锥体内及基板和粗糙表面间砂的总质量，g。

试验地点土的湿密度 ρ_w 可按下式计算：

$$\rho_w = \frac{m_w}{m_b} \times \rho_s \tag{12-9}$$

式中：m_w——试洞中取出的全部土样的质量，g；

m_b——填满试洞所需砂的质量，g；

ρ_s——量砂的密度，g/cm^3。

试样的干密度 ρ_d 可按下式计算：

$$\rho_d = \frac{\rho_w}{1 + 0.01w} \tag{12-10}$$

式中：w——试洞材料的含水率。

本试验记录格式如表 12-3，其余同环刀法。

密度试验记录（灌砂法） 表 12-3

工程名称________ 土样说明__________ 试验日期________

试 验 者________ 计 算 者__________ 校 核 者________

砂的密度________

取样桩号	取样位置	试洞中湿土样质量 m_t (g)	填满试洞后剩余砂的质量 m_4, m'_4 (g)	试洞内砂的质量 m_b (g)	湿密度 ρ (g/cm^3)	含水率测定							干密度 ρ_d (g/cm^3)
						盒号	盒+湿土质量 (g)	盒+干土质量 (g)	盒质量 (g)	干土质量 (g)	水质量 (g)	含水率 (%)	

三、核子密湿度仪法

这种方法是利用放射性元素（通常是 γ 射线和中子射线）测量土或路面材料的密度和含水率。特点是测量速度快，需要人员少。这种方法适用于测量各种土或路面材料的密度和含水率，有些进口仪器可储存打印测试结果。它的缺点是放射性物质对人体有害，另外需要打洞的仪器，在打洞过程中使洞壁附近的结构遭到破坏，影响测定的准确性。对于核子密度仪法，适用于施工质量的现场快速评定，不宜用作仲裁试验或评定验收的依据。

1. 仪具与材料

(1)核子密度仪：符合国家规定的关于健康保护和安全使用标准，密度的测定范围为1.12～2.73g/cm^3，测定误差不大于±0.03g/cm^3，含水率测量范围为0～0.64g/cm^3，测定误差不大于±0.015g/cm^3，它主要包括下列部件。

①γ射线源：双层密封的同位素放射源，如铯—137、钴—60或镭—226等。

②中子源：如镅(241)—铍等。

③探测器：γ射线探测器，如G-M计数管、氦—3管、闪烁晶体或热中子探测器等。

④读数显示设备：如夜晶显示器、脉冲计数器、数率表或直接读数表。

⑤标准板：提供检验仪器操作和散射技术参考标准用。

⑥安全防护设备：符合国家规定要求的设备。

⑦刮平板、钻杆、接线等。

(2)细砂：0.15～0.3mm。

(3)天平或台秤。

(4)其他：毛刷等。

2. 试验方法和步骤

这种方法用于测定沥青混合料面层的压实密度时，在表面用散射法测定，所测定沥青面层的层厚应不大于根据仪器性能决定的最大厚度。用于测定土基或基层材料的压实密度及含水率时，打洞后用直接透射法测定，测定层的厚度不宜大于20cm。

1)准备工作

(1)每天使用前按下列步骤用标准板测定仪器的标准值：

①接通电源，按照仪器使用说明书建议的预热时间，预热测定仪；

②在测定前，应检查仪器性能是否正常，在标准板上取34个读数的平均值建立原始标准值，并与使用说明书提供的标准值校对，如标准读数超过使用说明书规定的界限时，应重复此标准的测量，若第二次标准计数仍超过规定的界限时，需视作故障并进行仪器检查。

(2)在进行沥青混合料压实层密度测定前，应用核子仪对钻孔取样的试件进行标定；测定其他材料的密度时，宜与挖坑灌砂法的结果进行标定，标定的步骤如下：

①选择压实的路表面，按要求的步骤用核子仪测定密度；

②在测定的同一位置用钻机钻孔法或挖坑灌砂法取样，量测厚度，按规定标准方法测定材料的密度；

③对同一种路面厚度及材料类型，在使用前至少测定15处，求取两种不同方法测定的密度的相关关系，其相关系数应不小于0.9。

(3)测试位置的选择

①按照随机取样的方法确定测试位置，但与距路面边缘或其他物体的最小距离不得小于30cm。核子仪距其他的射线源不得少于10m；

②当用散射法测定时，应按图12-2的方法用细砂填平测试位置路表结构凹凸不平的空隙，使路表面

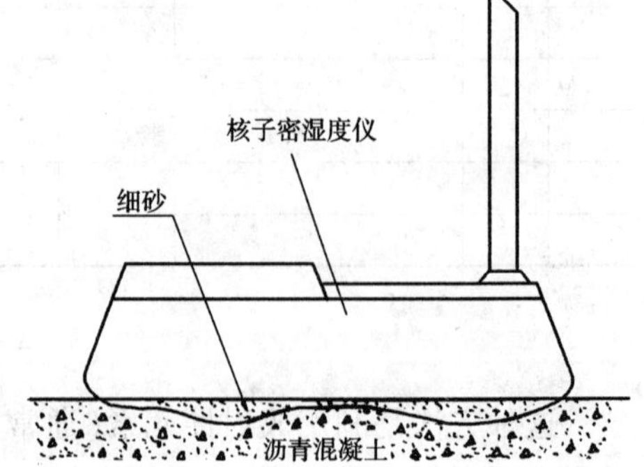

图12-2 用细砂填平测试位置的方法

平整,能与仪器紧密接触;

③当使用直接透射法测定时,应按图 12-3 所示的方法在表面上用钻杆打孔,孔深略深于要求测定的深度,孔应竖直圆滑并稍大于射线源探头。

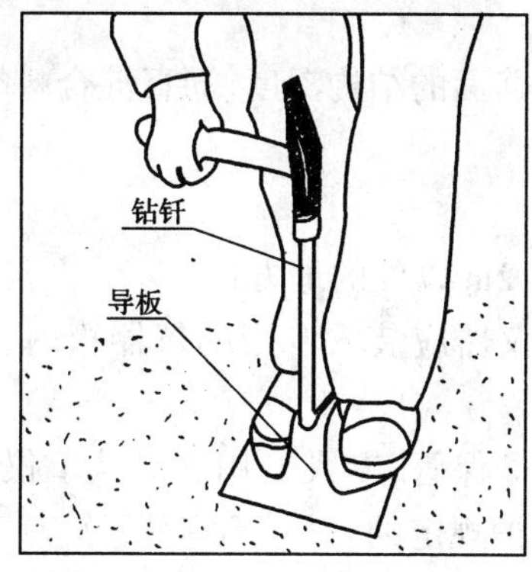

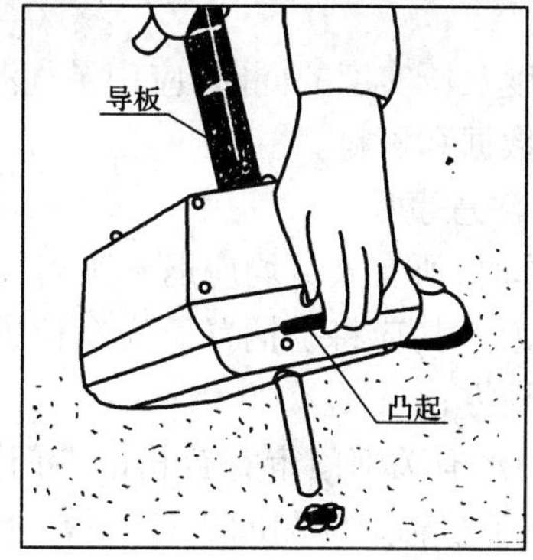

图 12-3 在路表面上打孔的方法

(4)按照规定的时间预热仪器。

2)测定步骤

(1)如用散射法测定时,应按图 12-4 所示的方法将核子仪平稳地置于测试位置上;

(2)如用直接透射法测定时,应按图 12-5 所示的方法将放射源棒下方插入已预先打好的孔内;

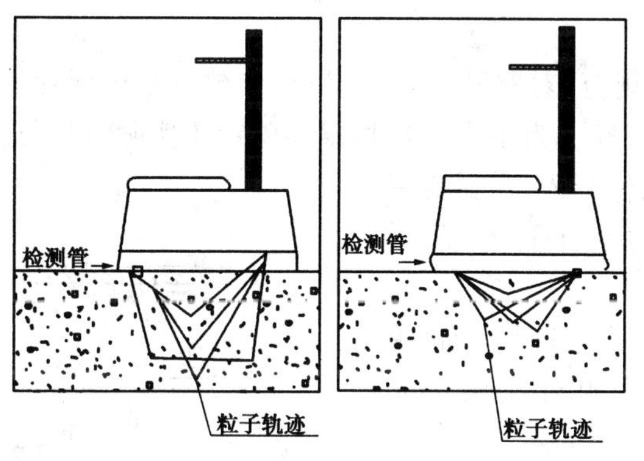

图 12-4 用散射法测定的方法

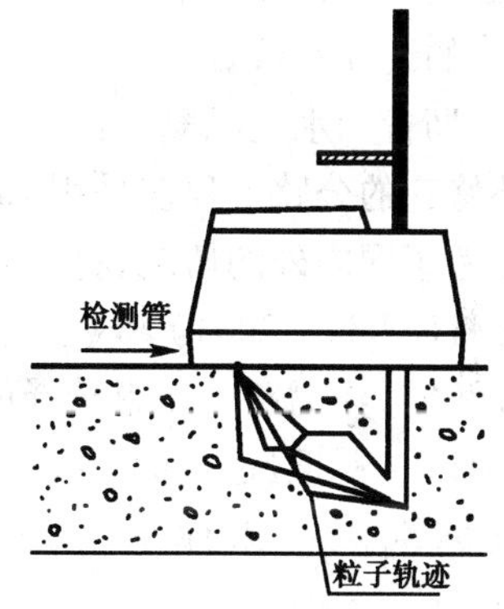

图 12-5 用直接透射法测定的方法

(3)打开仪器,测试员退出仪器外 2m 以外,按照选定的测定时间进行测量,到达测定时间后,读取显示的各项数值,并迅速关机。

注:有关各种型号的仪器在具体操作步骤上略有不同,可按照仪器说明书进行。

3. 计算

按下式计算施工干密度及压实度:

$$\rho_d = \frac{\rho_w}{1 + w} \tag{12-11}$$

$$K = \frac{\rho_d}{\rho_0} \times 100 \tag{12-12}$$

式中:K——测试地点的施工压实度,%;

w——含水率,以小数表示;

ρ_w——试样的湿密度，g/cm^3；

ρ_d——试样的干密度，g/cm^3；

ρ_0——由击实试验得到的试样的最大干密度，g/cm^3。

4. 报告

测定路面密度及压实度的同时，应记录气温、路面的结构深度、沥青混合料的类型、面层结构及测定厚度等数据和资料。

5. 使用安全注意事项

(1)仪器工作时，所有人员均应退到距离仪器2m以外的地方；

(2)仪器不使用时，应将手柄置于安全位置，仪器应装入专用的仪器箱内，放置在符合核辐射安全规定的地方；

(3)仪器应由经有关部门审查合格的专门人员保管，专人专用。对从事仪器保管及使用的人员，应遵照有关核辐射检测的规定，不符合防护规定的人员，不宜从事此项工作。

第三节　路基强度、承载能力及土基模量指标检测

一、CBR 值测定

CBR 又称加州承载比，是 California Bearing Ration 的缩写，是由美国加利福尼亚州公路局(California)提出的一种评定土基及路面材料承载能力的指标。在国外，多采用 CBR 作为路面材料和路基土的设计参数。

我国现行沥青和水泥混凝土路面设计规范，对路面、路基的设计参数系采用回弹模量指标，而在国外修建的公路工程多采用 CBR 指标。为了进一步积累经验用于实际，以促进国际学术交流，参考了国内外的情况，将 CBR 指标列入《公路路基设计规范》(JTG D30—2004)和《公路路基施工技术规范》(JTG F10—2006)，作为路基填料选择的依据。

承载能力以材料抵抗局部荷载压入变形的能力表征，并采用高质量标准碎石为标准，以它们的相对比值表示 CBR 值。

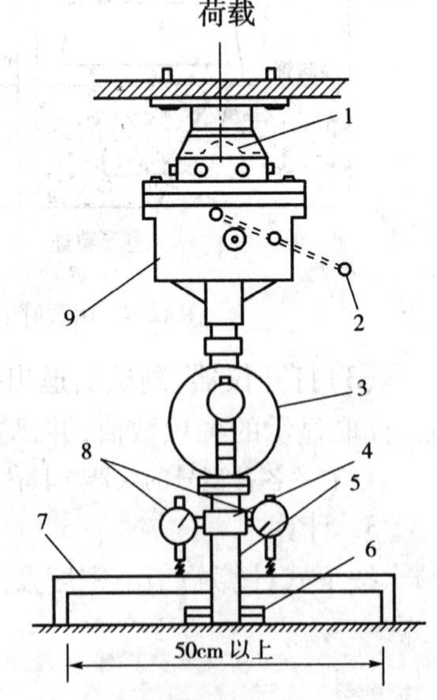

图 12-6　现场 CBR 测试装置示意图

1-球座；2-手柄；3-测力计；4-百分表夹具；5-贯入杆；6-承载板；7-平台；8-百分表；9-加载千斤顶

(一)仪器设备

1. 载有铁块或集料等重物的载重汽车，后轴重不小于60kN，在汽车大梁的后轴之后设有一加劲横梁作反力架用。

2. 现场测试装置：如图 12-6，由千斤顶、测力计及球座组成。千斤顶可使贯入杆的贯入速度调节成 1mm/min。测力计的容量不小于土基强度，测定精度不小于测力计量程的1%。

3. 贯入杆：直径 ϕ50mm，长约 200mm 的金属圆柱体。

4. 承载板：每块 1.25kg，直径 ϕ150mm，中心孔眼直径 ϕ52mm，不小于 4 块，并沿直径分为两个半圆块。

5. 贯入量测定装置：由图 12-6 中所示的平台及百分表组成，百分表量程 20mm，精度0.01mm，数量 2 个，对称固定于贯

入杆上，端部与平台接触，平台跨度不小于50cm。

注：此设备也可用两台贝克曼梁弯沉仪代替。

6. 细砂：洁净干燥的细干砂，粒径0.3 ~ 0.6mm。

7. 其他：铁铲、盘、直尺、毛刷、天平等。

（二）准备工作

1. 直径约30cm的平坦地面，用毛刷刷净浮土。如表面为粗粒土时，应撒布少许洁净的干砂填平，但不能覆盖全部土基表面，避免形成夹层。

2. 安装测试设备，按图12-6安装贯入杆及千斤顶，千斤顶顶在加劲横梁上且调节至高度适中。贯入杆应与土基表面紧密接触。

3. 安装贯入量测定装置，将支架平台、百分表（或两台贝克曼梁弯沉仪）按图12-6安装好。

（三）测试步骤

1. 在贯入杆位置安放4块1.25kg的分开成半圆的承载板，共5kg。

2. 先在贯入杆上施加45kN荷载后，将测力计及贯入量百分表调零，记录初始读数。

3. 启动千斤顶，使贯入杆以1mm/min的速度压入土基，当相应于贯入量为0.5mm、1.0mm、1.5mm、2.0mm、2.5mm、3.0mm、4.0mm、5.0mm、6.5mm、10.0mm及11.5mm时，分别读取测力计读数。根据情况，也可在贯入量达6.5mm时结束试验。

注：用千斤顶连续加载，两个贯入量百分表及测力计均应在同一时刻读数。当两个百分表读数不超过平均值的30%时，以其平均值作为贯入量；当两个表读数差值超过平均值的30%时，应停止试验。

4. 卸除荷载，移去测定装置。

5. 在试验点取样，测定材料含水率。如下：

最大粒径不大于4.75mm，试样数量约120g；

最大粒径不大于19.0mm，试样数量约250g；

最大粒径不大于31.5mm，试验数量约500g。

6. 在紧靠试验地点旁边的适当位置，用灌砂法或环刀法等测定土基的密度。

（四）计算

将贯入试验得到的各级荷载除以贯入断面积（19.625cm^2），得到各级压强（MPa），绘制荷载压强—贯入量曲线，如图12-7所示。当图中曲线如2所示有明显下凹的情况时，应在曲线的拐弯处作切线延长进行修正，以坐标轴相交的O'作原点，得到修正后的压强—贯入量曲线。

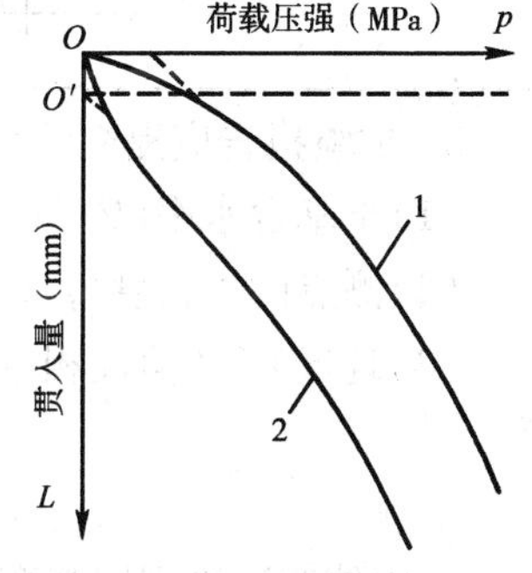

图12-7 荷载压强—贯入量关系曲线

从压强—贯入量曲线上读取贯入量为2.5mm及5.0mm时的荷载压强p_1，按式（12-13）计算现场CBR值。CBR值一般以贯入量2.5mm时的测定值为准，当贯入量5.0mm时的CBR大于2.5mm时的CBR时，应重新试验；如重新试验仍如此，则以贯入量5.0mm时的CBR为准。

$$现场CBR(\%) = p_1/p_0 \times 100\% \tag{12-13}$$

式中：p_1——荷载压强（MPa）；

p_0——标准压强，当贯入量为2.5mm时为7MPa，当贯入量为5.0mm时为10.5MPa。

（五）报告

1. 现场 CBR 值测定记录表（表 12-4）

现场 CBR 值测定记录表 表 12-4

路线和编号： 路面结构：

测定层位：

承载板直径(cm)： 测定日期： 年 月 日

	预定贯入量(mm)	贯入量百分表读数(0.01mm)			测力计读数	压强(MPa)
		1	2	平均		
加载记录	0					
	0.5					
	1.0					
	1.5					
	2.0					
	2.5					
	3.0					
	4.0					
现场CBR计算	贯入断面面积： cm^2 相当于贯入量 2.5mm 时的荷载压强：标准压强 = 7MPa　$CBR_{2.5}$ = (%) 相当于贯入量 5.0mm 时的荷载压强：标准压强 = 10.5MPa　CBR_5 = (%) 试验结果现场 CBR = (%)					

		湿土重(g)	干土重(g)	水质量(g)	含水率(%)	平均含水率(%)
含水率	1					
	2					
		试样湿重(g)	试样干重(g)	体积(cm^3)	干密度(g/cm^3)	平均干密度(g/cm^3)
密度	1					
	2					

2. 试验报告应提交的结果：

(1)土基含水率(%)；

(2)测点的干密度(g/cm^3)；

(3)现场 CBR 值及相应的贯入量。

二、回弹弯沉值测定

国内外普遍采用回弹弯沉值来表示路基路面的承载能力，回弹弯沉值越大，承载能力越小，反之则越大。通常所说的回弹弯沉值是指标准后轴载双轮组轮隙中心处的最大回弹弯沉值。在路表测试的回弹弯沉值可以反映路基、路面的综合承载能力。回弹弯沉值在我国已广泛使用且有很多的经验及研究成果，它不仅用于路面结构的设计中（设计回弹弯沉），用于施工控制及施工验收中（竣工验收弯沉），同时还用在旧路补强设计中，是公路工程的一个基本参数，所以正确的测试具有重要的意义。

弯沉测定方法有很多种，目前用的最多的是贝克曼梁法（杠杆式弯沉仪），在我国已有成熟的经验。但由于其测试速度等因素的限制，各国都对快速连续后动态测定进行了研究，现在用的比较普遍的有法国洛克鲁瓦式自动弯沉仪，丹麦等国家发明并几经改进形成的落锤式弯沉仪（FWD），美国的振动弯沉仪等。这些在我国均有引进，现将几种方法各自的特点作简单比较，见表12-5。

几种弯沉测试方法比较　　表12-5

方　法	特　点
贝克曼梁法	传统方法，速度慢，静态测试，比较成熟，目前属于标准方法
自动弯沉仪法	利用贝克曼梁原理，快速连续，属于静态测试范畴，但测定的是总弯沉，因此使用时应用贝克曼梁进行标定换算
落锤式弯沉仪法	利用重锤自由落下的瞬间产生的冲击荷载测定弯沉，属于动态弯沉，并能反算路面的回弹模量，快速连续，使用时应用贝克曼梁法进行标定换算

我国使用的贝克曼梁式弯沉仪，一般用铝合金制成。弯沉仪长度有两种：一种长3.6m，前后臂分别为2.4m和1.2m；另一种加长的弯沉仪长5.4m，前后臂分别为3.6m和1.8m。当在半刚性基层沥青路面或水泥混凝土路面上测定时，宜采用5.4m的贝克曼梁式弯沉仪，并采用BZZ—100标准车（黄河JN150型），其余情况采用3.6m的弯沉仪。弯沉仪后臂末端有调表螺杆，它可以旋转以调整百分表的初读数。支座上设有三个支座螺丝，以调节弯沉仪，使纵横向保持水平。横向是否水平，可观察支座上的水准泡；纵向是否水平，可观察弯沉仪顶上的水准泡。路面实测弯沉值应为百分表量测值的两倍。根据量测需要，各具备短测头（高度为5cm），中测头（高度为10cm）和长测头（高度为15cm）。弯沉仪的构造如图12-8。

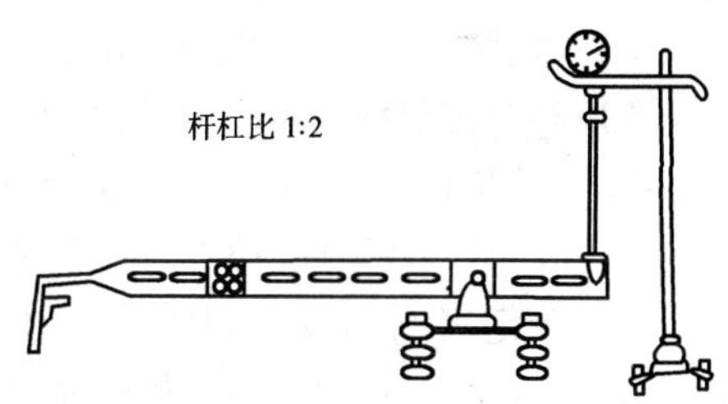

图12-8　杠杆式弯沉仪构造

在使用弯沉仪测定路表弯沉时，将弯沉仪测头放在汽车后轮轮隙之间。根据不同的测定需要，可用后退加荷法和前进卸荷法两种方式进行。后退加荷法需先将弯沉仪测头放在测点上，然后令汽车开进，车轮停在测点上，它可以测量总弯沉。前进卸荷法是预先将汽车车轮停在测点上，使车轮轮隙对准测点并放好弯沉仪，然后令汽车开出。它可以测量回弹弯沉。一般情况都使用后者。

1．试验目的和适用范围

（1）本方法适用于测定各类路基、路面的回弹弯沉，用以评定其整体承载能力，可供路面结构设计使用。

（2）本方法测定的路基、柔性路面的回弹弯沉值可供交工和竣工验收使用。

（3）本方法测定的路面回弹弯沉可为公路养护管理部门制定养路修路计划提供依据。

（4）沥青路面的弯沉以标准温度20℃时为准，在其他温度（超过20±2℃范围）测试时，对厚度大于5cm的沥青路面，弯沉值应予以温度修正。

2．仪器设备

（1）弯沉仪两台：由贝克曼梁、百分表及表架组成。

（2）标准车：试验用标准车（黄河JN-150），BZZ—100。

（3）接触式路表温度计：端部为平头，分度不大于1℃。

(4)皮尺 1 ~2 把,长 30 ~50m。

(5)其他:千斤顶、加载重物、指挥旗、口哨、粉笔、油漆等。

3. 准备工作

(1)检查并保持测定用标准车的车况及制动性能良好,轮胎内胎符合规定压力。

(2)向汽车车槽中装载(铁块或集料),并用地中衡称量后轴总质量及单侧轮荷载,达到规定的轴重要求,汽车行驶及测定过程中,轴重不得变化。

(3)测定轮胎接地面积:在平整光滑的硬质路面上用千斤顶将汽车后轴顶起,在轮胎下方铺一张新的复写纸和一张方格纸,轻轻落下千斤顶,即在方格纸上印上轮胎印痕,用求积仪或数方格的方法测算轮胎接地面积,准确至 $0.1cm^2$。

(4)检查弯沉仪百分表测量灵敏情况。

(5)在沥青路面上测定时,用路表温度计测定试验时气温及路表温度,并通过气象台了解前 5d 的平均温度。

(6)记录沥青路面修建或改建时材料、结构、厚度、施工及养护等情况。

4. 测试步骤

(1)在测试路段布置测点,其距离随测试需要而定。测点应在路面行车车道的轮迹带上,并用白油漆或粉笔划上标记。

(2)将试验车后轮轮隙对准测点后约 3 ~5m 处的位置上。

(3)将弯沉仪插入汽车后轮之间的缝隙处,与汽车方向一致,梁臂不得碰到轮胎,弯沉仪测头置于测点上(轮隙中心前方 3 ~5m 处),并安装百分表于弯沉仪的测定杆上,百分表调零,用手指轻轻叩打弯沉仪,检查百分表是否稳定回零。

(4)测定者吹哨发令指挥汽车缓缓前进,百分表随路面变形的增加而持续向前转动。当表针转到最大值时,迅速读取初读数 l_1。汽车仍继续前进,表针反向回转,待汽车驶出弯沉影响范围后,令汽车停止。待表针回转稳定后,读取终读数 l_2。汽车前进的速度为 5km/h左右。

5. 弯沉仪的支点变形修正

(1)当采用长度为 3.6m 的弯沉仪对半刚性基层沥青路面、水泥混凝土路面等进行弯沉测定时,有可能引起弯沉仪支座处变形,因此测定时应检验支点有无变形。如有变形,此时应用另一台检验用的弯沉仪安装在测定用的弯沉仪的后方,其测点架于测定用弯沉仪的支点旁。当汽车开出时,同时测定两台弯沉仪的弯沉读数,如检验用弯沉仪百分表有读数,即应该记录并进行支点变形修正。当在同一结构层上测定时,可在不同的位置测定 5 次,求平均值,以后每次测定时以此作为修正值,支点变形修正的原理如图 12-9 所示。

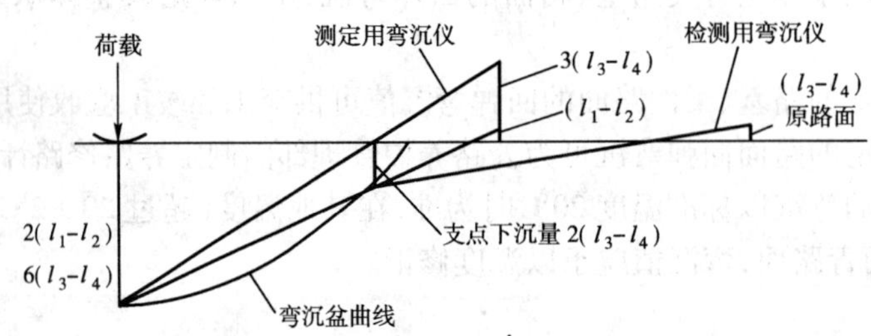

图 12-9 弯沉仪支点变形修正原理(原图在检测书)

(2)当采用 5.4m 的弯沉仪测定时,可不进行支点变形修正。

6. 记录与计算

(1)将各测点读取的读数记录到回弹弯沉试验记录表中,见表12-6。

回弹弯沉试验记录表 表12-6

路线名称________ 试验日期________ 气温________

试验车型号________ 后轴重________

车轮当量圆直径________ 车轮单位压力________

编号	测点桩号	百分表读数(0.01mm)				回弹弯沉 l_t(mm)	土基干湿类型	路况描述
		初读数 d_1		终读数 d_2				
		左	右	左	右			

读数________ 记录________ 校核________

(2)因弯沉仪的杠杆比为2:1,故所测的回弹弯沉值为:

$$l_t = (l_1 - l_2) \times 2 \tag{12-14}$$

式中:l_t——在路面温度 t 时的回弹弯沉值,0.01mm。

如果是两台弯沉仪测定,则每测点弯沉为:

$$l_t = (l_{t左} + l_{t右})/2 \tag{12-15}$$

式中:$l_{t左}$——左侧车轮的弯沉值;

$l_{t右}$——右侧车轮的弯沉值。

(3)进行弯沉仪支点变形修正时,路面测点的回弹弯沉值按下式计算:

$$l_t = (l_1 - l_2) \times 2 + (l_3 - l_4) \times 6 \tag{12-16}$$

式中:l_1——车轮中心临近弯沉仪测头时测定用弯沉仪的最大读数,0.01mm;

l_2——汽车驶出弯沉影响半径后测定用弯沉仪的最大读数,0.01mm;

l_3——车轮中心临近弯沉仪测头时检测用弯沉仪的最大读数,0.01mm;

l_4——汽车驶出弯沉影响半径后检验用弯沉仪的最终读数,0.01mm。

此式适用于测定用弯沉仪支座处有变形,但百分表架处路面已无变形的情况。

(4)沥青面层厚度大于5cm的沥青路面,回弹弯沉值应进行温度修正。温度修正及回弹弯沉的计算宜按下列步骤进行。

①测定时的沥青层平均温度按下式计算:

$$t = (t_{25} + t_m + t_e)/3 \tag{12-17}$$

式中:t——测定时沥青层平均温度,℃;

t_{25}——根据 t_0 由图12-10决定的路表下25mm处的温度,℃;

t_m——根据 t_0 由图12-10决定的沥青层中间深度的温度,℃;

t_e——根据 t_0 由图12-10决定的沥青层底面处的温度,℃。

图12-10中 t_0 为测定时路表温度与测定前5d日平均气温的平均值之和,日平均气温为日最高气温与日最低气温的平均值。

②不同基层的沥青路面弯沉值的温度修正系数 K,根据沥青平均温度 t 及沥青层厚度,分

别由图 12-11 及图 12-12 求取。

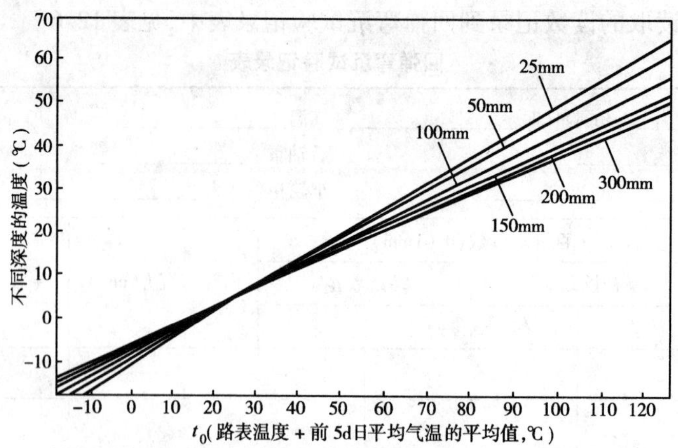

图 12-10　沥青层平均温度决定

注:线上的数字表示路表下的不同深度(mm)

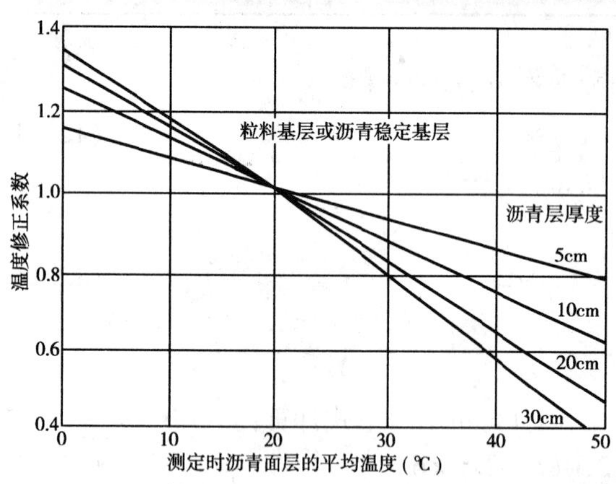

图 12-11　路面弯沉温度修正系数曲线

(适用于粒料基层及沥青稳定基层)

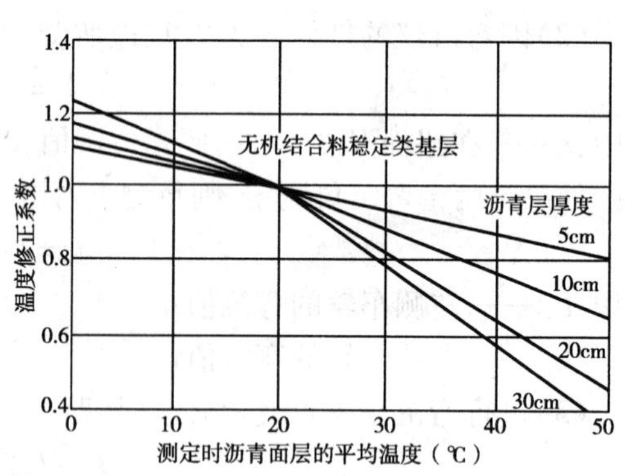

图 12-12　路面弯沉温度修正系数曲线

(适用于无机结合料稳定的半刚性基层)

③沥青路面回弹弯沉按下式计算:

$$l_{20} = l_t \times K \tag{12-18}$$

式中:K——温度修正系数;

l_{20}——换算为20℃的沥青路面回弹弯沉值,0.01mm;

l_t——测定时沥青面层内平均温度为 t 时的回弹弯沉值,0.01mm。

7. 结果评定

(1)按下式计算每一个评定路段的代表弯沉值:

$$l_r = \bar{l} + Z_\alpha S \tag{12-19}$$

式中:l_r——一个评定路段的代表弯沉,0.01mm;

$\bar{l}$——一个评定路段内经各项修正后的各测点弯沉的平均值,0.01mm;

S——一个评定路段内经各项修正后的全部测点弯沉的标准差,0.01mm;

Z_α——与保证率有关的系数。

(2)计算平均值和标准差时,应将超出 $\bar{l} \pm (2 \sim 3)S$ 的弯沉特异值舍弃。对舍弃的弯沉值过大的点，应找出其周围界限，进行局部处理。用两台弯沉仪同时进行左右轮弯沉值测定时，应按两个独立测点计，不能采用两点的平均值。

(3)弯沉代表值不大于设计要求的弯沉值时得满分；大于时得零分。

若在非不利季节测定时，应考虑季节影响系数。

关于自动弯沉仪法和落锤式弯沉仪法可详见《公路路基路面现场测试规程》(JTG E60—2008)。

三、土基回弹模量测定(承载板法)

公路土基的回弹模量是路面厚度计算的重要参数，它对于正确设计路面有决定性的影响。在土基表面，用承载板采用逐级加载、卸载的方法，测出每级荷载相应的回弹变形值，通过计算可求得土基回弹模量值。

(一)主要测试仪具

(1)加载设施：载有铁块或集料等重物，后轴重不小于60kN的载重汽车一辆，作为加载设备。在汽车大梁的后轴之后约80cm处，附设加劲横梁一根作反力架。汽车轮胎充气压力0.50MPa。

(2)现场测试装置：如图12-13所示，由千斤顶、测力计(测力环或压力表)及球座组成。

(3)刚性承载板一块，板厚20mm，直径为ϕ30cm，直径两端设有立柱和可以调整高度的支座，供安放弯沉仪测头用。承载板安放在土基表面上。

(4)路面弯沉仪两台，由贝克曼梁、百分表及其支架组成。

(5)液压千斤顶一台，80～100kN，装有经过标定的压力表或测力环，其容量不小于土基强度，测定精度不小于测力计量程的1%。

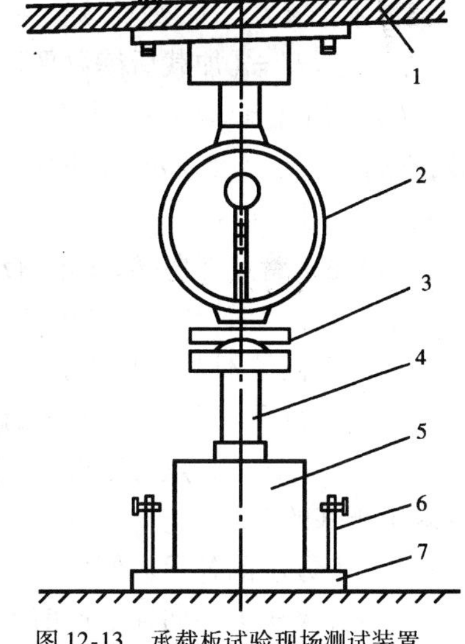

图12-13　承载板试验现场测试装置

1-加劲横梁；2-测力计；3-钢板及球座；4-钢圆筒；5-加载千斤顶；6-立柱及支座；7-承载板

(6)其他：水平尺、细砂、毛刷、垂球、镐、铁锹、铲、秒表等。

(二)测定步骤

1. 准备工作

(1)根据需要选择有代表性的测点。测点应位于水平的路基上，土质均匀，不含杂物。

(2)仔细平整土基表面，撒干燥洁净的细砂填平土基凹处。砂子不可覆盖全部土基表面，避免形成夹层。

(3)安置承载板，并用水平尺进行校正，使承载板处于水平状态。

(4)将试验车置于测点上，在加劲横梁中部悬挂垂球测试，使之恰好对准承载板中心，然后收起垂球。

(5)在承载板上安放千斤顶，上面衬垫钢圆筒、钢板，并将球座置于顶部与加劲横梁接触。如用测力环时，应将测力环置于千斤顶与横梁中间，千斤顶及衬垫物必须保持垂直，以免加压时千斤顶倾倒发生事故并影响测试数据的准确性。

(6)安放弯沉仪，将两台弯沉仪的测头分别置于承载板立柱的支座上，百分表对零或其他合适的初始位置上。

2. 测试步骤

(1)用千斤顶开始加载,注视测力环或压力表,至预压0.05MPa,稳压1min,使承载板与土基紧密接触,同时检查百分表,其工作情况应正常,然后放松千斤顶油门卸载,稳压1min后,将指针对零,或记录初始读数。

(2)测定土基的压力—变形曲线。用千斤顶加载,采用逐级加载卸载法,用压力表或测力环控制加载量,荷载小于0.1MPa时,每级增加0.02MPa,以后每级增加0.04MPa左右。为了使加载和计算方便,加载数值可适当调整为整数。每次加载至预定荷载P后,稳定1min,立即读记两台弯沉仪百分表数值,然后轻轻放开千斤顶油门卸载至0,待卸载稳定1min后,再次读数,每次卸载后百分表不再对零。当两台弯沉仪百分表读数之差不超过平均值的30%时,取平均值;如超过30%,则应重测。当回弹变形值超过1mm时,即可停止加载。

(3)各级荷载的回弹变形和总变形,按以下方法计算:

回弹变形L=(加载后读数平均值-卸载后读数平均值)×弯沉仪杠杆比 (12-20)

总变形L'=(加载后读数平均值-加载初始前读数平均值)×弯沉仪杠杆比 (12-21)

(4)测定总影响量a。最后一次加载卸载循环结束后,取走千斤顶,重新读取百分表初读数,然后将汽车开出10m以外,读取终读数,两只百分表的初、终读数差之平均值即为总影响量a。

(5)在试验点下取样,测定材料含水率。取样数量如下:

①最大粒径不大于4.75mm,试样数量约120g;

②最大粒径不大于19.0mm,试样数量约250g;

③最大粒径不大于31.5mm,试样数量约500g。

(6)在紧靠试验点旁边的适当位置,用灌砂法(T 0921—2008)或环刀法(T 0923—1995)等测定土基的密度。

(7)本方法的各项数值可记录于记录表上。

(8)各级压力的回弹变形值加上该级的影响量后,则为计算回弹变形值。表12-7是以后轴重60kN的标准车为测试车的各级荷载影响量的计算值。当使用其他类型测试车时,各级压力下的影响量a_i按式(12-22)计算:

$$a_i = \frac{(T_1 + T_2)\pi D^2 p_i}{4T_1 Q} \cdot a \tag{12-22}$$

式中:T_1——测试车前后轴距(m);

T_2——加劲小梁距后轴距离(m);

D——承载板直径(m);

Q——测试车后轴重(N);

p_i——该级承载板压力(Pa);

a——总影响量(0.01mm);

a_i——该级压力的分级影响量(0.01mm)。

各级荷载影响量(后轴60kN车) 表12-7

承载板压力(MPa)	0.05	0.10	0.15	0.20	0.30	0.40	0.50
影响量	0.06a	0.12a	0.18a	0.24a	0.36a	0.48a	0.60a

(三)资料整理

1. 绘制$p-L$曲线

将各级计算回弹变形值点绘于标准计算纸上,排除显著偏离的异常点并绘出顺滑的 p-L 曲线。如曲线起始部分出现反弯,应按图 12-14 所示修正原点 O,O'则是修正后的原点。

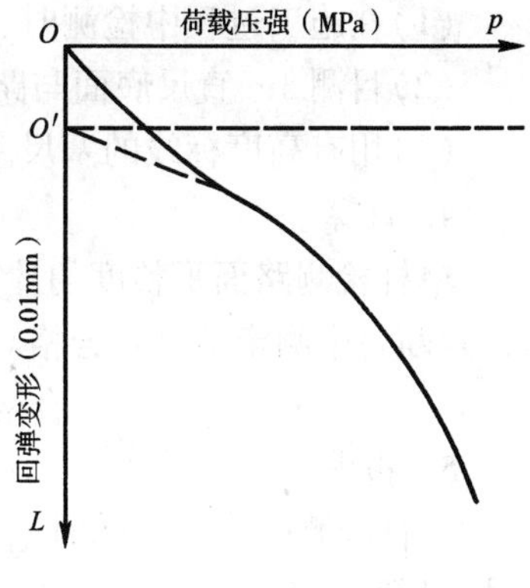

图 12-14 修正原点示意图

2. 计算 E 值

按式(12-23)计算相应于各级荷载下的土基回弹模量 E_i 值:

$$E_i = \frac{\pi D}{4} \cdot \frac{p_i}{L_i}(1 - \mu_0^2) \tag{12-23}$$

式中:E_i——相应于各级荷载下的土基回弹模量(MPa);

μ_0——土的泊松比,根据相关路面设计规范规定取用;

D——承载板直径,取 30cm;

p_i——承载板压力(MPa);

L_i——相对于荷载 p_i 时的回弹变形(cm)。

取结束试验前的各回弹变形值按线性回归方法由式(12-24)计算土基回弹模量 E_0 值。

$$E_0 = \frac{\pi D}{4} \cdot \frac{\sum p_i}{\sum L_i}(1 - \mu_0^2) \tag{12-24}$$

式中:E_0——土基回弹模量(MPa);

μ_0——土的泊松比,根据相关路面设计规范规定选用;

L_i——结束试验前的各级实测回弹变形值;

p_i——对应于 L_i 的各级压力值。

第四节 路基平整度测定

3m 直尺是测定路面平整度的最简单的仪器,可用来测定纵向、横向的不平整度,因而得到了广泛的应用。其原理是将直尺置于行车道的两点上,测定路面与直尺之间的最大坑洼深度,即直尺底面与面层之间的间隙距离。这种方法适用于测定压实成型的路面各层表面的平整度,以评定路面的施工质量及使用质量。也可用于路基表面成型后的施工平整度检测。

1. 仪器与设备

(1)3m 直尺:硬木或铝合金钢制,底面平直,长 3m。

(2)楔形塞尺:木或金属制的三角形塞尺,有手柄。塞尺的长度与高度之比不小于 10mm,宽度不大于 15mm,边部有高度标记,刻度精确度不小于 0.2mm,也可使用其他类型的量尺。

(3)其他:皮尺或钢尺、粉笔等。

2. 准备工作

(1)在测试路段路面上选择测试地点:

①当为施工过程中质量检测需要时,测试地点根据需要确定,可以单杆检测;

②当为路基路面工程质量检查验收或进行路况评定需要时,应连续测量 10 尺。除特殊需要外,应以行车道一侧车轮轮迹(距车道线 80 ~ 100cm)带作为连续测定的标准位置;

③对旧路已形成车辙的路面,应取车辙中间位置为测定位置,用粉笔在路面上作好标记。

(2)清扫测定位置处的污物。

3. 测试步骤

(1)在施工过程中检测时,按确定的方向将3m 直尺摆在测试地点的路面上。

(2)目测3m 直尺底面与路面之间的间隙情况,确定间隙为最大的位置。

(3)用有高度标线的塞尺塞进间隙处,量记最大间隙的高度(mm),准确至0.2mm。

4. 计算

单杆检测路面平整度的计算,以3m 直尺与路面的最大间隙为测定结果。连续测定10尺时,判断每个测定值是否合格。根据要求计算合格百分率,并计算10个最大间隙的平均值。

$$合格率 = (合格尺数/总测尺数) \times 100\%$$

5. 报告

单杆检测的结果应随时记录测试位置及检测结果。连续测定10尺时,应报告平均值、不合格尺数、合格率。

参考文献

[1] 中华人民共和国行业标准. JTG B01—2003 公路工程技术标准. 北京:人民交通出版社, 2004.

[2] 中华人民共和国行业标准. JTG D30—2006 公路路基设计规范. 北京:人民交通出版社,2006.

[3] 中华人民共和国行业标准. JTG D40—2003 公路水泥混凝土路面设计规范. 北京:人民交通出版社,2004.

[4] 中华人民共和国行业标准. JTG D50—2006 公路沥青路面设计规范. 北京:人民交通出版社,2006.

[5] 中华人民共和国行业标准. JTG F10—2006 公路路基施工技术规范. 北京:人民交通出版社,2005.

[6] 中华人民共和国行业标准. JTG F40—2004 公路沥青路面施工技术规范. 北京:人民交通出版社,2004.

[7] 中华人民共和国行业标准. JTG E60—2008 公路路基路面现场测试规程. 北京:人民交通出版社,2008.

[8] 中华人民共和国行业标准. JTG F80/1—2004 公路工程质量检验评定标准. 北京:人民交通出版社,2005.

[9] 中华人民共和国行业标准. JTG E40—2007 公路土工试验规程. 北京:人民交通出版社,2007.

[10] 邓学钧. 路基路面工程. 北京:人民交通出版社,2001.

[11] 文德云. 公路施工技术. 北京:人民交通出版社,2003.

[12] 樊林娟,刘志麟. 建筑制图. 北京:机械工业出版社,2005.

[13] 文德云,鹏富强. 路基路面施工技术. 北京:人民交通出版社,2006.

[14] 王常才. 桥涵施工技术. 北京:人民交通出版社,2002.

[15] 方福森. 路面工程(第 2 版). 北京:人民交通出版社,1987.

[16] 方左英. 路基工程. 北京:人民交通出版社,1987.

[17] 姚祖康. 路基路面工程. 上海:同济大学出版社,1987.

[18] 栗振峰,等. 路基路面工程. 北京:人民交通出版社,2006.

[19] 何兆益,等. 路基路面工程. 重庆:重庆大学出版社,2001.

[20] 孙家驷. 道路勘测设计. 北京:人民交通出版社,2005.

[21] 靳祥升. 工程测量技术. 郑州:黄河水利出版社,2004.

参考文献

[1] 中华人民共和国行业标准. JTG B01—2003 公路工程技术标准. 北京:人民交通出版社,2004.

[2] 中华人民共和国行业标准. JTG D30—2004 公路路基设计规范. 北京:人民交通出版社,2004.

[3] 中华人民共和国行业标准. JTG D40—2002 公路水泥混凝土路面设计规范. 北京:人民交通出版社,2002.

[4] 中华人民共和国行业标准. JTG D50—2006 公路沥青路面设计规范. 北京:人民交通出版社,2006.

[5] 中华人民共和国行业标准. JTG F40—2004 公路沥青路面施工技术规范. 北京:人民交通出版社,2004.

[6] 中华人民共和国行业标准. [illegible] 北京:人民交通出版社,2003.

[illegible]